全国高等院校"十三五"规划教材

运动与健康

主 编 刘 霞

西安交通大学出版社
XI'AN JIAOTONG UNIVERSITY PRESS

图书在版编目(CIP)数据

运动与健康/刘霞编.—西安:西安交通大学出版社,2014.8

ISBN 978-7-5605-6680-1

Ⅰ.①运… Ⅱ.①刘… Ⅲ.①体育运动—关系—健康—高等职业教育—教材 Ⅳ.①G806

中国版本图书馆 CIP 数据核字(2014)第 198529 号

书　　名 运动与健康
主　　编 刘　霞
责任编辑 张沛烨

出版发行 西安交通大学出版社
(西安市兴庆南路 10 号　邮政编码 710049)
网　　址 http://www.xjtupress.com
电　　话 (029)82668357　82667874(发行中心)
(029)82668315　82669096(总编办)
传　　真 (029)82668280
印　　刷 郑州创业印务有限公司

开　　本 787mm×1092mm　1/16　**印张** 20.5　**字数** 500 千字
版次印次 2018 年 8 月第 4 版　2018 年 8 月第 1 次印刷
书　　号 ISBN 978-7-5605-6680-1
定　　价 46.00 元

读者订购、书店添货,如发现印装质量问题,请与本社发行中心联系、调换。
订购热线:(029)82665248　(029)82665249
投稿热线:(029)82668803　(029)82668804
读者信箱:xjtumpress@163.com

前 言

《中共中央国务院关于深化教育改革全面推进素质教育的决定》指出："健康体魄是青少年为祖国和人民服务的基本前提，是中华民族旺盛生命力的体现，学校教育要树立'健康第一'的指导思想，切实加强体育工作。"《国务院关于基础教育改革与发展的决定》进一步提出："贯彻健康第一的思想，切实提高学生体质和健康水平。增加体育课时，并保证学生每天一小时的体育活动时间"。2007年5月，《中共中央关于加强青少年体育增强青少年体质的意见》进一步明确提出，增强青少年体质，促进青少年健康成长，是关系国家和民族未来的大事。根据有关文件的精神，按照高等职业教育培养人才的需求，编写了本书。

本书在编写过程中，注重将"健康第一"的思想贯穿始终；注重将体育运动、健康教育与素质养成有机结合；注重指导和强化学生"每天锻炼一小时，健康生活一辈子"的意识和行为；注重学生专业和职业的不同需要。坚持科学性、教育性、兴趣性、发展性、指导性和富有职业特色的原则。重点突出教材编写的创新性、形式的新颖性、内容的时代性、方法的多样性、运用的实践性和高等职业教育学生的可选择性。本书力求突出以下特点：

(1)知识面较宽。本书涉及的主要内容有高等学校教育、体育与健康、科学体育锻炼、体育保健与运动处方、生活方式与人体健康、田径运动、球类运动、塑身运动、武术、时尚休闲体育项目介绍等。在强调打好身体素质基础的同时，围绕"终身体育"所追求的目标，增加反映运动项目特征和体现运动文化价值的内容。集基础理论与实践为一体，融课内、外知识于一炉。在编排上充分体现知识性、系统性和先进性，便于课内、外教学与辅导。

(2)指导性较强。本书中除对每一项运动的发展特点、基本技术和战术作简明扼要的叙述外，还编有发展速度素质、力量素质和灵敏素质的练习方法等，使学生能养成良好的锻炼习惯，掌握终身受用的锻炼方法，促进职业能力的形成，提高体育文化素养，为学生终身体育奠定基础。

(3)职教特点较为突出。本书充分考虑学生的生理和心理特征以及接受能力等因素，内容循序渐进，由浅入深，语言简练易懂；同时考虑到职业院校各类专业的不同特点，根据毕业生走向社会的职业需求，注意培养其掌握职业实用性运动技能与技巧及与职业特点相近的体育运动项目，提高未来职业所需的一般运动素质和特殊运动素质，并培养其未来职业所需心理素质以及对外界环境的适应能力和抵抗能力。

为增强课程教学的灵活性，本书在教学内容的安排上具有一定的弹性，有些运动项目可根据场地条件是否允许作为选学内容，各校可根据实际情况合理安排。

本书由刘霞（河南医学高等专科学校）担任主编，林闽（九江职业技术学院）、王罗景（商丘职业技术学院）、何渝玲（江西医学高等专科学校）、晏能宜（江西先锋软件职业技术学院）担任副主编，孙梅芳（河南牧业经济学院）也参与了编写。具体分工如下：孙梅芳编写第一章，何渝玲编写第二章和第三章，刘霞编写第四章和第五章，晏能宜编写第六章和第七章，林闽编写第八章、第十章和第十一章，王罗景编写第九章。

本书的编写得到了参编单位的大力支持和帮助，在编写过程中，参阅了大量的相关资料。在此，向所有指导、关心和支持本书编写、出版工作的单位和同志表示衷心的感谢！

由于水平有限，加之时间仓促，书中难免出现欠妥、错误或疏漏之处，敬请读者不吝指正。

编　者

2018 年 6 月

目　录

知识篇

实践篇

知识篇

生命在于运动。——卢梭

生活多美好啊，体育锻炼乐趣无穷！——普希金

第一章　高等学校体育

1. 增强学生体质，增进学生健康，提升学生体育素养，培养学生终身体育意识。
2. 通过本章的学习，学生应了解高校体育的发展现状、目的和任务。

第一节　高校体育概述

高等学校的体育，属于教育学和体育学下的学科层次，应充分体现体育和教育的共同属性。一方面，高校体育是学校教育的重要组成部分，其目的应与学校教育的总目标相一致；另一方面，高校体育又是体育的一个重要方面，它又应该充分体现体育的属性，即要以运动和身体练习为基本手段，提高人的机能，增强体质，促进身心健康，促使大学生全面发展。所以，综合来讲，高校体育的目的就是以运动和身体练习为基本手段，对大学生机体进行科学的培育，在提高人的生物潜能、心理潜能的过程中促进德、智、体、美全面发展，达到身心健康、全面发展的教育总目的。

一、高校体育的地位与作用

（一）高校体育与全面发展教育

全面发展教育，是指教育必须为社会主义现代化建设服务，必须与生产劳动相结合，培养德、智、体全面发展的建设者和接班人。《中国教育改革和发展纲要》对这一教育方针的贯彻，进一步明确了体育在全面发展中的地位，并赋予学校体育新的使命。

随着现代社会主义生产力的高度发展，特别是科学技术突飞猛进和社会生活的新变化，对人们的身心健康、体质和能力提出了新的要求，以适应高速度、高强度、高度紧张的工作和劳动。高校体育，通过多种教学形式和手段，不仅能增进健康、增强体质，而且可以启智、育德、培养审美能力，发挥和提高人的工作能力和适应能力，从而在培养全面发展的新人中发挥更大作用。

(二)高校体育与全民健身

1. 我国体育的根本任务是增强人民体质,而学校体育是全民健身的基础

学生正处在青年时期,大多处于15~25岁这个年龄阶段,身体形态、功能、代谢功能虽已不断完善,但仍保留有青春期的一些特点,即发展的不平衡性和不稳定性,身体尚未完全成熟,有待进一步发展,以使身体各系统、器官发育和功能达到人生最佳水平。人的生长发育水平,受多方面因素影响(如种族、气候、遗传、生活环境、营养、医疗卫生等),但体育锻炼则是影响人体生长发育最积极最重要的因素。在学生时期,加强锻炼能促进身体正常生长和发育,增强体质,为一生健康打下基础。民族体质的强弱、民族素质的优劣,关系到一个民族、一个国家的兴衰存亡。青少年体质水平是一个民族素质水平的象征和标志。

2. 高校体育与我国全民健身事业发展有密切关系

由于青少年是我国人口的重要组成部分,所以学校体育的发展状况,实际上正在成为我国全民健身水平的重要标志。同时,高校学生是未来的义务工作者,在校学习时具有终身体育的态度、能力和习惯,毕业后就可以成为全民健身的骨干和指导力量,就可以直接推动我国全民健身事业的蓬勃发展,加速扩大体育人口,加速体育社会化进程。

(三)高校体育与社会精神文明

精神文明建设,主要包括文化建设和思想建设两个方面,高校体育既是进行精神文明建设的重要内容,又是对学生进行精神文明教育的重要途径和手段。

学校体育不仅可以为智力开发提供良好的物质基础保证,而且可以传播社会文化,提高学生文化素养。这是因为学校体育内容十分丰富,体育知识、技能、运动规则与方法都是人类长期体育实践总结的精神财富,它是社会文化的有机组成部分。具有现代文化激进性特征的竞技体育,是现代学校体育的重要内容和手段,随着现代竞技运动竞争的加剧,加强后备人才的开放和培养显得更为重要。加之,学校开展竞技体育,符合大中专学生的特点,还具有特殊的文化价值,对发展学生的竞争意识、开放性格以及培养拼搏、惜时、讲效益的精神具有重要作用,同时还能丰富学生的课余文化生活,扩大和占领学校文化领域,建设良好的校风和学风。

学校体育是一个开放系统,对文化思想建设有着积极作用,必然影响到全社会,因此,它也有助于推进整个社会的精神文明建设。

(四)高校体育与现代医学

体育主要任务之一是增强人民体质,提高劳动效率,延长工作年限,使人健康长寿。医疗卫生的基本任务是保护人民健康,防治疾病,延长寿命,降低死亡率。可见,体育和医疗卫生都是为增进和保护人民健康,造福、服务于人民的。体育的发展和医疗卫生事业的发展也有着密切联系,祖国医学不仅把体育锻炼运用在健身防病上,而且作为一种康复医疗方法,运用在治疗疾病上。科学技术的飞速发展,进一步改变了人们的生产方式和生活方式,也改变了健康观念和医学模式,体育活动不但成为人们不可缺少的生活内容,而且成为预防和治疗现代文明病的重要手段。在人类生产力高度发展、物质文明和精神文明相应提高的阶段,医学将从历史的临床治疗学,发展为“预防医学”“康复医学”和“健美医学”,这是历史的必然。

医学和体育学是两门独立学科,它们所研究的主体都是人,不同的是:医学主要研究人体疾病的预防和治疗规律;体育学主要研究人体发展和体质增强的规律。但它们都是研究人的生命运动,同属于人体科学范围。它们有共同的学科基础和专业知识结构。体育学和医学这种相互联系、相辅相成的关系,决定了两者在发展中不断相互结合,以有利于共同发展。当前,

运动医学、传统养生、医疗体育和康复医学就是两者相结合的产物。体育与医学相结合，使两者相互配合、相互促进、相互补充，以求实现人人健康的共同目的，这是现代体育和现代医学发展的重要特征。现代医学教育也必然要实现这种结合，以求培养出符合现代社会需要的新型医生和高级专门医务工作者。

二、高校体育的目的与任务

高校体育教育的目的，是指在一定的时期内，高校体育教育实践所要达到的预期结果。它决定着高校体育教学的方向与过程，是评估教学工作的重要依据，对学校体育工作的开展起着引导、控制与激励的作用。根据高校学生的年龄特点、现代社会对体育的需求以及体育的功能，我们将高校体育教育的目的确定为：完善学生身体发育，发展身体素质，增强学生体质；能使他们获得体育卫生保健知识，掌握体育基本技能与方法，为终身体育打下坚实的基础；帮助学生形成正确的体育道德观和世界观。

高校体育教育的具体任务如下：

(1)以培养学生的创新精神和实践能力为重点。创新精神和实践能力的培养是高校教育的重点任务，完成这项任务应该是系统的、全方位的。体育教育则根据自己的特点通过体育课教学和课外活动实践等多种方式，引导学生积极思考问题，发展创新思维，在实践中解决问题。

(2)促进学生的身体和运动素质的继续发展，提高各项身体素质和生理机能，增强体质，减少疾病，提高学习效率。中小学体育教育的任务主要是培养学生正确的身体姿势，促进机体的发展，培养走、跑、跳、投、攀爬、通过障碍等基本技能，并在速度、力量、耐力、灵敏、柔韧等身体基本素质方面打好基础。进入大学阶段以后，如何在原有的基础上继续保持和发展身体机能和运动能力，是高校体育教育的基本任务。研究表明，经常参加体育锻炼，是保持良好工作能力的主要因素。如果停止体育活动2周，人体各项机能就会显著下降，如果10周以上没有参加体育活动，健康状况就会下降到原来水平。实际上，如果有4周以上不参加运动，已经提高的身体机能可下降50%。我们通常所说的增强体质，还有提高人的身体素质的意思，即力量、速度、柔韧、灵敏、协调、耐力的提高。

(3)使大学生树立终身体育观，养成锻炼身体的习惯。1978年，联合国教科文组织在《体育运动国际宪章》中明确规定："体育是全民教育体制内一种必要的终身教育因素""确信保持和发展人的身心、心智与道德力量能在本国和国际范围内提高生活质量""必须有一项全球的、民主化的终身教育制度来保证体育活动和运动实践得以贯彻于每个人的一生"。可见终身体育在教育中的重要地位。通过终身体育可使生命过程始终保持精力旺盛，生命潜能得到最大限度的发挥，在社会中更好地实现自我价值并为社会创造出更大的价值。

(4)掌握体育的基础知识和基本技能，发展体育能力。学习高校体育课程，使高校学生明确体育在现代社会中的地位、意义和作用，能较全面系统地掌握有关的体育理论知识，掌握一般体育运动项目的基本技能和科学锻炼身体的方法；能够懂得个人、集体比赛的一些组织方法，培养、提高体育锻炼中自我组织、自我管理、自我评价和监督的能力。这样就可以在未来各种工作环境中具有更强的适应能力，对生活、工作、社会交往都将产生积极的影响。

(5)进行思想品德教育，培养良好的体育道德风尚和坚强的意志品质。高校体育教育要通过组织学生参加各种体育竞赛活动，培养学生们的竞争意识、法律意识，使学生们体验竞争的激烈和残酷性，经受成功和失败的磨练，培养坚持不懈的拼搏精神和胜不骄、败不馁的顽强意志品质。通过参与体育活动,学生能受到集体主义和爱国主义教育,培养团结协作、勇于创新的精神。

(6)发展学生体育才能,提高运动技术水平。高校体育的另一项作用是在普及群体的基础上,对一些体育基础较好并有一定专项运动才能的学生,进行系统的科学化训练,提高专项运动技术水平,使之成为大学生优秀运动员和大学群体活动的骨干,进一步推动大学体育的普及发展,有条件的学校还应该为国家培养竞技体育和其他优秀体育人才。

三、高校体育工作的开展

(一)体育课

体育课是师生教与学的双边活动,要保持正常的教学秩序,健全体育课的教学常规。教学中,应贯彻现代教育理论的原则和方法,充分发挥教师的主导作用和学生的参与作用。在体育教学中应加强对大学生的体育基本理论知识教育,让学生掌握体育锻炼的科学知识和卫生保健常识,为提高体育能力和终身体育奠定基础。

体育课按教学的不同任务,可分为普通体育课、选项体育课、选修体育课和保健体育课等多种类型。

(二)课外体育活动

课外体育活动是高校体育课程的延续和补充,是实现高校体育目的的主要组织形式。《体育法》第 20 条规定:“学校应当组织多种形式的课外体育活动,开展课外训练和体育竞赛,并根据条件每年举行一次全校性的体育运动会。”开展课外体育活动应当从实际情况出发,因人、因时、因地制宜地开展多种多样的课外体育活动。

(三)课余体育训练和体育竞赛

课余体育训练是指高校利用课余时间,对部分身体素质较好,并有体育专长的大学生进行系统训练的一种专门教育过程。它是实现高校体育的重要组织形式。

体育竞赛是高校课外体育的组成部分,是实现高校体育目的的重要组织形式。高校开展体育竞赛,对于检验体育教学和训练效果、交流经验、互相学习、促进运动技术水平提高;对于广泛吸引大学生参加体育活动,推动高校群众性体育活动的开展,增强体质,增进才智;对于丰富大学生课余文化生活,开展宣传教育,增强体育意识,培养勇敢顽强、奋发向上、团结友爱、遵纪守法等优良品质和集体主义精神,建设校园文明等方面都有重要作用。

高校体育竞赛有校内竞赛和校外竞赛,应以校内体育竞赛为主。要经常开展校内群众性体育比赛,如组织各种球类、越野跑等群众喜闻乐见的体育比赛。

四、高校体育的发展方向

随着“健康第一”和“终身体育”思想的提出,新的健康观念正在使高校体育的教学目标、教学方法以及考核内容和方式发生着变化。

(一)教育指导思想——健康第一

高校体育以第三次教代会提出的“健康第一”作为其指导思想,正在从单纯的追求体制的发展和技术的传习,转变为新的健康观指导下的体育教育。

高校体育逐渐把其教育的最终目的确定为培养适应现代化生产和生活的人,要完成这一体育教育的育人宗旨,必须树立“健康第一”的指导思想。

（二）教育目标——培养适应现代化生产和生活的人

体育教学要为完成这一目标服务。为此，体育教学要在两个方面转向：其一，在目标的空间上，从单纯追求学生的外在技能水平转移到全面追求学生的身心协调发展上来，即打破以往的以运动技术传授为主线的教学体系，建立起合理的运动实践手段，全面完成增强体质、发展身体活动能力和锻炼习惯的统一协调的新教学体系。

其二，在目标的时间上，通过体育教学不但要完成在校期间增进学生生长发育、培养技能、传授知识的任务，还要培养学生爱好体育的能力和意识，为学生终身参加体育活动打下基础，即完成对现在和未来两个方面的培养任务。

（三）教学内容——丰富多彩

在教学内容方面要打破以竞技运动项目（特别是以运动技术结构）为主线的教学体系，改变把“素材”当作教材的错误观。从育人的角度出发，全面结合体育文化的显性教材意义（健身和技能培养的功能）和潜性教材意义（对人的社会化、人格培养和情感的作用），许多新兴的项目（如旱冰、体育舞蹈、登山、攀岩、击剑等）成为高校体育教学内容。

教学内容的丰富提高了学生对体育项目的选择性，进而增强了学生的学习兴趣。

（四）教学方法——灵活多样

体育教学方法的研究一直是高校体育的研究课题之一，目前高校体育教学方法正向多样化发展。教法的改进主要分三个方面。

其一，改变过去只强调教师在教学过程的主导作用、忽视学生在教育过程的主体地位的现象，采用有利于学生理解原理、掌握技术和体验乐趣的新的教学方法。

其二，改变过去过分强调组织纪律性的呆板教学方法，实现课堂上不拘泥于形式的整齐划一，快乐体育的教学思想进入课堂。强调体育教育的参与性、娱乐性，降低学习难度，采用多种形式的教法，让学生在运动中体验快乐。

其三，改变过去“千人一法”的教学模式，注意学生的个性发展，因材施教培养学生的创造性思维。

（五）教学组织形式——全园化

高校体育过去只重视体育课堂教学，忽视了学生课外活动的重要性。目前高校体育正在向全校园进行体育教育的方向发展，即在重视课堂教学的同时，重视学生的课外体育活动，把其列入整体体育教育的范畴。鼓励学生自主进行体育锻炼，养成锻炼习惯，树立终身体育锻炼思想。同时改变体育教育总是体育教师的任务这一现象，调动其他各个方面的积极性，使体育教育全园化。

（六）考核方式——科学化

高校体育的考试方式正在从过去以运动技能的好坏、运动素质的高低来评价学生的方式，改变为从能力、参与、健康等方面对学生进行考核。从单一的评价转向全面的综合质量的评价，强化普及教育，淡化技术技能评定。

（七）俱乐部正在成为学生体育锻炼的主要载体

各种体育俱乐部和体育协会在各大高校中方兴未艾。体育俱乐部以其灵活的组织形式吸引有浓厚兴趣的学生长期参与体育锻炼，是高校学生今后课外锻炼的主要形式。体育俱乐部具有以下功能：

（1）为学生提供一个体育活动的场所。

(2)为学生提供一个社交的地方。

(3)为学生提供一个学习、提高体育技能的课堂。

(4)组织训练,提高运动技术水平,参加校内、外各级比赛。

(5)组织校内、外各级各类体育比赛。

(八)高校体育与社会体育接轨

高校体育越来越重视将体育教学与学生的生活和课外活动相联系,重视体育教学与生活体育、社会体育的联系,主要表现在:体育教学的内容向社区体育活动内容靠拢;非场地型的野外型活动日益受到重视;自由表现类项目受到重视;体育与现在、未来生活的结合日益受到重视。

第二节　高校体育的实施途径

一、实施创新体育教学的基本途径

(一)以课堂教学为主实施创新教育

"教育是知识创新、传播和应用的主要基地,也是培养创新精神和创新人才的重要摇篮","教育在民族创新精神和培养创新人才方面,肩负着特殊的使命,每一个学校都要爱护和培养学生的好奇心、求知欲,帮助学生自主学习、独立思考,保护学生的探索精神、创新精神,营造崇尚真知、追求真理的氛围,为学生的禀赋和潜能的充分开发创造一种宽松的环境"。创新教育作为一项涉及方方面面的系统工程,创新精神和创新能力的培养不是一蹴而就的,是一个长期的过程、潜移默化的过程。因此,教师在体育教学中,必须从以下三个方面努力营造一个能诱发学生潜在的创造智能、自由释放其创新灵气的学习环境。

1. 建立活跃、宽松、民主、高效的课堂氛围

建立活跃、宽松、民主、高效的课堂氛围,给予学生充分的信任感。充分调动学生的上课积极性,从而发挥学生的主观能动性,尊重学生的个性与创新精神。积极创造条件,在承认学生具有可以开发的巨大创新潜能的基础上,为其提供乐于思考、主动探索、大胆质疑、敢于标新立异的创新机会和条件,适时地作出有利于促使学生创新的评价,激发学生的创新意识和能力。

2. 让学生有较大的自由度

在课堂上要允许学生自由表达自己的想法,不应对学生在课堂上的随意议论、相互交流、回答提问等作过多、过细的限制和要求,避免产生学生因害怕违反教师的有关规定而感到紧张、焦虑甚至压抑的现象。

3. 多肯定,少批评

对学生的独创表现,不要轻易地加以否定,对学生在教学过程中表露的与众不同的观点、思维方法甚至出现的错误不压制、不讽刺、不嘲笑,给学生有一种"创新"的安全感。

(二)转变观念,不断创新

要求体育教师改变传统的教育思想,因为传统的学校体育是以传授运动技术为中心,并由此形成了教师以教材和课堂讲授的填鸭式教学模式,这种模式阻碍了学生创新能力的发展。充分认识应试教育的弊端,不要因循守旧,安于现状,确立"健康第一"和"终身体育"的指导思想,以培养学生的创新能力作为教学改革的核心。

（三）修改教学大纲，调整考试内容

目前多数的教学大纲都偏重于技术和理论的教学，忽视能力培养。学生学习的积极性调动不起来的原因就是应试教育和被动学习。修改大纲所选用的教材应体现出“创新性”“趣味性”“专业性”并满足“健康第一”“终身体育”的需要。调整考试内容，除正常的体育技能考试外还应增加能反映学生创新能力及其他能力的考核，使考试真正成为检查和促进教学的一种手段。

（四）革新教法，不断创新

1. 教学目标的确定要创新

课堂教学的目标定位，应重视在学生创新意识和创新能力的培养发展上，要把激发学生的求知欲，培养学生的质疑能力、发散性思维、联想能力放在教学法目标的首位。注重基本理论和基本知识的教育，加强基本能力和基本方法的训练，变“授人以鱼”为“授人以渔”。同时，对不同类型的学生制定不同的教学目标，使其能自由选择相应的目标，既量力而行又不随心所欲，使潜能得到充分发挥。

2. 教师的课堂设计要力求有新意

教师要能根据教学内容、要求和目的，选择最佳的教学方法、手段、技术去引导学生，以自己的创新激情感染学生，激发学生学习的主动性。

3. 坚持启发式教学

创新本身也是自主性的活动，它要求教师在课堂上必须坚持以“导”为主，通过启发式教学，调动学生主动探求知识、摸索规律的主动性和积极性，从而提高认识问题、理解问题、解决问题的创新能力。

（五）体育教学应注意开发右脑训练

1. 开发右脑训练的依据

现代“脑科学”的研究表明，人的大脑两半球的机能是不对称的，它们之间存在着明显的分工。左脑控制人的右半身的活动，主要具有言语的、数理的、抽象思维和求同思维的功能，而右脑是控制人的左半身活动，主要具有非言语的、直观的、感知音乐旋律、进行模仿以及整体性、综合性、创新机能、形象思维和求异思维的功能，创新能力的综合性本质决定了它只能是左、右大脑的整合效应。美国学者奥斯汀还发现当大脑两半球对较弱的一边受到刺激而与较强的另一边配合时，其结果是脑子的总能力和总效应得到很大加强，这个加强不是按“1 + 1 = 2”来计算，而是以5倍、10倍甚至更多倍数增强。传统的学校是一个“左脑社会”，教学活动几乎都围绕着发展左脑功能而不重视右脑发展。而一个人大脑右半球的发达与否，同其创新、创造能力紧密相关。

2. 开发右脑训练的方法

开发右脑可以提高创新能力、形象思维能力和综合能力。那么，在学校体育教学中如何开发学生的右脑呢？

科学的体育活动是开发右脑功能的重要手段。科学研究发现，人的拇指和食指在大脑皮层的代表区，比整个胸部代表区总面积还大几倍，说明感觉越灵敏、精细，大脑皮层下达的神经纤维数就越多。同样大脑皮层内支配肢体运动的运动区域面积的大小，也与运动精细复杂程度密切相关。手与五指在大脑皮层所占区域几乎与整个下肢所占区域相等。因此，大脑从手指得到的感觉信息最多，同时反馈给手指的指令也最为频繁。所以，手指体操运动对开发大脑尤其对开发右脑具有重要意义。例如,创编一些以左侧手指活动为主的指尖、指端活动,拇指、食指活动,同时兼顾每个手指的运动,每个手指关节都参与的活动,手腕部位的各种活动等,从而使手指的运动更加协调、更加全面,使更多的刺激信息存入大脑。同样研究表明,通过左侧体操更多地活动左侧肢体,对右脑能够产生更多的良好刺激,因为无论人体的感觉传入信息或大脑对肢体运动的控制都是交叉的,所以开发右脑要多动左侧肢体。左侧体操的创编要以左侧手指、手掌、手腕、肘关节、躯干、髋关节的顺序依次进行,使左侧的各关节都得到充分活动,并应有头面部的双侧活动的跳跃运动等,以增加传入右脑的信息量。因此,在平时的体育教学活动中,可有意识地规定用左手运球、投掷、打羽毛球、地滚球,用左脚踢球、踢毽子等。在课程的准备部分可有意识地编几套左侧体操、手指操,还应加强音乐伴奏在教学中的运用。在体育课中恰当地运用音乐伴奏既能激发学生练习兴趣,又有利于开发右脑功能,因为右脑是主管音乐的。

(六)建设一支适应创新教育的现代化教师队伍

实施创新教育,关键是有一支高素质的具有创新精神和创新能力的教师队伍,只有每一位体育教师都具有创新意识和创新能力,才能自觉地将"创新"体现在体育教学活动的全过程中,才能创新性地将知识技能传授给学生,同时创新性地运用现代化教育技术,实施启发式教学,向学生灌输创新意识,点燃学生的创新火花。

二、实施"快乐体育"教学的基本途径

(1)教师在教学指导思想上应该主张以育人为出发点,面向终身体育,从情感教学入手,强调乐学、勤学,育体与育心相结合,实行体力、智力的全面发展。在教学的关系上,主张把教学的主体从教师转向学生,强调学生是教学的主体,实行教师主导与学生主体相结合;在教学的观念结构上,主张教学是认知、情感、行为这三种心理活动的有机统一,强调体育课必须情知交融与身体发展并举,体育教育结构应是融认识、情感与身体发展为一体的三维立体结构。

(2)从体育教育心理学的角度出发,注重培养学生的体育兴趣。著名教育家夸美纽斯说过:"兴趣是创造一个欢乐和光明的教学环境的主要途径之一。"教师积极引导学生的学习兴趣,是保证教学成果的重要因素之一。例如,在排球教学中,先向学生宣讲排球运动最大的特点——有团队精神和拼搏精神,有进取心和荣誉感;由于排球各环节的相互联系作用,对为人处事、学习、生活乃至整个人生,都有着不可估量的借鉴作用。教师的积极引导,提高了学生对排球学习的兴趣,为取得良好的教学效果奠定了基础。在体育教学中通过目标设置、创设情境、积极反馈、价值寻求等方法来提高学生内在动机。体育动机,是指选择、激发、维持并强化一定的体育活动从而导向实现目标的内在动力。学生参加体育活动属于有目的的行为,教师可以通过目标设置来激发动机。例如,在双手垫球练习时,由于动作比较简单,学生在小学就学习过,当中学体育课上再次出现时,他们就没有多少新鲜感。因此,高校教学应根据学生心理设置教学目标,精心组织教学,努力提高一个垫球次数等级标准(如将过去的良好提高到现在的优秀)。当这种目标转化为学生的内心需要时,学生的练习就会经常处于自我意识控制之下,积极性和自觉性就会随之增加。另外,可以增加学生在练习时对人际关系的处理要求,增加对力学知识在排球运动中的应用的要求。

(3)教师要善于发现、培养并保护学生的表现欲。自我表现欲,是个人展示自身价值的积极意念。学生的表现欲直接关系到学生对体育教学的参与意识。教师如果不能对学生在体育

教学中反映出来的表现欲望给予正确对待和引导，甚至有意无意地加以扼杀，将会极大地伤害学生的自尊心和自信心，打击学生的积极性，从而影响学生个性的健康发展。

教师更要能够及时发现那些内隐、含蓄、带有某种自我抑制的学生的表现欲。当学生有了积极旺盛的表现欲，教师的责任就是要珍惜保护。教师绝不能对学生所表现的行为置之不理、视而不见，甚至用简单的“你不行”“就你显能耐”之类的话语给学生泼冷水。相反，如能以“我希望你……”“我相信你一定能……”的语气来表露对学生的期望，会使其受到鼓舞，增强其参与体育活动的自信心和动力。教师要多表扬，少批评学生，尤其是对于那些不引人注意的“丑小鸭”，哪怕是一点点闪光点也要加以呵护。体育课堂是学生展示个性和潜能的舞台，因此精心培养学生的表现欲尤为重要。教师对待学生的态度应该是“不求完美，但求参与”。

第三节 《国家学生体质健康标准》测试

一、《国家学生体质健康标准》概述

《国家学生体质健康标准》是为了贯彻《中共中央国务院关于深化教育改革全面推进素质的决定》提出的“学校教育要树立‘健康第一’的指导思想，切实加强体育工作”的精神，促进学生积极参加体育锻炼，养成经常锻炼身体的习惯，提高自我保健能力和体质健康水平，于2007年颁布实施的。它是促进学生体质健康发展、激励学生积极进行身体锻炼的教育手段和学生体质健康的个体评价标准，同时也是学生毕业的基本条件之一。

（一）《国家学生体质健康标准》

《国家学生体质健康标准》的内涵是测量学生体质健康状况和锻炼效果的评价标准，是国家对不同年龄段学生体质健康方面的基本要求，是学生体质健康的个体评价标准。健康的概念包括身体健康、心理健康和社会适应。《国家学生体质健康标准》涵盖的是与学校体育密切相关的学生身体健康范畴。为了界定它的内涵，又避免与三维的健康概念混淆，故将“体质”作为“健康”的定语以表示其内涵。

（二）《国家学生体质健康标准》测试的目的、意义

《国家学生体质健康标准》测试的目的是为了贯彻落实第三次全国教育工作会议提出的“学校教育要树立‘健康第一’的指导思想”的精神，促进学生积极地参加体育锻炼，上好体育课，增强学生的体质和提高健康水平，把学生培养成为德、智、体、美全面发展的高素质人才。通过《国家学生体质健康标准》的测试，学生能清楚地了解自己体质与健康的状况，还可帮助学生监测自己的体质与健康状况的变化程度。这些都有助于学生在一年里有的放矢地设定自己的锻炼目标，有针对性地选择锻炼策略，制定切实可行的锻炼计划。

（三）《国家学生体质健康标准》功能

《国家学生体质健康标准》名称的外延涉及它的激励和教育功能、反馈功能、指导和锻炼功能。

1. 激励和教育功能

《国家学生体质健康标准》是促进学生体质健康发展、激励学生积极进行身体锻炼的教育手段。所选用的指标可以反映与身体健康关系密切的身体成分、心血管系统功能、肌肉的力量和耐力以及关节和肌肉的柔韧性等要素的基本状况。《国家学生体质健康标准》的实施将使学生和社会能够对影响身体健康的主要因素有一个更加明确的认识和理解，引导人们去积极追

求身体的健康状态,实现学校体育的目标。《国家学生体质健康标准》实施办法还规定,对达到合格以上等级的学生颁发证章,以激励学生对体育锻炼的内在积极性。

2. 反馈功能

《国家学生体质健康标准》是学生体质健康的个体评价标准,并规定了各校应将每年测试的数据按时上报至国家学生体质健康标准数据管理系统,该系统具有按各种要求进行统计、分析、检索的功能,并定期向社会公告。该系统为学生及其家长提供了在线查询和在线评估服务,向学生提供了个性化的身体健康诊断,使学生能够在准确地了解自己体质健康状况的基础上进行锻炼;该系统还可为各级政府机关、教育行政部门、学校提供翔实的统计和分析数据,使之了解学生的体质健康状况,及时采取科学的干预措施。

3. 指导和锻炼功能

新的《国家学生体质健康标准》增加了一些简便易行、锻炼效果较好的项目,并提高了部分锻炼项目指标的权重,对指导学生进行体育锻炼具有较强的实效性;同时通过国家学生体质健康标准数据管理系统,学生还可以查询到针对性较强的运动处方,用于自身因地制宜地进行科学的体育锻炼,提高身体健康水平。

二、《国家学生体质健康标准》测试方法

(一)《国家学生体质健康标准》测试项目及评价指导

1. 测试项目

大学各年级测试项目均为身高、体重、视力、肺活量、50m 跑、1000m 跑(男)、800m 跑(女)、坐位体前屈、立定跳远、引体向上(男)、1min 仰卧起坐(女)。

2. 评价指标

《国家学生体质健康标准》中从小学到大学都分别规定了相应的评价指标,这些指标是根据《国家学生体质健康标准》中项目的测试值进行评价的。有的是直接利用测试值进行查表评分,如立定跳远;有的需要进行计算,如肺活量体重指数;此外,身高标准体重是根据所测得的身高和体重查表进行评分。因此,当测试项目确定后,评价指标也就相应被确定。评价指标和测试项目都是相对应的,要想选什么评价指标,就必须选测相应的测试项目;同样,测试了相应的项目,就要选评对应的指标。

(二)《国家学生体质健康标准》测试操作方法

1. 身高

(1)测试目的。测试学生身高,与体重测试相配合,评定学生的身体匀称度,评价学生生长发育及营养状况的水平。

(2)场地器材。身高测量计,使用前应校对 0 点,以钢尺测量基准板平面至立柱前面红色刻线的高度是否为 10.0cm,误差不得大于 0.1cm。同时应检查立柱是否垂直,连接处是否紧密,有无晃动,零件有无松脱等情况,并及时加以纠正。

(3)测试方法。受试者赤足,立正姿势站在身高计的底板上(上肢自然下垂,足跟并拢,足尖分开约成60°)。足跟、骶骨部及两肩胛区与立柱相接触,躯干自然挺直,头部正直,耳屏上缘与眼眶下缘呈水平位。测试人员站在受试者右侧,将水平压板轻轻沿立柱下滑,轻压于受试者头顶。测试人员读数时双眼应与压板水平面等高进行读数。记录员复述后进行记录。以厘米为单位,精确到小数点后一位。测试误差不得超过 0.5cm。

(4)注意事项

①身高计应选择平坦靠墙的地方放置，立柱的刻度尺应面向光源。

②严格掌握"三点靠立柱""两点呈水平"的测量姿势要求，测试人员读数时两眼一定与压板等高，两眼高于压板时要下蹲，低于压板时应垫高。

③水平压板与头部接触时，松紧要适度，头发蓬松者要压实，头顶的发辫、发结要放开，饰物要取下。

④读数完毕，立即将水平压板轻轻推向安全高度，以防碰坏。

⑤测量身高前，受试者不应进行体育活动和体力劳动。

2. 体重

(1)测试目的。测试学生的体重，与身高测试相配合，评定学生的身体匀称度，评价学生生长发育的水平及营养状况。

(2)场地器材。杠杆秤或电子体重计。使用前需检验其准确度和灵敏度。准确度要求误差不超过0.1%，即每百千克误差小于0.1kg。检验方法是：以备用的10kg、20kg、30kg标准砝码(或用等重标定重物代替)分别进行称量，检查指标读数与标准砝码误差是否在允许范围。灵敏度的检验方法是：置100g重砝码，观察刻度尺变化，如果刻度抬高了3mm或游标向远移动0.1kg而刻度尺维持水平位时，则达到要求。

(3)测试方法。测试时，杠杆秤应放在平坦地面上，调整0点至刻度尺水平位。受试者赤足，男性受试者身着短裤；女性受试者身着短裤、短袖衫，站在秤台中央。测试人员放置适当砝码并移动游标至刻度尺平衡。读数以千克为单位，精确到小数点后一位。记录员复诵后将读数记录。测试误差不超过0.1kg。

(4)注意事项

①测量体重前受试者不得进行剧烈体育活动和体力劳动。

②受试者站在秤台中央，上下杠杆秤动作要轻。

③每次使用杠杆秤时均需校正。测试人员每次读数前都应校对砝码重量避免差错。

3. 视力

(1)测试目的。测试学生视力水平。

(2)场地器材。标准对数视力表。

(3)测试条件。视力表悬挂高度使5.0行视标与多数受检者的双眼呈水平位置。视力表照度为300~500 lux。

(4)测试方法

①受检者在距视力表5m处站立，用遮眼板将左眼轻轻遮上，先查右眼，后查左眼，均为裸眼视力。

②可先从5.0行视标认起。如果看不清再逐行上查，如辨认无误则逐行下查。要求对每个视标的识别时间不超过5s。规定4.0~4.5各行视标中每行不能认错1个；4.6~5.0各行视标中每行不能认错2个；5.1~5.3各行中每行不能认错3个。超过这一规定就不再往下检查，而以本行的上一行记为该受检者的视力。

③如5m处不能辨认视力表最上一行视标时，令受检者站立于距视力表2.5m处或1m处进行检查。所得视力值应分别减去校正数值0.3或0.7后，记为该受检者的视力。例如，某受检者在5m处不能辨认最上一行视标，令其在2.5m处检查，所得视力为4.2，则4.2-0.3=

3.9，该受检者视力即为3.9；某受检者在5m和2.5m处都不能辨认最上一行的视标，令其在1m处检查，所得视力为4.2，则4.2-0.7=3.5，该受检者视力为3.5。

（5）视力记录方式。将受检者的左、右眼裸眼视力分别记入相应方格内。例如，某受检者的左、右眼裸眼视力分别为5.0和4.6，应在与“左”对应的方格内填入“5.0”，在与“右”对应的方格内填入“4.6”。

（6）注意事项

①检查视力前，应向受检者讲解检查视力的目的、意义和方法，取得他们的配合。配戴眼镜者应摘去眼镜（包括隐形眼镜），检查裸眼视力。

②检查如采用自然光线，则应选择晴天，在固定时间和地点进行，以便前后对比。

③检查前不要揉眼，检查时不要眯眼或斜着看。检测人员应随时注意监督。

④用遮眼板时，检测人员要提醒受检者不要压迫眼球，以免影响视力。

⑤不宜在长时间用眼、剧烈运动或体力劳动后即刻检查视力。至少要休息10min以后再做检查。检查若在室内进行，受检者从室外进入后也应有15min以上的适应时间。

4.肺活量指数

（1）测试目的。测试学生的肺通气功能。它是指人体尽全力深吸气后，再尽全力呼出的气体总量，即一次深呼吸的气量，是呼吸动态过程中的一部分。被测者肺活量实测数值除以当天测得的千克体重值，其商为肺活量指数。

（2）场地器材。用电子肺活量计测试。

（3）测试方法

①房间通风良好；干燥的一次性口嘴（非一次性口嘴，则每换测试对象需消毒一次。每测一人时将口嘴向下倒出唾液，并注意消毒后必须使其干燥）。肺活量计主机放置平稳桌面上，检查电源线及接口是否牢固，按工作键液晶屏显示0即表示机器进入工作状态，预热5min后测试为好。

②首先告知被测者不必紧张，并且要尽全力；以中等速度和力度吹气效果最好。令被测者面对仪器站立，手持吹气口嘴；面对肺活量计站立试吹1~2次，首先看仪表有无反应，还要试口嘴或鼻处是否漏气，调整口嘴和用鼻夹（或自己捏鼻孔）；学会深吸气（避免耸肩提气，应该像闻花似的慢吸气）；学会吸气后屏住气再对准口嘴吹气，防止此时从口嘴处吸气；测试中不得二次吸气。

③被测试者进行一两次较平日深一些的呼吸动作后，更深的吸一口气，向口嘴处慢慢呼出至不能再呼为止；吹气完毕后，液晶屏上最终显示的数字即为肺活量毫升值。每位受试者测3次，每次间隔15s，记录3次数值，选取最大值作为测试结果。以毫升为单位，精确到个位数。

（4）注意事项

①电子肺活量计的计量关键部位在口嘴前方的气筒内，被测者吹出的气体直通大气，未进入显示数字的仪器部分。计量部位的通畅和干燥是仪器准确的关键，吹气筒的导管必须在上方，以免口水或杂物堵住气道。

②每测试10人及测试完毕后用干棉球及时清理和擦干气筒内部。严禁用水、酒精等任何液体冲洗气筒内部。

③导气管存放时不能打折。

④定期校对仪器。

5. 50m 跑

(1)测试目的。测试学生速度、灵敏、协调素质及神经系统灵活性的发展水平。

(2)场地器材。50m 直线跑道若干条，地面平坦，地质不限，跑道线要清楚；发令旗一面；哨一个；秒表若干块。秒表使用前应用标准秒表校正，每分钟误差不得超过 0.2s。标准秒表选定，以中央台标准时间为准，每小时误差不超过 ±0.3s。

(3)测试方法。受试者至少两人一组测试。站立起跑，受试者听到“跑”的口令后开始起跑。发令员在发出口令同时要摆动发令旗。计时员视旗动开表计时。受试者挺胸部到达终点线的垂直面停表。记录以秒为单位，精确到小数点后一位。小数点后第二位数按非 0 进 1 原则进位，如 10.12s 读成 10.2s 并记录。

(4)注意事项

①受试者测试最好穿运动鞋或平底布鞋，赤足亦可。但不得穿钉鞋、皮鞋、塑料凉鞋。

②发现有抢跑者，要当即召回重跑。

③如遇风时一律顺风跑。

6. 立定跳远

(1)测试目的。测试学生下肢肌肉力量及身体协调能力的发展水平。

(2)场地器材。在土质松软的平地或立定跳远测试仪上进行。起跳地面要平坦，不得有坑凹。

(3)测试方法。受试者两脚自然分开站立；站在起跳线后；脚尖不得踩线(最好用线绳做起跳线)。两脚原地同时起跳；不得有垫步或连跳动作。丈量起跳线后缘至最近落地点后缘的垂直距离。每人试跳 3 次；记录其中成绩最好一次。以米为单位，小数点后保留两位数字。

(4)注意事项

①发现犯规时，此次成绩无效。3 次试跳均无成绩者，再跳至取得成绩为止。

②可以赤足，但不得穿钉鞋、皮鞋、塑料凉鞋测试。

7. 坐位体前屈

(1)测试目的。测试学生在静止状态下的身干、腰、髋等关节可能达到的活动幅度，主要反映这些部位关节、韧带和肌肉的伸展性和弹性及学生身体柔韧素质的发展水平。

(2)场地器材。使用坐位体前屈测量计测量。将仪器放置在平坦地面上。测试前，用尺进行校正，即将直尺放在平台上，使游标的上平面与平台呈水平，将游标的刻度调到 0 位。

(3)测试方法。受试者坐在连接于箱体的软垫上，两腿伸直，不可弯曲，脚跟并拢，脚尖分开约 10～15cm，踩在测量计垂直平板上，两手并拢；两臂和手伸直，渐渐使上体前屈，用两手中指尖轻轻推动标尺上的游标前滑(不得有突然前伸动作)，直到不能继续前伸时为止。测试计的脚蹬纵板内沿平面为 0 点，向内为负值，向前为正值。记录以厘米为单位，取小数点后一位。如为正值则在数值前加“ + ”符号，负值则加“ - ”符号，如图 1 - 1 所示。

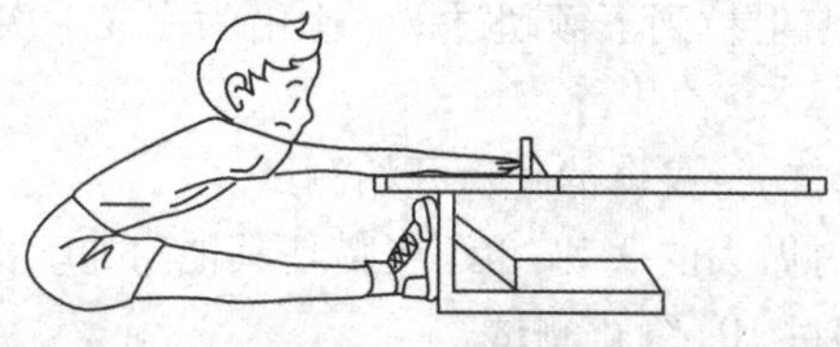

图 1 - 1　坐位体前屈

(4)注意事项

①测试前,受试者应在平地上做好准备活动,以防拉伤。

②测试时,如发现两腿弯曲或两上臂突然前伸时应重做。

③测量计应靠墙放置。

④身体前屈两臂向前推游标时两腿不能弯曲。

8. 800m(女),1000m(男)

(1)测试目的。测试学生耐力素质的发展水平,特别是心血管呼吸系统的机能及肌肉耐力。

(2)场地器材。400m、300m、200m 田径场跑道,地质不限。也可以使用其他不规则场地,但必须丈量准确,地面平坦。发令旗一面,秒表若干块,使用前需要校正,要求同 50m 跑。

(3)测试方法。受试者至少两人一组进行测试,用站立式起跑。当听到"跑"口令后开始起跑,测试人员发出"跑"口令的同时开表计时。当受测者躯干部到达终点线的垂直面时停表,以分、秒为单位记录成绩,不计小数。

(4)注意事项

①测试人员应向受测者报告剩余往返圈数,以免跑错距离。

②测试人员应告诉受测者在跑完后应继续走动,不要立刻停下,以免发生意外。

③受测者不得穿皮鞋、塑料凉鞋、钉鞋参加测试。

④对分、秒进行换算时要细心,防止差错。

9. 仰卧起坐

(1)测试目的。测试腹肌耐力。

(2)场地器材。垫子若干块(或代用品),并铺放平坦。

(3)测试方法。受测者全身仰卧于垫上,两腿稍分开,屈膝呈 90°角左右,两手指交叉贴于脑后,另一同伴压住其踝关节,以便固定下肢。受测者起坐时两肘触及并超过双膝为完成一次。仰卧时两肩胛必须触垫。测试人员发出"开始"口令的同时开表计时,记录 1min 内完成的次数。1min 到时,受测者虽已坐起但肘关节未达到双膝者不计该次数,精确到个位数。

(4)注意事项

①如发现受测者借用肘部撑垫或臀部起落的力量起坐时,该次不计数。

②测试过程中,观测人员应向受测者报数。

③受测者双脚必须放于垫上。

10. 引体向上

(1)测试目的。测试学生上肢肌肉力量和耐力的发展水平。

(2)场地器材。高单杠或高横杠,粗杠以手能握住为准。

(3)测试方法。受测者跳起双手正握杠,两手与肩同宽直臂悬垂。静止后,两臂同时用力引体(身体不能有附加动作),上拉到下额超过横杠上沿为完成 1 次,记录引体次数。

(4)注意事项

①受测者应双手正握单杠,待身体静止后开始测试。

②引体向上时,身体不得做大的摆动,也不得借住其他附加动作撑起。

③两次引体向上间隔超过 10s 终止测试。

三、《国家学生体质健康标准》评分表

(一)单项指标评分表

如表1－1至表1－14所示为国家学生体质健康单项指标评分表。

表1－1 男生体重指数(BMI)单项评分表

单位:kg/m²

等级	单项得分	一年级	二年级	三年级	四年级	五年级	六年级	初一	初二	初三	高一	高二	高三	大学
正常	100	13.5~18.1	13.7~18.4	13.9~19.4	14.2~20.1	14.4~21.4	14.7~21.8	15.5~22.1	15.7~22.5	15.8~22.8	16.5~23.2	16.8~23.7	17.3~23.8	17.9~23.9
低体重	80	≤13.4	≤13.6	≤13.8	≤14.1	≤14.3	≤14.6	≤15.4	≤15.6	≤15.7	≤16.4	≤16.7	≤17.2	≤17.8
超重		18.2~20.3	18.5~20.4	19.5~22.1	20.2~22.6	21.5~24.1	21.9~24.5	22.2~24.9	22.6~25.2	22.9~26.0	23.3~26.3	23.8~26.5	23.9~27.3	24.0~27.9
肥胖	60	≥20.4	≥20.5	≥22.2	≥22.7	≥24.2	≥24.6	≥25.0	≥25.3	≥26.1	≥26.4	≥26.6	≥27.4	≥28.0

表1－2 女生体重指数(BMI)单项评分表

单位:kg/m²

等级	单项得分	一年级	二年级	三年级	四年级	五年级	六年级	初一	初二	初三	高一	高二	高三	大学
正常	100	13.3~17.3	13.5~17.8	13.6~18.6	13.7~19.4	13.8~20.5	14.2~20.8	14.8~21.7	15.3~22.2	16.0~22.6	16.5~22.7	16.9~23.2	17.1~23.3	17.2~23.9
低体重	80	≤13.2	≤13.4	≤13.5	≤13.6	≤13.7	≤14.1	≤14.7	≤15.2	≤15.9	≤16.4	≤16.8	≤17.0	≤17.1
超重		17.4~19.2	17.9~20.2	18.7~21.1	19.5~22.0	20.6~22.9	20.9~23.6	21.8~24.4	22.3~24.8	22.7~25.1	22.8~25.2	23.3~25.4	23.4~25.7	24.0~27.9
肥胖	60	≥19.3	≥20.3	≥21.2	≥22.1	≥23.0	≥23.7	≥24.5	≥24.9	≥25.2	≥25.3	≥25.5	≥25.8	≥28.0

表 1－3　男生肺活量单项评分表

单位：mL

等级	单项得分	一年级	二年级	三年级	四年级	五年级	六年级	初一	初二	初三	高一	高二	高三	大一 大二	大三 大四
优秀	100	1700	2000	2300	2600	2900	3200	3640	3940	4240	4540	4740	4940	5040	5140
	95	1600	1900	2200	2500	2800	3100	3520	3820	4120	4420	4620	4820	4920	5020
	90	1500	1800	2100	2400	2700	3000	3400	3700	4000	4300	4500	4700	4800	4900
良好	85	1400	1650	1900	2150	2450	2750	3150	3450	3750	4050	4250	4450	4550	4650
	80	1300	1500	1700	1900	2200	2500	2900	3200	3500	3800	4000	4200	4300	4400
及格	78	1240	1430	1620	1820	2110	2400	2780	3080	3380	3680	3880	4080	4180	4280
	76	1180	1360	1540	1740	2020	2300	2660	2960	3260	3560	3760	3960	4060	4160
	74	1120	1290	1460	1660	1930	2200	2540	2840	3140	3440	3640	3840	3940	4040
	72	1060	1220	1380	1580	1840	2100	2420	2720	3020	3320	3520	3720	3820	3920
	70	1000	1150	1300	1500	1750	2000	2300	2600	2900	3200	3400	3600	3700	3800
	68	940	1080	1220	1420	1660	1900	2180	2480	2780	3080	3280	3480	3580	3680
	66	880	1010	1140	1340	1570	1800	2060	2360	2660	2960	3160	3360	3460	3560
	64	820	940	1060	1260	1480	1700	1940	2240	2540	2840	3040	3240	3340	3440
	62	760	870	980	1180	1390	1600	1820	2120	2420	2720	2920	3120	3220	3320
	60	700	800	900	1100	1300	1500	1700	2000	2300	2600	2800	3000	3100	3200
不及格	50	660	750	840	1030	1220	1410	1600	1890	2180	2470	2660	2850	2940	3030
	40	620	700	780	960	1140	1320	1500	1780	2060	2340	2520	2700	2780	2860
	30	580	650	720	890	1060	1230	1400	1670	1940	2210	2380	2550	2620	2690
	20	540	600	660	820	980	1140	1300	1560	1820	2080	2240	2400	2460	2520
	10	500	550	600	750	900	1050	1200	1450	1700	1950	2100	2250	2300	2350

表1－4　女生肺活量单项评分表

单位：mL

等级	单项得分	一年级	二年级	三年级	四年级	五年级	六年级	初一	初二	初三	高一	高二	高三	大一大二	大三大四
优秀	100	1400	1600	1800	2000	2250	2500	2750	2900	3050	3150	3250	3350	3400	3450
	95	1300	1500	1700	1900	2150	2400	2650	2850	3000	3100	3200	3300	3350	3400
	90	1200	1400	1600	1800	2050	2300	2550	2800	2950	3050	3150	3250	3300	3350
良好	85	1100	1300	1500	1700	1950	2200	2450	2650	2800	2900	3000	3100	3150	3200
	80	1000	1200	1400	1600	1850	2100	2350	2500	2650	2750	2850	2950	3000	3050
及格	78	960	1150	1340	1530	1770	2010	2250	2400	2550	2650	2750	2850	2900	2950
	76	920	1100	1280	1460	1690	1920	2150	2300	2450	2550	2650	2750	2800	2850
	74	880	1050	1220	1390	1610	1830	2050	2200	2350	2450	2550	2650	2700	2750
	72	840	1000	1160	1320	1530	1740	1950	2100	2250	2350	2450	2550	2600	2650
	70	800	950	1100	1250	1450	1650	1850	2000	2150	2250	2350	2450	2500	2550
	68	760	900	1040	1180	1370	1560	1750	1900	2050	2150	2250	2350	2400	2450
	66	720	850	980	1110	1290	1470	1650	1800	1950	2050	2150	2250	2300	2350
	64	680	800	920	1040	1210	1380	1550	1700	1850	1950	2050	2150	2200	2250
	62	640	750	860	970	1130	1290	1450	1600	1750	1850	1950	2050	2100	2150
	60	600	700	800	900	1050	1200	1350	1500	1650	1750	1850	1950	2000	2050
不及格	50	580	680	780	880	1020	1170	1310	1460	1610	1710	1810	1910	1960	2010
	40	560	660	760	860	990	1140	1270	1420	1570	1670	1770	1870	1920	1970
	30	540	640	740	840	960	1110	1230	1380	1530	1630	1730	1830	1880	1930
	20	520	620	720	820	930	1080	1190	1340	1490	1590	1690	1790	1840	1890
	10	500	600	700	800	900	1050	1150	1300	1450	1550	1650	1750	1800	1850

表 1－5　男生 50 米跑单项评分表

单位:s

等级	单项得分	一年级	二年级	三年级	四年级	五年级	六年级	初一	初二	初三	高一	高二	高三	大一大二	大三大四
优秀	100	10.2	9.6	9.1	8.7	8.4	8.2	7.8	7.5	7.3	7.1	7.0	6.8	6.7	6.6
	95	10.3	9.7	9.2	8.8	8.5	8.3	7.9	7.6	7.4	7.2	7.1	6.9	6.8	6.7
	90	10.4	9.8	9.3	8.9	8.6	8.4	8.0	7.7	7.5	7.3	7.2	7.0	6.9	6.8
良好	85	10.5	9.9	9.4	9.0	8.7	8.5	8.1	7.8	7.6	7.4	7.3	7.1	7.0	6.9
	80	10.6	10.0	9.5	9.1	8.8	8.6	8.2	7.9	7.7	7.5	7.4	7.2	7.1	7.0
及格	78	10.8	10.2	9.7	9.3	9.0	8.8	8.4	8.1	7.9	7.7	7.6	7.4	7.3	7.2
	76	11.0	10.4	9.9	9.5	9.2	9.0	8.6	8.3	8.1	7.9	7.8	7.6	7.5	7.4
	74	11.2	10.6	10.1	9.7	9.4	9.2	8.8	8.5	8.3	8.1	8.0	7.8	7.7	7.6
	72	11.4	10.8	10.3	9.9	9.6	9.4	9.0	8.7	8.5	8.3	8.2	8.0	7.9	7.8
	70	11.6	11.0	10.5	10.1	9.8	9.6	9.2	8.9	8.7	8.5	8.4	8.2	8.1	8.0
	68	11.8	11.2	10.7	10.3	10.0	9.8	9.4	9.1	8.9	8.7	8.6	8.4	8.3	8.2
	66	12.0	11.4	10.9	10.5	10.2	10.0	9.6	9.3	9.1	8.9	8.8	8.6	8.5	8.4
	64	12.2	11.6	11.1	10.7	10.4	10.2	9.8	9.5	9.3	9.1	9.0	8.8	8.7	8.6
	62	12.4	11.8	11.3	10.9	10.6	10.4	10.0	9.7	9.5	9.3	9.2	9.0	8.9	8.8
	60	12.6	12.0	11.5	11.1	10.8	10.6	10.2	9.9	9.7	9.5	9.4	9.2	9.1	9.0
不及格	50	12.8	12.2	11.7	11.3	11.0	10.8	10.4	10.1	9.9	9.7	9.6	9.4	9.3	9.2
	40	13.0	12.4	11.9	11.5	11.2	11.0	10.6	10.3	10.1	9.9	9.8	9.6	9.5	9.4
	30	13.2	12.6	12.1	11.7	11.4	11.2	10.8	10.5	10.3	10.1	10.0	9.8	9.7	9.6
	20	13.4	12.8	12.3	11.9	11.6	11.4	11.0	10.7	10.5	10.3	10.2	10.0	9.9	9.8
	10	13.6	13.0	12.5	12.1	11.8	11.6	11.2	10.9	10.7	10.5	10.4	10.2	10.1	10.0

表1－6　女生50m跑单项评分表

单位：s

等级	单项得分	一年级	二年级	三年级	四年级	五年级	六年级	初一	初二	初三	高一	高二	高三	大一大二	大三大四
优秀	100	11.0	10.0	9.2	8.7	8.3	8.2	8.1	8.0	7.9	7.8	7.7	7.6	7.5	7.4
	95	11.1	10.1	9.3	8.8	8.4	8.3	8.2	8.1	8.0	7.9	7.8	7.7	7.6	7.5
	90	11.2	10.2	9.4	8.9	8.5	8.4	8.3	8.2	8.1	8.0	7.9	7.8	7.7	7.6
良好	85	11.5	10.5	9.7	9.2	8.8	8.7	8.6	8.5	8.4	8.3	8.2	8.1	8.0	7.9
	80	11.8	10.8	10.0	9.5	9.1	9.0	8.9	8.8	8.7	8.6	8.5	8.4	8.3	8.2
及格	78	12.0	11.0	10.2	9.7	9.3	9.2	9.1	9.0	8.9	8.8	8.7	8.6	8.5	8.4
	76	12.2	11.2	10.4	9.9	9.5	9.4	9.3	9.2	9.1	9.0	8.9	8.8	8.7	8.6
	74	12.4	11.4	10.6	10.1	9.7	9.6	9.5	9.4	9.3	9.2	9.1	9.0	8.9	8.8
	72	12.6	11.6	10.8	10.3	9.9	9.8	9.7	9.6	9.5	9.4	9.3	9.2	9.1	9.0
	70	12.8	11.8	11.0	10.5	10.1	10.0	9.9	9.8	9.7	9.6	9.5	9.4	9.3	9.2
	68	13.0	12.0	11.2	10.7	10.3	10.2	10.1	10.0	9.9	9.8	9.7	9.6	9.5	9.4
	66	13.2	12.2	11.4	10.9	10.5	10.4	10.3	10.2	10.1	10.0	9.9	9.8	9.7	9.6
	64	13.4	12.4	11.6	11.1	10.7	10.6	10.5	10.4	10.3	10.2	10.1	10.0	9.9	9.8
	62	13.6	12.6	11.8	11.3	10.9	10.8	10.7	10.6	10.5	10.4	10.3	10.2	10.1	10.0
	60	13.8	12.8	12.0	11.5	11.1	11.0	10.9	10.8	10.7	10.6	10.5	10.4	10.3	10.2
不及格	50	14.0	13.0	12.2	11.7	11.3	11.2	11.1	11.0	10.9	10.8	10.7	10.6	10.5	10.4
	40	14.2	13.2	12.4	11.9	11.5	11.4	11.3	11.2	11.1	11.0	10.9	10.8	10.7	10.6
	30	14.4	13.4	12.6	12.1	11.7	11.6	11.5	11.4	11.3	11.2	11.1	11.0	10.9	10.8
	20	14.6	13.6	12.8	12.3	11.9	11.8	11.7	11.6	11.5	11.4	11.3	11.2	11.1	11.0
	10	14.8	13.8	13.0	12.5	12.1	12.0	11.9	11.8	11.7	11.6	11.5	11.4	11.3	11.2

表 1－7　男生坐位体前屈单项评分表

单位:cm

等级	单项得分	一年级	二年级	三年级	四年级	五年级	六年级	初一	初二	初三	高一	高二	高三	大一大二	大三大四
优秀	100	16.1	16.2	16.3	16.4	16.5	16.6	17.6	19.6	21.6	23.6	24.3	24.6	24.9	25.1
	95	14.6	14.7	14.9	15.0	15.2	15.3	15.9	17.7	19.7	21.5	22.4	22.8	23.1	23.3
	90	13.0	13.2	13.4	13.6	13.8	14.0	14.2	15.8	17.8	19.4	20.5	21.0	21.3	21.5
良好	85	12.0	11.9	11.8	11.7	11.6	11.5	12.3	13.7	15.8	17.2	18.3	19.1	19.5	19.9
	80	11.0	10.6	10.2	9.8	9.4	9.0	10.4	11.6	13.8	15.0	16.1	17.2	17.7	18.2
及格	78	9.9	9.5	9.1	8.6	8.2	7.7	9.1	10.3	12.4	13.6	14.7	15.8	16.3	16.8
	76	8.8	8.4	8.0	7.4	7.0	6.4	7.8	9.0	11.0	12.2	13.3	14.4	14.9	15.4
	74	7.7	7.3	6.9	6.2	5.8	5.1	6.5	7.7	9.6	10.8	11.9	13.0	13.5	14.0
	72	6.6	6.2	5.8	5.0	4.6	3.8	5.2	6.4	8.2	9.4	10.5	11.6	12.1	12.6
	70	5.5	5.1	4.7	3.8	3.4	2.5	3.9	5.1	6.8	8.0	9.1	10.2	10.7	11.2
	68	4.4	4.0	3.6	2.6	2.2	1.2	2.6	3.8	5.4	6.6	7.7	8.8	9.3	9.8
	66	3.3	2.9	2.5	1.4	1.0	−0.1	1.3	2.5	4.0	5.2	6.3	7.4	7.9	8.4
	64	2.2	1.8	1.4	0.2	−0.2	−1.4	0.0	1.2	2.6	3.8	4.9	6.0	6.5	7.0
	62	1.1	0.7	0.3	−1.0	−1.4	−2.7	−1.3	−0.1	1.2	2.4	3.5	4.6	5.1	5.6
	60	0.0	−0.4	−0.8	−2.2	−2.6	−4.0	−2.6	−1.4	−0.2	1.0	2.1	3.2	3.7	4.2
不及格	50	−0.8	−1.2	−1.6	−3.2	−3.6	−5.0	−3.8	−2.6	−1.4	0.0	1.1	2.2	2.7	3.2
	40	−1.6	−2.0	−2.4	−4.2	−4.6	−6.0	−5.0	−3.8	−2.6	−1.0	0.1	1.2	1.7	2.2
	30	−2.4	−2.8	−3.2	−5.2	−5.6	−7.0	−6.2	−5.0	−3.8	−2.0	−0.9	0.2	0.7	1.2
	20	−3.2	−3.6	−4.0	−6.2	−6.6	−8.0	−7.4	−6.2	−5.0	−3.0	−1.9	−0.8	−0.3	0.2
	10	−4.0	−4.4	−4.8	−7.2	−7.6	−9.0	−8.6	−7.4	−6.2	−4.0	−2.9	−1.8	−1.3	−0.8

表 1-8 女生坐位体前屈单项评分表

单位:cm

等级	单项得分	一年级	二年级	三年级	四年级	五年级	六年级	初一	初二	初三	高一	高二	高三	大一 大二	大三 大四
优秀	100	18.6	18.9	19.2	19.5	19.8	19.9	21.8	22.7	23.5	24.2	24.8	25.3	25.8	26.3
	95	17.3	17.6	17.9	18.1	18.5	18.7	20.1	21.0	21.8	22.5	23.1	23.6	24.0	24.4
	90	16.0	16.3	16.6	16.9	17.2	17.5	18.4	19.3	20.1	20.8	21.4	21.9	22.2	22.4
良好	85	14.7	14.8	14.9	15.0	15.1	15.2	16.7	17.6	18.4	19.1	19.7	20.2	20.6	21.0
	80	13.4	13.3	13.2	13.1	13.0	12.9	15.0	15.9	16.7	17.4	18.0	18.5	19.0	19.5
及格	78	12.3	12.2	12.1	12.0	11.9	11.8	13.7	14.6	15.4	16.1	16.7	17.2	17.7	18.2
	76	11.2	11.1	11.0	10.9	10.8	10.7	12.4	13.3	14.1	14.8	15.4	15.9	16.4	16.9
	74	10.1	10.0	9.9	9.8	9.7	9.6	11.1	12.0	12.8	13.5	14.1	14.6	15.1	15.6
	72	9.0	8.9	8.8	8.7	8.6	8.5	9.8	10.7	11.5	12.2	12.8	13.3	13.8	14.3
	70	7.9	7.8	7.7	7.6	7.5	7.4	8.5	9.4	10.2	10.9	11.5	12.0	12.5	13.0
	68	6.8	6.7	6.6	6.5	6.4	6.3	7.2	8.1	8.9	9.6	10.2	10.7	11.2	11.7
	66	5.7	5.6	5.5	5.4	5.3	5.2	5.9	6.8	7.6	8.3	8.9	9.4	9.9	10.4
	64	4.6	4.5	4.4	4.3	4.2	4.1	4.6	5.5	6.3	7.0	7.6	8.1	8.6	9.1
	62	3.5	3.4	3.3	3.2	3.1	3.0	3.3	4.2	5.0	5.7	6.3	6.8	7.3	7.8
	60	2.4	2.3	2.2	2.1	2.0	1.9	2.0	2.9	3.7	4.4	5.0	5.5	6.0	6.5
不及格	50	1.6	1.5	1.4	1.3	1.2	1.1	1.2	2.1	2.9	3.6	4.2	4.7	5.2	5.7
	40	0.8	0.7	0.6	0.5	0.4	0.3	0.4	1.3	2.1	2.8	3.4	3.9	4.4	4.9
	30	0.0	-0.1	-0.2	-0.3	-0.4	-0.5	-0.4	0.5	1.3	2.0	2.6	3.1	3.6	4.1
	20	-0.8	-0.9	-1.0	-1.1	-1.2	-1.3	-1.2	-0.3	0.5	1.2	1.8	2.3	2.8	3.3
	10	-1.6	-1.7	-1.8	-1.9	-2.0	-2.1	-2.0	-1.1	-0.3	0.4	1.0	1.5	2.0	2.5

表1－9　男生立定跳远单项评分表

单位:cm

等级	单项得分	初一	初二	初三	高一	高二	高三	大一 大二	大三 大四
优秀	100	225	240	250	260	265	270	273	275
	95	218	233	245	255	260	265	268	270
	90	211	226	240	250	255	260	263	265
良好	85	203	218	233	243	248	253	256	258
	80	195	210	225	235	240	245	248	250
及格	78	191	206	221	231	236	241	244	246
	76	187	202	217	227	232	237	240	242
	74	183	198	213	223	228	233	236	238
	72	179	194	209	219	224	229	232	234
	70	175	190	205	215	220	225	228	230
	68	171	186	201	211	216	221	224	226
	66	167	182	197	207	212	217	220	222
	64	163	178	193	203	208	213	216	218
	62	159	174	189	199	204	209	212	214
	60	155	170	185	195	200	205	208	210
不及格	50	150	165	180	190	195	200	203	205
	40	145	160	175	185	190	195	198	200
	30	140	155	170	180	185	190	193	195
	20	135	150	165	175	180	185	188	190
	10	130	145	160	170	175	180	183	185

表 1－10　女生立定跳远单项评分表

单位:cm

等级	单项得分	初一	初二	初三	高一	高二	高三	大一大二	大三大四
优秀	100	196	200	202	204	205	206	207	208
	95	190	194	196	198	199	200	201	202
	90	184	188	190	192	193	194	195	196
良好	85	177	181	183	185	186	187	188	189
	80	170	174	176	178	179	180	181	182
及格	167	171	173	175	176	177	178	179	
	76	164	168	170	172	173	174	175	176
	74	161	165	167	169	170	171	172	173
	72	158	162	164	166	167	168	169	170
	70	155	159	161	163	164	165	166	167
	68	152	156	158	160	161	162	163	164
	66	149	153	155	157	158	159	160	161
	64	146	150	152	154	155	156	157	158
	62	143	147	149	151	152	153	154	155
	60	140	144	146	148	149	150	151	152
不及格	50	135	139	141	143	144	145	146	147
	40	130	134	136	138	139	140	141	142
	30	125	129	131	133	134	135	136	137
	20	120	124	126	128	129	130	131	132
	10	115	119	121	123	124	125	126	127

表 1－11　男生一分钟仰卧起坐、引体向上单项评分表

单位：次

等级	单项得分	三年级	四年级	五年级	六年级	初一	初二	初三	高一	高二	高三	大一大二	大三大四
优秀	100	48	49	50	51	13	14	15	16	17	18	19	20
	95	45	46	47	48	12	13	14	15	16	17	18	19
	90	42	43	44	45	11	12	13	14	15	16	17	18
良好	85	39	40	41	42	10	11	12	13	14	15	16	17
	80	36	37	38	39	9	10	11	12	13	14	15	16
及格	78	34	35	36	37								
	76	32	33	34	35	8	9	10	11	12	13	14	15
	74	30	31	32	33								
	72	28	29	30	31	7	8	9	10	11	12	13	14
	70	26	27	28	29								
	68	24	25	26	27	6	7	8	9	10	11	12	13
	66	22	23	24	25								
	64	20	21	22	23	5	6	7	8	9	10	11	12
	62	18	19	20	21								
	60	16	17	18	19	4	5	6	7	8	9	10	11
不及格	50	14	15	16	17	3	4	5	6	7	8	9	10
	40	12	13	14	15	2	3	4	5	6	7	8	9
	30	10	11	12	13	1	2	3	4	5	6	7	8
	20	8	9	10	11		1	2	3	4	5	6	7
	10	6	7	8	9			1	2	3	4	5	6

注：小学三年级至六年级：一分钟仰卧起坐；初中、高中、大学：引体向上。

表1-12　女生一分钟仰卧起坐单项评分表

单位:次

等级	单项得分	三年级	四年级	五年级	六年级	初一	初二	初三	高一	高二	高三	大一大二	大三大四
优秀	100	46	47	48	49	50	51	52	53	54	55	56	57
	95	44	45	46	47	48	49	50	51	52	53	54	55
	90	42	43	44	45	46	47	48	49	50	51	52	53
良好	85	39	40	41	42	43	44	45	46	47	48	49	50
	80	36	37	38	39	40	41	42	43	44	45	46	47
及格	78	34	35	36	37	38	39	40	41	42	43	44	45
	76	32	33	34	35	36	37	38	39	40	41	42	43
	74	30	31	32	33	34	35	36	37	38	39	40	41
	72	28	29	30	31	32	33	34	35	36	37	38	39
	70	26	27	28	29	30	31	32	33	34	35	36	37
	68	24	25	26	27	28	29	30	31	32	33	34	35
	66	22	23	24	25	26	27	28	29	30	31	32	33
	64	20	21	22	23	24	25	26	27	28	29	30	31
	62	18	19	20	21	22	23	24	25	26	27	28	29
	60	16	17	18	19	20	21	22	23	24	25	26	27
不及格	50	14	15	16	17	18	19	20	21	22	23	24	25
	40	12	13	14	15	16	17	18	19	20	21	22	23
	30	10	11	12	13	14	15	16	17	18	19	20	21
	20	8	9	10	11	12	13	14	15	16	17	18	19
	10	6	7	8	9	10	11	12	13	14	15	16	17

表 1－13　男生耐力跑单项评分表

单位：min · s

等级	单项得分	五年级	六年级	初一	初二	初三	高一	高二	高三	大一大二	大三大四
优秀	100	1′36″	1′30″	3′55″	3′50″	3′40″	3′30″	3′25″	3′20″	3′17″	3′15″
	95	1′39″	1′33″	4′05″	3′55″	3′45″	3′35″	3′30″	3′25″	3′22″	3′20″
	90	1′42″	1′36″	4′15″	4′00″	3′50″	3′40″	3′35″	3′30″	3′27″	3′25″
良好	85	1′45″	1′39″	4′22″	4′07″	3′57″	3′47″	3′42″	3′37″	3′34″	3′32″
	80	1′48″	1′42″	4′30″	4′15″	4′05″	3′55″	3′50″	3′45″	3′42″	3′40″
及格	78	1′51″	1′45″	4′35″	4′20″	4′10″	4′00″	3′55″	3′50″	3′47″	3′45″
	76	1′54″	1′48″	4′40″	4′25″	4′15″	4′05″	4′00″	3′55″	3′52″	3′50″
	74	1′57″	1′51″	4′45″	4′30″	4′20″	4′10″	4′05″	4′00″	3′57″	3′55″
	72	2′00″	1′54″	4′50″	4′35″	4′25″	4′15″	4′10″	4′05″	4′02″	4′00″
	70	2′03″	1′57″	4′55″	4′40″	4′30″	4′20″	4′15″	4′10″	4′07″	4′05″
	68	2′06″	2′00″	5′00″	4′45″	4′35″	4′25″	4′20″	4′15″	4′12″	4′10″
	66	2′09″	2′03″	5′05″	4′50″	4′40″	4′30″	4′25″	4′20″	4′17″	4′15″
	64	2′12″	2′06″	5′10″	4′55″	4′45″	4′35″	4′30″	4′25″	4′22″	4′20″
	62	2′15″	2′09″	5′15″	5′00″	4′50″	4′40″	4′35″	4′30″	4′27″	4′25″
	60	2′18″	2′12″	5′20″	5′05″	4′55″	4′45″	4′40″	4′35″	4′32″	4′30″
不及格	50	2′22″	2′16″	5′40″	5′25″	5′15″	5′05″	5′00″	4′55″	4′52″	4′50″
	40	2′26″	2′20″	6′00″	5′45″	5′35″	5′25″	5′20″	5′15″	5′12″	5′10″
	30	2′30″	2′24″	6′20″	6′05″	5′55″	5′45″	5′40″	5′35″	5′32″	5′30″
	20	2′34″	2′28″	6′40″	6′25″	6′15″	6′05″	6′00″	5′55″	5′52″	5′50″
	10	2′38″	2′32″	7′00″	6′45″	6′35″	6′25″	6′20″	6′15″	6′12″	6′10″

注：小学五年级至六年级：50 米 ×8 往返跑；初中、高中、大学：1000 米跑。

表 1－14 女生耐力跑单项评分表

单位:min · s

等级	单项得分	五年级	六年级	初一	初二	初三	高一	高二	高三	大一 大二	大三 大四
优秀	100	1′41″	1′37″	3′35″	3′30″	3′25″	3′24″	3′22″	3′20″	3′18″	3′16″
	95	1′44″	1′40″	3′42″	3′37″	3′32″	3′30″	3′28″	3′26″	3′24″	3′22″
	90	1′47″	1′43″	3′49″	3′44″	3′39″	3′36″	3′34″	3′32″	3′30″	3′28″
良好	85	1′50″	1′46″	3′57″	3′52″	3′47″	3′43″	3′41″	3′39″	3′37″	3′35″
	80	1′53″	1′49″	4′05″	4′00″	3′55″	3′50″	3′48″	3′46″	3′44″	3′42″
及格	78	1′56″	1′52″	4′10″	4′05″	4′00″	3′55″	3′53″	3′51″	3′49″	3′47″
	76	1′59″	1′55″	4′15″	4′10″	4′05″	4′00″	3′58″	3′56″	3′54″	3′52″
	74	2′02″	1′58″	4′20″	4′15″	4′10″	4′05″	4′03″	4′01″	3′59″	3′57″
	72	2′05″	2′01″	4′25″	4′20″	4′15″	4′10″	4′08″	4′06″	4′04″	4′02″
	70	2′08″	2′04″	4′30″	4′25″	4′20″	4′15″	4′13″	4′11″	4′09″	4′07″
	68	2′11″	2′07″	4′35″	4′30″	4′25″	4′20″	4′18″	4′16″	4′14″	4′12″
	66	2′14″	2′10″	4′40″	4′35″	4′30″	4′25″	4′23″	4′21″	4′19″	4′17″
	64	2′17″	2′13″	4′45″	4′40″	4′35″	4′30″	4′28″	4′26″	4′24″	4′22″
	62	2′20″	2′16″	4′50″	4′45″	4′40″	4′35″	4′33″	4′31″	4′29″	4′27″
	60	2′23″	2′19″	4′55″	4′50″	4′45″	4′40″	4′38″	4′36″	4′34″	4′32″
不及格	50	2′27″	2′23″	5′05″	5′00″	4′55″	4′50″	4′48″	4′46″	4′44″	4′42″
	40	2′31″	2′27″	5′15″	5′10″	5′05″	5′00″	4′58″	4′56″	4′54″	4′52″
	30	2′35″	2′31″	5′25″	5′20″	5′15″	5′10″	5′08″	5′06″	5′04″	5′02″
	20	2′39″	2′35″	5′35″	5′30″	5′25″	5′20″	5′18″	5′16″	5′14″	5′12″
	10	2′43″	2′39″	5′45″	5′40″	5′35″	5′30″	5′28″	5′26″	5′24″	5′22″

注:小学五年级至六年级:50 米×8 往返跑;初中、高中、大学:800 米跑。

(二)加分指标评分表

如表1－15至表1－18所示为学生加分指标评分表。

表1－15　男生引体向上评分表

单位:次

加分	初一	初二	初三	高一	高二	高三	大一 大二	大三 大四
10	10	10	10	10	10	10	10	10
9	9	9	9	9	9	9	9	9
8	8	8	8	8	8	8	8	8
7	7	7	7	7	7	7	7	7
6	6	6	6	6	6	6	6	6
5	5	5	5	5	5	5	5	5
4	4	4	4	4	4	4	4	4
3	3	3	3	3	3	3	3	3
2	2	2	2	2	2	2	2	2
1	1	1	1	1	1	1	1	1

表1－16　女生一分钟仰卧起坐评分表

单位:次

加分	初一	初二	初三	高一	高二	高三	大一 大二	大三 大四
10	13	13	13	13	13	13	13	13
9	12	12	12	12	12	12	12	12
8	11	11	11	11	11	11	11	11
7	10	10	10	10	10	10	10	10
6	9	9	9	9	9	9	9	9
5	8	8	8	8	8	8	8	8
4	7	7	7	7	7	7	7	7
3	6	6	6	6	6	6	6	6
2	4	4	4	4	4	4	4	4
1	2	2	2	2	2	2	2	2

注:引体向上、一分钟仰卧起坐均为高优指标,学生成绩超过单项评分100分后,以超过的次数所对应的分数进行加分。

表 1－17 男生 1000 米跑评分表

单位：min·s

加分	初一	初二	初三	高一	高二	高三	大一 大二	大三 大四
10	−35″	−35″	−35″	−35″	−35″	−35″	−35″	−35″
9	−32″	−32″	−32″	−32″	−32″	−32″	−32″	−32″
8	−29″	−29″	−29″	−29″	−29″	−29″	−29″	−29″
7	−26″	−26″	−26″	−26″	−26″	−26″	−26″	−26″
6	−23″	−23″	−23″	−23″	−23″	−23″	−23″	−23″
5	−20″	−20″	−20″	−20″	−20″	−20″	−20″	−20″
4	−16″	−16″	−16″	−16″	−16″	−16″	−16″	−16″
3	−12″	−12″	−12″	−12″	−12″	−12″	−12″	−12″
2	−8″	−8″	−8″	−8″	−8″	−8″	−8″	−8″
1	−4″	−4″	−4″	−4″	−4″	−4″	−4″	−4″

表 1－18 女生 800 米跑评分表

单位：min·s

加分	初一	初二	初三	高一	高二	高三	大一 大二	大三 大四
10	−50″	−50″	−50″	−50″	−50″	−50″	−50″	−50″
9	−45″	−45″	−45″	−45″	−45″	−45″	−45″	−45″
8	−40″	−40″	−40″	−40″	−40″	−40″	−40″	−40″
7	−35″	−35″	−35″	−35″	−35″	−35″	−35″	−35″
6	−30″	−30″	−30″	−30″	−30″	−30″	−30″	−30″
5	−25″	−25″	−25″	−25″	−25″	−25″	−25″	−25″
4	−20″	−20″	−20″	−20″	−20″	−20″	−20″	−20″
3	−15″	−15″	−15″	−15″	−15″	−15″	−15″	−15″
2	−10″	−10″	−10″	−10″	−10″	−10″	−10″	−10″
1	−5″	−5″	−5″	−5″	−5″	−5″	−5″	−5″

注：1000 米跑、800 米跑均为低优指标，学生成绩低于单项评分 100 分后，以减少的秒数所对应的分数进行加分。

(三)单项指标与权重

如表1－19所示为学生单项指标与权重。

表1－19 单项指标与权重

测试对象	单项指标	权重(%)
小学一年级至大学四年级	体重指数(BMI)	15
	肺活量	15
小学一、二年级	50m跑	20
	坐位体前屈	30
	1min跳绳	20
小学三、四年级	50m跑	20
	坐位体前屈	20
	1min跳绳	20
	1min仰卧起坐	10
小学五、六年级	50m跑	20
	坐位体前屈	10
	1min跳绳	10
	1min仰卧起坐	20
	50m×8往返跑	10
初中、高中、大学各年级	50m跑	20
	坐位体前屈	10
	立定跳远	10
	引体向上(男)/1min仰卧起坐(女)	10
	1000m跑(男)/800m跑(女)	20

注:体重指数(BMI)=体重(kg)/身高^2(m^2)。

(四)评分表的使用方法及评定等级

(1)本标准的学年总分由标准分与附加分之和构成,满分为120分。标准分由各单项指标得分与权重乘积之和组成,满分为100分。附加分根据实测成绩确定,即对成绩超过100分的加分指标进行加分,满分为20分;小学的加分指标为1分钟跳绳,加分幅度为20分;初中、高中和大学的加分指标为男生引体向上和1000米跑,女生1分钟仰卧起坐和800米跑,各指标加分幅度均为10分。

(2)根据学生学年总分评定等级:90.0分及以上为优秀,80.0～89.9分为良好,60.0～79.9分为及格,59.9分及以下为不及格。

思考题

1. 谈谈你对高校体育目的和任务的理解。
2. 你认为今后高校体育发展的方向是什么?

第二章　体育与健康

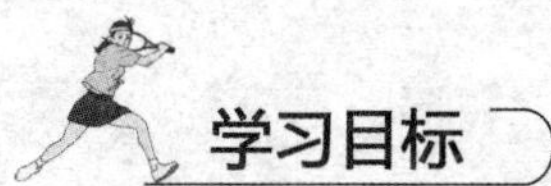

1. 通过学习体育与健康的概念，理解体育与健康的内涵和外延。
2. 通过学习亚健康的概念与形成原因，预防与缓解亚健康发生。
3. 通过学习体育与健康之间的关系，了解体育对于健康的意义。
4. 通过学习健康的影响因素和法则，了解保持健康的途径。

第一节　体育的概念与组成

一、体育的产生与发展

（一）体育的产生

生产劳动是人类一切活动和赖以生存的基础，是人类基本的实践活动。在远古时期，人类为了生存，不得不经常出入于沼泽平原，穿梭于崇山峻岭，跨溪流，越阻障，攀悬崖，采摘瓜果，捕捉鱼虾，猎获禽兽。为了采摘树上的果实充饥，就要掌握攀登的技巧；为了捞取水中的鱼虾，就要学会游泳；为了捕捉动物，就需要快速持久的非凡奔跑能力；为了抵御和战胜猛兽，就要有使用器械和投掷的力量……在与大自然的斗争中，人们逐渐形成了走、跑、跳、投等动作技能，这就是人类最初的体育。由此可见，生产劳动是体育的基本源泉。人体在劳动中的活动，可以说是最初的体育形态。随着生产工具的改进，社会生产力的发展，剩余产品和私有制的出现，人类生活中有了娱乐、宗教、教育、战争等复杂现象。人的身体活动同这些现象相结合，使原始的体育形态前进了一步。

人的某些身体活动，只有在它有目的、有意识、有规律地与健身、医疗相结合，成为养生之道时，才同人体在生产劳动中的活动区别开来，成为体育而独立存在，并逐渐具有竞技的形式。

(二)体育与劳动的区别

体育起源于劳动,体力劳动与体育运动都有"体"和"动"的共同特点,在一定的过程中都要求有身体活动,从中消耗一定的能量,使人体的新陈代谢旺盛,不同程度地对身体发展产生一定的影响。但是,体力劳动与体育运动有着本质的区别,两者既不相同,也不能相互代替。首先,活动的动机和目的不同,劳动创造价值,生产物质财富,取得报酬并服务于社会;而体育运动的直接目的是为了增进身心健康,增强体质。其次,活动的环境条件不同。劳动在特定的条件下,受一定的操作规程制约,其身体活动部位大都是局部的反复活动和固定姿势的连续操作,对人体的影响有较大的片面性,所以劳动者的健康不可避免地存在不利的一面。体育运动是劳动之余的一种补充,可在阳光充足、空气新鲜、条件适宜的场所进行,也可根据不同工种,选择不同的活动内容,进行科学的锻炼,抑其过而补其亏,使人得到和谐发展。总之,两者在活动的目的、条件和效果等方面是不同的。

二、"体育"的基本概念

体育的概念分广义和狭义两种。

(一)体育的广义概念

体育亦称体育运动,是指以身体练习为基本手段,增强体质,提高运动技术水平,进行思想教育,丰富社会文化生活而进行的一种有意识的身体运动和社会活动。它属于社会文化教育的范畴,受社会政治、经济的影响与制约,也为一定社会政治和经济服务。

体育由学校体育、竞技体育、社会体育三个基本方面组成。

学校体育是学校教育的重要组成部分,是通过体育手段来增强体质,传授体育的基本知识、技术、技能,培养学生道德和意志品质的有目的、有计划的教育过程。竞技体育是为了最大限度地发挥个人或集体在体格、体能、心理和运动能力等方面的综合潜力,以取得优异成绩而进行的科学、系统的训练和竞技活动。社会体育是指大众体育活动,它是以健身、健美、养生、娱乐和休闲等目的而进行的广泛的、形式多样的体育活动。

(二)体育的狭义概念

狭义"体育"已成身体教育,它是一个促进身体发展,增强体质,传授锻炼身体的知识、技术和技能,培养道德和意志品质过程,是教育的组成部分,目的在于培养人的全面发展。

三、体育的组成

(一)学校体育

学校体育是学校教育的重要组成部分,是全民教育的基础;它作为教育和体育的交叉点和结合部,又是国家体育事业发展的战略重点。为了达到教育及发展的总目标,学校体育按不同教育阶段和年龄特征,通过体育课程、课余体育训练和课外体育活动等基本组织形式,以"增强体质、增进健康"为核心,全面实现学校体育的各项任务。由于处在学校教育这个特定环境,体育的实施内容被列入学校总体计划,实施效果又有相应的措施予以保证,从而与其他教育环节共同构成一个完整的教育过程,促使学生德、智、体等各方面得到全面发展。

随着社会的不断发展,形成了体育科学化、社会化、娱乐化和终身化的发展趋势。学校体育不仅要注重增强体质、增进健康的实际效益,还必须着眼于学生个体生存、发展和享受的需

要，即重视包括生理、心理及社会等因素在内的综合效益，力求满足个人的体育兴趣和爱好，启发学生主动参与体育的意识，讲究体育锻炼的科学性，不断提高对体育的欣赏水平和参与水平，以适应21世纪开拓型人才对精神、体质、文化生活日益增长的需要，并创造条件为国家输送和培养竞技体育人才做贡献。

(二)竞技体育

竞技体育亦称竞技运动，它是在体育实践中派生出来的。竞技运动Sport原出于拉丁语Cisport，指“离开工作”进行的游戏和娱乐活动。但随着竞争因素的增加，它已成为在全面发展身体素质的基础上，最大限度挖掘体力、智力与运动才能，以夺取优异运动成绩为目标而进行的科学训练和各种竞赛活动。竞技体育在现代奥林匹克运动的推动下，已有50多种用于国际比赛的运动项目，开设有相应的国际体育组织和单项运动协会。为了发扬奥林匹克精神，在追求“更高、更快、更强”目标的同时，又提倡“公平竞赛”和“参与比取胜更重要”等原则。20世纪70年代以来，竞技体育被认为是在高水平竞争中，以夺取优胜为目标，进而实现最大限度开发人的竞技运动能力的教育过程。由于在组合“对抗”的同时，非常强调“规则”的完整和准确，即认为竞技规则在保证运动顺利进行的同时，也在引导运动不断趋向科学化，因此，为应付激烈的赛场竞争，正广泛采用先进的科学训练方法和手段，以探索人类竞技运动的极限。同时，由于竞技体育的表演技艺高超、季节性强，且极易吸引广大观众，因此，它作为一种极富感染力又容易传播的精神力量，在活跃社会文化生活、振奋民族精神、促进各国人民之间的友谊和团结等方面都有着特殊的教育作用。

但必须警惕，竞技体育在发展中也遇到不少困惑，其中最重要的问题是：竞技运动日益成为商业的附属品；竞技体育经常受到国际政治的干扰；业余、共同原则不断受到职业化的冲击；运动员滥用兴奋剂；靠金钱、绑架，操作和控制比赛输赢等。而这些有悖于奥林匹克精神和公平竞赛原则的现象和行为，无疑使竞技体育的正常发展受到严峻考验。

(三)社会体育

社会体育亦称大众体育，健身、娱乐、休闲体育、余暇体育、养生体育和医疗体育等均可列入社会体育的范畴。由于它吸引的对象主要是一般民众，其中包括男女老幼及伤病残者，活动领域遍及各个家庭乃至整个社会，所以堪称是活动内容最广、表现形式多样、适应性较强、参加人数最多的一项群众性体育活动。它作为学校体育的延伸，可使人们的体育生涯得以继续维持并受益终身。

社会体育开展的广泛性和社会化程度，取决于一个国家经济的繁荣、生活水平的提高、余暇时间的增多及社会环境安定等因素。我国的社会体育正在蓬勃兴起，特别是自《全民健身计划纲要》实施以来，全民体育意识大大增强。除廉价型的“公园体育”仍旧热度不减外，不少人已逐渐改变了体育观念，注重健康投资，开始把健身器械引进家庭，并涉及台球、网球、保龄球、高尔夫球等消费水平较高的休闲、娱乐体育。各种体育俱乐部、体育游乐园、健身娱乐中心也都竞相开办，吸引了大批体育爱好者，表明我国社会体育已进入了一个新的历史发展阶段。

第二节　健康的定义

一、健康的概念

古往今来,人们对于"健康"的解释各不相同。过去,人们总认为无病痛即健康。殊不知,即使没有任何躯体上的疾病,在生活中还会有烦恼、抑郁等存在。长久以来,"没病就是健康"的传统健康观和"人的命天注定"的宿命论仍在社会人群中普遍存在,健康教育的重要任务之一就是向广大人民群众宣传和普及新的健康观。

1984 年,世界卫生组织(WHO)在其宪章中明确提出:"健康不仅是免于疾病和衰弱,而是保持躯体、精神和社会诸方面的完美状态。"这一定义大大超越了疾病的范畴,将人的健康与生物的、心理的、社会的等多方面的关系密切联系起来。躯体健康就是身体强壮、没有病伤。精神健康,即保持良好的心理状态、和谐的人际关系、积极乐观的人生态度,从而更好地适应社会生活。社会健康较难以理解,它有 3 个层次,一是个人对社会环境适应良好;二是要为家庭、他人、社区和全社会的健康做出积极贡献;三是发挥个人最大能力去实现生命存在的社会价值。因此,从积极的健康观出发,健康是生命存在的最佳状态。每一个人都积极地追求健康,都应对个人、家庭、社区乃至全社会的健康承担责任。

1978 年,国际初级卫生保健大会发表的《阿拉木图宣言》重申了世界卫生组织的健康定义,并进一步提出"健康是基本人权,达到尽可能的健康水平,是世界范围内的一项最重要的社会性目标",把对健康的认识提到一个新的高度,即健康不仅是个人生活,家庭幸福的基础,而且是国家发达、民族昌盛的保证,是社会进步的一个重要标志。"人人为健康,健康为人人。"维护和促进健康不仅仅是卫生部门和医护人员的事情,而是政府和全社会共同的责任。这便是人们经常说的"大卫生观"。

面向未来,国际卫生机构和医学专家相继提出跨世纪卫生工作和人类健康新的认识和理论。1994 年 6 月,世界卫生组织亚太执委会提出了"健康新地平线"战略,明确提出,未来医学和卫生工作的侧重点应该是"以人为中心,以健康为中心",而不是以疾病为中心,并且必须将重点放到有利于健康的工作上,作为人类发展的一部分。

知识窗

衡量一个人是否健康的 10 个标志:精力充沛、处事乐观、应变力强、抵抗力强、身体匀称、眼睛明亮、牙齿清洁、头发光泽、走路轻松、睡眠良好。

由此可见,健康没有上限,更不是一种静态的标准。一个人如果想要达到真正的健康,就必须在身体和心理上保持健康状态,并且有良好的社会适应能力。显然,为使人类健康跃上新的台阶,健康概念有不可低估的作用。

二、健康的组成

WHO 关于健康的概念指出:所谓健康,是由身体健康、心理健康、道德健康等方面组成的。

它们之间相互联系,相互影响。因此,对于维护人体健康而言,上述几个方面缺一不可。

(一)生理健康

生理健康是指一个人除了没有高度治疗的身体疾病外,还应有余力应付意外的挑战,并有足够的能力满足日常生活的需要。另外,生理健康主要还体现在形体匀称,眼睛明亮,头发有光泽,牙齿洁白,睡眠良好等。你若想要拥有一个健康的身体,可以采取科学锻炼的方式来达到这一目的。积极科学的锻炼不仅能提高身体的健康,减少疾病的发生,而且能延年益寿。

(二)心理健康

心理健康不仅是指人的精神、情绪和意识方面的良好状态,而且它还要求一个人必须具有情感认识、接受表达、独立行为以及应付日常各种应急挑战等的能力。心理健康包括情绪健康和思维健康。情绪健康是指情绪稳定乐观,意志坚强,行为规范协调,精神充沛。它涉及我们对自己和对他人的态度,以情绪的稳定性为主要标志,主要是指个体能从容不迫应付日常生活中的人际关系和工作压力的能力。思维健康是指人们根据实际情况,认识世界,乐于承担责任,作出挑战反应,能面向未来,充满信心,对生活采取理性策略的能力。

(三)社会适应

社会适应对健康的影响是综合性的,主要来自社会环境因素,具体包括社会为人类日常生活提供的物质条件,也受社会制度、文化传统、经济发展及与之有关的其他因素制约。从局部而言,饮食营养、居住条件、医疗措施、家庭状况、卫生习惯、生活方式和行为规范等,都应视为影响个体健康的社会因素。但从整体考虑,这种影响还取决于社会的发展程度以及不同国家为之提供的外部环境。知识经济时代,不但获取知识的方式和途径在悄然发生变化,而且随着生活节奏加快,人际关系变得复杂,导致在日趋激烈的社会竞争中,伴随各种不同价值取向而产生的迷惘、困惑、抑郁、孤独与失望情绪,都在现代人的生活中弥漫。人们为适应社会环境,势必要获得合理的社会定位与能力,即学会选择适合自我的价值观和人生态度,并有效建立起促进个人发展的精神背景和自我引导机制,以便能够按社会运行法则,处理好个人遵循和社会条件之间的矛盾,具体包括对健康文化、健康观念、健康行为、健康产生机制和健康管理等知识的了解与遵循。

(四)道德健康

道德健康是指参与社会活动,为社会作贡献,能与他人保持和谐的人际关系的能力。尤其重要的是能够按照社会道德行为规范准则约束自己,并支配自己的思想和行为,有辨别真、善、美、荣、辱的是非观念和能力。这种能力可使人更有自信心和安全感,在日常生活中,能使人始终保持一个良好的心情,有益于身心健康。

三、健康的标准

从以上一系列健康概念解释中,我们可以清楚地认识到健康是一个多维化的综合性的概念。随后世界卫生组织进一步地诠释了健康的十条标准。

(一)健康的十条标准

(1)精力充沛,能从容不迫地担负日常生活和工作压力,而且不感到过分紧张与疲劳。

(2)处事乐观,态度积极,乐于承担责任。

(3)善于休息,睡眠好。

(4)应变能力强,能适应外界环境的各种变化。

(5)能够抵抗一般性感冒和传染病。

(6)身体匀称,体态端详,体重适当;站立时,头、肩、臂位置协调。

(7)头发有光泽,无头屑。

(8)眼睛明亮,反应敏捷,眼睑不易发炎。

(9)牙齿清洁,无龋齿,不疼痛,牙龈无出血现象。

(10)肌肉丰满,皮肤有弹性。

(二)心理健康的标准

心理健康概念的诠释是一个十分复杂的问题,它既受自身的生理健康影响,也受所处环境变迁的影响,特别表现在知、情、意、行诸方面的统一和健全。

(1)具有优良的道德品质:严于律己,不谋私利,品质高尚,无私无畏。

(2)具有健康的人格、行为:做事认真,待人诚恳,表现出良好的诚信和责任感。

(3)具有良好的人际关系:善于发现别人的优点,善于与同事合作,表现很强的亲和力。

(4)具有稳定的情绪:处事有条不紊,充满活力,表现出善于处理各种矛盾的能力。

(5)积极进取的人生追求:不满足于现状,要有一定的创新思维能力。

(6)具有坚韧的意志品质:在困难面前不动摇,不为舆论和闲言碎语左右。

(7)具有正常的认识力:培养自己良好的记忆力、观察力和思考力以提高解决问题的能力。

(8)具有适应环境的应变能力:身心健康,头脑清晰,适应能力强。

第三节 亚 健 康

一、亚健康状态的概念

20世纪80年代中期,苏联科学家布赫曼教授通过研究发现,除了健康状态和疾病状态之外,人体还存在着一种非健康非患病的中间状态,称为亚健康状态。这一发现被后来许多学者的研究所证实,亚健康状态这一概念也逐渐地为人们所接受。世界卫生组织的一项全球性调查表明,真正健康的人仅占5%,患有疾病的人占20%,而75%的人都处于亚健康状态。在现代社会,随着经济的发展和社会竞争的加剧,亚健康状态普遍存在,而且人数呈逐年增加的趋势。

现代医学将健康称作“第一状态”,疾病称作“第二状态”,将介于健康与疾病之间的状态称作“第三状态”,也称作“亚健康状态”,也有“次健康”“中间状态”“游离状态”“灰色状态”等称谓。亚健康状态是处于疾病与健康之间的一种生理机能低下的状态,亚健康状态也是很多疾病的前期症兆,如肝炎、心脑血管疾病、代谢性疾病等。亚健康人群普遍存在六高一低,即高负荷(心理和体力)、高血压、高血脂、高血糖、高体重和免疫功能低。

亚健康是个大概念,包含着前后衔接的几个阶段。其中,与健康紧紧相邻的可称作“轻度心身失调”,它常以疲劳、失眠、胃口差、情绪不稳定等为主症,但是这些失调容易恢复,恢复了

则与健康人并无不同。它约占人群的25%～28%。

轻度心身失调若持续发展,可进入“潜临床”状态。此时,已呈现出发展成某些疾病的高危倾向,潜伏着向某病发展的高度可能。在人群中,处于这类状态者超过1/3,且在40岁以上的人群中比例陡增。他们的表现比较错综,可为慢性疲劳或持续的心身失调,包括前述的各种症状持续2个月以上,且常伴有慢性咽痛、反复感冒、精力不支等。也有专家将其错综的表现归纳为3种减退:活力减退、反应能力减退和适应能力减退。从临床检测来看,城市里的这类群体比较集中地表现为三高一低倾向,即存在着接近临界水平的高血脂、高血糖、高血黏度和免疫功能偏低。

另有至少超过10%的人介于潜临床和疾病之间的,可称作“前临床”状态,指已经有了病变,但症状还不明显或还没引起足够重视,或未求诊断,或即便医生作了检查,一时未查出。严格地说,最后一类已不属于亚健康,而是有病的不健康状态,只是有待于明确诊断而已。因此,除去这部分人群,也有不少研究者认为亚健康者约占人口的60%。

由此可见,亚健康是一种临界状态,处于亚健康状态的人,虽然没有明确的疾病,但却出现精神活力和适应能力的下降,如果这种状态不能得到及时的纠正,非常容易引起身心疾病,包括心理障碍、胃肠道疾病、高血压、冠心病、癌症、性功能下降、倦怠、注意力不集中、心情烦躁、失眠、消化功能不好、食欲不振、腹胀、心慌、胸闷、便秘、腹泻、感觉很疲惫,甚至有欲死的感觉。然而体格检查并无器官上的问题,所以主要是功能性的问题。处于亚健康状态的人,除了疲劳和不适,不会有生命危险。但如果碰到高度刺激,如熬夜、发脾气等应激状态,很容易出现猝死。

二、过劳死

现代人工作忙,竞争激烈,下班后回了家又有孩子、老人、家务在等着自己,也很忙。工作与生活的双重压力,常常把人逼得无路可退,无处可息,疯狂工作不注意休息的人真是太多了。这种不尊重健康的现象不仅在中国,在全球都是如此。这类拼命工作的亚健康状态的另一种最直接、更可怕的称呼是“过劳死”。

“过劳死”一词源自日本,最早出现于日本二十世纪七八十年代经济繁荣时期,它并不是临床医学病名,而是属于社会医学范畴。在日本它被定义为:由于过度的工作负担(诱因),导致高血压等基础性疾病恶化,进而引起脑血管或心血管疾病等急性循环器官障碍,使患者死亡。曾在5年内,日本有几位市长因严重的疲劳而“过劳死”。有人统计,日本每年有1万人因过劳而猝死。在现代社会,随着社会竞争的不断加剧,“过劳死”正向全球蔓延,在中国,“过劳死”也频繁发生。可见,“过劳死”就在人们身边,它为人们敲响了健康的警钟。

造成“过劳死”的根本原因是长期的高强度、超负荷的劳心劳力,加上缺乏及时的恢复和足够的营养补充,导致机体细胞的超前老化,这种老化一旦超过一定的限度就会爆发“过劳死”。日本“过劳死”预防协会列有如下二十大“过劳死”信号。

(一)“过劳死”二十大信号

(1)“将军肚”早现。30～50岁的人,大腹便便,是成熟的标志,也是高血脂、脂肪肝、高血压、冠心病的伴侣。

(2)脱发、斑秃、早秃。每次洗发都有一大堆头发脱落,这是工作压力大、精神紧张所致。

(3)频频去洗手间。如果一个人的年龄在30~40岁之间，排泄次数超过正常人，说明消化系统和泌尿系统开始衰退。

(4)性能力下降。中年人过早地出现腰酸腿痛，性欲减退或男子阳痿、女子过早闭经，都是身体整体衰退的第一信号。

(5)记忆力减退，开始忘记熟人的名字。

(6)心算能力越来越差。

(7)做事经常后悔、易怒、烦躁、悲观，难以控制自己的情绪。

(8)注意力不集中，集中精神的能力越来越差。

(9)睡觉时间越来越短，醒来也不解乏。

(10)想做事时，不明原因地走神，脑子里想东想西，精神难以集中。

(11)看什么都不顺眼，烦躁，动辄发火。

(12)处于敏感紧张状态，惧怕并回避某人、某地、某物或某事。

(13)为自己的生命常规被扰乱而不高兴，总想恢复原状。对已做完的事、已想明白的问题，反复思考和检查，而自己又为这种反复而苦恼。

(14)身上有某种不适或疼痛，但医生查不出问题，而仍不放心，总想着这件事。

(15)很恼烦，但不一定知道为何烦恼；做其他事常常不能分散对烦恼的注意，也就是说烦恼好像摆脱不了。

(16)情绪低落、心情沉重，整天不快乐，工作、学习、娱乐、生活都提不起精神和兴趣。

(17)易于疲乏，或无明显原因感到精力不足，体力不支。

(18)怕与人交往，厌恶人多，在他人面前无自信心，感到紧张或不自在。

(19)心情不好时就晕倒，控制不住情绪和行为，甚至突然说不出话、看不见东西、憋气、肌肉抽搐等。

(20)觉得别人都不好，别人都不理解自己，都在嘲笑自己或和自己作对。事过之后能有所察觉，似乎自己太多事了，钻了牛角尖。

(二)测评“过劳死”对照方法

可以对照以上“信号”进行自我检查，具有上述2项或2项以下者，则为“黄灯”警告期，目前尚无需担心；具有上述3~5项者，则为一次“红灯”预报期，说明已经具备“过劳死”的征兆；6项以上者，为二次“红灯”危险期，可定为“疲劳综合征”——“过劳死”的“预备军”。另外，有三种人易“过劳死”：一是有钱有势的人，特别是只知道消费不知道保养的人；二是有事业心的人，特别是称得上“工作狂”的人；三是有遗传早亡血统又自以为身体健康的人。

三、亚健康状态的预防与治疗

下面是一个学生亚健康状态检测表，对照下面的这些症状，测一测自己是不是处于亚健康状态。

(一)“亚健康”十五症状

(1)早上即使醒来也不愿起床，总想待在床上。

(2)感到情绪有些抑郁，会对着窗外发呆。

(3)昨天想好的某件事，今天怎么也记不起来了，而且近些天来，经常出现这种情况。

(4)害怕走进办公室和教室,总觉得学习令人厌倦。

(5)不想面对同学、教师和家长,有自闭症式的渴望。

(6)学习效率下降,经常受到各方面的批评。

(7)学习一小时后,就感到身体倦怠,胸闷气短。

(8)情绪始终无法高涨。最令自己不解的是无名的火气很大,但又没有精力发作。

(9)一日三餐,进餐甚少,排除天气因素,即使非常适合自己口味的菜,近来也经常味同嚼蜡。

(10)盼望早早地逃离教室,为的是能够回家,躺在床上休息片刻;而且不希望别人来打扰。

(11)对城市的污染、噪声非常敏感,比常人更渴望清幽、宁静的山水和农庄,休息身心。

(12)不再像以前那样热衷于朋友的聚会,和同学交谈有种强打精神、勉强应酬的感觉。

(13)晚上经常睡不着觉,即使睡着了,又老是在做梦的状态中,睡眠质量很糟糕。

(14)体重有明显的下降趋势,早上起来,发现眼眶深陷,下巴突出。

(15)感觉免疫力在下降,经常觉着自己不舒服,好像总在生病。

5个以上肯定的回答,就处于亚健康状况;肯定的越多,越严重。如果你有很多肯定的回答,那么你就要小心了,因为你正处于亚健康状态。

(二)预防亚健康的方法

亚健康属于非疾病状态,要摆脱亚健康状态,主要不是靠医生的诊治、药物的疗效,而是要靠自己主动自觉地去预防,进行自身生活规律调节。

1. 均衡营养

没有任何一种食物能全面包含人体所需的营养。因此,既要吃山珍海味、喝牛奶,也要吃粗粮、杂粮、蔬菜、水果,这样才符合科学、合理、均衡的营养观念。合理的膳食和均衡的营养,可以有效减少疾病发生。

2. 保障睡眠

睡眠和每个人的身体健康密切相关。专家研究认为,睡眠应占人类生活1/3左右的时间。但是,在现代社会,因工作或娱乐造成的睡眠不足已成为影响健康最普遍而严重的问题。睡眠问题应引起人们的高度警觉和重视,到该睡觉的时候,横下心来,把能放下来的和不能放下来的,统统放到一边去,先美美地睡一觉再说。

3. 善待压力

要把压力看作是生活不可分割的一部分,学会适度减压,以保证健康、良好的心境。人之所以感到疲劳,首先是情绪使人的身体紧张,因此要学会放松,让自我从紧张疲劳中解脱出来。要确立切实可行的目标定向,切忌由于自我的期望值过高无法实现而导致心理压力。人在社会上生存,难免有很多烦恼和曲折,必须学会应付各种挑战,通过心理调节维护心理平衡。

4. 培养兴趣

兴趣爱好可以增加人的活力和情趣,使生活更加充实,生机勃勃,丰富多彩。健康有益的文化娱乐体育活动,不仅可以修身养性、陶冶情操,而且能够辅助治疗一些心理疾病,防止亚健康的转化。

5. 加强体育锻炼

现代人热衷于都市生活、忙于事业,身体锻炼的时间越来越少。参加体育锻炼,每天保证一定运动量,可以提高人体对疾病的抵抗能力,提高身体的健康水平。

6. 户外活动

现代高度发达的物质文化生活,使一些人在室内有空调、电视、电脑,出门坐汽车,从而远离阳光和新鲜空气,经常处于萎靡不振、忧郁烦闷状态。因此,要定期抽出一些时间,远离喧嚣的城市,到郊外进行光照,呼吸负氧离子浓度较高的新鲜空气,这对调节神经系统大为有益。

7. 戒烟限酒

医学证明,吸烟时人体血管容易发生痉挛,局部器官血液供应减少,营养素和氧气供给减少,尤其是呼吸道黏膜得不到氧气和养料供给,抗病能力也就随之下降。少量饮酒有益健康,但嗜酒、醉酒、酗酒会削减人体免疫功能。

第四节　体育与健康促进

一、体育与健康关系

人生最可贵的是健康。人人都希望有一个健康的身体,以便更好地为社会服务。然而健康的身体又受到各种因素的影响,其中以体育运动与健康的关系最为密切,正像法国思想家伏尔泰所说:“生命在于运动”。我国也有句俗话:“健身之道,运动为妙。”可见运动是增进健康的重要措施。在科学技术和精神文明高度发展的今天,体力劳动逐渐已减少,脑力劳动逐渐增加,通过运动来增进身体健康更不可忽视。为什么生命和运动的关系如此密切呢?请看下面的事实:把刚出生不久的白兔、夜莺和乌鸦关在笼子里,不让它们出来活动。尽管按时喂它们营养丰富的食物和水,按时让它们睡觉,但它们发育得还是很缓慢。等它们长大以后,虽然外表和没有禁锢的白兔、夜莺、乌鸦一样,但放出以后,就可以看到发生在它们身上的悲剧:兔子刚跑几步就栽倒在地上死去;夜莺没飞多高,就从半空中摔下来;乌鸦还没有飞到枝头上,也“哇哇”地叫了几声坠地身亡。实验者给它们进行了尸体解剖,发现它们有的心脏破裂;有的动脉撕开。这些是因为长期缺乏运动,内脏器官发育不良,不适应剧烈运动时血压升高的缘故,所以,它们的心脏和血管弹性是极低的。动物是这样,人是不是这样呢?试验的结果表明,人和动物的情况完全一样。国外做过这样的科学试验:把身体完全健康的25岁男子,分成两个试验组,第一组在20个昼夜里一直躺着,就是连吃饭、大小便也不许坐起来,更不许站立和走动。第二组和第一组的情况基本一样,只是让他们每昼夜在器械上活动四次身体,但仍保持躺着的姿势。20天过后,第一组的人感到头晕目眩、心慌气短,两腿酸软站不起来,甚至背部肌肉酸痛,食欲不振,有眩晕感;而第二组的人仍然保持着一定的工作能力,身体上也没有像第一组人那样的剧烈反应。为什么这些年轻小伙子,20天前身体还健壮,又没有生病,静止这短短一段时间就吃不消了呢?这说明人生活在世界上是需要运动的,如果没有运动,就没有生命。运动得少,生命力就弱;运动得多,生命力就强。如果人体运动过少,易引起中枢神经系统和内分泌系统的变化,使新陈代谢发生障碍,骨质疏松,肌肉萎缩,消化功能、排泄功能也都逐渐降低,人体会过早地衰老和死亡。

科学家还认为，心脏的强弱是关系到寿命长短的重要因素。爱运动的人和不爱运动的人相比较，爱运动的人心脏储备能力大，心脏的功能强，能把身体的老化现象降低到最小限度。有人做过这样的统计，发现心脏跳的快慢和寿命的长短成反比，即心跳越慢的人，其寿命越长；心跳越快的人，寿命越短。体育运动能使心肌得到锻炼，逐渐发达，排血量增多，再加上管理心跳快慢的迷走神经紧张度增加，所以，心脏跳动比较缓慢，这也是爱好运动的人长寿的原因之一。

随着科学技术的发展和机械化、自动化程度的提高，人们的体力劳动强度越来越低。如果不参加体力劳动和体育运动，除了高血压、肥胖病、冠心病的发病率逐渐升高外，还有一种肌肉萎缩、心脏衰退的"文明病"将要降落在人们身上，正像古希腊思想家亚里士多德早就说过的那样："最易于使人衰竭，最易于损害一个人的，莫过于长期不从事体力活动。"

体育运动能使人的生命充满活力，使人的各个组织器官更加健全，使人对外界环境的适应能力增强，还能使人聪明美丽，更好地为现代社会服务。因为体育是通过身体运动的方式进行的，它要求人体直接参与活动，这是体育最本质的特点之一。这个特点就决定了体育有健康功能。随着社会的进步，余暇时间的增多，如何善度余暇时间成为了一个社会性问题。丰富多彩、健康文明的余暇生活不仅可以使人们在繁忙的劳动之后获得积极性休息，而且还可以陶冶情操，愉快身心，培养高尚的品格。体育的一个重要目标正是要教会人们去合理、有效地利用、保护和促进身体健康，它是一种利用身体而又去完善身体的活动过程。人体的发展遵循着"用进废退"的生物学规律，合理而科学的身体锻炼，是保障人体发挥其极限效能的有效途径。身体锻炼引起神经肌肉的活动，而神经肌肉的有效活动，既可保证人体的运动器官和其他有关器官的良好功能，又会引起多重反应。健康快乐的一生，除了求助于身体锻炼以外，还需热心于身体活动的兴趣和情绪。文明社会在时间、财力和营养方面，为人类的身体活动提供越来越富裕的条件。文明社会的人类需要体育，如同原始社会的人类需要饮水和食物一样，适度的身体活动，既健身，又悦心。

从以上可知，体育是促进健康的重要内容和基础工作，它着重于增强体质，建立健康的信心，并要求最终落实到建立健康的行为上；而健康促进已超越了"教育"的范围，不仅是对个体的要求，更强调全社会力量的参加，更为重视政治和国家行政机构所起的作用。在实现"人人享有健康"的过程中，健康促进显然具有更积极、更广泛的意义。

二、体育与健康促进

健康促进是健康教育发展的新阶段。实现健康行为的转变，既不能单纯依靠行政命令，也不能仅凭几句宣传口号，而是需要多方面的综合作用，包括教育的、组织的、行为的、经济的、政策的以及其他环境的支持。以糖尿病防治为例。控制人群中糖尿病的发生发展，仅仅依靠临床治疗是远远不够的，要提供预防性卫生服务，如疾病监测、普查普治、糖尿病患者的社区系统化管理等；要通过健康教育普及有关防治知识，提高人们自我保健意识和能力；要以立法和行政手段清除糖尿病的危险因素，如改善饮食结构、控制吸烟、酗酒等。这些内容综合起来，在各级政府和有关部门的领导下有计划地进行，就是健康促进活动的具体实施。

概括地讲，健康促进是指以健康教育、组织、法律、政策和经济等综合手段对有害健康的行为和生活方式进行干预，创造良好的社会和生态环境，促进人类健康。健康促进的两大构成要素是健康教育和一切能够促使行为和社会环境问题向有利于健康转变的社会支持系统。

总之,我国健康教育事业的发展经历了卫生宣传、健康教育、健康促进3个阶段。三者的关系是:后者包容前者,后者是前者的发展。卫生宣传着眼于卫生知识的改善和社会舆论,只是健康教育的手段之一;而健康促进是在组织、政策、法律上为健康教育提供支持环境,要求全社会都能参与和支持各部门的合作。健康教育作为全民素质的组成部分,已经受到我国政府的高度重视。以政府行为和行政干预来支持和推动健康教育工作,这是健康教育事业发展的必然趋势。

1. 什么是体育?体育是怎样演变过来的?
2. 健康的概念是什么?怎样理解健康是人生的第一财富?
3. 请你说出影响健康的主要因素,在你身上还存在哪些影响健康的隐患?
4. 亚健康的症状有哪些?如何改善亚健康状态?

第三章　科学体育锻炼

1. 了解运动与肌肉、运动与能量供给、运动与疲劳等基本知识。
2. 深刻理解什么是科学体育锻炼及其含义，并掌握增强体质的科学方法。

第一节　体育锻炼的作用

一、体育锻炼对身体健康的作用

“生命在于运动”在自然界里是颠扑不破的真理。野生动物为了生存，不断地奔跑跳跃，因此，其寿命是家养动物寿命的几倍，如野兔寿命可达 15 年，而家兔只有 4 ~ 5 年；牧羊犬寿命可达 27 年，而家犬只有 12 ~ 13 年左右。虽然人的体质强弱、寿命长短受多种因素的制约和影响，但体育锻炼无疑是增强体质的最积极、最有效的手段。正像法国著名医生蒂索所说的那样，“运动就其作用来说，几乎可以替代任何药物，但是世界上一切药品并不能代替运动的作用。”

体育锻炼能增进身体健康是体育的本质功能，许多运动生理学、运动生物化学研究结果表明，适宜的体育锻炼能够提高人体各器官系统的机能水平，促进人体各组织和器官的新陈代谢，促进生长发育，塑造体型，增强免疫力，改善大脑机能，全面提高运动体适能和健康体适能的各项指标，从而提高人们的健康水平。

身体的健康维系于人体各器官系统正常的发育和稳定的代谢，通过体育锻炼，可以促进器官发育，提高运动、呼吸、消化和神经系统的机能水平。

（一）体育锻炼能提高运动系统机能水平

体育锻炼能提高运动系统的机能水平。运动系统由肌肉、骨骼和关节组成，经常进行体育锻炼可以提高肌肉力量，增加骨密度，加强关节的稳定性和活动范围，从而增强人体活动能力，促进运动系统机能提高。

身体锻炼可以对骨形态和结构产生良性影响。骨骼组成的支架,对人体有支撑作用,使各种运动成为现实。经常从事体育锻炼,可使骨密质增厚,骨面肌肉附着处突起明显,骨小梁的排列依张力和压力的变化更加粗壮和坚固,抗折、抗压缩和抗扭转能力都有所提高。

人体骨与骨连接能够活动的地方叫做关节,中间骨末端的软骨和软骨垫等物质作为缓冲物,周围有韧带肌腱起固定作用。首先,体育锻炼可以增加关节面软骨和骨密质的厚度,并可使关节周围的肌肉力量增强,关节囊和韧带增厚,因而可使关节的稳固性和抗负荷能力增强;其次,科学、系统的体育锻炼还可使韧带和关节周围肌肉的弹性和伸展性提高,从而使关节的运动幅度和灵活性也大大增加。

体育锻炼能促进儿童、青少年长高。对骨骼生长起主要作用的是骨骺的生长和发育,体育锻炼可促进血液循环,提供骨骺生长所需要的营养物质,并通过对内分泌系统功能的刺激,促进骨骺生长,从而身高增加。据调查,同样性别、年龄的青少年,经常参加体育锻炼的人比不经常参加体育锻炼的人身高平均高出 4 ~ 7cm。

在青少年中,不乏身体形态上有缺陷的人,如肩窄、胸平、肋骨显露、脊柱弯曲、斜肩等,通过体育锻炼,可使肌肉发达、矫正畸形,塑造健美身躯。

(二)体育锻炼能提高呼吸系统机能水平

体育锻炼能提高人体各呼吸器官的功能,改善呼吸系统机能。人体内的能源物质转化为生命活动所需的能量的过程,是靠氧的帮助完成的,人类的呼吸系统主要完成吸入氧气、呼出二氧化碳的工作。参加体育锻炼时,人体对氧的需求量增加,呼吸频率加快,各个呼吸器官的工作能力也在适应这一需求的过程中得到提高。因此,经常进行体育锻炼,有助于形成呼吸肌变得发达,肺活量、摄氧量、肺通气量显著提高,呼吸深度加深,呼吸频率降低等良性改变,增强了各呼吸器官的功能,从而改善呼吸系统机能。表 3 - 1 中的对比数据,较直观地反映出经常参加体育锻炼对呼吸机能的改善作用。

表 3 - 1 一般人与经常参加身体锻炼者在呼吸机能上的差异对比表

内容	一般人	经常锻炼者或运动员
呼吸系统	呼吸机能不发达,呼吸功能低	呼吸肌发达、强壮有力,呼吸功能大大提高
呼吸频率	12 ~ 18 次/min	8 ~ 12 次/min
呼吸力①	60 ~ 100mmHg	运动员大多在 100mmHg 以上
呼吸差②	5 ~ 8cm	9 ~ 16cm,优秀运动员达 15 ~ 20cm
肺活量	女 2500 ~ 3000mL 男 3500 ~ 4000mL	女 3000 ~ 4000mL 男 4000 ~ 5000mL
摄氧量	运动时 2.5 ~ 3L/min(比安静时大 10 倍)	4.5 ~ 5.5L/min(比安静时大 20 倍)
肺通氧量	运动时 70 ~ 80L/min	80 ~ 120L/min

注:①呼吸力,即尽量吸气后,以最大速度呼气所产生的力。②呼吸差,即尽量吸气时与尽量呼气时的胸围差。

(三)体育锻炼能提高血液循环系统机能水平

血液循环系统机能在体育锻炼中得到很好的改善。血液循环系统又叫心血管系统,由心脏和血管组成。在心脏的动力作用下,血液在血管里流动的同时,把氧气和各种营养物质传送给各组织和细胞,同时把组织和细胞的代谢物运送至相应器官,此时心脏搏动加快,血液循环加速,使心血管系统机能在整个血液循环过程中得到锻炼,主要表现在以下几方面。

1. 体育锻炼使心脏容积增大,心肌增厚

经过长期体育锻炼的刺激,心脏容积增大、心肌增厚,从而使心脏每搏输出量增加,这是心脏具有较高工作能力的标志。在每分钟总输出量一定的前提下,随着每搏输出量的增加,心率就会降低,心脏每次收缩后的间歇也很充分,心脏可以得到足够休息,使心脏工作出现"节省化"现象。一般人安静时心率为 70 ~ 80 次/min,经常从事体育活动的人心率约为 50 ~ 60 次/min,优秀运动员甚至减少到 40 多次/min。

2. 体育锻炼能增加血管弹性

在运动过程中,人的血压随着运动强度的增加而升高,长期锻炼的刺激,使血管壁的弹性增加,从而能使血压得到很好的控制,降低动脉硬化和高血压的发病率。

目前,世界上死于心血管疾病的人越来越多,心血管疾病被称为"文明病",缺乏体育锻炼是其主要致病因素之一。经常进行体育锻炼,提高心血管系统的功能,可以防止这类疾病的发生。

(四)体育锻炼能提高神经系统机能水平

体育锻炼能促进大脑的生长发育。体育锻炼能使血液循环加快,血流量增多,使脑细胞得到充足的氧气和营养物质,从而促进脑细胞体积增大,代谢旺盛,进而促进智力的发展。

体育锻炼时可使大脑皮层兴奋性增强。人体的各种行为都受神经系统控制,经常参加体育锻炼,神经系统的兴奋性和灵活性得到提高,从而使大脑神经细胞工作能力提高,动作更加灵活迅速、准确协调。例如,在进行篮球比赛时,比赛场上的情况瞬息万变,这就要求运动员能在复杂的情况下作出分析判断,各部分肌肉及时准确地完成动作。

科学地进行体育锻炼,可以提高运动、呼吸、循环、神经系统的机能水平。通过这些系统机能水平的良性改善,促进青少年的生长发育,全面提高灵敏性、反应速度、平衡能力、爆发力、协调性等运动体适能,从而达到改善身体成分、增加肌肉力量、增强肌肉耐力、提高心血管机能、发展柔韧性等健康体适能的目的,增强免疫力,全面增进健康。但是,过度的体育锻炼有可能对人体造成伤害,有损人的健康,甚至影响人的寿命。因此,应该科学、系统、有计划地进行体育锻炼。

二、体育锻炼对心理健康的作用

体育运动通过身体活动促进人的全面发展。适当的体育锻炼可以消除疲劳、调节情绪,对大学生气质和人格的培养起到积极作用。体育锻炼在增进人的相互交往、克服孤独感、培养心理适应能力等方面具有重要作用。它已作为一种心理治疗手段被广泛应用。

(一)体育锻炼可提高认知能力、增强自我意识

体育锻炼的各个运动项目都有一个共同特点,即在运动中要求运动者既能对外界物体(如球、器械等)做出迅速准确的感知与判断,又能迅速感知、协调自己的身体以保证动作的完成。这样长期的运动便能促进人的感觉与知觉能力的发展,提高人的反应速度,提高人的直觉判断能力,使人变得敏锐、灵活;有些运动项目还能充分锻炼人的思维能力、判断能力和记忆能力,如围棋、国际象棋等;而体操、跳水、花样滑冰、健美等运动项目则能充分发展运动员的想象力和美的表现力。因此,体育锻炼能有效地提高认知能力。

简单地说,自我意识就是有自知之明,能够正确认识自己和评价自己。正是由于人具有自我意识,才能对自己的思想和行为进行自我控制和调节,使自己形成完整的个性。体育锻炼主要从两个方面提高个人的自我意识:一是在体育锻炼过程中,针对周围人群对自己的评价,加以正确判断和分析,不断对自己进行再认识;二是通过体育锻炼,可以改善身体形态和提高运动能力,使精神面貌焕然一新,从而增强了自信心。

大学生处在自我意识的发展与完善的重要阶段,经常参加体育锻炼,通过不断地自我认知、自我评价,并自我改造、自我完善,有利于形成健康的自我意识,使自己成为更符合社会需要、更能适应社会的人。

(二)体育锻炼能给人以良好的情绪体验

情绪状态是影响心理健康的主要因素之一。良好的情绪,可以激发人的斗志,使人产生乐观向上的态度;不良情绪可能导致生理和心理异常,甚至行为过激。

体育锻炼能直接给人带来愉快和喜悦的情绪体验,并能减少紧张和不安,起到调控人的情绪状态、改善心理健康的作用。体育锻炼者经常会体验到由成绩的提高、极限的突破和团队的获胜所带给人的愉悦情感。科学实验表明,在体育锻炼过程中,人体会产生一种叫做“内腓肽”的物质,这种物质可使人产生愉悦的感觉,从而使人心情愉快,精神放松,精神压力得到缓解。

在生活和工作中,总会有不尽如人意的事情发生,进而产生不良情绪,通过体育锻炼中大强度的肌肉刺激、身体对抗和比赛场上的激烈拼争,以及观众在观看比赛时的呐喊助威,都可使这种情绪得到宣泄,进而对不良情绪起到疏导和缓解的作用。

在体育锻炼过程中,经常会因发生对手侵犯、裁判误判、队友指责、发挥失常和状态低迷等现象而产生不良情绪,但由于受到项目规则、社交礼仪与道德规范的约束,不能随心所欲地发泄个人情绪或者做出过激行为,这样,情绪经常受到控制,久而久之,自己对情绪的控制能力就会得到提高,使得自己今后在生活中也能较好地控制情绪,从容面对各种事情。

(三)体育锻炼促进人格的全面发展

人格指人的整体精神面貌,即一个人在一定社会条件下形成的、具有一定倾向的、比较稳定的心理特征的总和。构成人格的要素有思想、态度、兴趣、气质、能力、性格、理想和信念等。人格既有稳定的一面,又有可塑的一面。

体育锻炼能发展人的多方面的能力,如身体运动能力、协调能力、操作思维能力、直觉思维能力和应激能力等,从而使人学会竞争、学会合作、学会欣赏、学会分享、学会表现自己。

体育锻炼可以锻炼人的性格。经常进行体育锻炼,能够使人纠正傲慢、冲动、胆怯、自卑、孤独等性格缺陷,变得坚强、刚毅、开朗、乐观,逐步形成良好的性格。

体育锻炼能锻炼人的意志品质。体育锻炼的过程,是一个不断挑战自己生理和心理极限的过程,又是一个长期坚持的过程,因而能培养坚韧顽强、勇敢、拼搏的意志品质。

体育,作为高校教育的重要手段,在促进学生个性发展方面有着不可替代的作用。大学生正处于性格、气质、理想、信念、世界观等个性心理倾向形成的关键时期,经常进行体育锻炼,可以帮助大学生在人格方面得到发展与完善,为他们走向社会打下坚实的基础。

(四)体育锻炼促进和谐的人际关系

随着社会的发展,人们的生活节奏不断加快,人与人之间越来越缺乏交往。良好的社会交往能够给个体带来心理上的益处。体育锻炼是人与人之间一种特殊的相互联系、相互交流的方式,它对协调人际关系有很大帮助。

体育锻炼是在一定社会环境中进行的,因此,参加者不可避免地要与队友、教练、裁判和对手等进行交流和联系,表现在同伴间的相互鼓励、与教练的默契、与观众和媒体的沟通等方面。

这些交流和联系帮助人学会更好地与人相处的方法，进而在现实的社会生活、学习和工作中，与人和谐相处，提高社会适应能力。

（五）体育锻炼可调适心理障碍

体育锻炼的手段已越来越多地被运用到心理疾病的治疗中，“健康的心理来自健康的身体”。通过体育锻炼，人体的健康水平得到提高，心理健康水平也随之提高。锻炼时，注意力的集中，能够抑制紧张、焦虑等不良情绪，对有心理障碍和心理疾病者都能起到很好的调适作用。实践证明，体育锻炼中的有氧运动，是缓解轻度或中度抑郁症的有效手段之一。体育锻炼还能有效治疗自卑和焦虑症。

体育竞赛是磨炼人的承受挫折意志力的有效方法。体育锻炼者经常参加不同级别、不同规模的体育竞赛，就要不断接受胜利与失败的考验，磨炼心理承受能力，在面临挫折和失败时，不逃避、不惧怕，勇敢地面对，积极主动地适应，顽强地拼搏，天长日久，心理承受挫折的能力就会不断得到提高，形成不畏困难、敢于挑战的意志品质。经过这样的磨炼，即使生活中面对再大的困难和挫折，也不会悲观失望，而是自信、乐观地面对人生，迎接生活和工作的挑战。

第二节 体育锻炼的原则

体育锻炼的原则是人们长期进行体育锻炼实践经验的概括和总结，是体育锻炼规律的反映，是安排和进行体育锻炼的准则。体育锻炼要有科学的方法才能收到良好的效果，才能促进身体健康的发展。体育锻炼方法虽然简单易学，但要想科学地进行体育锻炼，提高锻炼效果，避免伤病事故，就必须遵循体育锻炼的基本原则。同样，在执行体育锻炼的原则时要灵活运用，对理论知识要晓之以理，导之以行，要择其所用。

一、循序渐进原则

人体在承受运动负荷的刺激之后，从不适应到适应，这个适应的过程就是身体健康提高的过程。这个过程是循序渐进的，实现这个过程的重要条件，就是使锻炼的时间、强度、数量等，保持对身体刺激的适宜性。如果身体对运动锻炼刺激的适应程度逐步提高，说明身体的活动能力在提高，也说明了身体健康水平在向好的方面发展。大学生在选择体育活动进行健身锻炼时，也要循序渐进，动作学习要由易到难、由简到繁，逐步提高动作难度。动作的掌握有学习方法和锻炼方法，是符合人体生理规律的，是比较科学的健身方法。

二、全面发展原则

全面发展是指身体形态、生理机能、身体素质、心理素质等多方面的锻炼，促进身体健康全面协调发展。进行体育锻炼时，要注意活动内容的多样性和身体机能的全面提高。如果只单纯发展某一局部的生理机能，不仅提高生理机能的作用不明显，而且还会对身体机能产生不利影响。例如，进行力量练习时，如果只注意上肢力量的发展，天长日久，就会出现肢体生长发育不协调；同样，如果只重视肌肉力量练习，而忽视心脏功能的发展，就会造成运动系统机能和心肺功能的不协调，所以体育锻炼要把肌肉锻炼和内脏器官的锻炼结合起来，使身体内外机能得到发展。体育锻炼的过程，是培养心理素质健康发展的过程，顽强的毅力和拼搏的精神是促使心理素质健康发展的主要因素，在体育锻炼中都是不能忽视的。在体育锻炼活动过程中，既能陶冶情操又可锻炼意志品质，同时又促进了身体机能的提高，从而促进了身体的全面健康发展。人体结构和机能的变化，是人在长期客观环境条件下发生的适应性变化。体育运动虽然对人体有良好的影响，但是由于各种项目都有各自不同的特点，产生的效果就不完全一样。因此，参加体育活动要形式多样，使身体的各个部位、器官都能得到锻炼和发展。

三、区别对待原则

体育锻炼时锻炼者还要根据自己的年龄、性别、爱好、身体状况、职业特点、锻炼基础等不同情况区别对待，使体育锻炼更具有针对性。在执行区别对待原则时，应做到以下几点。

首先，根据年龄选择体育锻炼项目。年龄大的人可进行一些活动量相对平稳的慢跑、太极拳等项目的体育锻炼，以减少运动损伤。年轻人可进行一些对抗性强、运动较剧烈的球类运动、爬山比赛等，以增加体育锻炼的兴趣。

其次，根据性别选择体育锻炼项目。男子可进行一些体现阳刚之气的健美、拳击等肌肉力量性体育锻炼，女子则可练习健美操、健美舞等改善身体形态和柔韧性的运动项目。

最后，根据身体情况选择体育锻炼项目。对从事康复体育锻炼的人来说，体育活动量一般不要过大，其体育锻炼的主要目的是恢复身体机能，或使身体机能不致过分下降。对于一些有特殊慢性疾病的人，要有针对性地选择适合自己的体育锻炼项目。

四、经常性原则

经常参加体育活动，才能使体质不断增强，人体活动的基本能力才能日趋提高。体育锻炼引起人体结构机能的逐渐改变和身体活动能力不断提高，是通过肌肉活动进行反复多次强化来实现的。这些适应性变化，只靠几次身体锻炼是不可能实现的，必须经过日积月累的锻炼。如果断断续续就会导致前一次锻炼对机体的影响作用已经消失，后一次锻炼对机体的影响还得重新开始。虽然短时间的锻炼也能对身体机能产生一定的影响，但一旦停止体育锻炼后，这种良好的影响作用会很快消失。一次性体育活动可以提高人体的免疫机能，增强人体的抗病能力，但这种作用在体育锻炼后的第二天或第三天就消退了。所以要想保持身体旺盛的体力和精力，就必须坚持参加体育锻炼。学习运动机能也是在不断反复练习中才能逐步掌握、熟练、巩固提高和完善。如果中断时间长了，技能会生疏，而且会逐渐退化。大量的科学试验表明：无论什么人，只要中断练习，就会使原有的身体机能、素质和技术水平明显降低，中断时间越长，消退越明显，直到消失。这就充分说明，参加身体锻炼必须持之以恒。只有坚持锻炼身体，才能强身健体，提高身体健康水平。

五、自觉性原则

毛泽东在《体育之研究》中指出：“欲图体育之有效，非动其主观，促其对体育之自觉才行。”终身自觉地进行身体锻炼一定要有明确的体育锻炼目的，才能自觉、积极地去从事身体锻炼。主观能动性是解决自觉进行终身体育锻炼的根本，是提高体育锻炼效果最主要的途径。

要贯彻自觉性原则首先要培养兴趣，养成习惯。兴趣能够引发人们的自觉性，是体育锻炼的动力之源，有了兴趣才容易全身心地投入到体育锻炼中。要注意兴趣具有多次重复特性，容易转化或淡化。因此，身体锻炼的自觉性主要依赖于养成锻炼习惯。“习惯成自然”，选择自己喜欢的体育健身项目是养成良好体育锻炼习惯的关键所在。习惯是固定的条件反射，是在多

年坚持锻炼的基础上建立起来的，把长期坚持体育锻炼作为日常生活习惯，用长期自觉锻炼克服原有的惰性和一些不良习惯，良好的生活节律就会建立起来。

六、安全性原则

体育锻炼的安全要高度重视，如果在体育锻炼时违背科学规律，就可能出现伤害事故。为了保证体育锻炼的安全，锻炼者应做到以下几点。

首先，体育锻炼前做好充分的热身准备活动，使各器官系统的机能进入活动状态之后，再逐步进行较剧烈的运动。

其次，体育锻炼要全身心投入，保持锻炼的注意力。在体育锻炼过程中不要随意嬉闹，这对青少年尤为重要，有时稍不注意，就可能出现运动损伤。

再次，对于有心血管疾病等慢性疾病的人来说，在体育锻炼时应注意控制运动量，如果盲目增加运动强度，就很容易出现意外事故。

最后，参加体育锻炼前要注意场地的平整和周边有无障碍物，运动场上有无杂物等，必要时要把场地上的杂物清理干净，这些是预防伤害事故发生、安全健身的基本保障。

第三节　体育锻炼的内容和方法

一、体育锻炼的内容

体育锻炼的内容多种多样，根据体育项目的功能和锻炼的目的，可分为健身运动、健美运动、娱乐运动、康复医疗体育、竞技运动和极限运动等内容。

（一）健身运动

健身运动是正常人为了增进健康、增强体质而进行的体育锻炼。目的是通过这类运动，促进身体正常发育，使身体各部分协调发展，增强人体各器官机能，发展身体素质，以及提高人体的基本活动能力。健身运动包括步行、慢跑、太极拳、游泳、骑自行车、划船、滑冰、舞蹈及各种球类活动等。

（二）健美运动

健美运动是不断地采用大负荷量来发展肌肉力量、改善身体形态的一项运动。健美运动可以使身体更加发达；同时，还能培养审美能力和身体表现力，帮助人们树立正确的形体健美观念。其形式有多种，如为了使肌肉发达，可以采用器械练习；为了形成良好的体型与姿态，可以采用艺术体操、形体训练、健美操、各种舞蹈和基本体操中的一些练习等。

（三）娱乐运动

娱乐运动是为了调节精神、丰富文化生活而进行的体育活动。这类活动使人身心愉快，既锻炼了身体，也陶冶了情操。例如，活动性游戏、渔猎、郊游、打台球、野外森林定向活动等。

（四）康复医疗体育

康复医疗体育又称为运动疗法或体育康复医疗，指以体育锻炼为手段进行疾病治疗和恢复受损后身体机能的康复过程。康复医疗体育已被证明对多种疾病的治疗起到了积极作用。锻炼内容主要有散步、慢跑、太极拳（剑）、气功、按摩、矫正体操、保健操等，可根据疾病的性质有针对性地采用相应的体育手段和方法。对于某些疾病，如心血管疾病、糖尿病、高血压等，在医生指导下进行锻炼,效果会更为显著。

(五)竞技运动

竞技运动是通过科学、系统化的训练,以竞赛的方式,达到最大限度发挥个人或集体体格、体能、心理和运动能力等方面的潜能,从而取得优异成绩的一种体育运动。竞技运动的项目较多,不同的运动项目具有不同的锻炼作用。

选择以竞技运动项目作为体育锻炼内容时,要从实际出发,有目的、有计划地选用,除了专业运动员,普通人应选择容易开展、趣味性强、锻炼价值较高的竞技运动项目进行锻炼。其内容有球类、田径、体操、游泳、滑雪运动等。

(六)极限运动

极限运动是能够激发人体最大潜能、使人的生理和心理承受能力得到最大限度提高的一类运动。极限运动具有冒险性、刺激性、创新性等特点,如蹦极、攀岩、跳伞、冲浪、滑板等。

极限运动的危险性很高,因此,在运动前应做好充分的准备工作,练习也要循序渐进、由易到难。此外,有心脏病、高血压等疾病的人不宜参与此类运动。

二、体育锻炼的方法

体育锻炼方法是根据人体发展规律,运用各种身体练习和自然因素,以发展身体素质的途径和方式,从而达到体育锻炼的目的。

(一)发展力量素质的锻炼方法

1. 静力性力量练习

静力性力量练习的特点是肢体不产生明显移位,而是维持或固定肢体于一定位置或姿态上。静力性力量练习主要用于提高肌肉耐力。在发展肌肉最大力量的练习时,可采用较大的负荷强度。

知识窗

肌肉锻炼的重要性

美国塔夫斯大学的研究表明,力量训练还能增加骨密度,可防止骨质疏松症。千万别以为肌肉锻炼是健美运动员的事。对于普通人来说,肌肉锻炼是缓解健康问题的有效途径。不同的运动方法有不同的收获,但它们都是利用活动肌肉的方式,起到改善人体代谢模式、提高心血管能力和缓解压力等作用的。

(1)对抗性静力练习。根据发展某部分肌肉的需要,基本姿势保持固定不变,用极限力量对抗固定的物体。

(2)负重静力练习。根据发展某部分肌肉的需要,确定姿势,固定重量,身体姿势保持不变。

(3)慢速力量练习。动作速度较慢,靠肌肉的紧张收缩来完成,如肩负杠铃深蹲慢起立等。

2. 动力性力量练习

动力性力量练习方法在练习时产生明显的位移或较快速推动其他物体产生运动。

(1)绝对性力量锻炼。一般以最大负重量的80%~100%进行锻炼。锻炼时,以较少的次

数(1～3次)完成最大重量或接近最大重量的练习。

(2)速度力量锻炼。速度力量主要锻炼肌肉短时间快速收缩的能力。锻炼方法以中等或中小重量(最大负荷量的60%～80%左右)为宜,练习的重复次数少,以最快的速度完成。

(3)力量耐力锻炼。采用最大力量的40%～60%,重复次数达到12次以上,不追求速度,但要求重复次数和坚持时间,如俯卧撑、仰卧起坐、引体向上、举重、哑铃等,一般练到极限。

(二)发展耐力素质的锻炼方法

人们从事各种脑力及体力劳动时,在生理上表现出那种抵抗疲劳、持久连续的工作(活动)能力称为耐力。实践证明耐力强,坚持工作的效率就越高。在大学生体育锻炼中,耐力素质是一项极为重要的基础素质,它对增强心肺功能具有显著的效果。

1. 有氧锻炼是耐力训练的主要手段

人体在氧供应充分的条件下,经受强度适中、持续时间较长的锻炼,在消耗大量氧气同时,也不缺氧,使人体在比较理想的状态下运动,能够为发展有氧耐力创造良好条件。首选有氧练习为耐力锻炼的主要途径,并综合性地选择了步行、跑步、骑自行车、游泳、原地跑、篮球作为核心练习方式。

2. 把握好呼吸

有氧耐力的成效是与呼吸技术密切相关的,尤其是耐力跑练习,随着运动负荷的逐步加大,呼吸应由浅入深,呼与吸必须均衡,要有相对稳定的呼吸节律(频率)。只有这样,才能改善人体的摄氧量水平,调节体内氧供应状态,确保练习质量,否则易引起呼吸不畅,甚至导致呼吸肌痉挛,阻碍或停止运动。

3. 注重体力的恢复

不间断的长时间的运动,易造成能量供应不足和代谢物质的堆积,使肌力减退,产生疲劳。因此,在练习前,要适当补充糖、维生素、蛋白质。锻炼后,要做各种放松练习,并进行温水浴及局部肌肉按摩,加速全身血液循环,帮助人体消除疲劳,恢复体力。

4. 采用综合性练习

选几种自己较感兴趣的锻炼内容组成综合性练习方式,如第一天跑步,第二天游泳,第三天打篮球等。只要有兴趣的项目,就可自觉地去练,避免日复一日进行同一项目练习而产生的反感,调节神经系统的灵活性,有助于提高锻炼效果。

5. 以持续练习为手段

长时间、长距离、慢节奏及中等强度(约70%最大心率)的锻炼,是以持续练习为手段的一种颇受青睐的耐力锻炼方法。如果运动强度不增加,锻炼者便可轻松地完成身体练习。在不受伤的前提下,一次锻炼的时间可持续40～60min,同较大强度的练习相比,持续练习安全性更大。

6. 采用间歇练习法

以重复进行强度、时间、距离和间隔时间都较固定的间歇练习,比较适合有一定耐力基础及期望获得更高适应水平的锻炼者,间歇练习比持续练习能使人完成更大的运动量,每次练习后有一个休息期。休息期的时间与练习时间相等或稍长于练习时间。

7. 以组合练习为手段,发展肌肉耐力

务必对症下药选择相应的肌肉练习,宜采用低强度或中等强度的负荷,并通过重复次数多的组合练习为主要手段,增强肌肉耐力。

（三）发展速度素质的锻炼方法

速度素质是指有机体或机体的某部位在最短时间内快速完成动作的能力。在田径运动的短跑及游泳运动的短距离项目中，速度对成绩起着决定性的作用。有的运动项目本身虽不是比速度，但速度素质的好坏对其成绩的直接影响也是明显的，如跳远、三级跳远等。此外，速度在其他体育运动中尤其是球类运动中同样具有重要的作用。

1. 发展反应速度的方法

（1）听觉反应，是指对突然发出的信号（鸣枪、鸣哨、击掌、呼喊）迅速作出准确的反应，如短跑中听枪声起跑，接力跑中听信号接棒等。

（2）视觉反应，是指对变化、移动的信号目标（手势、旗势、物体等）迅速作出应答反应，如射击、击剑、球类运动等项目，练习者需通过对目标移动、变化的方向、速度、高度的预测，决定自己的起动、站位和采取正确的对策。

（3）综合反应，是指当先后或同时接受视觉、听觉、触觉、味觉等各种信号感受时，作出快而正确的反应。人体的各个感受器官在长期进化中各自获得了专门的感受能力，当内、外环境发生变化时就产生兴奋冲动，沿着各自的传导途径传至大脑皮质的相应区域，进行精密的分析综合并进一步进行调节。所以，大脑皮质可以视为各感受器官的综合体。虽然各个感受器官是单独存在的，但它们的活动是互相联系和互相制约的。为了提高大脑皮质的综合分析和反应能力，在反应速度练习时，可时而吹哨、时而挥旗、时而击掌、时而喊叫，使许多感受器官都同时进入活动状态，彼此间建立复杂的联系，为神经系统进一步调节各效应器官，使人体各感受器官能更好地适应运动的需要，以保证机体快速、正确和有效地完成动作。

2. 发展动作速度的方法

（1）利用外界助力。利用外界的助力来帮助、提高、控制练习的动作速度，如体操练习中，托、送、推、顶、拉、搓帮助练习者旋转、滚翻跳跃，提高练习者完成某一技术环节的动作速度。又如短跑练习中的牵引跑、顺风跑、下坡跑等，这是利用物体运动的速度受力作用的原理。

（2）加大动作难度。利用加大动作的难度提高动作的速度，这是因为神经系统在完成难度较大的动作时会发生较强的兴奋，随之做难度相对减小的动作，能使“剩余兴奋”继续发挥作用，指挥肌肉迅速收缩，把做较大动作难度所获取的效果转化到动作速度上去，从而提高动作速度。例如，经过适时、适量的负重跑、跳、掷练习后再恢复正常跑、跳、掷时就会感到轻松、有力，动作速度加快。

（3）调整速度节奏。一般说，从动作速度的发展能力看，以最快的速度进行动作练习才能奏效，但并非每次都需以最快的速度完成动作。练习中速度的节奏变化应快慢相间，并力争在练习时要超过平时的习惯速度，以利于提高运动中枢的兴奋性，而切忌使动作速度持续在一个水平上。

此外，动作速度在很大程度上是肌肉爆发力的表现，所以动作速度的发展应与力量、灵敏、柔韧等素质的发展密切相结合。

3. 发展位移速度的方法

（1）增加肌肉力量。物质运动速度的获得是力作用的结果，作用力越大，位移也就越快。经测定，一般赛跑运动员需要2.54kW的推动力。可见，提高人体位移速度必须增强肌肉收缩力量。发展力量的负荷要求，至少为本人最大力量的1/2以上的负荷，甚至达到极限负荷或次极限负荷。方法有负重全蹲、半蹲、蛙跳、单足跳、双足跳等。力量的增强并不能使位移速度立

即得以提高,而需要几周,甚至更长时间才能见效。为此,在力量练习时应有坚持不懈的思想准备。

(2)减少内、外阻力。在运动中,人体的重力、空气的阻力、摩擦力、惯性都是位移运动的外阻力。肌肉的黏滞性、活动关节囊的摩擦力以及对抗肌群牵引力等则是人体位移的内阻力。设法减小这些阻力,有利于位移速度的提高。方法有①控制体重。从牛顿第二定律看,加速度与质量成反比($F=ma$),体重适当减轻,即使力量不变,速度也有望提高。②提高肌肉的协调能力。减少对抗性,以便节省能量提高效益。③提高运动技术的正确性,减少位移过程中的不正确动作所产生的阻力。

(3)提高综合能力。位移速度的提高还取决于神经系统的灵敏性、心血管系统功能和适应性以及肌肉的伸展性、关节灵活性等。方法有①短距离一定强度的重复跑、间歇跑。②反复做60~80m的冲刺跑。前后左右的摆腿、踢腿、转肩、涮腰、搁腿、压腿等。另外,在锻炼中还可能会出现“速度障碍”(速度发展到一定程度出现停滞不前状态),克服“速度障碍”可采用变速跑、顺风跑、牵引跑、下坡跑。

(四)发展灵敏协调性的锻炼方法

灵敏素质是指在各种突然变换环境的条件下,人体迅速、准确、协调、灵活地完成动作的能力。它是人的活动技能、神经反应和各种身体素质在活动过程中的综合表现。

1.发展灵敏素质的方法

发展灵敏素质的方法主要如下:

(1)让练习者在跑、跳中迅速、准确、协调地做出各种动作,如快速改变方向的各种跑,各种快速突然的起动、急停及各种迅速转体等练习。

(2)各种调整身体方位的练习,如利用体操器械做各种较复杂的动作。

(3)专门设计的各种复杂多变的练习,如立卧撑、十字变向跑、三字跑及综合变向跑等。

(4)各种变换方向的追逐性游戏和对各种信号做出反应的游戏。

2.发展灵敏素质的具体手段

(1)单人练习。快速折返跑、快速后退跑、弓步转体、不同方向的滑步、跳起转体、屈体跳等。

(2)单人器械练习。单杠悬垂摆动、双杠支撑摆动、远撑前滚翻、双杠转体下,各种球类运动的运球、传球、顶球、颠球等。

(3)双人练习。模仿跑、躲闪摸肩、“撞拐”游戏、两人头顶球练习、篮球攻防练习。

(4)双人器械练习。篮球的行进间运球、运球追逐及抢球,双杠端支撑跳下换位追逐等练习。

(5)组合练习。交叉步—后退跑—折返跑练习,前滚翻—后滚翻—侧手翻—跑跳起练习。

(五)发展身体柔韧性的锻炼方法

柔韧素质是指人体各关节的活动幅度,以及肌肉、肌腱、韧带等软组织跨过关节的弹性与伸展能力。人体在运动时所发挥出来的速度、力量等其他素质都与柔韧素质息息相关,它对完成技术动作的力度与幅度,以及有效地预防运动损伤都具有非常重要的作用。

1.颈部柔韧性练习

(1)低头—抬头。

(2)头右转—左转。

(3)头右倒—左倒。

(4)颈部绕环和抗拒性练习。

伸展的肌肉:斜方肌、胸锁乳头肌。

功效:增大颈部关节活动范围,促进颈部血液循环,防治颈椎病。

2. 肩关节柔韧性练习

(1)各种不同体位压肩。

(2)各种不同姿势拉肩。

(3)各种不同方法牵引和绕肩。

伸展的肌肉:胸大肌、背阔肌、肩带周围肌群。

功效:增强肩带肌群的伸展力,扩大肩关节活动范围,提高肩关节的灵活性,促进肩部血液循环,防止肩周炎。

3. 腰腹部柔韧性练习

(1)体前(后)屈。

(2)体侧屈。

(3)体转。

(4)双人体后屈。

伸展的肌肉:腰背及股后肌群,体侧肌群。

功效:能有效地增强腰腹部肌力,扩大腰部关节的活动范围,提高腰部血液循环与代谢能力、防治腰脊病变。

知识窗

腹部运动提示

腹部运动不但能燃烧脂肪,也可以增强整个机体核心的力量,在身体消耗脂肪的同时,可以平坦腹部,增强肌肉力量。而且,腹部肌肉会给腹部带来肌肉的支撑,防止腰部受伤。腹部越紧实,腰部受到的压力就会越小。腹肌及整个机体核心机群就是健康的基石。

4. 下肢柔韧练习

(1)压腿。将一只脚放在一定高度,另一只脚支撑,进行正或侧压,尽量使头、上体靠近腿部。

(2)原地或行进间踢腿练习,两腿尽量不弯曲。

(3)“跨栏步”压腿。

(4)弓箭步压腿,原地或行进间。

(5)纵叉、横叉。

(6)跪坐脚背着地,身体后仰压脚背。

伸展的肌肉:股后肌群,股四头肌,小腿三头肌,大腿内侧肌群。

功效:增加肌肉跨髋关节、膝关节的伸展力,提高髋、膝关节的灵活性。

第四节 体育锻炼计划

体育锻炼应该有计划地进行。按照一定计划进行体育锻炼,可以克服体育锻炼中的盲目性和片面性,有利于提高体育锻炼的质量,有助于养成良好的生活和锻炼习惯。无目的、无计划地盲目锻炼可能会有效果,但阶段性效果较差。体育锻炼计划应从个人的体质、学习和生活等条件的实际情况出发,并充分考虑场地、器材和气候等因素的影响。

一个完整的体育锻炼计划包括锻炼的目标、内容、方法和时间等。在形式上分为年度计划、季度计划、月计划及周计划等。制订锻炼计划时,必须全面贯彻体育锻炼的基本原则,同时要简单、明了、具体、实用并突出重点。

一、阶段计划

阶段性锻炼计划主要指为某一段时间(一年、一个月或几个月)制订的计划。在制订阶段计划时,首先设定预期目标,其次是合理划定不同时期及其重点锻炼内容,第三是合理选择锻炼方法。

大学生的体育锻炼,首先要有一个总体设想,也就是要明确在一定时间内需要掌握何种体育技能、需要使自己的机能水平提高到何种程度,或者要使个人的运动水平得到多大提高,有了这一总体设想才能确定每个阶段的具体目标,以便总结和调整。

知识窗

科学安排体育锻炼

每周跑步4次,每次两千米。研究发现,坚持体育运动的人比很少运动的人多活8.7年。

每天多消耗300cal热量。营养学家指出,一个人每天通常消耗3000cal热量,但可以通过减少饮食把吸收热量控制在2700cal,或增加运动量把热量减少300cal,而通过运动减少热量对人体健康更为有益。

控制体重。据《英格兰医学学报》报道,一个35岁的人体重超过标准的30%,如果采取措施回到标准体重,至少可以多活8个月;如超过30%以上,采取措施降下来,就可以多活20个月。

二、周计划

体育锻炼周计划是最常用的一种,是指以周为单位,并随时按实际情况进行调整。体育锻炼周计划应包括内容、方法、练习的次数和时间等。锻炼内容的安排应该注意科学性和目的性,不同练习内容的次序安排也应特别注意。通常,速度、灵敏性练习安排在前,力量性练习安排在后;运动量小、强度小的练习安排在前,运动量大、强度大的练习安排在后;技术性练习应由简到繁,由易到难;还要注意上下肢练习合理搭配安排。如表3-2所示是一个周锻炼计划表,供大家参考。

表 3－2　周锻炼计划表

	星期一	星期二	星期三	星期四	星期五	星期六
早操 30′	慢跑 800m 做操	慢跑 800m 太极拳	快走 800m	跑 800m 太极拳	太极拳 俯卧撑 15×5	休息
课外活动 40′～50′	速度素质 练习 50×6	球类活动	慢跑 2000m	休息	球类活动	休息
运动负荷	小	中	中	大	小	

三、注意事项

(1)锻炼计划制定要全面具体。

(2)要从自己的实际出发,要有针对性。

(3)要循序渐进,坚持不懈。

(4)要有合理的运动负荷。

(5)要留有余地,不能蛮干。

思考题

1. 科学体育锻炼应遵循的基本原则有哪些?

2. 如何制定自我锻炼计划?

3. 结合自身情况谈谈你对科学体育锻炼的认识。

第四章　体育保健与运动处方

1. 了解运动损伤的原因及运动损伤的预防。
2. 学习和掌握运动中常见的生理反应和处置办法。
3. 通过学习,掌握运动中常见运动的原因及处理方法。
4. 了解运动处方的诊断及运动处方的制定。

第一节　运动损伤的原因及预防

一、运动损伤的原因

体育锻炼可以增强体质,提高健康水平。然而,体育锻炼也常常伴随着运动损伤和运动性疾病的发生。了解运动损伤和运动疾病的成因和处理办法,有助于避免受到更大的伤害,同时了解运动处方能够使锻炼更加科学和有效。

运动损伤,顾名思义就是参与体育运动时,对身体造成的伤害。如果还能够回忆起美国女排名将海曼在比赛场上的猝死、桑兰躺在体操场上的情景,也许对运动损伤就有了更为直观的理解。运动损伤与一般的工作或日常生活中的损伤有所不同,它与运动项目、技术特点、身体状况以及思想重视程度等因素有关。其主要原因如下:

知识窗

运动损伤的分类

按受伤的轻重分,轻伤不影响工作;中度伤者是指在24h以上不能工作者;重伤为需要治疗者。

按受伤的组织结构分类,运动损伤包括皮肤损伤、肌肉和肌腱损伤、关节损伤、滑囊损伤、骨骼伤、骨骺损伤、神经损伤和内脏损伤。

按伤后皮肤或黏膜完整与否分类,运动损伤可分为开放性损伤和闭合性损伤。

按损伤病程分类,运动损伤分为急性损伤和慢性损伤。

(一)思想麻痹大意

青少年的神经系统不同于成人,大脑神经过程的兴奋和抑制不平衡,兴奋过程占优势并容易扩散,表现为活泼好动,精力充沛。加上生活缺乏经验,思想上容易麻痹大意,冒失地进行体育活动,或情绪急躁,急于求成,忽视了循序渐进和量力而行的原则,往往是造成运动损伤的重要原因。

(二)准备活动不充分

不做准备活动或准备活动不充分是造成运动损伤的另一个主要原因。这种现象常见于球类比赛。某些时候,有的同学在没有做好准备活动的前提下就投入到紧张的比赛中,此时神经和肌肉的兴奋性较低,对较大的刺激反应迟钝,这使肌肉、韧带的力量较小,伸展性不够,关节活动的幅度不大,身体协调性差。在这种情况下最容易发生肌肉拉伤和关节扭伤。而且想象中的动作与实际的身体状况有一定的差距,求大于供,损伤的出现在所难免。

(三)运动量过大

当进行长时间的大运动量比赛后,没有进行适当的休息,而是接着再进行剧烈的运动,此时身体各方面的功能已经很大地下降。由于长时间的运动,身体出汗较多,水分丢失很大,汗中散发的累计盐浓度也不少。失水使运动能力降低,如不及时补充水分和Na^+、K^+等电解质,将导致体内电解质平衡紊乱,引起肌肉兴奋性增加而发生肌肉痉挛,同时还会引起低血糖症。

(四)身体状态不佳

在睡眠、休息不佳或伤病初愈阶段以及疲劳时肌肉力量、身体协调性显著性下降的情况下参加剧烈运动或进行高难度动作时,就有可能发生损伤,所以运动前一定要对自己的身体情况有所了解。活动时的心理状态与运动损伤的发生有着一定的关系,如心情不好,情绪低落或急躁、急于求成等,都可能成为运动损伤的发生原因。某些青少年,缺乏锻炼知识和经验,好奇心强,不顾主、客观条件,盲目地参加运动,也容易发生运动损伤。

(五)运动技术错误

运动方法不正确或用力不当,特别是盲目和盲动,致使身体受伤。

(六)运动环境不符合要求

运动环境不符合要求,如气温过高或过冷,空气污染,过于嘈杂,光线过暗等也会造成运动损受。

(七)缺乏运动保健知识

缺乏运动保健知识,如运动前一次性饮水过多等,运动前摄食过饱,饭后不足1h进行剧烈运动等会使身体受伤。

(八)动作粗野或违反规则

比赛中不遵守比赛规则,或相互逗闹,动作粗野,故意犯规等,这在篮球、足球运动中是常见的。因为一时的玩笑或疏忽而造成的悲剧屡见不鲜。

此外运动场地及其设施不完善、运动时的服装和鞋袜不符合体育卫生要求等都可能成为运动损伤的原因。

二、运动损伤的预防

参加体育锻炼是为了增强体质,增进身心健康。如果在体育锻炼时,没有采取积极的预防措施,就可能发生各种伤害事故,轻者影响娱乐和学习,重者可造成残疾甚至危及生命。那么,如何预防在运动中可能发生的损伤呢?

(一)加强运动安全教育

在进行体育运动前一定要加强安全教育,克服麻痹思想,提高预防损伤意识。

(二)运动前一定要认真做好准备活动

对运动中容易受伤的部位,要相应做一些辅助性的活动。例如打篮球、踢足球之前针对性地活动一下踝关节、膝盖,压压腿等。冬天进行户外活动时,准备活动的时间要适当长些,要按循序渐进的原则进行,一般应选择靠近围墙背风处的场地和阳光充足的地方。受伤的部位的准备活动要谨慎小心,正式比赛或练习时要量力而行。

(三)加强运动中自我保护

每个参加体育锻炼的人都应掌握一定的自我保护方法。例如,身体失去平衡时,应立即向前或向后跨出一大步,以防摔倒;当快要跌倒时,要立刻低头、屈肘、团身,以背部着地,顺势做滚翻动作,而不可直臂撑地。呼吸时要尽量地用鼻子吸气。假如鼻口并用的话,吸气时要把舌尖卷起来,轻轻顶住上腭让空气从舌的两侧进入,这样冷空气进入呼吸道前能有一个预热的过程,不至于使冷空气直接刺激器官。

(四)不要在高低不平的场地上进行活动

如果没有合适的场地,活动的节奏要放慢。青少年处在生长发育的关键期,不宜在坚硬的地面上反复进行跑、跳练习。因长时间在坚硬的地面上跑,容易引起过早骨化或骺软骨的损伤,从而影响骨的正常生长发育。

(五)保持良好心态

每次运动的量不要太大,防止疲劳的积累。睡眠要充分,晚上不要过度熬夜。练习或比赛时要控制自己的情绪,不可冲动,否则既影响比赛,也影响同学之间的友谊。运动的目的是为了锻炼身体,坚持友谊第一,比赛第二的原则。同学在一起活动既可增强交流,又可互相学习。在活动的过程中,要遵守比赛规则,不要故意犯规,特别是在球类运动中。

(六)合理组织安排锻炼

加强组织纪律教育,合理安排运动量,防止局部运动器官负担过重。

第二节　运动中常见的生理反应和处置方法

一、运动中腹痛

腹痛是一种症状。运动中腹痛是指由于体育运动而引起或诱发的腹部疼痛。中长跑、马拉松、竞走、自行车、篮球等运动项目发病率较高。运动中腹痛多发生在运动过程中或运动结束时，以右上腹疼痛为常见，男运动员多于女运动员。

知识窗

运动中产生腹痛的原因

(1)剧烈运动引起血液循环不畅，而导致肝脏淤血并刺激神经而引起的疼痛。

(2)内脏器官本身的惰性所产生的一种不良反应。

(3)腹腔内部震动强烈牵拉腹膜，刺激感受器而引起疼痛。

(一)症状与体征

运动中腹痛的程度与运动负荷和运动强度密切相关。大多数运动员在小运动负荷和慢速度运动时，腹痛不明显，随着运动负荷和运动强度的增加，腹痛也逐渐加剧。腹痛的部位，常为病变脏器所在。右上腹痛，多为肝胆疾患、肝脏郁血；中上腹痛，多为胃及十二指肠溃疡、急性或慢性胃炎；左上腹痛，多为肠痉挛、蛔虫病；右下腹痛，多为阑尾炎、髂腰肌痉挛；左下腹痛，多因宿便的刺激；季肋部和下胸部锐痛，多为呼吸肌痉挛，往往深呼吸时疼痛加剧。

但是，也有些疾病，在发病初期，其疼痛部位不一定与病变部位相一致，如急性阑尾炎早期的疼痛部位多在上腹部或脐周围。也有些疾病虽然表现为腹痛，但其病变部位却在腹外，如右下肺炎、胸膜炎以及腹肌疾患等。

腹痛的性质与程度，由于引起腹痛的原因不同，其疼痛的轻重也不一样。一般来说，如果腹痛是直接由运动所引起的，多为胀痛或钝痛，经减少运动强度或作深呼吸以及按压腹部后，疼痛可缓解。如果原来已患有疾病，只是因运动而诱发(或加重)腹痛者，多为锐痛或阵发性绞痛、钻痛，运动员往往要中止运动，经治疗后，疼痛才能缓解。

(二)处理

运动中出现腹痛，应适当减慢跑速，加深呼吸，调整呼吸和运动节奏(如三步一吸气或四步一吸气)，用手按压疼痛部位，或弯腰慢跑一段距离，一般疼痛可减轻或消失。如经上述处理无效，就应停止运动，口服解痉药物(如阿托品、普鲁苯辛等)，点掐或针刺足三里、内关、大肠俞等穴，并热敷腹部；如果是腹直肌痉挛引起腹痛，可作局部按摩(用揉、按压法)。如仍无效果，应请医生进行诊断和处理。

二、运动性贫血

贫血是指血液单位容积内血红蛋白量、红细胞数和红细胞压积低于正常的病理状态。正常成人血红蛋白量：男 120～160g/L，女 110～150g/L；红细胞数：男 400 万～550 万/mm^3，女

350万～500万/mm^3;红细胞压积:男40～50容积%,女37～48容积%。

贫血可以由多种原因引起。贫血常见的原因有:缺乏造血原料,如蛋白质、铁质、叶酸和维生素B_{12};失血,如创伤性出血、胃肠道出血等;出血性疾病,如血小板减少性紫癜、血友病;红细胞破坏增加,如错误血型输血、红细胞先天性异常等。由这些原因所引起的贫血与运动无直接关系,不属于运动性贫血。

运动性贫血是指直接由运动训练所造成的贫血。我国对运动性贫血诊断的标准是:血红蛋白男低于120g/L,女低于105g/L,14岁以下男女低于120g/L。运动性贫血约占运动员贫血的35%左右,且半数以上属于缺铁性贫血,多发生在竞走、长跑、体操、足球等运动项目。

(一)症状与体征

运动性贫血发病缓慢,多数能坚持正常训练。主要症状有头晕、头痛、乏力、易倦、记忆力减退、食欲不振,运动时易出现气促、心跳加快,运动后出现心悸,运动成绩逐渐下降。主要体征是皮肤和黏膜苍白,安静时心率加快,心尖部可听到收缩期吹风样杂音。血液检查,红细胞和血红蛋白值均低于正常值。

在确诊为运动性贫血前,应首先排除其他因素所引起的贫血。如果减少或停止运动训练约一个月,并供给充足的蛋白质和铁质,但血红蛋白值仍无明显上升,则应排除运动性贫血,并到医院作详细检查,以确诊引起贫血的病因。

(二)处理

适当减少运动负荷,必要时停止训练。一般来说,男运动员的血红蛋白在100～120g/L,女运动员在90～110g/L时,可边治疗边训练,但要减小运动强度,避免耐力性运动;如果男低于100g/L,女低于90g/L时,应停止大中运动负荷训练,以治疗为主。在饮食中供给蛋白质、铁质和维生素较多的食物。服用抗贫血药物,如硫酸亚铁片、血宝、力勃隆等,对治疗贫血有明显效果。同时服用维生素C和胃舒平,这有利于铁质的吸收,并能减少铁质对胃的刺激反应。

三、运动性血尿

正常人尿液中无红细胞或偶有个别红细胞,如离心沉淀后,尿液在镜检下,每高倍视野有2个以上的红细胞,则称为血尿。血尿是一种症状,它主要由泌尿系疾患(如泌尿系感染、肾结石、肾结核)、泌尿系邻近器官疾病(如前列腺炎、急性阑尾炎)、全身性疾病(如血液病、丝虫病)、药物过敏等引起。有些人运动后出现血尿,但血尿是因器质性疾病所引起,运动只是诱发血尿的因素,这不属于运动性血尿。

运动性血尿是指直接与运动有关,经详细检查,未发现其他原因的血尿。据报道,运动员中的血尿约有49.0%属运动性血尿。运动性血尿男性多于女性,发病年龄多在19～25岁。在长跑、三级跳、足球、篮球和拳击等运动项目中较常见。

(一)症状与体征

运动性血尿的特点是运动后骤然出现血尿。血尿严重程度与运动负荷和运动强度的大小有关,半数以上的患者在大运动负荷或运动强度突然猛增后出现血尿。若停止运动,血尿迅速消失,多数患者(95%左右)血尿在3天内消失,最长不超过7天。除血尿外,一般无其他症状与体征。血液化验、肾功能检查、腹腔X光平片及肾盂造影等检查均属正常。

(二)处理

凡出现肉眼血尿,无论有无症状,均应停止运动。出现镜下血尿,而尿中红细胞数量不多,又无自我症状者，应适当调整运动量和运动强度，尤其要减少跑跳动作，加强医务监督，定期检查尿液，并给予治疗，如服用维生素 C 和维生素 K，注射安络血或服用中草药（如生地黄、党参、板蓝根、白茅根、小蓟、竹叶等）。对伴有身体机能下降的运动员可肌肉注射 ATP 和维生素 B_{12}。运动性血尿在多年内也可能反复出现，但预后良好。器质性和外伤性所引起的血尿，应针对原因进行治疗，一般不能进行正常训练。

四、昏厥

昏厥是由于脑部一时性供血不足或血中化学物质变化所致的意识短暂丧失。据报道，健康的青年男子约有 25% ~30% 的人都发生过晕厥。运动员发生昏厥多在大强度训练或激烈比赛中或比赛后。

（一）症状与体征

昏厥前患者感到全身软弱无力、头晕、眼前发黑、面色苍白、出冷汗。昏倒后，意识丧失，手足发凉，脉率增快或正常，血压降低或正常，呼吸增快或缓慢。一般昏倒数秒钟，但也有经 3 ~4h 才清醒。清醒后伴有头痛、头晕、全身无力，也可出现恶心、呕吐。多数患者记忆力可迅速恢复。

（二）处理

使患者处于仰卧位或下肢抬高位，松解紧身衣服和束带，注意保暖，作双下肢向心性重推摩或揉捏，必要时嗅以氨水或点掐（或针刺）人中、百会、涌泉等穴。如有呕吐，将患者头部转向一侧，以免因舌头后坠及呕吐物堵塞气道而妨碍呼吸。如呼吸停止，立即进行人工呼吸；若伴有心跳停止，应同时进行胸外心脏挤压。知觉清醒前或有呕吐时，均不宜给予任何饮料；清醒后可给以热饮料或少量白兰地，并注意休息。神志未能迅速恢复者，应送医院做进一步处理。

五、低血糖症

正常人在早晨空腹时血糖浓度一般在 80 ~120mg/100mL 之间，当血糖低于 55mg/100mL 时，就会出现一系列症状称为低血糖症。当血糖低于 10mg/100mL 时，就会出现深度昏迷，称为低血糖性休克。在体育运动中，本症多发生在长跑、超长跑、长距离滑冰、滑雪和自行车等项目，多出现于剧烈耐力性运动中或运动结束后不久。

（一）症状与体征

当出现低血糖时，首先受影响的是神经系统（因为脑细胞贮糖量很少），使脑细胞工作能力下降，继而体内多个器官的功能降低。轻者有强烈的饥饿感、疲乏无力、心慌、头晕、皮肤苍白及出冷汗等。较重者神志模糊，言语不清或精神错乱（如赛跑者可返身向相反方向跑），手足颤抖，步态不稳，最后甚至昏倒。检查时脉率快而弱，呼吸短促，瞳孔扩大，血糖可降至 40 ~50mg/100mL 以下，严重者可低至 10mg/100mL。

（二）处理

让患者平卧、保暖，神志清醒者可供给热糖水或进食少量流质食物，一般经短时间后症状消失。昏迷者，可静脉注射 50% 葡萄糖 50 ~100mL，同时针刺（或指掐）人中、涌泉、合谷等穴。此外，还可用热水泡（或热湿敷）双下肢，也可作双下肢按摩（如重推摩、擦摩），以促进下肢血液循环，有利于乳酸经血液运送到肝内，在肝细胞内重新合成为肝糖原或葡萄糖。

六、肌肉痉挛

肌肉痉挛(俗称抽筋)是肌肉不自主地强直性收缩。在运动中以小腿腓肠肌最易发生肌肉痉挛,其次是足底的屈木肌和屈趾肌。多发生于游泳、足球、举重和长跑等运动项目。

(一)症状与体征

痉挛的肌肉僵硬,疼痛难忍,所涉及的关节暂时屈伸功能受限,痉挛缓解后,局部仍有酸痛不适感。

(二)处理

解除肌肉痉挛可采用牵引痉挛肌肉的方法。例如,小腿腓肠肌痉挛时,让患者仰卧或坐位,膝关节伸直。牵引者双手握住患者足部,将患足踝关节缓慢地背伸;当屈木肌、屈趾肌痉挛时,可用力将足和足趾背伸,然后屈伸膝关节几次,再点掐或针刺涌泉。牵引时切忌用力过猛,以免造成肌肉拉伤。此外,还可配合局部按摩(如用揉捏、揉、按压)、点穴或针刺(承山、委中、阿是穴等)。针刺时,最好采用斜刺,并顺着肌纤维走向,这样肌肉痉挛就得以缓解。

游泳时发生肌肉痉挛,首先不要惊慌,如果自已无法处理或缓解,要立即呼救。在水中解脱肌肉痉挛的具体方法有①腓肠肌或脚趾痉挛时,先吸一口气,仰卧水上,用痉挛肢体对侧的手握住痉挛的脚趾,并用力向身体方向拉,另一手掌压住痉挛肢体的骸骨上,以帮助膝关节伸直,可连续做几次。②大腿肌肉痉挛时,深吸一口气,仰卧水面,弯曲痉挛大腿的膝关节,然后用双手抱着小腿用力使它贴在大腿上,并用力向前伸直。③胃部痉挛时,先吸一口气,仰浮水上,迅速屈髋、屈膝,并靠近腹部,用双手稍抱膝,随即下肢向前伸直,注意用力不要过度,两手掌相对用力压,并作振颤动作。

痉挛缓解后,应慢慢游到岸边,以免再次发生痉挛。肌肉痉挛缓解后,不宜继续运动,应针对原因进行治疗,如补充盐分和水分,注意保暖并按摩(如揉、揉捏)肌肉痉挛处。每日口服维生素 C100mg,持续 30 天,对预防或减轻运动引起的肌肉痉挛性疼痛有一定效果。

七、中暑

中暑是因高温环境或受到烈日的暴晒而引起的疾病。中暑多发生在长跑、负重行军、越野跑、马拉松、自行车及足球等运动项目。

(一)症状与体征

按病情的轻重,中暑可分为先兆中暑、轻度中暑、重症中暑。

1. 先兆中暑

患者大量出汗、口渴、头昏、眼花、耳鸣、胸闷、恶心、全身疲乏、四肢无力、注意力不集中,体温正常或略升高。有些运动员出现动作不协调或跑错方向等。

2. 轻度中暑

除有先兆表现外,若还具有下列症候群之一者,均属轻度中暑。包括体温上升至 38℃以上;面色潮红、皮肤灼热;有早期循环衰竭的表现,如面色苍白、呕吐、皮肤湿冷、血压下降、脉搏细速等。

3. 重症中暑

以下 4 种类型均属重症中暑。

中暑衰竭:主要表现为皮肤苍白,出冷汗,软弱无力,脉细速,血压下降,呼吸快浅,体温正常、稍低或稍高,意识模糊或昏厥。

中暑痉挛:主要表现为四肢无力、肌肉痉挛疼痛,血中钠和氯化物降低。

日射病:患者感到剧烈头痛、头晕、眼花、耳鸣、呕吐、烦躁不安,体温大多正常,严重者昏迷。

中暑高热:早期大量出汗,后期无汗。体温迅速升高,头痛、头晕、全身无力、恶心、呕吐、昏厥。有的可突然发病,体温可高达40~42℃,颜面潮红灼热,皮肤干燥无汗,脉快,血压正常或降低,神志模糊,最后引起心、肺、脑、肝、肾功能严重损害而死亡。

(二)处理

当有先兆或轻度中暑时,应将患者迅速带离高热环境,移至阴凉通风处休息,解开衣领,并给予清凉饮料、浓茶、淡盐水和人丹、解暑片(每次1~4片)或藿香正气丸(每次1粒)等解暑药物。

对病情较重的患者,应立即移到阴凉处,让其平卧(或抬高下肢),根据不同的病情,分别作如下处理:中暑痉挛时,服用含糖、盐饮料,并在四肢作重推摩、按摩;日射病时,头部用冰袋或冷水湿敷;中暑高热时,应迅速降温,如用冷水或冰水擦身(擦至皮肤发红),或在额、颈、腋下和腹股沟等处放置冰袋,也可用50%酒精擦浴。症状重或昏迷者,可针刺人中、涌泉、中冲等穴,并应迅速送医院进行抢救。

八、过度训练

过度训练的全称是"过度训练综合征",是指运动负荷与身体功能状况不相适应,疲劳长期积累而引起功能紊乱或病理状态。

(一)症状与体征

过度训练早期症状以神经系统表现为主,与神经衰弱相似。运动员仅在大运动负荷训练后出现睡眠欠佳(多梦、易惊醒),食欲不振、头晕、记忆力下降,易疲倦,运动时使不上劲,运动成绩下降,少数人有心情烦躁和易激怒等,客观检查无明显异常改变。因此,过度训练的早期极容易被忽视,或被误诊为"神经官能症",致使病情逐渐加重。早期如不及时处理或处理不当,将会发展为中期和后期,此时可涉及多个系统和器官,并出现多种多样的症状和体征。这时,除早期症状加重外,还出现失眠或嗜睡,全身乏力、多汗,情绪急躁,甚至恶心、呕吐、腹泻、无训练欲望,小运动负荷也出现疲劳,且在24h内不能恢复,运动能力和运动成绩明显下降,严重者还出现胸闷、气短,安静血压和脉率明显增高。联合功能试验异常反应达60%以上,多呈梯形反应,其次是紧张性不全型。心电图检查异常者占67%,其中以ST段明显下降以及T波降低、双向或倒置等变化。心电图出现心律失常者占55.6%。生化方面检查,表现为血红蛋白下降,尿液有蛋白质、红细胞、管型,血睾酮水平下降等。

过度训练的运动员一般身体抵抗力下降,免疫球蛋白降低,容易患病(如感冒、扁桃体炎、肺结核、肝炎);女运动员还会引起月经紊乱。此外,还可能引起肌肉持续性酸痛、僵硬和痉挛,甚至出现肌肉损伤或疲劳性骨折。

过度训练的症状和体征是多种多样的。诊断时应详细询问病史和运动史,早期应注意与神经官能症相鉴别,中后期应注意与肺结核、慢性肝炎、肾炎等病相鉴别。

(二)处理

关键是早期发现,及早处理。处理的基本原则是消除病因,调整训练内容或改变训练方

法，以及对症治疗。

过度训练早期，只需调整训练计划，控制运动负荷及运动强度，减少或避免难度大的动作，减少速度及力量性练习；注意休息，保证充足的睡眠；增加营养（包括锌、镁、铜、铁等微量元素）。对较重的患者，除作上述处理外还要暂时停止专项训练和比赛，减轻神经精神负担，多辅以全面训练和放松性练习；积极进行温水浴、按摩和医疗体育（如太极拳、气功）等。此外，可根据病情给予药物治疗，如维生素 B_1、维生素 C、维生素 B_6、葡萄糖、三磷酸腺苷（ATP）、谷维素、镇静剂、安眠药和激素等。也可以服用中草药，如人参、刺五加、田七、黄芪等，对本症也有一定疗效。

过度训练经恰当治疗后，轻者 2 ~4 周可治愈，较重者需要 2 ~6 个月，严重者需要更长时间。病愈后恢复训练时要逐步增加运动负荷及运动强度，以防复发。

九、过度紧张

过度紧张是在训练或比赛时，运动负荷超过了机体的承受能力而引起的病理状态，常在训练或比赛后即刻或短时间内发病。多发生在中长距离跑、马拉松、中距离滑冰、自行车、足球和篮球等运动项目。

（一）症状与体征

过度紧张的发病机理目前还不十分清楚，按临床表现主要有以下几种。

1. 急性胃肠功能紊乱及运动应激性溃疡

急性胃肠功能紊乱障碍是过度紧张中常见的症状。运动员常在剧烈运动后不久出现恶心、呕吐、头痛、头晕、面色苍白、腹部有轻度压痛、脉搏稍快。胃肠功能紊乱可能是由于运动员极度疲劳，再加上精神过度紧张，使胃酸分泌明显减少；或饭后不久进行激烈运动造成胃肠功能降低所致。

2. 心功能不全和心肌损害

心功能不全和心肌损害表现为运动后头晕、眼花、步态不稳、面色苍白或唇发绀、呼吸困难、咳嗽、咯粉红色泡沫样痰、心前区和右季肋部疼痛，甚至意识丧失。

3. 脑血管痉挛

运动后突然发生一侧肢体麻木，动作不灵活或麻痹，伴头痛、恶心、呕吐等。这是因头部缺血、缺氧和脑血管痉挛所致。

4. 运动猝死

在运动中或运动后，症状出现后 30s 内死亡称为即刻死，症状出现后 24h 内死亡称为猝死。

（二）处理

病情较轻者，应让患者平卧。注意保暖和吃容易消化的食物，一般 1 ~2 天病情好转。有心功能不全者，应立即采取半坐卧位，保持安静，并针刺或点掐内关、足三里穴；昏迷者，再加人中、百会、合谷、涌泉等穴。对于呼吸、心跳停止者，应立即进行人工呼吸和胸外心脏挤压，并同时通知医生来处理。

十、极点和第二次呼吸

（一）极点

在剧烈运动时，特别在中长跑时，能量消耗大，下肢回流血量减少，氧债不断累积，当达到一定程度时，就会出现呼吸急促、胸闷难忍、下肢沉重、动作迟缓不协调，甚至有恶心呕吐现象，

这在运动生理学上称之为“极点”。

（二）第二次呼吸

“极点”出现后，适当减慢运动速度，并注意加深呼吸，坚持下去，上述生理反应将逐步缓解和消失。随后机能重新得到改善，氧供应增加，动作变得协调有力，精神重新得到振奋，运动能力重新获得提高。这种现象标志着“极点”已经被克服，生理过程出现新的平衡。此种现象，运动生理学上称为“第二次呼吸”。

“极点”和“第二次呼吸”是长跑运动中经常发生的生理现象，运动者无需疑虑和恐惧，只要坚持经常性体育锻炼和处理得当，“极点”现象是可以延缓和减轻的。

第三节　常见运动损伤的处理

造成运动损伤的原因是多方面的，其基本原因主要有对预防运动创伤的意义认识不足，缺乏准备活动或准备活动不正确，技术上存在缺点和错误，运动量（特别是局部负担量）过大，身体机能和心理状况不良，组织与方法不当，动作粗野或违反规则，受场地、器械设备和气候、光线影响等。

一、擦伤

擦伤是当跌倒时身体的裸露部分接触地面，与地面猛烈摩擦而发生。小臂外侧、手掌、大腿外侧、膝盖及小腿外侧都是最容易发生擦伤的地方。

轻度擦伤，伤部表面只渗出少许黄色液体（淋巴液）和出现少量分散在伤面上的小血点。伤部感到轻微疼痛，肢体的功能丝毫不受影响。

重度擦伤，皮肤、皮肤下面和血管及其他组织损伤较重，伤面上可以看到大量血液，几乎可以把伤面盖满，在伤面上还可以看到受损伤的不整齐的皮下组织（脂肪和肌肉）。伤面上有时会沾染或刺入地面的炭渣、碎砖石等物。

擦伤的急救方法首先是止血。由于血液有自行凝结的能力，所以轻度擦伤时的渗出性出血，在数分钟后即可自行停止。范围较大的重度擦伤，如出血不止，应先把受伤肢体抬高，同时用手指压住流血部位上方的动脉血管。鼻梁两侧的面部出血时，可压住面动脉；手指出血可压住尺桡动脉；小臂出血可压住腋下动脉或舷动脉；下肢出血可压住大腿内侧的股动脉。为了防止空气中的化脓菌侵入伤面，在止血的同时，用消过毒的纱布把伤面遮盖起来。

做进一步的急救处理，是用纱布或棉花浸以温水，把伤面周围的污物除去。如伤面有污物，可用生理盐水或肥皂水冲洗，冲洗后用消毒纱布吸取伤面，涂以2%红汞溶液（红药水），不要包扎，使伤面暴露。这样，伤面就可以很快干燥，一两天后即可结痂。大面积的、比较深的擦伤，为了预防感染化脓，可在伤面上撒适量消炎粉，再盖上涂有凡士林油的纱布块，用绷带包扎。

二、扭伤

扭伤多发生于四肢关节处。不同的体育项目，发生扭伤的部位也是不同的。球类运动的扭伤，多在腕、肩、踝、膝和腰部关节；体操多在腕、肩和肘关节；田径运动最容易使髋关节扭伤。扭伤原因多为场地不平、准备活动不充分、技术不熟练或粗心大意、负荷量安排不当造成过度

疲劳等。

轻度扭伤只是关节周围的韧带或肌腱撕裂一小部分,伤处有轻微疼痛感觉。轻度扭伤,在伤部的外表看不出什么,关节活动也没有障碍。轻度扭伤一般不需要急救处理,但应暂时停止锻炼。一般情况过一两周后伤处疼痛就会逐渐消失而痊愈。

重度扭伤可出现关节周围的韧带、肌腱和血管断裂。受伤后感到剧烈疼痛,关节不能活动。在受伤几小时后,受伤部位逐渐肿大并变为青黑色。这是由于血管破裂,使血液流进组织间隙的缘故。

急救重度扭伤须先止痛、止血。在扭伤的当时可做冷敷,做冷敷时先把伤部微微抬高,用毛巾沾冷水,拧干后盖敷伤处。也可用冷水淋洗伤部。冷敷可使断裂的血管收缩,减轻出血程度,并有麻痹神经末梢、减轻疼痛的作用。冷敷后伤部垫上棉花,用绷带包扎,包扎时轻加压力,但不能包得太紧,以免影响血液循环。

三、挫伤

身体被钝重的体育器械打伤称为挫伤。器械打击到身上时,受伤部位的皮肤往往只有轻微的损伤,甚至好像完整无损,而皮肤下面的组织(肌肉、韧带、血管)可能发生与重度扭伤相同的损伤,如内出血、肌肉纤维撕断等。挫伤的急救方法与扭伤相同。

知识窗

挫伤处置的步骤

1. 休息:立即停止挫伤肢体的运动。

2. 冷敷:即刻用凉水、冰块等对挫伤部位进行10min的冷敷。如比较严重可在2~3h后再冷敷一次。

3. 加压包扎:如果挫伤部位发生肿胀,应用海绵或棉花垫在挫伤部位周围,再用弹力绷带或普通绷带加压包扎24~48h。

4. 抬高肢体:将挫伤的肢体抬高,超过心脏的水平面为宜。

四、肌肉拉伤

通常在外力直接或间接作用下,肌肉过度主动收缩或被动拉长时会引起肌肉拉伤。特别是由于准备活动不充分、动作不协调以及肌肉外力作用拉伤。损伤后伤处肿胀、压痛、肌肉痉挛,诊断时可摸到硬块,严重拉伤会造成撕裂。

轻微的肌肉拉伤应立即冷敷,局部加压包扎,抬高肢体,如疼痛明显者可内服止痛剂。24h后可进行按摩和理疗。严重肌肉拉伤的后期,皮下有明显的硬结,经久不愈者,可用老陈醋加中草药外敷,同时配合红外线治疗,效果更好。

五、鼻出血

鼻部受到外力打击(器械或人为碰撞)时,鼻内的血管破裂,可能发生相当严重的鼻内出血。鼻出血时,需暂时用口呼吸,以预防因鼻部的呼吸运动而使出血程度加重。同时头要向后仰(可使伤者坐在椅上,将头部放在椅背上),在鼻部放置冷毛巾。如果出血还不止,可将凡士林纱布卷塞入出血的鼻腔内。

六、脑震荡

头部受外力打击或碰在坚硬地方时,脑组织的神经细胞和神经纤维受到过度震动,称为脑震荡。

轻度脑震荡:受伤以后,只有短时间的(有时只有几秒钟)头晕眼花、眼前发黑,没有其他不舒服的感觉。

中度脑震荡:受伤后,可能发生数分钟甚至一小时的昏迷,大部分患者在清醒后有头晕、头痛现象。

重度脑震荡:昏迷的时间在一小时以上,有时患者数日不清醒,清醒后头晕、头痛较重,记忆力下降。

中、重度脑震荡痊愈后,常常遗忘(脑震荡后遗症),除经常头痛外,记忆力大大降低。

在急救时,对轻度脑震荡的人,应立即停止锻炼,安静卧床休息,1~2天内如无其他异常现象(如头晕、头痛)即可参加学习,但在一周内最好不参加剧烈的体育活动。中度及重度脑震荡,如急救时仍处于昏迷状态,应使患者仰卧在平坦的地方,头部微垫高,并尽快送医院诊治。在送往医院途中要避免患者身体受剧烈震动。

七、骨折

遇到突然的强大外力打击时,或附着在骨骼上的肌肉剧烈收缩时,可能发生骨折。

轻微的骨折只在骨骼上出现一条很不明显的裂纹,医学上称为骨裂。这种骨折只有用X光把骨相拍照下来,仔细观察才能看出。这种骨折在急救时是很难观察出来的。明显的骨折症状是伤部变形,肢体活动功能丧失,剧烈疼痛,内出血严重。

骨折的急救步骤如下:

第一,先除去压在伤者身上或阻碍搬移伤者的障碍物,把伤者的身体放平,在移动伤者时动作要缓慢、轻柔。

第二,伤者因剧烈疼痛及流血过多,可能发生外伤性休克,预防休克时首先使其身体温暖,要用毯子或棉被等物体将伤者身体盖好,给其饮用热茶、热糖水或温开水,使用镇痛剂起效,然后迅速送医院处理。

八、关节脱位

由于暴力作用(如突然跌倒、外力过度牵引或暴力打击等)使关节的关节面失去正常的相互联系,称为关节脱位(又称脱臼)。在关节脱位时,本人往往能听到关节内有碎裂声,脱位关节剧痛,关节功能丧失,关节变形。由于关节的位置改变,正常关节隆起处塌陷,或正常凹陷处隆起或突出,肢体变长或缩短等。

关节脱位的急救方法是先止痛和抗休克(具体措施与骨折同),然后迅速用夹板、绷带固定脱位变形的伤肢,尽快送医院处理,争取早期复位。

九、休克

休克(或称一时性脑缺血),是参加体育锻炼者心血管系统暂时性机能失调的现象。这种现象较多发生在赛跑时。

休克的症状,是当跑完全程达到终点时,突然停止跑动,出现眼前发黑、头晕、全身发软、两腿无力、面色发白、心跳气喘。轻度的休克,上述症状很快消失。重度的休克上述症状延续时间较长,如果不很快搀扶病者,就有突然倒地的危险。

休克的急救方法很简单。轻者可以搀扶着走一段路,不正常的症状很快就可以消失了。重者必须躺下,把下肢抬高一点,身上用毯子或衣物盖住,数分钟后,面色发白、心跳气喘、头晕眼花的现象就可以消失。如果患者想喝水,可喝些热茶或热糖水。

要预防休克,一方面必须在跑到终点后,减慢速度再向前慢跑一段距离,然后慢慢地停下来。最重要的是在赛跑时,加强保护工作。另一方面,应了解休克的常识,以避免事故的发生。

第四节　运动处方

一、运动处方的概念

医疗处方在医学上指的是医生给患者开的药方,不同的病或同一种病因病情所处发展阶段不同而不同,因此不能使用同一处方。要想科学地锻炼身体,提高健康水平,预防和治疗疾病,也必须"对症下药"。

知识窗

运动处方的分类

1. 治疗性运动处方:旨在对疾病进行治疗和康复。
2. 预防性运动处方:旨在健身防病。
3. 健美性运动处方:旨在提高健康水平和运动能力。

因此,所谓运动处方即用处方的形式规定患者或健身活动参加者锻炼的内容和运动量的方法。它是指导人们有目的、有计划、科学地锻炼的一种方式。或者说,运动处方是在身体检测的基础之上,根据锻炼者身体的需求,按照科学健身的原则,为锻炼提供的量化指导方案。

通俗地讲,运动处方类似医生给患者开的医疗处方,是由医生或体育工作者给锻炼者按其年龄、性别、健康状况、身体锻炼经历和心肺或运动器官的机能水平等,用处方的形式规定适当的运动内容、锻炼方法和运动量的大小。

二、运动处方的诊断

运动处方的诊断包括两方面,一是对参加体育锻炼的慢性病患者进行健康诊断;二是进行负荷实验。诊断和实验的指标包括身高、体重、血压、心电图、心肺功能、摄氧量、血液和尿液的

化验等项目。诊断和实验是为运动安排提供科学依据。

(一)健康诊断

健康诊断即医学检查。其目的是掌握被检查者的身体健康状况,评定其体质等级,排除体育运动禁忌证,为运动负荷实验提供有效的安全系数。

(二)运动负荷实验

运动负荷主要是测定有氧工作能力,诊断冠心病并对心脏病病情分类,测定运动中最高心率及确定运动时的安全性。

实验中的运动负荷有两种,最大负荷和次最大负荷。最大负荷的实验比次最大负荷实验更合乎要求,因此其危险性较大,尤其是老年人或有某些疾病的患者。

制定运动处方必须做运动负荷实验,它是最重要的检查方法之一。就其危险性而言,日本的山村氏曾报导了过去运动负荷实验中的死亡事故,死亡率是1/10000。一般健康人为对象时,死亡率低于1/10000。为了确保运动负荷实验中的安全和运动处方的有效,常放弃最大负荷实验而采用次最大负荷实验。此外,在进行运动负荷实验时,对那些在医学检查中发现有潜在病患的人或可疑者,必须准备相应的对策。列举如下:

1. 负荷前的安全检查

运动负荷试验前,首先弄清楚有无禁忌证。由于心系管系统的原因造成的死亡事故较多,所以循环系统特别是心电图和血压是不可缺少的项目。

2. 确定当天安全性的检查

评价检查当天身体状态是非常必要的,具体检查项目如下:

(1)有没有感冒等传染性疾患。

(2)体温(腋下)不超过37℃。

(3)安静时心率每分钟在100次以下。

(4)安静时收缩压不超过120mmHg。

(5)当天未曾饮酒。

(6)有足够的睡眠。

(7)有规律地按时进餐。

(8)已接受医学诊断,并得到医师对进行运动的许可。

3. 确定运动负荷试验中的安全性

面色苍白、发绀、高度呼吸困难、胸闷、脚疼、发生外伤时终止试验;比较安静时与运动中心电图差异,若有ST段下降、心律失常等终止试验,运动中如果血压过高(超过250mmHg)就要终止运动;还有当增加负荷时如果出现血压下降,这表明心脏衰弱,也应该终止运动。为了运动负荷试验的安全性,在最大负荷试验时,预先给受试者规定一个"目标心率",试验中一旦达到预定目标心率,就可终止运动负荷试验。目标心率随人而异,千篇一律是不可能的。一般地说由于最高心率随年龄增加而下降,"目标心率"也应随年龄的增加而下降。

尽管建立了以上安全措施,事故还有发生的可能,所以运动负荷试验只能在医师到场的情况下实施。另外,还要预先做好必要的急救准备,一旦事故发生确保有相应对策。

三、运动处方的制定

(一)运动处方的制定原则

在制定和实施运动处方时应遵循下列基本原则。

1. 运动处方个体化

由于每个人的身体条件千差万别,不可能预先准备好适应各种情况的处方,即使可能,个人的身体或客观条件也在经常变化,严格地说,上周的处方本周就不一定适合。所以,必须根据每个人的具体情况,因人而宜,个别对待。

2. 运动处方要不断调整

对于初定的处方,在实行过程中要进行一次或多次的微调整,使之符合自己的基本情况。一个安全、有效、愉快的运动处方,不是别人给予的,而是自己制定的。各种书刊上介绍的运动处方,应看作只是制定自己运动处方的一个参考。

3. 要以耐力为基础

在制定运动处方时,体力的差别比性别和年龄的差别更为重要。因此,即使不根据性别、年龄,而只以体力情况做基础来制定运动处方也是适宜的。

4. 保持安全界限和有效界限

为了提高全身耐力水平,必须达到改善心血管和呼吸功能的有效强度,这就是靶心率范围。如果运动超过这个上限,就可能有危险性,这个运动强度或运动量界限,称为安全界限;而达到这个有最低效果的下限,称为有效界限。安全界限和有效界限之间,就是运动处方安全而有效的范围,如一名 30 岁男子,安静时心率为 70 次/min,最高心率为 220 - 年龄,即等于 190 次/min(表 4 - 1)。

表 4 - 1　靶心率范围法

类别	下限	上限	类别	下限	上限
最高心率	190	190	适宜强度(60% ~80% 储备心率)	0.6 72	0.8 96
安静时心率	-70	-70	安静时心率	+70	+70
心率储备	120	120	靶心率范围	142	166

(二)运动处方的制定方法

(1)了解锻炼者的基本情况。包括姓名、性别、年龄、职业、疾病史、过去及现在锻炼状况。此外,还应了解锻炼者的食欲、睡眠和常用药等。

(2)健康诊断。健康诊断是对锻炼者健康程度的判断,是制定运动处方的重要依据之一。

(3)运动负荷测定。运动负荷测定是对锻炼者身体功能对运动承受能力的检测和评定,一般进行安静和运动状态下生理功能的检测,主要应测定心跳频率等功能指标。

(4)体力测定。主要是对锻炼者身体素质的检测,内容包括身体力量、速度、耐力、灵敏、柔韧等。

(5)制定运动处方。根据以上 4 项调查、测定的结果和身体锻炼的原则、规律,为锻炼者提供包括锻炼内容、强度、时间等在内的锻炼方案。

(6)实施锻炼方案。锻炼一个阶段后,应再次进行健康检查、运动负荷测定和体力测定,这样一方面可以评价运动处方测定实效和锻炼效果，另一方面可以根据身体的变化，修改和调整新的运动处方，使处方更具有针对性和实效性。

思考题

1. 简述体育保健的意义。
2. 学生在早晨锻炼和课外活动中，应该怎样进行自我保护？
3. 怎样预防运动损伤？
4. 运动场上踝关节扭伤应怎样处理？
5. 大学生如何做好心理健康保健？

第五章　生活方式与人体健康

学习目标

1. 通过学习了解生活方式的概念、现代生活方式的特征与不良影响,熟悉健康生活方式的知与行。

2. 通过学习掌握如何构建健康合理的生活方式。

第一节　生活方式概述

一、生活方式的概念

生活方式有着丰富的内涵,人们对于生活方式的理解也不尽相同,一般可以分为狭义和广义两种。

狭义的生活方式被理解为“衣、食、住、行”或“吃、喝、玩、乐”的方式,有时也被认为是人们消费物质产品和利用闲暇时间的方式,即生活资料的消费方式。

广义的生活方式是指在一定社会客观条件的制约下,社会中的个人、群体或全体成员为一定的价值观念所引导的、满足自身生存发展需要的全部生活活动的稳定形式和行为特征。

从定义可以看出,生活方式应该包括生活活动条件、生活活动主体和具体生活活动形式。生活活动条件即指生活活动主体所处的具体环境,其中包括物质条件、精神条件和生态条件。例如,个人生活活动条件包括个人工作环境和氛围、个人居住条件、家庭经济收入及个人生活小区的生态和文化环境等。生活活动主体也就是个人生活方式,可以是群体生活方式和社会生活方式,其中个人生活方式是群体生活方式和社会生活方式的基本组成单位。具体的生活活动是生活活动主体和生活活动条件相互作用的表现形式和结果。

一个人的生活方式是自我人生观、道德观、消费观、审美观、时间观以及人际关系等在生活活动中的具体体现,生活方式的变化直接或间接地影响着一个人的思想意识和价值观念。因此,社会生活方式是通过一个人的思想意识与心理结构影响其个人的行为方式和对社会的态度，从而反映出自我的价值观念，即世界观的基本倾向。

当然，生活方式具有民族性和地域性。不同的民族历史、文化、传统、心理、风俗习惯和不同的自然地理环境，造就着不同民族、不同区域的生活方式。

综上所述，生活方式是在一定价值观念指导下形成的一定的生活行为习惯，其中主要包括物质生活、精神生活、社会生活和政治生活等。

二、国内外生活方式现状

当前，生活方式这个问题越来越引起世界范围的广泛关注。由于不健康生活方式引起的文明病（也称生活方式病）不仅在发达国家蔓延，而且也在发展中国家乃至在世界各国蔓延。美国学者曾预测，使美国成人平均寿命增加一年需花费100亿美元，然而，如果人们做到经常锻炼、不吸烟、少饮酒、合理饮食，几乎不花分文就能期望平均寿命增加11年。由此可见，生活方式同个人以及全社会的健康息息相关。

在我国，每年因健康而花掉的费用高达1.4万亿元，虽然在健康方面开销巨大，但人口发病率、死亡率却逐年上升，糖尿病、高血压、肥胖症越来越多。特别是由于不健康的生活方式，导致更多的非典型肺炎、艾滋病等传染病，对人们的健康生活造成了严重的影响。我国的综合国力正在不断上升，至2005年已排世界第6名，但卫生状况却排在第140位；我国烟民占世界第一位，大学生的吸烟率占学生总数的37.89%，膳食习惯不良、酗酒和缺少运动锻炼的现象普遍存在。据体育学者对医疗卫生系统中医生、编辑、医学生、教师的部分调查，养成运动锻炼习惯者仅占总数的8.9%。有专家认为，这些问题的原因在于，整个社会的健康理念跟不上，健康教育严重滞后，生活方式的变革明显落后。

生活方式既然是人类在所处的环境中所进行的活动方式，生活方式的固定化便成为习惯。一个人的生活方式长期重复固定，形成了他生活行为的模式，便成了这个人的习惯。因此，生活方式的核心就是生活习惯。目前因为生活方式病而导致死亡的人数在发达国家已经占总死亡人数的70%～80%，但大多数人却并未意识到这是由不良生活方式造成的。

已经确认，癌症发生的原因有1/3与吸烟、饮酒以及饮食不科学等不良生活习惯有关。一向被视为“死亡之神”的癌症的前三位是肺癌、胃癌和乳腺癌，它们的发病都与生活习惯密切相关。死于心血管疾病的人数比死于其他任何传染病及寄生虫疾病的人都要多，目前世界卫生组织把心血管疾病列为“世界公共卫生的头号敌人”。糖尿病对人类健康的威胁也越来越大，全世界已经有1亿多糖尿病患者，且生活水平快速提高的国家和地区发病率猛增。我国人口基数很大，糖尿病患者人数也呈上升趋势。

越来越多的事实表明：比较贫困的地区在富裕之后，原来的生活方式发生较大变化，健康知识和保健意识缺乏，糖尿病、高血压、冠心病、肥胖病这4种“姐妹病”的发病率便远远超过原来的发达地区。目前，我国由“温饱”转向“小康”，这一现象对于我国具有重要的现实意义，建立良好的生活习惯是防止疾病发生的最有效的途径。

研究表明，不良生活方式是当今人类健康的大敌，为使人人拥有一个健康的身体，世界卫生组织在著名的《维多利亚宣言》中提出了健康四大基石，即合理膳食、适量运动、戒烟戒酒、心理平衡，其目的是为了纠正人们的不健康的生活方式。

三、生活方式与体育锻炼

人们为了根治由于生活方式造成的社会疾病，不得不把体育运动带来的益处纳入医学研究内容之中。因为体育运动贯穿整个生活方式之中，起着调节作用，且不可代替。它调节和改善着人们由于饮食、营养、体重、作息等方面长期不合理的积习所造成的不健康效应。在强调改革生活方式，注重生活质量时，体育运动的地位和作用就必然提到日程上来。因此，世界上一些新的概念正在形成，如“体育就是一种生活方式”“体育进入生活方式”“生活体育”等等。

体育对改善生活方式，提高生活质量的意义和价值如下：

(1)体育运动可以使人们更接近自然、接近自己本原，丰富社会交往；体育体现出的自由开放精神，使其成为人们摒弃争端、统一分歧、和睦相处的良方，起到净化身心的作用。

(2)体育运动可以培养健康行为，革除不良生活习惯，防止多种疾病发生。

(3)体育运动可以优化消费结构，提高消费与生活质量。

(4)体育健身可以充实人们生活空间，使人们的生活丰富多彩，使人们的心理空间宽阔而深邃。

(5)体育活动是快速生活节奏的心理调节器，体育可以舒缓现代社会竞争带给人们的压力，保持心理健康。

(6)体育为现代人提供丰富、健康的休闲娱乐方式，也可使体育健身休闲方式向创造型、开放型转变，造就科学文明生活方式。

人类获得健康的一个根本途径就是要养成健康的生活习惯，养成终身坚持体育锻炼的习惯。同时，要养成良好的生活方式，减少对身体的损害。

四、我国提倡的大学生生活方式

我国提倡并确立的大学生生活方式是健康、文明、科学的生活方式，提高养成良好生活方式的自觉性，努力营造良好的生活方式环境和校园文化。

近年来，随着我国改革开放的不断深入和知识经济时代的到来，大学生在日常的学习、工作、生活等活动过程中所采取的方式、方法的综合(包括社会的、经济的、政治的、精神的、文化的以及日常学习生活中的创造性的活动)是当代大学生理想道德情操、文化素养等方面的重要标志。

在大学时期，学校应增强大学生养成文明、健康、科学生活方式的自觉性，努力营造良好的生活方式环境，提倡务实、节俭、自立、自强的生活观念和作风，正确引导大学生面对学习、交际、娱乐、消费等大学生生活方式存在的问题，让他们在日常生活行为和习惯中确立正确的人生观，进一步奠定他们良好的思想道德基础。

健康生活方式的养成不是一朝一夕的事情，它有一个建立、巩固和发展的过程。大学生正处在一个行为习惯养成的关键时期，养成健康的生活方式对其一生的健康非常有益。

第二节　现代生活方式

现代生活方式指人类社会进入工业文明以后形成的，有别于以前社会形态的基本生活方式，它是社会经济基础在生活领域中的体现，现代生活方式其实就是一种综合的价值体系的集中表现。

一、现代生活方式的基本特征

现代生活方式的出现、形成和发展，是社会经济、政治、文化生活发展的必然结果。它具有如下的基本特征。

（一）开放性

现代生活方式是开放的、动态发展的。它是人类社会生活主体的一种自觉的追求和认同。因此，它在自己的运行中，向多元化的主体开放，向多样化的要求开放，它摒弃了封闭的、半封闭的、保守的生活形态和生活观点。

（二）超前性

现代生活方式是超前的，它领导生活的新潮流，指引生活的前景和发展方向，是社会生活主体活动的目标和时尚的追求，是社会发展的一种内驱力所在。

（三）高消费性

现代生活方式是高消费的，无论是生产或生活的消费都是高消耗的，是高层次、高水平的消费。

（四）高质性

现代生活方式是高质的，无论是生产或生活的内容都是高质的，具有较高的科技水平，其完善、完美程度是空前的，资源配置优化，生活享受优质，社会发展优良。

（五）高速性

现代生活方式是高速的，它在发展过程中，以高科技融于社会经济、政治、文化生活为动力，具有高速发展的特点，是现代社会生活方式提升的重要表征，这种状况表现在它发展的过程和各个环节中。

所有这些特征在体育发展过程中都有所反映。

二、现代生活方式的不良影响

（一）运动不足，机能退化

运动是使身体健康的自然需要。以前，由于劳动要求身体运动，劳动的部分过程同时也就成为锻炼身体的过程，虽然它不能代替体育活动，却有体育活动的功效。现代科学技术正在不断地促使科学、技术和生产的一体化，使生产劳动朝着机械化、自动化、电气化、智能化的方向发展，人的体力劳动越来越多地被技术装置所代替，繁重的体力劳动大大减少。同时，现代生活节奏、工作节奏过于紧张，使人无暇顾及身体锻炼，造成运动不足，长此以往导致肌肉以及器官功能减退，身体各部位机能退化。

（二）营养过剩，机体病变

现代社会为人们提供了丰富的生活资料，使人们尽情地享受各种物质待遇。工业发达国家居民的食物数量和膳食结构，发生了重大的变化，如美国每年每人消耗的食物总量为1463磅，其中脂肪含量高达42%，动物蛋白摄取量占蛋白摄取量的80%。国外营养学家认为，这可能是使心脏病、糖尿病、高血压、肥胖症、恶性肿瘤变成工业发达国家常见病、多发病和高发病的一个主要原因。由于食物结构的改善，人们从食物中摄入的热量越来越多，超过消耗的热

量,而过剩的热量即转变为脂肪。这种摄入热量增加而活动减少的生活方式,必然产生人体"营养过剩"的现代社会生活方式病。

(三)压力过大,心理疲倦

现代社会中,人们的生产活动逐步发展到尽力追求高效率,以免被社会淘汰和否定,这容易给人们带来巨大的心理压力,造成记忆力减退、专心和注意力范围缩小、悲观失望、自我评价能力下降等心理疾病的发生。据美国哈利斯民意测验所调查发现:89%的美国人都经历过沉重的心理压抑。研究人员估计,因员工心理压抑给美国公司造成的经济损失高达3050亿美元/年,超过500家大公司税后利润的5倍。联合国国际劳工组织的一份调查报告认为:心理压抑现在已经成为21世纪最严重的健康问题之一。

(四)应激过多,健康下降

在现代社会生活中,由于生活变化速率过快使人感到焦虑不安;不停顿的"感觉轰炸"、信息负荷过重、不断面临新的抉择等等,使人压力重重。现代社会生活给人带来的困扰,就会在生理上或心理上出现障碍,最后导致病患的发生和人体健康水平的下降。

三、健康生活方式的知与行

现代生活方式的健康与否很大程度上影响着我们的健康和寿命。世界卫生组织研究得出结果,个人的健康和寿命60%取决于自己,15%取决于遗传,10%取决于社会因素,8%取决于医疗条件,7%取决于气候影响。从这些数据可以清楚地看到行为对个人的健康和寿命起到非常关键的作用,而在个人行为中生活方式是最主要的因素。在人各个年龄段的各个生活领域中,不良的生活方式和不良嗜好又是导致生病的关键因素。因此,把握住生活方式是否健康就可以很有效地控制自己的健康和寿命了。

现代健康教育着眼于人们行为的改变,强调"知、信、行"的统一。在通常情况下,健康生活方式的形成,知识是基础,信念(态度)是动力。然而,人类行为的形成受生物、心理、社会等众多因素的制约,是一个非常复杂的过程。知识、信念(态度)与行为之间虽然有着密切的关系,但并非是必然的因果关系。在许多情况下,人们的知识、信念、态度与行为之间并不完全协调,常常会出现一些"知而不行,行而不知"的现象。

"知而不行"是指知晓健康信息,但并没有相应的健康行为。"知而不行"产生的原因是认知不协调,即知识、信念、态度、价值观、自我效能判断等认知元素之间发生了矛盾,从而导致了认知与行为的脱节。

"行而不知"是指人们由于受传统习俗、个人习惯、社会规范、经济条件、自然环境等因素影响而采取了健康行为,但并不了解与其相关的健康知识。"行而不知"现象在运动行为方面比较普遍。例如,一些没有受过系统体育锻炼科学知识教育的人,虽然常年坚持体育锻炼,但却不知道以健康为目的运动的频度、强度、时间以及适合自己身体状况的运动方式等。还有,一些引起现代"文明病"的高脂饮食、缺乏锻炼等不良生活方式,一些贫困地区对其知之甚少,相反这些不良生活方式对他们却存在着强烈的诱惑力。

"知而不行"者,应在分析影响自己健康行为障碍的前提下,运用健康信念模式、价值期望理论、行为矫正等现代健康教育理论和方法,帮助自己树立信心、转变观念,从而自觉地采纳健康行为。除此之外,大学生还应通过体育课等多种途径真正认识和理解哪些行为属于健康行为,对身体有哪些益处,不良行为究竟对人体有何危害,以巩固其健康行为,改变目前普遍存在的“知而不行”现象。

要扭转“行而不知，知而不行”的现象，大学生就应重视体育理论的学习，强化对健康知识、锻炼方法、自我健康状况评价等的理解和运用，谨防因健康行为不规范而产生的行而无效或行而有害的结果。

尽管世界卫生组织和国内外医学专家反复呼吁人们摒弃不良的生活方式，可是许多人还是解决不了知与行的矛盾。人生只有单程路，不可能再重来一次，因此，每一个人应积极提倡、践行健康的生活方式。

第三节　生活方式与健康

人类在漫长的发展过程中，虽然很早就认识到生活方式与健康有关，但人们一直认为危害人类生命的各种传染病是人类死亡的主要原因，从而忽视了生活方式对健康的影响。直到19世纪60年代后，人们才逐步发现生活方式在全部死因中的比重越来越大。国外有关资料表明，1976年美国导致死亡的十大因素中，50%的致病因素与生活有关。另报道，健康生活方式使高血压发病率减少55%，而早期控制高血压，又能使心肌梗死、卒中等心脑血管疾病的发病率再减少50%。如果人从青年时期就实行健康的生活方式，那么，高血压发病率仅为预期的一半，心肌梗死、卒中仅为预期的1/4。20世纪80年代我国研究证明，生活方式因素导致的死亡人数在全部死亡人数中占44.7%；在我国死亡人口致死因素的前三位死因（脑血管病、心脏病、肿瘤病）中，致病因素都与生活方式有密切的关系。可见，养成良好的生活习惯对于健康至关重要。

一、都市化生活方式对健康的不利影响

（1）城市人口的高度密集，现代化建筑的高空发展趋势，使人与自然越来越远。

（2）城市中的环境污染和周边地区的生态平衡破坏，使工业雾、酸雨、毒雪、沙尘暴、洪灾、旱灾频繁发生。

（3）家务劳动的社会化，设备的电器化，城市交通和通信联络工具的现代化，饮食结构的改善，脂肪和肉类食品的增多，体力劳动强度的降低，对人的神经系统、肌肉系统、内分泌系统及心血管系统产生许多不良影响，出现了“运动缺乏、营养过剩”现象，使高血压、冠心病、神经官能症、肥胖病等现代文明病大大增加。

（4）现代社会竞争加剧，生活节奏大大加快，人们经常处于高度紧张状态之中，使人体心理和生理机能发生问题，给生活、家庭和社会带来不良影响。

（5）“多食少动”导致越来越严重的城市儿童肥胖现象，同时食品过于精致又导致为数不少的少年儿童营养不良。

（6）偏食、吸烟、酗酒、滥用药物和麻醉品等不良生活习惯和行为使人类产生了许多新的疾病和痛苦。

二、培养良好的健康行为

尽管社会因素为现代人创造新的生活方式提供了有利条件，但都市化生活方式对健康的不利影响显而易见。在这种情况下，如果人们不知如何去应对，或不懂得把握变革生活方式的

规律，那就无法适应在现代社会生活环境中的生存与发展。为此，世界卫生组织于1990年发表《行动起来》文件，特别对发展中国家开展健康促进活动提出忠告，要求“保证更全面、更平等地实现健康目标；促进健康的生活方式作为社会的规范，并鼓励个人和集体积极开展有益于健康的行动”。1994年，世界卫生组织和国际运动医学联合会在联合国召开的“健康促进与体育”国际会议上，再次敦促各国政府把推动大众体育的发展作为公共健康与社会政策的组成部分，并明确提出“使体育成为健康生活方式的基石”等7项中心任务。

健康行为是指一切有利于提高身体健康水平，降低损害健康的危险因素的活动和习惯。这些健康行为包括经常自觉参加体育锻炼、摄取营养平衡的膳食、保持充足适宜的睡眠、能对精神紧张和压力予以放松和处理、安全的出行习惯、不吸烟、节制饮酒、不吸毒、无不正当的性行为等。

遗传和环境对人体健康的影响有些是不可避免或控制不了的，但许多健康行为全在于人们自己的选择。

（一）养成健康习惯

除了勤洗手、勤剪指甲、勤理发和洗澡等，还要自觉养成不吸烟、少饮酒、多喝茶等良好的健康习惯。吸烟是引起多种病的元凶，是不健康的行为。少量饮酒可促进血液循环，扩张血管，解除疲劳，但过量饮酒对健康有危害。茶是健康饮料，茶多酚具有抗氧化、降脂、防癌、提高免疫功能和抗衰老的作用，但饭后半小时内应少饮茶，否则会影响铁和钙等营养素的吸收。

（二）讲究心理卫生

多愁必多病，多病必短寿，如要想长寿，切莫多忧愁。做好自我心理调整，是健康行为的重要一环。首先培养一些有益健康的爱好，如绘画、书法、集邮等，对保持心理健康大有好处。其次，还应与社会保持密切联系，坚持社会活动，参加公益劳动，做好人好事，广交朋友，从中得到奋发向上的精神，往往会使精神和肉体都健康。

（三）持之以恒地进行体育锻炼

生命在于运动，保持脑力和体力协调活动，是预防和消除疲劳、保证健康的重要因素。好静不好动，是导致肥胖和脑血管疾病的危险因素。体育锻炼贵在坚持，重在适度。

（四）营养全面平衡

人类的疾病往往与营养不均衡有关。从饮食入手，通过科学合理的膳食，能“吃”出健康来。

（五）生活起居有规律

生活有规律，这是消除疲劳的重要方法。多睡觉，找出适合自己需要睡眠的固定时间。切忌熬夜，少过夜生活。同时，培养兴趣爱好，过好双休日，劳逸结合，消除体力和脑力疲劳。

三、建立科学生活的健康新理念

按“指数”生活，是现代人的健康新理念。充分理解这些指数的内涵，并按其行事，对提高人们的生活质量、促进身体健康、提高工作效率有着十分重要的意义。

（1）标准体重的指数。身高165cm以下者：体重（kg）=身高（cm）-100。身高166～175cm者：体重（kg）=身高（cm）-105。身高176cm以上者：体重（kg）=身高（cm）-100。

正常体重的波动范围大致在±10%左右，超过标准体重的25%～34%为轻度肥胖；超过标准体重的 35% ~49%,为中等肥胖;超过标准体重的 50% 为重度肥胖。

(2)人体营养指数。它反映人体营养状况和肥胖程度,故称营养指数。

营养指数 = 体重(g)/身高(cm) ×100

我国 20 至 25 岁的城市青年标准男子为 260 ~403,女子为 271 ~387。

(3)晨练运动指数。一般人们喜欢在早晨锻炼身体,那么,在什么气象条件(天空状况、风、温度、湿度以及污染状况)下进行晨练较为适宜呢? 晨练指数为此提供了参考依据。

晨练指数分为 5 级。一级:非常适宜晨练,各种条件都好。二级:适宜晨练,1 种气象条件不太好。三级:较适宜晨练,2 种气象条件不太好。四级:不太适宜晨练,3 种气象条件不太好。五级:不适宜晨练,所有气象条件都不好。

(4)心脏功能指数。测试与了解心脏功能指数的方法是,在一分半钟的时间内,向前弓背弯腰 20 次。前倾时呼气,直立时吸气。

弯腰之前先测定并记录自己的脉搏,为数据Ⅰ。在做完运动后立即再测定一次脉搏,为数据Ⅱ。一分钟后再测一次,为数据Ⅲ。将三项数据相加,减去 200,除以 10,即(Ⅰ+Ⅱ+Ⅲ-200)/10。如所得数为 0 ~3,说明心脏功能极佳;所得数为 3 ~6,说明心脏功能良好;所得数为 6 ~9,说明心脏功能一般;所得数为 9 ~12,说明心脏功能较差,应立即就医。

(5)穿衣着装指数。根据天空状况、气温、湿度及风力等气象条件进行分析研究而得出的着装气象指数,可以提醒人根据天气变化适时着装,使人穿得科学而舒适,以减少感冒疾病的发生。着装指数共分 8 级。1 ~2 级为夏季着装,衣服厚度在 4mm 以下;3 ~5 级为春秋过渡季节着装,从单衣、夹衣、风衣到毛衣类,服装厚度在 4 ~15mm;6 ~8 级为冬季着装,主要指棉服、羽绒服类,服装厚度在 15mm 以上。

(6)紫外线强度指数。近年来由于臭氧层遭到日益严重的破坏,地面受到的紫外线辐射量增多。紫外线指数可以帮助人们适当预防紫外线辐射。当紫外线为 0 ~2 级时,对人体无太大影响,外出时戴上太阳帽即可;紫外线达 3 ~4 级时,外出戴上太阳帽及太阳镜,并涂防晒霜,以免皮肤受到辐射的危害;当紫外线强度达到 5 ~6 级时,外出须在阴凉处行走;紫外线强度达到 7 ~9 级时,上午 10 时至下午 4 时这段时间不宜到沙滩等地晒太阳;当紫外线指数大于等于 10 级时,应尽量避免外出,此时紫外线极具伤害性。

(7)空气舒适度指数。空气舒适度被分为极冷、寒冷、偏冷、舒适、偏热、闷热、极热 7 个等级,分别表示人体对外界自然环境可能产生的各种生理感受。“极冷”或“闷热”:要适当采取保暖或降温措施,以免过度的寒冷或炎热影响身体健康和工作效率;“偏冷”或“偏热”:年老体弱者要适当增减衣服,防止感冒或受热;“舒适”:人们感到冷暖适度,身心爽快。

四、21 世纪人类怎样增进健康

人类社会已经跨入 21 世纪。为满足人们随着物质文化生活的改善而企盼活得更健康的愿望,科学家们正以全新的观念和手段,全方位、多视角地进行生命科学的研究,其中以下几个方面的探索将起很重要的作用。

(一)提高免疫能力

科学家研究证明,机体各部分并不是以同一速度老化的,但免疫能力从 30 岁开始衰退却是一致的。机体免疫能力减弱的部分原因在于 T 细胞,它是一种淋巴细胞,由胸腺产生。该细胞能直接袭击入侵的致病微生物和受感染的细胞,而且也能起到信使作用,联络动员免疫系统

的其他部分一同抗击“入侵者”。但是,随着年龄的增长,T 细胞的数目逐渐减少,而且丧失免疫功能的 T 细胞的百分比也增大了。研究认为,要增强人体免疫力,就必须清除这些已衰老的 T 细胞。专家们预测,21 世纪初即可研制出这样的物质。

(二)开展激素疗法

激素与健康之间的联系非常密切已广为人知。雌性激素补充疗法可显著地减慢骨质疏松速度,减轻妇女更年期综合征;男性的睾丸激素能增加肌肉强度和防止贫血,还能医治男性更年期综合征。据报道,给激素水平低下的老年男性注射生长激素,他们体内的脂肪明显减少,而肌肉变得发达,使他们看上去年轻了 10 岁。这些异常惊人的成果目前还不能用于临床,因其一系列副作用还无法解决。但随着科学的发展和研究的深入,在不远的将来,神奇的激素一定能发挥更广泛的作用,为人类造福。

(三)应用基因疗法

基因疗法主要用于治疗基因缺陷病,如某些遗传病、肿瘤、疑难杂症、心肌梗死等。例如,对心肌梗死患者,可将体外合成的基因输入人的心肌,使之产生内皮细胞生长因子,刺激血管再造,从而达到有效疗效。但是,目前国内还没有实际应用的先例,国外仅对某些特定的遗传病取得了成功。要想将基因疗法应用于临床,还有待于将人类的基因组搞清楚。到那时,威胁人类生命的多种疾病将得到彻底治疗。

(四)建立新的生活方式

对于持久的健康来说,无论是目前使用或将来使用的药物,都没有健身计划和健康的体育生活方式有发展前途。除体育锻炼外,还要多进食富含维生素 E、维生素 C 以及胡萝卜素的菠菜、胡萝卜、柑橘和香蕉等。有人将这种新的生活方式归纳为不吸烟、多锻炼、降血脂。

随着经济和社会的迅速发展,人类的身体健康已经成为世界各国普遍关注的重大问题。2002 年 4 月 7 日世界卫生日以“体育锻炼”为主题,提出“运动有益健康”的口号。我国政府根据全国儿童青少年体质和健康状况,着重强调在青少年中掀起体育锻炼热潮,提高我国青少年体育锻炼意识,使他们逐步养成健康的生活方式,从而提高健康水平。

第四节　构建健康合理的生活方式

有研究表明,健康的生活方式可使高血压的发病率降低 55%,糖尿病的发病率降低 50%,冠心病的发病率降低 75%,肿瘤的发病率降低 33%,平均寿命可延长 10 年以上。由此可见,只要遵循科学的健康理念,养成良好的生活习惯,把健康掌握在自己手中,就可以使人的生命保持活力。

一、合理膳食

(一)人体所需要的营养

一般来说,食物中可以被人体吸收利用的物质除蛋白质、脂肪、糖类、维生素、矿物质和水六大营养素以外,还有一种不可或缺的“第七营养素”——纤维素。并不是所有食物都具备六大或七大营养素,这些营养素在不同的食物中的含量是不一样的。其营养成分要合理搭配,过多或不足都会影响人的健康。

1. 蛋白质

蛋白质在体内的储存量甚微,营养充分时可储存少量(约1%)。而体内的蛋白质每天有3%要更新。其中部分来自体内蛋白质分解后重新合成,部分则需从食物中摄取。因此,每天必须供给一定量的蛋白质,才能满足机体需要。

蛋白质缺乏可使机体生理功能下降、抵抗力降低、消化功能障碍、伤口愈合缓慢、精神不振,并出现贫血、脂肪肝、组织中酶活力下降等。幼儿则出现生长发育不良,皮肤、毛发异常变化等。

我国目前膳食以植物性蛋白质为主,成年人的供给量为每日每千克体重1~1.5g。蛋白质供给的热能,应占一日膳食总热能的10%~14%,儿童为12%~14%,成人为10%~12%。

2. 脂类

人体对脂肪的实际需要量并不高,一般正常活动的人每天摄入25g左右的油脂就可以满足生理需要。膳食中脂肪总摄入量与动脉粥样硬化症发病率、死亡率呈正相关,与乳腺癌的发病率也呈正相关。摄入脂肪过多还会引起大量脂肪在肝脏存积而形成脂肪肝,脂肪肝可引起肝细胞纤维性病变,最后造成肝硬化,损害肝脏的正常功能。此外,由于脂肪是高热能物质,摄入过多会导致体内热量过剩,过剩的热能转化为脂肪存于体内,使机体肥胖,容易发生心血管疾病。

3. 糖类

糖是保护肝脏、维持体温恒定的必要物质。糖给人体提供70%的热量,存在于水果、蔬菜、糖、面粉、奶、小麦、玉米、燕麦和大米等粮食和坚果以及各种谷物中。一般每天250~750g的主食,就可以满足人体热量的需求。

4. 维生素

人体所需的维生素有10多种,维生素大多不能在体内合成或合成量甚微,在体内的储存量一般很少,必须从食物中摄取。因此,合理地选择食物,正确地加工和烹调,对保证人体获得必要的维生素是很重要的。若摄入维生素不足,会影响正常代谢和生理机能,严重的会发生维生素缺乏症。

摄入维生素必须适量,少了可引起缺乏病,多了对机体不仅无益,反而有害。例如,维生素A、维生素D摄入过多会蓄积于体内而致中毒。过量的维生素B族和维生素C会引起代谢紊乱,并产生对其他维生素的拮抗作用,导致不良反应。人体主要通过食物摄取维生素,这不会过量,所以在食物供给充分的情况下,一般不必另外补充维生素制剂。

5. 矿物质

人体内所含矿物质元素的种类很多,总量约占体重的5%~6%,其中含量较多的钙、磷、钠、钾、氯、硫、镁7种,称为常量元素。含量较少的铁、碘、氟、硒、锌、铜等,称为微量元素。

人体在物质代谢中每天有一定量的矿物质排出体外,因而必须从食物中得到补充,以保持体内的动态平衡。若不能得到满足,体内的代谢和生理机能就会受到影响,甚至发生疾病。但摄入过多也对人体有害,因此必须适量。人体所需的矿物质,多数在正常膳食下都能得到满足,但有的容易缺乏,有的微量元素受地质化学状况的影响,还会发生地区性的缺乏。

所有食物中都含有少量的矿物质,水果和蔬菜的含量最高。矿物质主要存在于奶、乳酪、鱼肉、西红柿、菠菜中。

6. 水分

水是人体除氧以外赖以生存的最重要的物质。一般情况,人体在缺食但不缺水的情况下可维持生命数十天,但若是缺水,则仅能生存几天,由此可见水的重要性。

人体的需水量取决于排出水量。每日摄入的水量应与机体经过各种途径排出的水量保持动态平衡。1500mL 是成年人一般情况下每天对水的最低生理需要量。为安全计，每日每千克体重供水 40mL 为宜。高温或运动等出汗多时，供水量应相应增加。

知识窗

提倡喝白开水

随着市场经济的发展，各种矿泉水和功能性饮料随之诞生，适量饮用可起到解渴和消暑的作用，但经常饮用会引发一些健康问题，喝白开水是较好的一种选择。

7. 食物纤维

食物纤维是可食植物的细胞壁间质组成成分，它不被人体内消化酶分解消化，但在保护健康、预防某些疾病方面有一定作用，是维持人体正常生理机能不可缺少的，因而也是膳食中的重要营养素之一。食物纤维不是一般所说的粗纤维，粗纤维是经化学处理后的残渣。

食物纤维的生理功用：解毒作用，刺激消化液分泌，促进肠蠕动，预防结肠癌，预防心血管病，预防糖尿病，控制肥胖，缓解疾病。

（二）合理膳食

现代人的膳食不合理更多表现为营养过剩的问题，如摄取热量过多，脂肪、胆固醇、糖过高，相应摄入的膳食纤维少，同时运动少，消耗少。因此，科学合理的膳食非常重要。

合理膳食即科学膳食，其要求是一日三餐所提供的营养必须满足人体的生长、发育和各种生理、体力活动的需要，提供的热能和营养素含量充足，各种营养素间配比适宜同时不能过量。

合理膳食最突出的就是出入平衡（吃进去饭菜的总热量与活动消耗的热量相等）。一般用"一""二""三""四""五"5 字概括。

"一"是指每天一杯牛奶。

"二"是指每天 350g 左右的碳水化合物，相当于 300～400g 的主食；一般是粗粮谷类，如米饭、面包、馒头、面条等。

"三"是指每天吃 3～4 份高蛋白食物；1 份是 50g 瘦肉或者 1 个鸡蛋，或者 100g 豆腐，或者 100g 鱼虾，或者 100g 鸡或鸭肉，或者 25g 黄豆，一天 3 份。蛋白质增多，会造成消化不良，肠道毒素增多；蛋白质太少了会造成发育迟缓、营养不良、贫血等。

"四"是指的 4 句话：有粗有细，不甜不咸，三四五顿，七八分饱。

"五"是指 500g 的蔬菜和水果，能减少癌症发病率一半以上。概括为 5 种颜色，具体如下："红"：指的一天吃 1～2 个西红柿（减少前列腺癌的发病率），适量红葡萄酒、红辣椒（改善情绪）。"黄"：指黄色蔬菜，如胡萝卜、红薯、南瓜等，这些食物富含维生素 A。"绿"：指绿茶以及绿色蔬菜，特别是绿茶含有抗氧化剂，可以抵抗自由基的侵害，延缓衰老。"白"：如燕麦粉、燕麦片，不但能降低胆固醇，降低三酰甘油，对于糖尿病患者和减肥的人也有很好的效果。"黑"：黑木耳可以降低血液的黏稠度。

当然，合理膳食的概括，还应该根据各自的情况适当增减，每个人的身高、体重不同，需要的热量也不同，需要根据身高来了解自己的标准体重应该是多少，原则上超重了要增加运动，增加"出"；低于标准体重，就应增加进食量。体力活动量不同，所消耗的热量也不一样，可以上下浮动 10%。

此外,并不是每个人有了自己合适的膳食就可以保证健康了,有了合理的膳食只是达到了健康的前提,但还不能完全保证人体对食物营养的吸收。因为合理膳食还受到一个人的饮食习惯、进食时间、烹调加工、消化吸收功能、精神因素等的影响。因此,应尽量创造有利于人体对食物营养吸收的条件,尽量养成合理饮食的习惯。

(三)建立良好的饮食习惯

如何养成良好的饮食习惯,专家也提出了各种建议。

合理的饮食是人类身体健康的重要因素之一,每个人都有义务保护好自己的身体,合理的膳食结构应该贯穿人的一生,人生的各个时期都有平衡膳食的问题,并有其各自的特点。

当代大学生正处于身体力量等素质增长高峰期,学习紧张,活动量大,对营养的需求也多。在此期间应多注意:

(1)饮食多样化,有主食有副食,有荤有素。

(2)营养要充分,各种营养素有机补充,多吃含钙的食品,来满足骨骼所需要的钙。

(3)安排好一日三餐,饮食有规律。

二、适量运动

世界卫生组织在1995年就将运动不足、严重缺乏运动列为导致心血管疾病的主要危险因素,由于运动不足而造成的亚健康人群数量特别大,生活方式病发病率也很高。

(一)运动不足容易产生疾病

世界卫生组织发表的一份报告显示,全球每年有200多万人因工作紧张、生活节奏快、缺少运动而死亡。我国国民体质也令人担忧,尤其是青少年体质不断下降的事实。

医学专家提醒,久静不动的人容易发生以下几类健康问题:

(1)血液循环流通差,导致静脉曲张和痔疮。

(2)关节炎和颈椎病多发。

(3)容易引发心血管疾病。

(4)肌肉功能受到影响。

(5)消化功能紊乱。

(二)运动的基本常识

为了健康的生活,适当的运动是非常必要的。运动的好处有很多,随着全身的运动加强,可以影响人体的各个器官,促进人体新陈代谢,充分地吸收维生素和矿物质,减轻人的压力,保证身体的健康和稳定。

知识窗

运动的基本要素

运动项目:有氧运动为主(不剧烈、有节奏、较长时间以及大肌肉为主的运动)。

运动强度:人体最大心率的60% ~80%。

运动时间:一般锻炼15 ~60min。

运动频率:每周一般3 ~5次。

（三）运动的关键在于适量

人类身体的恒常性决定了不管做什么，一旦过度都会崩溃。任何事对于身体来说"适量"就好。

当一个人知道自己的健康状况出问题的原因是长期缺乏运动时，起初大都表现出极大的决心与劲头，准备开始运动，而且非常投入。这时运动量非常大，从而引起运动过量而发生身体不适等症状。因此，运动要适量，即运动量和强度、运动持续时间、运动次数要适量，有一个循序渐进的过程。这就要求：

第一，要学会选择适合自己的运动项目。可根据自己的兴趣爱好和现有的条件加以选择，如老年人可以选择步行、太极拳等运动强度较小的运动方式，中青年人可以选择慢跑、游泳、爬山、自行车、球类、健美操类等运动方式。

第二，合适的运动量。运动量主要是由运动强度和运动时间决定的，其中运动强度决定运动的效果，可以通过自测脉搏的方法测运动强度。正确的方法是运动结束后测 10s 的脉搏数乘以 6，即 1min 的脉率。运动后的自我监测，可以根据身体状态来判断，如果运动后轻松愉快，食欲和睡眠都良好，说明运动比较适当。相反，可能运动量过大，应减少运动量或停止运动，待情况好转后再运动。

（四）有氧运动

体育锻炼以有氧运动为主，主要是因为几乎所有运动的好处，有氧运动都具备，其运动项目也多种多样。每个人都可以根据自己的实际情况选择不同的运动项目。例如，老年人步行要注意"三五七"的要决，"三"指每次步行 3km，时间超过 30min；"五"是说每星期最少运动 5 次；"七"指的是"年龄＋心跳数"不要超过 170。另外，还可以练练太极拳。研究表明，坚持练太极拳的人，其神经平衡功能可以年轻 3～10 年。

根据个人目的的不同，可以选择不同的运动方式，如快走、慢跑、骑自行车、太极拳、爬山、爬楼梯、跳绳、跳舞等有氧运动，当然办公室的人员应多做伸展运动。

三、戒烟限酒

人的健康如果在饮食方面改善得很完美了，也不能 100% 的预防疾病。对身体健康产生不好影响的习惯，"烟"和"酒"具有代表性，之所以说这两种东西对身体不好，主要是因为其习惯性很强，容易成瘾，对身体造成的危害较大。

（一）戒烟

吸烟对人体"有百害而无一利"，可以引起慢性支气管炎和肺部疾病，增加心脏病和高血压病发的危险。另外，吸烟与癌症的关系十分密切，二手烟对周围的人也造成不小的危害，是健康杀手。甚至还有研究指出，被动吸烟比主动吸烟对人的危害更大。对于吸烟的妇女来说，会造成胎儿畸形等。

据研究表明：青少年吸烟对身体的危害比成年人更大，从 15 岁或更小的年龄开始吸烟也许会使他们的寿命减损 25 年。青少年时期吸烟会导致体内器官功能紊乱，甚至在戒烟以后也难以治愈。专家认为，年龄越小，机体越能有效地修复因吸烟引起的损害，戒烟越早越好。

吸烟的害处数不清，戒烟的好处非常多，一般认为有以下益处：

（1）戒烟可以增寿。

（2）戒烟可以使人变得更美丽。

(3)远离疾病。

(4)环境更清洁。

(5)戒烟能防治脑血管硬化。

(6)远离癌症。

(7)身体更健康。

(8)家庭更美满。

(二)限酒

酒在我国有着悠久的历史,我国也有着悠久的酒文化。酒在某种程度上对身体有一定好处,但是稍微不注意就会对五脏的健康不利,影响消化吸收和营养物质的新陈代谢,对各种疾病的治疗和康复也有较大的负面影响。

酒有白酒、啤酒和果酒之分,从健康的角度来看,果酒中的红葡萄酒最优。

酒的危害全在于过量,俗称醉酒,实际上就是酒精中毒。酒精中毒对人体器官产生很多影响。对人体的心脏和大脑、消化系统、生殖系统、泌尿系统、皮肤等造成很大危害,如对心脏造成心血管疾病、心肌病、冠心病、高血压等,对消化系统的肝脏造成肝硬化、脂肪肝等,过量饮酒还可能引起慢性胃肠道炎症等。

四、心理健康与平衡

(一)心理健康

健康的一半是心理健康。古人云:"恬淡虚无,真气从之;精神内守,病安从来",就是这个道理。健康的心理是健康身体的保证,其重要性不亚于生理健康。研究专家还认为,心理健康不但有利于预防精神病、神经症、人格变态一类的心理疾病,而且还能预防像高血压、冠心病、恶性肿瘤等一类身心疾病的发生。

现代社会的生活工作节奏日益加快,压力增大,所承受的压力越大,就越感到心理不堪重负,如果心理不够健康,出问题是再正常不过的事情。可以说,现代社会谁能够学会自我调节疲劳,学会正确处理压力,保持情绪愉快、心态健康,谁就拥有一个健康的身体。

心理健康的标准

马斯洛和米特尔曼提出以下心理健康的标准:

充分的适应力;充分了解自己,并对自己的能力作适度的估量;生活的目标能切合实际;保持与现实环境的接触;能保持人格的完整与和谐;具有从经验中学习的能力;能保持良好的人际关系;适当的情绪发泄和控制;在不违背集体利益的前提下,能做有限的个人发挥;在不违背社会规范的情况下,对个人基本需求予以恰当满足。

心理健康非常重要,如何达到心理健康,可以综合为八大要素:

(1)保持心情愉快,笑口常开。

(2)正确对待疾病。

(3)培养广泛兴趣。

(4)建立良好的人际关系。
(5)合理用脑。
(6)家庭和睦。
(7)保持充足睡眠。
(8)合理饮食。

知识窗

美国心理卫生学会提出心理平衡十大秘诀

宽待自己	宽待亲友
不要处处与人争斗	暂离困境
不要事事较真,懂得适当让步	对人表示善意
敞开心扉,找人倾诉烦恼	帮助别人做事
积极娱乐	知足常乐

(二)心理平衡

现代生活中保持稳定的心态非常重要,将其归纳为3句话:正确对待自己,正确对待他人,正确对待社会。要学会调整自己的心态。大学时代正处在人生最有朝气的时候,选择什么样的生活方式是个人的自由,但是无论如何,好好对待人生才是最好的选择。人常说"性格决定命运",而在今天完全可以说"生活方式决定健康",只要科学规律地生活,养成良好的生活习惯,就能健康享受生活的每一天,实现个人幸福、家庭幸福和社会幸福。

思考题

1. 当代大学生应具有什么样的生活方式?
2. 现代生活方式有哪些特征?
3. 培养健康的生活方式应了解哪些内容?

实践篇

发展体育运动，增强人民体质。

——毛泽东

第六章 田径运动

1. 通过学习田径运动的起源及发展，充分认识人类的起源与生存有赖于走、跑、跳、投等一系列原始的本能活动，以展示人类的本质力量。

2. 通过学习田径运动中的走、跑、跳、投项目，掌握科学、合理的动作技术，全面提高速度、力量、耐力、灵敏、协调等身体素质水平，体验挑战极限的信心与勇气，培养不畏困难、坚韧不拔的良好心理品质。

3. 通过学习田径竞技知识，领悟田径运动对推崇“更快、更高、更强”的奥林匹克人文精神具有的重要意义。

第一节 田径运动概述

一、田径运动的起源与发展

(一)田径运动发展概况

地球上出现人类以后，人类为了生存，必须进行渔猎或与猛兽搏斗等活动，不得不以快速或相当距离地走、跑、跳越各种障碍，投掷石块和其他物体等手段获取食物。在日常生活中不断重复这些动作，逐步形成了走、跑、跳、投等技能，并有意识地传授给下一代，这样代代相传，这些生存的技能也不断得到改进和提高。随着人类的进步，人类为了取乐，就利用这些生存技能进行游戏或比赛，从中得到娱乐和抒发情感，这就是田径运动的雏形。

公元394年，古代奥林匹克运动会被罗马皇帝狄奥西多废止，1896年，经法国教育家皮埃尔·德·顾拜旦倡议，召开了以田径运动竞赛为主要内容的第1届现代奥运会，一直到现在仍规定每四年举行1次，使田径竞技运动得以迅速发展，所以现代奥运会是田径竞技运动发展的新的里程碑。到目前为止，现代奥运会已举办了30届，田径竞赛项目由第1届的男子11项(无女子项目)发展到第29届的男子24项和女子22项。1912年7月17日，在斯德哥尔摩成立了国际业余田径联合会(简称国际田联),总部设在伦敦。“国际田联”的成立,对田径竞技运动的发展起到了积极的推动作用。在田径竞技运动发展的同时,田径健身运动也得到了广泛的开展,在世界各国的学校体育和群众体育中,田径被广泛地作为锻炼身体的主要手段。

(二)我国田径运动的发展

据史料记载,我国从春秋战国时代开始以后历代统治者都把走、跑、跳、投等作为训练士兵的重要内容。人们也将其作为强身健体的重要手段。中华人民共和国成立以后,我国田径运动得到了迅速发展,田径被列为学校体育课的主要教学内容。

1957 年郑凤荣以 1.77m 的成绩打破了美国麦克丹尼尔保持的 1.76m 女子跳高世界纪录,1965 年陈家全以 10s(手计时)的成绩平了当时男子 100m 跑的世界纪录,1970 年倪志钦以 2.29m的成绩打破了苏联布鲁梅尔保持的 2.28m 的男子跳高世界纪录。

我国在 1966—1976 年,学校体育活动几乎停止,竞赛几乎中断,田径竞技运动水平落后了,与迅速提高的世界田径竞技运动水平拉大了距离。1976 年以后,田径运动重新被列为学校体育的主要内容,并得到广泛开展。我国田径竞技运动水平也得到了迅猛发展与提高,1983 年和 1984 年跳高运动员朱健华先后以 2.37m、2.38m、2.39m 的成绩 3 次打破男子跳高世界纪录,并取得了第 23 届奥运会男子跳高铜牌;女子竞走运动员徐永久、阎红在 1983 年和 1985 年两次世界竞走比赛时,分别获得 10000m 竞走的个人冠军;在 1988 年第 24 届奥运会上李梅素以21.06m的成绩获得女子铅球铜牌;1989 年黄志红以 20.23m 成绩获得世界杯女子铅球的冠军;1990 年北京第 11 届亚运会上,我国运动员获得了 43 枚田径项目金牌中的 29 枚(男子 11 枚、女子 18 枚);1992 年在第 25 届奥运会上,我国的陈跃玲获得了女子竞走冠军,黄志红获女子铅球银牌,曲云霞获女子 1500m 铜牌;在 1993 年的第四届田径锦标赛上,王军霞、曲云霞、刘冬分别获得女子 10000m、3000m、1500m 长跑的冠军,在 1996 年的第 26 届奥运会上,王军霞获得女子 5000m 金牌、10000m 长跑银牌,还赢得了“亚洲神鹿”的称号。2004 年 8 月 27 日,刘翔在雅典奥运会上以 12.91s 的优异成绩获得男子 110m 跨栏金牌,打破 12.95s 的奥运会纪录,并追平世界纪录;2006 年 7 月 12 日,在瑞士洛桑田径超级大奖赛上刘翔又以 12.88s 的成绩夺冠,打破沉睡 13 年之久、由英国名将科林·杰克逊创造的 12.91s 的世界纪录。

二、田径运动的健身价值

人们通常把田径运动的内容概括为走、跑、跳和投 4 种运动形式,这也是人类维持正常生活的基本活动能力,也是人类赖以健康生存的基本条件或基本生活能力。正因为田径运动能有效地发展速度、力量、耐力以及灵敏、协调性等身体素质,增强体质,获得运动技能,提高运动能力,培养意志品质,所以,现代社会才更加重视田径运动的健身价值。

跑是最为常见的一项运动。不同距离的跑对人体影响各异。短距离跑是人体在无氧条件下的一种运动,它能导致有氧系统酶活性的增加,能提高人体的最大摄氧能力。生理学家指出,短距离全力跑,呼吸运动往往受到制约,甚至憋气跑到终点,因此,跑后恢复期呼吸功能有显著变化。同时,短跑能提高中枢神经系统兴奋和抑制过程的灵活性。所以,跑较普遍地在人们生活中作为一种主要的发展身体能力和提高有氧和无氧代谢能力的重要手段。

跳跃项目是典型的人体克服自身体重、对抗引力以实现腾越高度和远度的运动。跳跃运动能使人体的感觉机能得到提高和加强。

投掷项目是一种表现人体力量的项目。一般来说，从事投掷练习可使肌肉发达，改善肌肉机能的灵活性，提高速度和力量。大量研究表明，掷标枪运动员大脑皮质的兴奋过程具有高度的均衡性，前庭分析器具有很高的稳定性。

由于田径运动可以有效地增进人体的各项机能，因此，把田径运动作为基础运动项目，不仅是提高机体素质、锻炼意志品质和增强各种运动能力的需要，而且也是增进健康水平的需要。

第二节　田径运动分类

田径运动是人类长期社会实践发展起来的，包括男女竞走、跑、跳跃、投掷等40多个单项比赛项目，以及由这些项目的部分组合的全能运动。以时间计算成绩的竞走和跑的项目，叫“径赛”，以高度和距离长度计算成绩的跳跃、投掷项目叫“田赛”，田径运动是径赛、田赛和全能比赛的全称。

田径运动的分类和项目如表6－1 ~表6－4 所示。

表6－1　走、跑

项目	距离					
	成年		少年			
	男子组	女子组	男子甲组	男子乙组	女子甲组	女子乙组
竞走	20km 50km	5km 10km				
短距离跑	100m 200m 400m	100m 200m 400m	100m 200m 400m	60m 100m 200m	100m 200m 400m	60m 100m 200m
中距离跑	800m 1500m 3000m	800m 1500m	800m 1500m 3000m	400m 800m	800m 1500m	400m 800m
长距离跑	5000m 10000m	3000m 5000m 10000m			3000m	
跨栏跑	110m栏 （1.067m） 400m栏 （0.914m）	100m栏 （0.84m） 400m栏 （0.762m）	110m栏 （0.914m）	110m栏 （0.914m）	100m栏 （0.84m）	100m栏 （0.84m）
障碍跑	3000m					
马拉松	42.195km	42.195km				
接力跑	4×100m 4×400m	4×100m 4×400m	4×100m 4×400m	4×100m 4×400m	4×100m	4×100m

表 6－2　跳跃

项目	男子组	女子组	备注
高度	跳高	跳高	少年组、女子甲组与成年男、女组项目相同
	撑杆跳高	撑杆跳高	
远度	跳远	跳远	
	三级跳远	三级跳远	

表 6－3　投掷

项目	成年		少年			
	男子组	女子组	男子甲组	男子乙组	女子甲组	女子乙组
铅球	7.26kg	4kg	6kg	5kg	4kg	3kg
标枪	800g	600g	700g	600g	600g	500g
铁饼	2kg	1kg	1.75kg	1.5kg	1kg	1kg
链球	7.26kg	4.0kg	6.0kg	5.0kg	4.0kg	3.0kg

表 6－4　全能运动

组别	项目	内容和比赛顺序
成年男子	十项全能	第一天　100m、跳远、铅球、跳高、400m 第二天　110m 栏、铁饼、撑杆跳高、标枪、1500m
成年女子	七项全能	第一天　100m 栏、铅球、跳高、200m 第二天　跳远、标枪、1500m
少年男子	五项全能	跳远、标枪、200m、铁饼、1500m
少年女子	五项全能	第一天　100m 栏、铅球、跳高　第二天　跳远、标枪、800m
少年男乙　少年女乙	三项全能	100m、铅球、跳高

第三节　田径运动的健身方法

一、走的健身方法

走是人类最基本的活动方式之一。除了睡眠外，人生的大部分时间内都离不开走步，正常人在70 年的生活中大约要走 5 亿步，约 384 万千米，接近地球到月球的距离。走步与健身有着密切的关系。生命在于运动，健康始于足下。为健康而进行的各种形式的步行均属健身走范畴。

知识窗

健身走是理想的运动方式

根据美国一项常达 20 年的统计研究报告表明，一周运动 7h 以上可以降低 20% 的乳癌患病率，而最理想的运动就是健身走。一周健身 3h 以上，可降低 35% ~40% 患心脏病的风险。每天走 30min，可维持心脏功能的健康状况。

（一）走的健身原理与作用

中医认为“走为百炼之祖”。人体的五脏六腑无不与脚有关，脚踝以下有51个穴位，其中脚掌就有15个穴位。脚掌被称为人体的第二心脏，坚持走步锻炼也就是坚持全身的经络与穴位锻炼。经络内属于脏腑，外络于肢节，沟通内外、贯穿上下，将人体各部的组织器官联系成一个有机的整体，借以运行气血、营养全身，使人体各部的功能活动保持协调和相对平衡。坚持走步活动，也就是运用脚掌不断地与地面机械接触刺激脚底反射区（类似中医的穴位），从而调节人体相应器官及各系统的功能，达到防病治病、延年益寿的目的。

知识窗

走的几种说法

中医认为：走为百炼之祖。

文人认为：步以当车，散步逍遥。

俗话说：没事来走步，胜似开药铺。

外国人说：每天行万步，健康又长寿。

在运动学意义上，走是普通人能保持大肌肉群持续不断、有节奏、数十分钟以上活动的有效方式。可以说，走是对全体大众最具普遍意义的有氧健身运动项目。

1. 走步锻炼可改变身体成分

美国专家认为，女性最烦恼的过大的臀部和过粗大腿可因长期的走步锻炼而变得苗条修长起来。

走步锻炼，肌肉负担不大，虽不能明显地壮大肌肉，但可使肌肉蛋白质比例增加，使肌肉变得更结实，使体型更健美。

2. 走步锻炼可使人变得更加聪明

走步锻炼时，管理迈步的脑细胞经常处于迅速兴奋和抑制的过程中，经过千百次这样的锻炼，它的调节功能、反应速度、灵活性和准确性便得到提高，而一个人脑细胞的反应速度及灵活性等便是智力的体现。

走步锻炼后，头脑异常清醒爽快、记忆力增强、工作或学习的效率提高。研究还显示，走步锻炼还可延缓大脑的衰退和老化，加强大脑功能，使思维更敏捷，身体更健康。

3. 走步锻炼可调节情绪，使人健康快乐

健身走同跑步一样，在生理学意义上都是较为完美的运动项目。与其他项目有别的是，健身走是按自己控制的速度，以一种有节奏的形式进行的。在健身走运动的过程中，大脑皮层需要加大调节心血管系统的力度以加快全身的血液循环，及时供给能量和氧气，及时排除二氧化碳和代谢废物，这样大脑自身也获得了兴奋和抑制过程的调节能力。除此之外，许多与走、跑等有氧运动有关的健康与舒适感，都与体内分泌的强大激素——内啡肽——有关。内啡肽具有强烈的镇痛作用，经常参加运动可促使其分泌的内啡肽提高神经系统的兴奋性，抑制低落情绪，减少痛苦感，使人锻炼后的精神状态良好，周身轻松，精力充沛。

4. 健身走既可强心，又能提高免疫力，延缓衰老

心脏的活动与运动强度有关，强度越大，心脏的活动越强。在健身走的锻炼过程中，为了适应一

定强度和持续不断的运动形式,心脏必须以相应的工作把氧气和养料运送到各组织,再把各组织的代谢产物运送到排泄器官。所以说,健身走可以使心脏得到适宜的锻炼,使其功能不断加强。

与此同时,健身走还可以推迟有机体免疫系统的衰老,并在一定程度上逆转免疫系统的机能衰退。

(二)健身走的锻炼方法

1. 竞走

练习竞走能发展腿部肌肉的力量及髋关节的灵活性,增强体质,促进健康,提高血液循环系统和呼吸系统的机能,培养吃苦耐劳、勇敢顽强的意志品质。

竞走是在普通走的基础上发展起来的,两者的动作结构相同,都是由单脚支撑和双脚支撑交替反复进行的。但竞走有它的特点,骨盆前后转动大,腰部有一定的扭动,两臂积极摆动,脚着地时腿充分伸直,步幅大,频率高,前进速度快;它不受年龄、性别、场地、器材和时间的限制,是一项易于开展和普及的运动项目。竞走分为单腿支撑和双腿支撑两个时期,单腿支撑又有前支撑和后支撑两个阶段。当身体重心移至垂直阶段时,即进入后支撑阶段,开始了后蹬。后蹬动作是骨盆沿身体垂直轴转动,支撑腿快速有力地蹬地,脚外侧滚动着地过渡到脚尖蹬离地面。

竞走时躯干正直,两眼平视向前看,颈部肌肉放松,不要低头或仰头。为配合腿的交换,维持身体平衡,保证重心轨迹沿接近直线前移,上体也应沿身体垂直轴稍加转动。两臂摆动的主要任务是调节步频、步长以及维持平衡。摆臂是半握拳,臂以肩为轴,肩部放松,肘屈约90°自然有力地摆动;前摆时不超过身体中线,不要使拳高过下颌,肘屈约为(或稍小于)90°;后摆是肘稍向外,摆至上臂与地面接近平行,肘屈约为(或稍大于)90°(图6-1)。

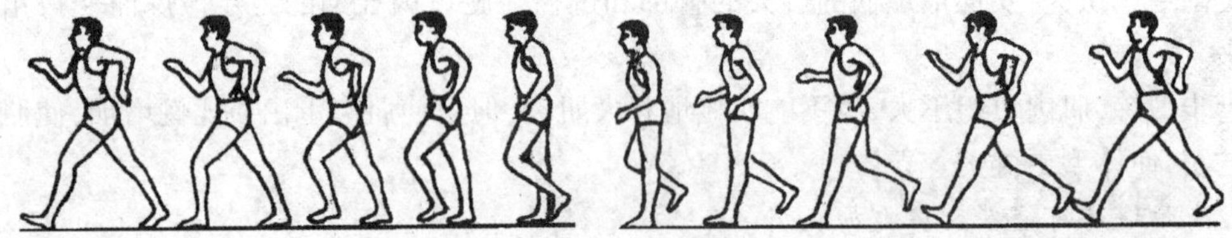

图6-1　竞走

竞走时呼吸是重要的,要与腿的节奏相配合,用鼻和半张开的嘴进行呼吸,要自然随意,一般是两步一呼气,两步一吸气,呼吸要有一定的深度,只有充分呼气,才能充分吸气。

2. 散步健身法

散步是一种步伐轻松、步幅较小(50~60cm)、步速较慢(25~30m/min)、运动量较小的走步方法。坚持散步锻炼,可以促进血液循环,增强血管壁的弹性,增加循环血流量,减少血凝。另外,散步可改善消化腺功能和促进胃肠规则地蠕动,增强消化能力。

3. 雨中走健身法

大多数人选择晴朗的天气散步,这虽然于健康十分有利,然而在细雨中散步,也有其特殊的价值。细雨可以洗涤空气中的尘埃和污染,净化空气,路面不再起尘土,使空气清新,神清气爽。雨中空气会产生大量的阴离子,阴离子又享有"空气维生素"之称,可以促进人体新陈代谢,改善呼吸功能,并使人精神振奋。雨中散步,也是一场天然的凉水浴,能锻炼和增强机体对突遇降温的适应能力。

4. 倒走健身法

目前还有一种与步行、散步反序的健身方法,即倒走(退步),这是返序健身运动中的一项。

倒走分为摆臂式和叉腰式。摆臂式倒走要求身体直立，抬头挺胸，双目平视，两臂自然下垂。先将左脚向后迈出，以左前脚掌先着地，然后全脚掌落地，身体重心移往左腿。按同样的方法左右脚交替后退，两臂配合自然前后摆动。叉腰式倒走要求身体直立，抬头挺胸，双目平视，双手叉腰，四指在前，拇指在后按"肾俞穴"，腿部动作同摆臂式。每后退一步，用两手拇指按摩"肾俞穴"一次，可以起到补肾壮腰的作用。

5. 走楼梯健身法

走楼梯也叫"爬楼梯""登楼梯"。上下往返走楼梯，同样可以达到健身的目的。上下楼梯对发展腹肌和下肢力量，提高心血管和呼吸系统的机能十分有利，对增强神经系统的灵活性、协调性也大有裨益。据测定，一个人登高时每爬高1m所消耗的热量，相当于散步28m；若循着六层楼的楼梯爬上去，相当于慢跑500m。长年坚持上下楼梯，对中老年人可预防高血压、冠心病，对肥胖者可以减肥。

二、跑的健身方法

健身运动中的跑可分为慢跑（长跑）、快速跑（短跑）、跨栏跑、障碍跑和接力跑等。慢跑是田径健身运动中最常见的方式。坚持有规律的慢跑锻炼，可以给人的呼吸、循环以及运动系统以良性的刺激，有助于保持和发展人的耐力和良好的生理机能，具有较高的锻炼价值。快速跑又称短跑，是发展速度素质的有效手段。一般需在田径场跑道上进行，可采用游戏和比赛的方式进行，以提高练习者的兴趣；障碍跑是发展人在跑的过程中踏过、跨过、绕过、钻过障碍物能力的一种运动方式，要根据练习者的实际情况设置障碍物。非正规和栏间距离的跨栏跑，也是健身障碍跑的内容；接力跑是一种集体参与、相互协作配合的运动方式，可以采用发展速度素质的快速跑，也可采用发展耐力素质的中、长跑，目的是使参与者体验在集体合作中的乐趣，从而提高锻炼兴趣。

（一）跑的原理与作用

健身跑不受各种条件的限制，只要有路就可以跑，男、女、老、少都可参加，健身效果显著。因此世界各国健身活动都开展得比较普遍。

1. 对呼吸系统的作用

（1）呼吸肌增强。呼吸肌发达了，胸围也增大了。一般人的呼吸差（尽量吸气和尽量呼气的胸围差）只有5～8cm，而经常进行健身跑和体育锻炼的人呼吸差可增大到8～18cm，这样肺里就可以容纳更多的空气，使运动中的气体交换进行得更顺利和充足。

（2）肺活量增大。正常的青年人的肺活量，男子为3500～4000mL，女子为2500～3000mL。长期从事健身跑锻炼的人，肺弹性增大，肺活量一般可以增大20%左右。肺活量反映肺的储备力量和适应能力，也反映呼吸器官的最大工作能力。

（3）加大呼吸深度。经常从事健身跑锻炼的人，能增大呼吸深度，呼吸的次数也可以减少，青年健身跑爱好者可减少到8～12次/min。呼吸深度的加大，呼吸次数的减少，都说明呼吸系统功能的加强。

2. 对肝功能的作用

人们在跑时，由于能源物质——糖——的消耗增加，使肝脏的后勤供应加强，因而使肝脏的机能得到锻炼。运动员的肝脏储备的糖原多，运动时向外输送得快。肝糖元对肝脏的健康极为重要，它能保护肝脏。

3. 对消化系统的作用

胃肠是人体消化食物的主要器官,经常进行健身跑锻炼能提高胃肠的消化功能。另外,健身跑时,由于呼吸的加快加深,使膈肌大幅度上下移动,腹肌也不断地活动,对胃肠能产生一种按摩作用,对增强肠胃的消化功能有良好的影响。

4. 对神经系统的作用

长期进行跑的锻炼,能使神经兴奋与抑制、传导与反应等机能得到明显的改善;可以使人的精力充沛,精明果断,动作迅速、准确、有力;使人体对外界刺激的适应能力有明显的提高;使机体对致病因素的抵抗因素有显著增强。

5. 能使人延年益寿

研究发现,寿命和心率有重要的关系。每分钟心脏跳动的次数越少,寿命就越长。健身跑可以使人的心率降低,因而能延年益寿。

(二)健身跑的锻炼方法

1. 短跑

根据记载,公元前776年,在希腊奥林匹克村举行的第一届古代奥林匹克运动会上就有了短跑比赛项目。当时跑的姿势是躯干前倾较大,大腿抬得很高,脚落地离重心较近,步幅较小的"踏步式"跑法。起跑是采用"站立式"姿势,并把大石块置于脚后,借推蹬巨石之力来加快起跑的速度。

短跑技术是一个不可分割的整体,为了便于分析,可把它分为起跑、起跑后的加速跑、途中跑和终点跑4个部分。

(1)起跑。起跑是使身体迅速摆脱静止状态,获得向前的最大冲力,尽快地发挥速度转入起跑后的加速跑,合理的起跑对全程跑起着重要作用。短跑采用蹲踞式起跑,包括各就位、预备、鸣枪3个环节(图6-2)。

图6-2 起跑

①各就位。听到"各就位"口令后,做几次深呼吸,轻松地跑到起跑器前,俯身用两手撑地,两脚依次蹬在前、后起跑器的抵足板上,将有力的腿放在前面,后腿的膝关节跪地,然后两手收回到起跑线后,两臂伸直,两手间的距离与肩同宽,四指并拢和拇指成十字形,身体重心稍前移,肩约与起跑线齐平或稍后,背微弓而不紧张,颈部自然放松,两眼看前下方40~50cm处,注意听"预备"口令。

②"预备"。听到"预备"口令时随之吸一口气,从容地抬起臀部,使之稍高于肩,同时身体重心适当前移,使两肩稍超出起跑线,这时体重主要落在两臂和前腿上。预备姿势应稳定两脚紧贴抵足板。这种起跑姿势,重心较低,大小腿夹角和后蹬角较小,工作距离较长,身体受向前推力较大,有利于发挥速度。做好预备姿势后,集中注意力听鸣枪。

③鸣枪。听到枪声时,两手迅速推离地面,屈肘做有力的前后摆臂,同时两脚猛蹬,以很大

的前倾姿势把身体指向前面。后腿蹬离起跑器后，很快地以膝领先向前摆出，摆出时脚不应离地面很高，这可以缩短从起跑器到落地点的距离。当前腿充分伸展髋、膝、踝三关节蹬离起跑器时，后腿已前摆积极下压着地，完成第一步的动作。

(2)起跑后的加速跑。起跑出发的第一步不宜过大，以后逐渐增大。在跑进时，两臂应积极摆动，两腿积极用力蹬地，上下肢协调配合，以迅速获得速度。在加速跑的开始阶段，上体前倾很大，随着步长和速度的增加，上体逐渐抬起，直到正常姿势即转入途中跑(图6－3)。

图6－3　起跑后加速跑

(3)途中跑。途中跑时，头应正对前方，上体正直或适当前倾。摆臂应以肩关节为轴，两手半握拳，前后有力地做前后摆臂，肩带要放松，并注意摆臂的动作尽量不偏离前进方向。前摆时手一般不超过身体中线和下颚水平位置，后摆时肘稍向外，当手摆到身体垂直部位时，上臂与前臂之间的夹角最大。后蹬时应从伸髋关节开始，当身体重心远离支持点时，迅速伸直膝关节和踝关节，最后是脚趾蹬离地面。摆动腿应迅速向前上方摆出，并积极带动髋关节前送，同时，小腿放松顺惯性向上和大腿自然折叠，当大腿摆到最高点时，大腿积极下压，膝关节迅速伸展，小腿顺惯性向前摆，用前脚掌积极而富有弹性地着地，完成类似“扒地”动作，着地点应在膝部的垂直下方。在整个途中跑的过程中，应做到上、下肢协调配合，动作轻松自然。

在弯道上跑时，为了克服向前做直线运动的惯性，必须改变身体姿势及后蹬和摆臂方向以产生向心力，使之能沿弯道跑。跑进时，身体应向圆心方向倾斜，后蹬时右脚用前脚掌的内侧，左脚用前脚掌的外侧着地，摆动时右腿膝关节稍向内，左腿膝关节稍向外。两臂的摆动，右臂摆的幅度和力量都应大于左臂，右臂后摆时肘关节稍偏向右后方，前摆时稍向左前方；左臂则靠近体侧。

(4)终点跑。终点跑是全程的最后一段，技术上和途中跑基本相同。终点跑应力求在疲劳情况下保持途中跑的正确技术，动员全部力量，以最快的速度跑过终点。这时上体可适当前倾，用胸部或肩部撞终点线。跑过终点后应逐渐减速，不要突停，以免跌倒损伤(图6－4)。

图6－4　终点撞线

2. 接力跑

接力跑是相互配合的集体径赛项目。练习接力跑能培养团结协作的集体主义精神和发展快速奔跑的能力。

在田径场上正式比赛的接力跑有男、女 4×100m 接力和 4×400m 接力,有时女子还有 4×200m接力。在群众性的体育活动当中,还有不同形式的接力跑,如不同距离的团体接力、迎面(穿梭)接力、异程接力等。

接力跑的技术基本同短跑,只是要传递接力棒,要求各棒队员之间协调配合,保证在快速跑进中完成传、接棒动作。

(1)4×100m 接力跑的技术

①起跑。起跑技术有持棒起跑技术和接棒人的起跑技术。

a. 持棒起跑。第一棒运动员必须采用蹲踞式起跑。用右手的中指、无名指、小拇指握住接力棒末端,用大拇指和食指分开撑地,接力棒不得触及起跑线或起跑前的地面(图 6－5)。起跑技术与短跑相同。

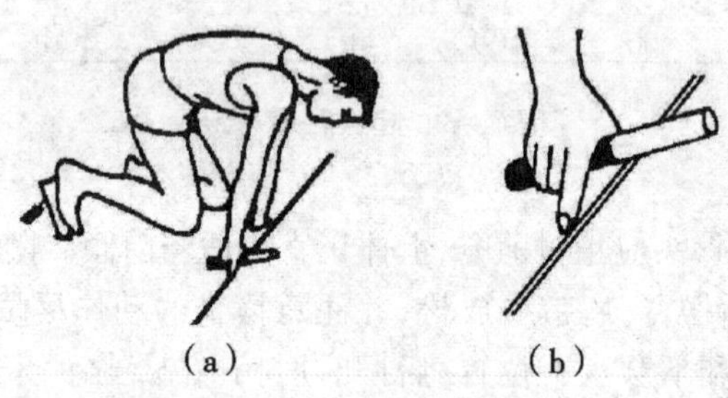

(a)　(b)

图6－5　持棒起跑

b. 接棒人的起跑。第二、三、四棒运动员用站立式或一手撑地的半蹲踞式起跑姿势,站在起跑线前,两脚前后开立,两膝弯曲,上体前倾(图 6－6)。第二、四棒运动员应站立于跑道外侧都用左腿在前,右手撑地,身体重心稍向右偏,头转向左后方,目视跑来队员和自己的起跑标记。第三棒运动员应站立于跑道内侧,以右腿在前,用左手撑地,身体重心稍向左偏,头转向右后方,目视跑来队员和自己的起动标志。当传棒人跑到标记位置时,接棒人应迅速起跑。

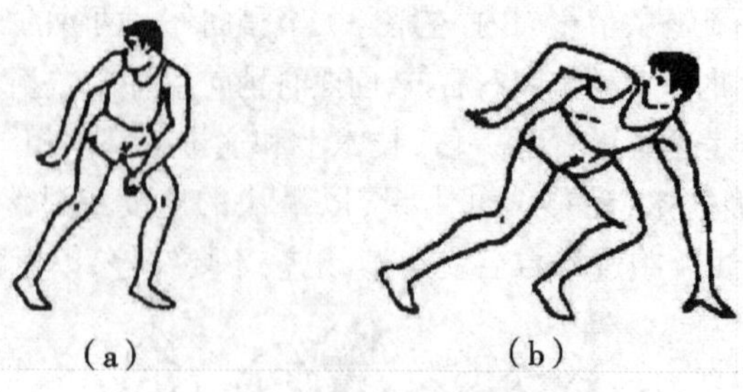

(a)　(b)

图6－6　接棒人起跑

(a)站立式;(b)半蹲踞式

②传、接棒方法。传接棒方法一般有上挑式、下压式和混合式 3 种。

a. 上挑式。接棒人的手臂自然向后伸出,掌心向后,虎口向下张开,上臂贴近身体以防晃

动，传棒人将棒由下向上送入接棒人手中（图6－7）。

b.下压式。接棒人的手掌后伸，掌心向上，虎口张开，拇指向内，其余四指并拢向外，传棒人将棒由上向下放入接棒人手中（图6－8）。

图6－7　上挑式传、接棒　　　　图6－8　下压式传、接棒

③传、接棒位置和起跑标志先得确定。接棒人站在预跑区或接力区后端至预跑线内区域，传棒人和接棒人之间的速度搭配要经过两人的反复练习才能确定起动标志。预跑区和接力区的具体分布如图6－9所示，接力跑起跑的标志线是第二、三、四棒次接棒人起跑的标志，它是根据传棒人和接棒人的跑速以及传接棒技术熟练程度确定的。起跑标志线的设置在预跑线的前面。

④各棒次队员的配合。一般第一棒应安排起跑好、弯道技术好的运动员；第二棒应安排专项耐力好，并善于传接棒的队员；第三棒队员除应具备第二棒队员的特点外，还应具备弯道技术好的特点；通常将全队成绩最好、冲刺能力最强的队员放在第四棒。

（2）4×400m接力跑技术。这种接力由于队员在后半程速度均有下降，所以接棒方式应根据传棒队员到达终点时的情况而定。既可以原地等待，也可以行进间进行。中距离接力跑时，可采用换手传、接棒的方法，这样接棒人可以沿着跑道内侧跑进。

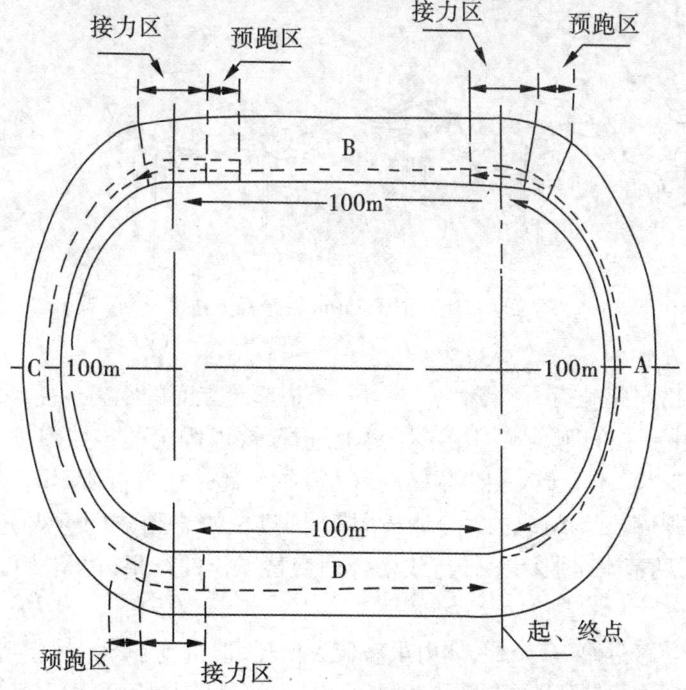

图6－9　接力区分布图

3. 跨栏跑

跨越障碍物是人类在长期生产以及与自然作斗争中所形成的一种基本的生活技能。作为田径运动的跨栏跑,是由跨越障碍物的基本技能发展演变而来的。

跨栏跑在 19 世纪最早出现于英国,当时叫障碍跑,是途中设有固定数量、固定距离、固定高度栏架的短跑项目,也是田径运动中技术比较复杂、节奏性比较强、锻炼价值比较高的项目。从事跨栏跑运动,可以培养勇敢、顽强、果断和克服困难的意志品质,并能有效地发展速度、弹跳力、柔韧和灵敏等身体素质。

跨栏跑的运动成绩是由运动员的平跑速度、过栏技术以及跑跨结合的能力决定的。跨栏跑项目有男子 110m 栏、女子 100m 栏和男、女 400m 栏。跨栏全程跑技术可分为起跑至第一栏技术、栏间跑技术、终点冲刺跑技术。

(1)起跑至第一栏。跨栏跑的起跑技术和短跑相同。起跑后正确地跨过第一栏,是跑好全程的重要环节。起跑后的疾跑,身体前倾角比短跑要小。为了迅速准确地踏上起跨点,当倒数第二步摆动腿着地时,起跨腿的大腿积极前摆,并用前脚掌准确踏着起跨点。摆动大腿积极向前上方摆动,小腿随惯性与大腿自然折叠,用于加大摆速,当身体重心移过垂直的部位后,起跨腿用力蹬地,使髋、膝、踝与上体成一条直线;起跨腿与地面形成夹角比短跑要大;两肩正对前方,摆动腿一侧臂积极前摆,形成一个有力的"攻栏"动作。起跨腿蹬离地面后,身体处于腾空状态,摆动腿大腿随惯性继续高抬,膝关节放松,小腿向前伸展,脚尖勾起,然后向下向后用力做压栏动作;上体积极前倾;摆动腿异侧臂前伸,同时起跨腿屈膝外展,勾起脚尖,收紧小腿,以大腿带动小腿经体侧向前提拉;起跨腿同侧臂向后摆动;当臀部快要移过栏架的瞬间,摆动腿积极下压,用前脚掌着地,上体适当前倾。髋关节前移,使着地点尽量靠近身体重心投影点,以便转入栏间跑(图 6-10)。

图 6-10 男子 110m 栏跨栏步技术

(2)栏间跑。栏间跑是指下栏着地点到下一个栏起跨点间的距离。任务是发挥速度,保持节奏,准备攻栏。由于栏间跑是在固定的距离上进行,要以固定的步数跑过,同时还要为过栏做好准备,所以在技术动作、步长和步频比例等方面同短跑途中跑有所不同。

由跨栏步和栏间跑三步组成的一个跨栏周期,因过栏的需要,构成了与短跑不同的特有节奏。良好的跨栏周期节奏是肌肉紧张与放松合理交替工作的结果,也是获得优异运动成绩的必要条件之一。

(3)终点冲刺。跨过第 10 个栏,体力虽有较大消耗,但也到了最后决定胜负的关头。此时摆动腿过栏要更加积极,起跨腿向前落地迅速跑出,加快摆臂与后蹬,加大身体前倾度,最后冲刺撞线的动作与短跑相同。

4. 中、长跑

中、长跑是发展耐久力的项目,长时间的连续肌肉活动,是这个项目的特点。它一方面要求尽量减少能量的消耗,维持一定的跑速,另一方面要求在全程跑中能根据比赛的情况具有加速跑的能力。所以,运动员在跑的全程中,正确地掌握技术和合理地分配体力是非常重要的。要求跑得轻松协调,重心移动平稳,直线性强,有良好的节奏;要尽量提高肌肉用力和放松交替的能力,既讲究动作效果,又注重节省体力。这些要求,跑的距离越长,就越显得重要。

各种距离跑的技术,基本上是相同的。但由于距离的长短和跑的强度不同,所以在跑的技术细节上也有不同程度的差异。

(1)起跑和起跑后的加速跑。中距离跑采用半蹲踞式起跑,也有采用站立式起跑的;长距离跑都采用站立式起跑。站立式起跑的动作顺序是按下列口令进行的:听到“各就位”口令后,先做一两次深呼吸,然后慢跑到起跑线后,两脚前后开立,有力地脚在前,紧靠起跑线的后沿,前脚跟和后脚尖之间的距离约为一个脚掌长,两脚左右间隔约为半个脚长。两腿弯曲,上体前倾(跑的距离越短,腿的弯曲程度越大,上体前倾越大),眼向前看 3 ~ 5m 处,身体重心投影点落在前脚的稍前面,身体保持稳定姿势,集中注意力听枪声或“跑”的口令。这时两臂的姿势有两种,一种是一臂在前一臂在后,另一种是两臂在体前自然下垂。一般运动员多采用第一种(图 6 – 11)。半蹲踞式起跑是一手的拇指与其他四指成人字形撑于起跑线后,另一臂在体侧,体重主要落在前腿和支撑臂上。起跑动作近似蹲踞式起跑。

图 6 – 11　站立式起跑

听到枪声或“跑”的口令时,两腿用力蹬地,后腿蹬地后迅速前摆,前腿充分蹬直,两臂配合两腿动作做快而有力的摆动,使身体迅速地向前冲出,在短时间内获得快的跑速。起跑后的加速跑时,上体前倾稍大,摆臂、摆腿和后蹬的动作都应迅速而积极。这段加速跑的距离,根据项目、个人跑速与战术的位置,然后进入匀速有节奏的途中跑。

知识窗

运动性腹痛产生的原因

中距离跑时产生“运动性腹痛”的主要原因:

肝脾淤血:准备活动不够,内脏器官还未提高到应有的激活水平就加快了跑速,特别是心肌力量差时,心脏搏动无力,影响静脉血回心,下腔静脉压力加升,肝静脉回流受阻,便产生腹痛。

呼吸肌痉挛:呼吸节奏失控,从而产生左、右肋部疼痛。

(2)途中跑。途中跑时上体正直或稍前倾,头部自然,颈部肌肉放松,两眼平视前方。两手半握拳,肘关节自然弯曲,两臂稍微离开躯干,以肩为肘,前后自然摆动。摆臂动作幅度的大小应随跑而变化。感到疲劳时,可变换肘关节的弯曲度或低臂摆动一些时间,减少疲劳程度。摆动腿的膝关节迅速有力地向前方摆出,带动同侧骨盆前送的同时,支撑腿的各个关节要迅速蹬伸,用脚趾蹬离地面。后蹬结束时,腿几乎伸直或完全伸直。蹬伸的时间应短促。蹬伸后及时向前摆腿。大腿前摆时,小腿要保持自然下垂。后蹬腿蹬离地面时,身体进入腾空状态。腾空要低,以放松蹬地腿的肌肉,迅速、较省力地将大腿向前方摆出。当后摆腿的大小腿向前摆时,小腿顺惯性自然摆起,膝关节弯曲,形成大小腿折叠的姿势。为了减少落地时产生的阻力,应将脚落在离身体重心投影点较近处,膝关节也随之自然伸直,并用前脚掌着地。着地之后,膝关节稍稍弯曲。在垂直阶段,脚跟稍向下落或全脚掌着地(图6-12)。

图6-12 中、长跑途中跑技术

(3)终点跑。终点跑是中、长跑临近终点的一段加速跑,进入最后的直道时竭尽全力进行冲刺跑,一直跑过终点,以获得最好成绩。动作基本上和短跑相同。

知识窗

"极点"产生的原因

中距离跑体力消耗很大,从运动生理机制分析,人体从静止状态开始运动,内脏器官要克服生理惰性、适应较大强度的运动负荷并发挥作用,需要2~4min的应激时间。此时,体内产生大量氧债,肌肉内乳酸不断堆积,随即产生胸闷、气急、两腿乏力等一系列难以形容的机体反应,直至出现运动"极点",不想再跑下去。其实,只要顽强坚持一会儿,上述身体的不良感觉就会减轻与消失,即产生"第二次呼吸"。因此,对身体素质一般的学生而言,跑800m、1000m时,就是人体心血管、呼吸等系统承受较强运动性生理反应的锻炼过程,属正常生理现象。

三、跳的健身方法

跳跃是指人体在水平和垂直两个方向上,以原地或行进间两种运动方式所表现出来的跳跃能力,竞技运动中的跳高、跳远是这种跳跃运动的最高表现形式。

在水平方向上,常见的有立定跳远、行进间跳远、连续蛙跳和跨步跳等。

在垂直方向上,最为常见的有原地摸高、跳绳、行进间助跑摸高、上篮等。在跳高辅助练习中,可以将动作变异成各种形式的非正规姿势跳高,以发展向上跳的能力。

健身跳是跳跃的下位概念,它不同于竞技中的跳跃,也不同于军事项目的跳跃,健身跳的

目的是促使身体的全面发展、增进健康水平和改善心理机能。因此,健身跳更注重运动的内容与形式,而不强调动作的技巧;更注重练习的趣味性和实用性,而不强调运动的负荷。

(一)健身跳的原理与作用

跳是人类基本活动机能之一。跳跃运动是通过全身肌肉的协调用力,特别是腿、足的用力蹬伸以克服自身重量来完成的,因此,对提高腿、足的肌肉力量和用力速度,改善人体的灵活性、协调性和神经系统的支配能力有着重要作用。人体腾空后下落与地面撞击接触,有效地锻炼了腿、足的支撑能力,其健身作用更为明显。

跳跃又是人们表达情感的一种自然方式,无论是高兴时还是愤怒时,往往会不自觉地伴随着跳跃、顿足等动作。在丰富的汉语语言中,有大量的表现情感动作的词汇,如"活蹦乱跳""手舞足蹈""捶胸顿足"等。可见跳跃运动不仅能发展人体的运动能力和改善健康状态,还能起到调节情绪、改善心理状态的作用。

(二)健身跳的特点

健身跳是以健身为目的的各种各样的跳跃练习和游戏的跳跃活动。

健身跳不同于竞技运动的跳跃,也不同于军事项目的跳跃。健身跳的目的是促使机体全面发展,增进健康水平和改善心理机能。因此,健身跳更注意练习的内容与形式,而不强调动作的技巧,更注意练习的趣味性和实用性而不强调运动负荷。

1. 来源于民间的游戏或娱乐活动

健身跳的内容丰富多彩,练习形式各种各样。除了采用一些与竞技跳跃接近的练习项目及手段外,更多地来自于民间的游戏或娱乐活动。

2. 娱乐、趣味性强

由于健身跳中游戏及娱乐成分较多,有的练习还有情节或美感,因此练习者既锻炼了身体,又得到了一种乐趣和满足感。

3. 运动负荷个体差异明显

由于年龄的不同,体质的差异,运动负荷不仅有明显的区别,而且以个人的充分满足为原则。每次练习的运动量和强度,大都以练习时的情绪、乐趣为依据。

4. 具有竞技功能

健身跳同样可以进行比赛。它能提高练习兴趣、练习水平和运动技能,促进项目的开展。

(三)健身跳的练习方法

健身跳的方法要符合不同年龄、不同水平练习者的需要;健身跳的内容和形式要具有一定的娱乐性、趣味性;健身跳的练习负荷,特别是中老年人要控制在适当的限度内。

1. 跳高

跳高作为一种游戏活动可以追溯到远古时代。在古代日尔曼人中曾盛行过跳跃横排马匹的比赛,非洲的图西人还曾有过利用厚木头的跳板或石头踏跳进行的跳高游戏。跳高作为比赛项目始于爱尔兰和苏格兰。1800 年,跳高已列为苏格兰运动会的比赛项目。19 世纪 60 年代以后,跳高在欧洲和美洲开始普及。在这以后,随着运动员的速度力量素质的不断改进和提高,跳高成绩也在不断地提高和发展。

跳高是田径运动的田赛项目,是由有节奏的助跑、单脚起跳、越过横杆和落地 4 个紧密相连的动作组成,以越过横杆上缘的高度来计算成绩的比赛项目。跳高运动是征服高度的运动项目,是人类不屈不挠,勇攀高峰的象征。也有人称跳高是失败者的运动,因为每次比赛,运动员在跳过一个高度以后还要向新的高度挑战，直到最后跳不过去为止。跳高运动员个子很高，腿特别长，特别有劲，一蹬地，身体便腾空而起，越过比自己身高还高的横杆。跳高运动员不怕失败，不怕挫折，始终充满信心，相信只要自己刻苦努力，一定能越过更高的高度，取得更好的成绩。经常参加跳高运动，不仅能增强人的腿部力量，提高弹跳能力，发展技巧和协调性，还能培养勇敢、坚定、沉着、果断的意志品质，是一种很好的体育锻炼项目。

跳高在世界各地流行很广，也是少年儿童最喜欢的一种体育活动之一。有跨越式、剪式、俯卧式和背越式等多种跳高姿势，最流行的是背越式。人体通过助跑、起跳，以背对横杆的姿势越过横杆并以背先着垫的跳高方法叫背越式跳高。

(1)助跑。背越式跳高采用弧线助跑技术，用远距离横杆的脚起跳。助跑前半段为直线助跑，跑动距离一般为6~8步，后半段为弧线助跑，跑动距离一般为3~5步。助跑要求加速均匀，动作轻松自然，要求步幅大、弹性好，从直线助跑进入弧线助跑时动作不要太突然，以免破坏助跑节奏。

(2)起跳。起跳脚沿弧线的切线方向踏上起跳点，以起跳脚的外侧着地迅速滚动到全脚掌；当重心的投影点移至前脚掌并且以踝、膝、髋及起跳腿异侧肩等几点在一条直线上时，用力蹬地使身体腾空；当起跳脚踏地时，摆动腿应迅速蹬地并屈腿前摆，并向异侧肩的方向摆动，髋关节前送，使身体转成背对横杆；当大臂摆到与地面平行时，双臂和摆动腿应迅速制动(图6－13)。

图6－13 背越式跳高技术

(3)过杆和落地。当身体向上腾起并转至背对横杆时，应以手臂向上向横杆方向伸出，牵引身体沿起跳点切线方向向横杆靠拢，以手臂、头、肩、躯干、髋、腿的顺序依次过杆，当大腿越过横杆后，应迅速向上收腹举腿，以求更快摆脱横杆，然后以肩背部着地。身体在越过横杆时，应当遵循在杆上部分最高来越过或已越过横杆部分尽量降低的原则。所以手臂越过横杆后即向下压，头越过横杆后即仰头、肩后侧，当髋关节在横杆上时身体成反弓状，髋越过横杆时，即开始低头、含胸并迅速向上收腹举腿。应当注意的是收腹应挺髋收腹。这样虽然收腹的难度加大了，但臀部的位置不会降低，碰落横杆的机会减少，如果不挺髋收腹，侧臀部位置就会降低，增加了碰落横杆的机会。

2. 跳远

跳远有立定跳远和行进间跳远，行进间跳远过去又叫急行跳远，它是古代的奥林匹克竞赛及古希腊五项运动里都有的一个项目，是现在学校体育教学和田径比赛的主要项目之一。练习跳远能发展人的速度、弹跳力和灵巧性，并能增强心脏等内脏器官的功能，增进身体的健康。跳远的场地设备比较简单，学习跳远又比较容易，因此青少年们比较喜欢这项运动。

从跳远技术的发展来看，有一个从简单到复杂的过程。最初是简单的蹲踞式，以后有了挺身式，又有了走步式。今天的跳远技术，正向着快速的助跑、迅速而有力的起跳和较高的跳跃高度方向发展，运动员必须具备全面和良好的身体素质，熟练而准确地掌握先进的技术。

跳远和三级跳远的完整技术是由助跑、起跳、腾空和落地 4 个部分组成的。成绩的好坏主要是助跑速度和起跳技术决定的，当然平稳的空中姿势和合理的落地动作，也起着一定的作用。总之，各个部分的技术都是跳远中不可分割的整体。

(1)助跑。跳远的助跑为直线助跑，一般男子为 35 ~ 45m，跑 18 ~ 24 步；女子为 30 ~ 40m，跑 16 ~ 22 步。助跑时起跑采用“半蹲踞式”或“站立式”，起跑后要求加速均匀，步幅固定，节奏清楚，弹性好。

(2)起跳。当起跳脚踏在踏板上时，应全脚掌踏板，踏板要迅速有力，同时，起跳腿弯曲上摆，并配合手臂的摆动，使身体向前上方腾空，形成腾空步。腾空步要求，身体正直，摆动腿的大腿与地面平行，起跳腿伸直；起跳腿一侧手臂由前向后摆至大臂与地面平行，摆动腿一侧手臂由前向侧上方摆至大臂与地面平行，大小臂约成 90°角。

(3)腾空。跳远腾空阶段的任务是维持身体平衡，为完善的落地动作创造有利条件。跳远的空中姿势一般为蹲踞式、挺身式、走步式 3 种。下面介绍蹲踞式和挺身式。

①蹲踞式。起跳腾空步后，上体保持正直，摆动退的大腿继续高抬，两臂向前挥摆；起跳腿开始向前上方提举，并逐渐向摆动退靠拢，形成空中蹲踞的姿势；随后两腿上收，上体前倾，将要落地时两臂由前向下后摆动，同时，伸小腿向前落地(图 6 - 14)。

图 6 - 14　蹲踞式跳远

②挺身式。起跳成腾空步后，摆动退的大腿积极下压小腿向前、向下、向后与留在身后的起跳腿并拢，同时，两臂向上、向后充分伸展使臀部前移；空中身体呈反弓姿势。落地前双臂和双腿向前摆动，形成向前收腹的动作，小腿充分前伸，上体前倾准备落地(图 6 - 15)。

图6－15　挺身式跳远

(4)落地。落地时,膝关节伸直,脚尖勾起,同时,双臂向后摆动,脚接触沙坑时,迅速屈膝缓冲,使髋躯干部分迅速前移;同时,双臂屈肘加速前摆使身体重心迅速移动到落地点前方。为保证落地时身体不后坐可采用前倒式落地、侧倒式落地。良好的落地动作是获得良好成绩的保证,也是防止意外伤害的保证。

3. 三级跳远

三级跳远是由单脚跳、跨步跳和跳跃组成的,从事三级跳远的练习,具有和跳远同样的锻炼价值。

三级跳远是在助跑以后沿直线连续进行三次跳跃的一项运动。由于这项运动使下肢的负担很大,所以对身体素质的要求比其他项目要高一些。它要求运动员有快速的助跑速度和良好的弹跳力,以及强大的腿部力量。正式比赛中,三级跳远的规定形式是单脚跳、起跳腿落地后再起跳的跨步跳、摆动腿落地起跳的跳跃,用双脚落于沙坑。

4. 发展身体素质的健身跳

发展身体素质的健身跳可分为高度跳和远度跳;高度跳和远度跳又分别包括原地跳和助跑跳;原地跳和助跑跳可分为一次跳和连续跳;再划分为徒手跳和负重跳;最后分为障碍跳和无障碍跳。

基于上述归纳,在选用练习时可根据需要进行组合,如采用原地高跳时,可以一次跳(纵跳)、徒手、无障碍,也可以连续、负重和障碍跳,还可以一次跳负重过障碍等。远度跳也是如此。

常用的高度跳练习,如原地跳起摸高或头触高物(一次连续、徒手或负重)、原地双脚跳越障碍、原地收腿分腿跳、提踵跳、弓步换腿跳、单腿蹬台阶(低凳)跳、快速挺举(跳)、助跑摸高或助跑跳越障碍(栏架、横杆)等。常用的远度练习,如立定跳远,立定三、五、七、十级跳,助跑跨上跳箱(台阶),多级跨跳和单脚跳等。

5. 游戏性的健身跳

游戏性的健身跳多为少儿采用,但其中有些练习也适合于大学生,常见的练习,如跳绳、跳皮筋、跳房子、踢毽子、舞蹈(其中的跳部、跨步、蹦跳)、跳自然障碍、跳山羊、用脚"猜拳"和"顶拐"等。

6. 娱乐性的健身跳

娱乐性的健身跳往往不是单独存在,而是隐含在某些娱乐活动中,如大秧歌、健美操、迪斯科以及各种游戏活动等,在活动中含有跳跃动作。由于这些跳跃动作的存在,加大了活动量和

强度,强调了活动的气氛。

7. 单个练习的健身跳

单个练习的健身跳,如原地的跳跃、多次的连续跳跃、跳绳、秧歌等。

8. 组合练习的健身跳

组合练习的健身跳是由多个练习组合而成的成套练习,如健身操、广播操、中老年迪斯科舞、球类游戏等。

9. 循环练习的健身跳

循环练习的健身跳是由若干练习按一定的顺序排列,首尾相接,周而复始地进行练习,如原地摸高 10 次 + 快速挺举 10 次 + 多级跨步跳 30m 等。

四、投掷的健身方法

健身投是用单手或双手将投掷物投出的运动,它可以分为肩上投掷和肩下投掷两大类。肩上投掷的常见方法有单臂或双臂的抛投、投和推等,如抛掷实心球、投垒球、推实心球等。肩下投掷的常见方式有单臂或双臂的扔、撇和抛等,如扔飞碟、大飞镖、抛地滚球和保龄球等。

(一)健身投的原理

投掷作为一项生活基本技能,包括抛、推、掷、投等多种形式。早期原始人迫于自己的生存需要,采用投、掷、抛等手段,击落树上的果实,打击和捕捉飞禽走兽。在后来的军事活动中,把矛、棍、石等都视为一种武器,为了更有效杀害敌人,同样也需要发展投掷力量。到了现代社会,人们从增强体质和提高机体适应能力考虑,则更多锻炼手臂、腹背等肌肉的爆发力,以便为发展身体素质创造良好条件。

经常正确地进行健身投的练习,对人体的体形、技能、身体健康以及心理情绪都有促进作用。

(1)长期地、正确地进行健身投运动,可以使体形变得健美。健身投可以消耗脂肪,使肌纤维变粗,横截面积增大,从而使肌肉逐渐发达。健身投还可以加强肩、胸背、腰腹部肌肉活动,它可以使男子的胸部和肩部肌肉发达,腰腹及脂肪减少,逐渐具有 V 体形健美身材。对于女子来说,可以使肌肉平滑,双肩丰满,胸部富有弹性,下腰纤细而结实,形成优美的身体线条。

(2)健身投可以增强肌肉力量,预防技能能力退化。肌肉力量是维持全身活动的基本动力。长期进行健身投的练习可以明显地使神经系统调节机能得到改善,肌肉中毛细血管网增多,ATP 提高等,从而增加肌肉力量,特别是能增加臂和腰背部的肌肉力量,健身投还能预防中老年人机能退化,延缓衰老进程的作用。

(3)从事健身投运动可以防止和治疗一些伤病。通过经常的健身投练习来加强肌肉力量,可以防止因腹肌松弛无力造成的内脏下垂和因维持脊柱正常姿势的肌肉软弱造成的脊柱不正常弯曲。从形态学上讲,肩部的静脉贴近肌腱和筋膜,往往使静脉血回流不太通畅,健身投练习中,大量的肩部肌肉收缩有助于静脉回流。健身投练习经常要有一定的深呼吸用力,它可以使膈膜下降,压迫肝脏淤血流出,从而起到改善气体交换的作用;还可以把精神疲劳转化为体力疲劳,这对身体健康有益。适当的健身投练习还可以帮助治疗一些伤病,如背部肌肉力量加强后,对姿势性驼背的矫正有一定作用。

(4)健身投练习有改善身体协调能力的作用。人的协调能力是安全地完成生活的一个基本条件。健身投对机体协调能力的改善主要是通过改善反应能力、改善集中用力能力和改善平衡能力实现的。

(5)健身投练习可以改善心理状态。在集体进行的健身投练习中可以使人们从竞争的帮助中认清生活中的各种关系,忘记寂寞,养成乐观愉快的性格,成为生活、心理都健康的真正健康的人。

(二)健身投的锻炼方法

1. 推铅球

推铅球作为田径运动项目,在19世纪出现于英国。推铅球是田径运动的投掷项目之一,它对增强体质,特别是发展躯干和上下肢力量有显著的作用。

推铅球是田径运动的投掷项目之一,现有侧向滑步推铅球、背向滑步推铅球、旋转推铅球3种形式。滑步推铅球技术可分为滑步与最后用力两个部分,它决定着整个技术的质量和效果。

(1)滑步开始姿势

①握球和持球。

a. 手指自然分开。(以右手握球为例,下同)将球放在中指、食指和无名指的指根部,大拇指和小指自然地扶在球的两侧使球稳定。手腕和手指力量较强的人,可以将球放在第二指骨上,这样有利于加长工作距离,更好地发挥推铅球时手指的力量(图6-16)。

正面观

侧面观

图6-16 持球

b. 持球。将球放在右下腭骨和锁骨之间靠近颈部,同时外展同躯干约成45°角,在滑步过程中球始终紧贴颈部,以利于身体的平衡和推球。

②站立姿势。握好球后,背对投掷方向,两脚前后开立,右腿靠近投掷圈内沿,身体重心落在右腿上,左臂自然微曲上举,两眼看前下方3~5m处。整个动作中自然放松,注意力集中,准备滑步。

(2)滑步。滑步前左脚向后上方摆起,上体配合摆腿逐渐前倾,当左腿回摆时屈右腿,使身体重心下降,形成团身姿势,左腿回摆一结束,臀部领先向投掷方向移动,同时右腿蹬地,左腿向抵趾板摆伸,使身体迅速向前推进。右脚蹬离地面后,迅速拉收小腿,同时右脚向内转动,并用前脚掌着地,落在圆心附近,与投掷方向约成130°角。这时左脚要积极下落,以前脚掌内侧落在圆圈直径的左侧靠近抵趾板处。两脚落地间隔越短越好,以保证连贯、加速过渡到最后用力。此时铅球处于右脚的前上方,身体重心落在右腿上,形成超越器械,加长最后用力的距离,为最后用力做好准备(图6-17)。

图6－17 铅球滑步完整技术

(3)最后用力。当滑步结束后,左脚一着地就开始最后用力。同时,右脚用力蹬转,推动右髋向投掷方向转动,使上体在转动中不断向上抬起,头和胸部转至投掷方向,身体重心移至左腿。在两腿继续用力蹬地的同时,随着右肩的前送,右臂迅速、有力将球推出。此时应特别注意左侧支撑要牢固,保证右臂作出正确的推球动作。在铅球快要离手时,手腕稍向内转,并使铅球从手指离开,以充分利用手指力量。

最后有力的方向是朝前上方的,因此身体有较大的冲力。当铅球出手后应立即换腿,降低重心,维持身体平衡。

2. 掷铁饼

掷铁饼是一项古老的田径运动,在古希腊的奥林匹克运动会上已被列为比赛项目。当时的饼是用石头和青铜制作的,在石头台座上正面站立进行投掷。

随着实践经验的积累和器械、场地、规则等方面的改变以及科学的不断发展,投掷的技术有了很大的改进,由过去的正面站立、侧向站立和换步旋转投掷等方式,发展成为背向旋转投掷的技术,现在又出现了宽站立、低姿势、背向大幅度旋转投掷的技术。

正式比赛中铁饼的重量男子为2kg,女子为1.0kg。内圈直径为2.50m,有效区角度为34°92′。

掷铁饼的技术动作分为握法、预备姿势和预摆、旋转、最后用力和维持身体平衡4个技术环节。

3. 掷标枪

掷标枪技术的产生与发展,有它独特的演变过程。标枪是古代劳动人民为了求得生存,在与大自然作斗争中为获取必需的生活资料而创造的一种原始投掷工具,在当时也作为一种运动器械。到了奴隶社会,就被统治阶级用来作为训练士兵、镇压奴隶、掠夺财富和进行战争的一种武器。

掷标枪早在古希腊奥运会上已被列为比赛项目。随着田径运动的蓬勃发展,以及科学技术在田径运动中的运用,掷标枪的技术也不断变革与发展,由古代发展而来的原始投掷技术在漫长的历史过程中,不断得到改革而逐渐完善。

掷标枪是一个比较复杂的多轴性旋转项目。它的完整技术,是由肩上持枪经过一段预先助跑连接投掷步获得动量,通过爆发式的最后用力作用于标枪的纵轴上,将标枪经肩上投出去。

(1)握法。目前采用的握法有两种。

①现代式握法:标枪的绳把平斜放在掌心上,大拇指和中指的第一指节扣住绳把子后缘,食指自然扶于枪杆上,无名指和小指自然地握在绳把手上(图6-18(a))。这种握法能较好地控制标枪,最大限度地发挥手指的力量。在标枪出手时由于中指和食指的用力拨动,可使标枪沿着纵轴自转,更加稳定标枪飞行的路线。这是当前普遍采用的一种握法。

②普通式握法:将标枪绳把手平斜放在掌心上,大拇指和食指扣住绳把手的后缘,其余的手指自然把握绳把手上(图6-18(b))。这种握法由于手腕比较紧张,不利于控制标枪的出手角度,因此现在很少有人采用。

(2)持枪。持枪方法要有利于发挥助跑速度,便于引枪,使持枪手臂放松自然。现在绝大多数运动员都采用肩上持枪的方法。

①持枪于右肩上方,稍高于头,枪尖低于枪尾(图6-19(a))。这种持枪方法有利于手腕放松,便于向后引枪。现在多数运动员采用此方法。

②持枪于右肩上方右耳旁边,枪身与地面接近平行,肘稍外张开(图6-19(b))。这种持枪方法能较好地控制引枪时的角度,但投掷臂和手腕容易紧张。

③持枪于头右侧,枪尖稍向上。这种持枪方法手臂和手腕更紧张。目前很少有人采用。

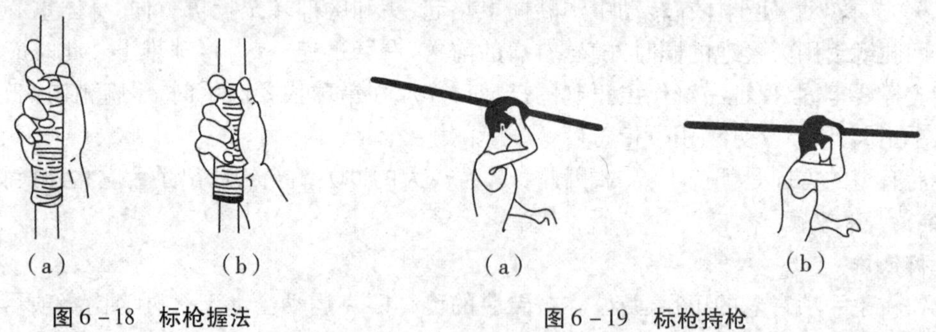

图6-18　标枪握法　　　图6-19　标枪持枪

第四节　田径运动的指导与评价

一、田径运动的指导

对田径健身运动的锻炼过程进行有效的指导,可使田径健身锻炼取得最佳的效果。田径运动训练旨在发展人体各项素质的最大潜能,提高专项运动能力,达到尽可能高的运动水平。而田径健身运动,是以培养人的锻炼习惯、体育意识为目标,在广泛进行全面锻炼的基础上,保持良好的体能,增进健康,达到一定的运动水平。鉴于二者的区别,对田径健身锻炼过程的指导,应当与田径运动训练有所区别。

(一)明确锻炼目标

对广大学生而言,参加田径健身锻炼,是为了全面增强体质,促进其健康成长。在明确目标时,要特别注意学生的生理承受能力和心理适应能力。必须遵循因人而异的原则,帮助学生选择适合其身心发展的锻炼项目,合理设定锻炼目标。

(二)养成良好的锻炼习惯

如今学生学习压力较重,体育活动的时间相对减少,有随年龄增长体育兴趣下降的趋势,这一现象在女生中更为明显。青少年时期能否养成良好的锻炼习惯,不仅对身体的生长发育水平、个性形成和个体的社会化程度有直接关系,而且对是否能够终身进行体育锻炼有重要意义。因此,培养青少年良好的锻炼习惯,是体育健身指导中应当考虑的重要问题。

(三)合理控制锻炼负荷

田径健身锻炼与田径运动训练的原理是一样的,都是以人体适应性原则为依据。但田径健身锻炼负荷的量与强度均要小于田径运动训练。运动生理学研究表明,以有氧阈心率(120 ~ 140 次/min)控制练习负荷,对发展有氧代谢能力效果最佳。在控制健身锻炼负荷时,还应遵循循序渐进的原则,应使练习者感到难度不大,稍加努力便可达到练习要求,这样,使练习者始终对所练内容充满兴趣和信心,从而有助于养成自觉锻炼的习惯。

有经验的教师通常采用观察法,即通过对学生运动疲劳程度的观察,来判断运动负荷是否适宜。观察的内容包括面色、排汗量、呼吸频率、动作质量、表情等。疲劳程度可分为轻度、中度和非常3种(表6-5)。在田径运动教学和锻炼过程中,为了取得增强学生体质的效果,多数项目和多数时间应安排学生处于轻度疲劳程度时进行锻炼。

表6-5　不同运动疲劳程度的人体外部表现

观察指标	轻度疲劳	中度疲劳	非常疲劳
面色	稍红	相当红	十分红或苍白
汗量	不多	较多	大量出汗
呼吸	中度稍快	显著加快	呼吸急促、表浅,节律紊乱
动作	动作准确、步态轻稳	步子不稳,身体摇晃, 自控能力较差	动作失调,步态不稳 用力颤抖,反应迟钝
表情	情绪愉快	稍有倦意	稍有倦意

二、田径健身锻炼的效果评价

(一)瑞典心脏功能测定法

瑞典体育联合会在多年的科研工作中,找到了一种测定人体心脏功能的简易方法。具体做法如下:

(1)先让受试者静坐 5min,然后测出 15s 的脉搏数,再乘以 4,得出 1min 的脉搏数,标以 P_1。

(2)让受试者下蹲 30 次,每秒钟下蹲一次,最后一次站起来就测脉搏,测 15s 的脉搏再乘以 4,得出 1min 的脉搏数,标以 P_2。

(3)休息 1min 后再测 15s 脉搏数,乘以 4,得出 1min 的脉搏数,标以 P_3。

(4)按公式计算:$K = (P_1 + P_2 + P_3 - 200)/10$。

K 的所得数小于 0 或等于 0,表示心脏功能最好;0 ~ 5 为很好;6 ~ 10 为中等;11 ~ 15 为不好,大于 16 为差。例如,一名健身跑爱好者在静坐 5min 后的脉搏数为 70 次/min,做 30 次下蹲时的即刻脉搏数为 120 次/min,休息 1min 后的脉搏数为 100 次/min。按公式计算,$K = (70 + 120 + 100 - 200)/10 = 9$,此人的心脏功能为中等。

(二)哈佛式阶梯试验法

哈佛式阶梯试验是美国医学会运动和健康委员会设计出来的,是检验和评定心血管功能的一种简易的方法。让受试者以每分钟30次的频率做上下台阶的运动。男子用的台阶高度为50.8cm,女子高为42cm。一般应持续5min,共上下150次。上下台阶时左右腿轮流进行,每次上台阶的腿应当伸直,然后再下,如果不能坚持5min,可以中途停下来,要记下进行的时间,如果身体健康状况不好,如患心血管疾病者则不宜进行这个试验,因为其强度较大。

受试者完成5min上下台阶后,立即休息1min,然后测恢复期第2、3、5分钟的前30s的脉搏数,这3个脉搏数要测的精确。用下列公式测定受试者恢复指数:

指数=登台阶运动时间(s)×100/[2×(3个30s脉搏数的和)]

恢复指数小于55为劣;55~64为中上;80~89为良好;大于90为优秀。例如,一名健身跑爱好者进行登台阶5min后,第2min、3min、5min前30s的脉搏数分别为85次、70次、45次,他的恢复指数为5×60×100/[2×(85+70+45)]=3000/400=75,是中上水平。

(三)12min跑测验法

美国的库珀博士经过14年的研究,研制出12min跑测验法,它是以12min跑的距离来衡量身体机能和健康水平,既简单又实用。受试者在跑时要尽力去跑,在12min跑的过程中把自己的能力发挥出来,这样才能反映出受试者的实际水平。

12min跑一提出,很快被众多健身爱好者所接受。在美国,上至总统,下至百姓,12min跑的大军遍及全国。据有关媒体报道,在12min跑问世后的几年间,全美国心血管疾病的发病率明显下降。此后,12min跑很快风靡全球。

12min跑是将不同性别的人,按年龄区段分为6个组,按每个人在心律合格条件下所跑出的最大距离,分为极好、好、稍差、差、极差5个等级(每分钟的心律不超过180次为合格),实际心律为:测量跑后10s的脉搏数乘以6。具体内容如表6-6所示。

表6-6　12min跑测试成绩评分表

男子12min跑测试成绩评分表				
体力级别	30岁以下	30~39岁	40~49岁	50岁以上
1 极差	1600m以下	1500m以下	1400m以下	1300m以下
2 差	1600~1999m	1500~1799m	1400~1699m	1300~1599m
3 稍差	2000~2399m	1800~2199m	1700~2099m	1600~1999m
4 好	2400~2799m	2200~2599m	2100~2499m	2000~2399m
5 极好	2800m以上	2600m以上	2500m以上	2400m以上
女子12min跑测试成绩评分表				
体力级别	30岁以下	30~39岁	40~49岁	50岁以上
1 极差	1500m以下	1400m以下	1200m以下	1000m以下
2 差	1500~1799m	1400~1699m	1200~1499m	1000~1399m
3 稍差	1800~2199m	1700~1999m	1500~1799m	1400~1699m
4 好	2200~2599m	2000~2399m	1800~2299m	1700~2199m
5 极好	2600m以上	2400m以上	2300m以上	2200m以上

注:当测试后,很有可能属于前三级,即不合格。别太担心,80%以上的人未经过有氧运动训练前同样是属于前三级的。

第五节　田径运动的注意事项

田径健身运动是学校课外体育锻炼的主要内容。体育教师是广大学生参加田径运动锻炼的主要组织者和指导者。为了更好地取得田径健身锻炼的实效，在组织学生参加田径健身锻炼时应注意以下事项。

第一，做好宣传发动工作。要把田径健身运动锻炼和达到《体育锻炼标准》获得《学生体育合格证书》结合起来，做好田径健身锻炼的宣传、发动和组织落实工作。

学校体育组的全体教师要在主管校长的领导下，与辅导员紧密配合，做好课外体育锻炼的发动工作。可通过板报和广播等形式，向学生宣传参加课外体育锻炼的意义，使学生积极自觉地参加课外体育锻炼。还可以组织学生课外体育锻炼小组，并把锻炼时间落实和固定到每周课表之中。由于多数情况下的课外体育活动是学生独立进行的，因此要培养好班级体育骨干，使他们掌握田径健身的手段和方法，具有组织班级或锻炼小组开展体育锻炼的能力。要根据田径健身运动项目的特点，充分发挥本校场地、器材的使用效益。

第二，遵循身体锻炼原则，科学地进行锻炼。身体锻炼原则是人们在长期体育锻炼实践中总结出来的具有普遍指导意义的经验和准则，是体育锻炼客观规律的反映。因此，在田径健身运动锻炼中也必须贯彻好适应性原则、渐进性原则、全面性原则和个别性原则等。在指导学生参加田径健身运动的锻炼过程中，一定要结合田径运动项目的特点，认真贯彻这些原则，使学生得到好的锻炼效果。

第三，田径健身运动项目的多样性和灵活性。田径健身运动项目不能完全等同于田径竞技运动项目。田径竞技项目对身体素质、专项技术要求较高，练习比较枯燥，与青少年身体、心理发展不相适应。选择项目和内容不当，会影响学生进行田径锻炼的积极性和锻炼效果。根据田径健身运动的分类方法，可以从走、跑、跳、投4类基本运动方式入手，对传统田径竞技项目进行游戏化、生活化、趣味化的改造，开发出适应青少年身心发展水平的多种多样的田径健身练习方法和手段，激发学生参加田径锻炼的兴趣，提高他们进行田径锻炼的积极性。

第四，要做好田径健身运动锻炼的准备活动和整理运动。由于人体各器官机能都有一定的生理惰性，因此，在参加田径健身运动锻炼前必须做好准备活动，以提高大脑皮质神经细胞的兴奋性，克服人体机能惰性，协调各器官系统的工作，为参加较为剧烈的田径健身锻炼做好准备。另外，做好锻炼前的准备活动，会使人体体温剧烈升高，肌肉和肌腱的黏滞性减小，弹性和伸展性增强，从而较少因为做剧烈的跑、跳、投动作而发生运动损伤。当锻炼结束后，为了使人体恢复平静，消除疲劳，使紧张的机能转为放松，尽快适应下一段活动（如文化课学习等）的需要，应让学生做好整理运动。

第五，锻炼与比赛、测验相结合。要把开展经常性的田径健身运动锻炼活动与组织小型、多样性的田径运动竞赛和《国家体育锻炼标准》《全国田径业余锻炼等级标准》达标测验结合起来。这样不仅能推动经常性田径健身运动锻炼活动的开展，而且通过竞赛和测验，能使学生看到自己的锻炼效果，提高学生参加田径健身锻炼的积极性。

第六，加强安全教育，抓好安全措施，预防伤害事故。田径健身运动锻炼的目的是促进健康、增强体质，如果在锻炼中发生了伤害事故，就违背了田径健身运动锻炼的根本目的。因此，在组织学生参加田径健身运动的锻炼过程中应十分注意安全。要经常检查场地、器材，对发现的不安全因素要及时采取措施。要教育学生按照运动安全常规进行田径健身锻炼，加强自我保护措施。

第七，要做好田径健身运动锻炼的自我检查。自我检查是指体育锻炼者用生理卫生知识和医学知识对自己参加体育锻炼后的身体情况进行观察和检查。通过自我检查，了解身体对锻炼内容和运动负荷的适应情况以及身体发育、健康与机能变化情况，为以后参加体育锻炼提供依据。自我检查的内容主要有参加锻炼前后和锻炼中的自我感觉、睡眠、食欲、体重和脉搏等。体育教师在组织学生参加田径健身锻炼过程中，必须让学生掌握自我检查的知识和方法，认真做好锻炼期间的自我检查，使田径健身锻炼在科学的轨道上进行，以收到更好的锻炼效果。

思考题

1. 什么是田径运动？
2. 田径运动的健身价值是什么？
3. 田径运动的注意事项有哪些？

第七章 球类运动

1. 了解主要球类项目的特点、规则、技术和战术等基本知识。
2. 培养学生身体的协调、灵敏、弹跳和团队协作能力，培养终身体育习惯。

第一节 篮　球

一、篮球运动概述

篮球运动，是1891年由美国马萨诸塞州斯普林菲尔德市基督教青年会训练学校体育教师詹姆士·奈史密斯教授发明的。为了让学生不受寒冷天气的限制，能够在室内开展体育运动，他从工人和儿童用球向桃筐内做投准的游戏中受到启发。起初，他设计将两只桃筐分别钉在健身房内看台的栏杆上，桃筐上沿距离地面3.05m，用足球作为比赛工具，向筐内投掷。球入筐算得一分，按得分多少决定胜负。直到1893年，形成了近现代的篮板、篮圈和篮网，遂取名为“篮球”。

最初的篮球比赛，场地的大小和上场人数的多少以及比赛的时间均无严格限制，规则也比较简单，1892年，奈史密斯制定了13条比赛规则，比赛时间规定为上、下半场各15min，对场地大小也做了规定，比赛人数逐步缩减，由10人、9人、7人，到1893年决定为每队上场人数为5人，以后随着篮球运动的开展，场地、设备和比赛规则不断得到完善和改进。

1893年篮球传入法国。1894年传入我国天津。1901年传入日本和波斯(现在的伊朗)。1905年传入俄国。1904年美国青年会男子篮球队在第三届奥运会上进行了表演赛。1908年美国制定了全国统一规则，并用多种文字出版，发行全世界。1932年成立了国际业余篮球联合会，成员从最初的8个国家发展到现在的160多个国家。1936年第11届奥运会将男子篮球列入正式比赛项目。1950年和1953年分别举行了第一届世界男、女篮球锦标赛。1976年第21届奥运会又增加了女子篮球比赛。1910年，旧中国在南京举行的全国运动会上男子篮球被列为表演项目,1913 年才被规定为正式比赛项目。

新中国成立后,我国的篮球运动蓬勃发展起来,无论是工厂、学校、企业、部队、农村都相当普及,同时成立了许多运动队。1956 年试行了运动员、教练员和裁判员的等级制度。到了 20 世纪 60 年代初期,我国的篮球水平已接近世界先进水平。“文革”期间被迫停滞数年。1976 年以后,全国的训练和竞赛才逐步全面恢复。

二、篮球运动发展趋势

现代篮球运动以高超的技巧、快节奏、高速度、高空优势、激烈对抗为特点。快、高、全是现代篮球运动总的发展趋势。

(一)快节奏、高速度

现代篮球比赛中,运动员的反应、移动、传球、运球、投篮、回防、紧逼抢位等节奏和速度都非常快。队员的身体素质好,不仅矮个队员灵活、快速,高大队员也灵活、快速。不是少数几个队员快,而是全队攻防速度快,快攻战术已成为后备强队首先使用的锐利武器。

(二)高空技术和高空优势

运动员身高不断增加,在世界强队中,不仅中锋、前锋大多是 2.05 ~2.10m 以上的高大队员,后卫也出现了一大批 1.96 ~2.05m 的高大队员。女篮的身高大多已达到 1.80 ~1.90m,超过 2m 的中锋也不乏其人。这些高大队员一改过去动作迟缓、死守篮下、等人“喂球”的被动局面,他们既能参加快攻又能内线攻击,既能运球突破又能在外围组织进攻或远投。

高空优势的争夺,促进了投篮、补篮、封盖、抢篮板球等技术的发展,篮下争夺出现了精彩刺激、扣人心弦的场面,如高大队员篮下空中接球直接扣篮、空中转身扣篮、空中反手扣篮、空中拨球入篮等“高空作业”技巧。这些高空技术的出现,提高了篮球运动的观赏性和精彩性,促进了现代篮球运动的发展。目前攻守双方空中争夺的高度已达 3.50m 以上。

(三)技术全面、技艺高超、投篮准确、顽强对抗

在世界强队中,队员的技术全面而娴熟,其投篮命中率均在 50% 以上。全队的实力比较平均,基本上都能上场比赛,出现了“频繁换人”的战术(在现代高速度、大强度的激烈对抗中仅靠 5 ~6 人上场比赛显然是不适应的)。各队的攻防技术与战术趋于平衡,能攻善守,攻守兼备。无论是持球队员或是非持球队员,其攻守之间的抗争都非常激烈,为争抢一个篮板球双方常有 5 ~6 人参加争夺,争抢一个地板球也常有 3 ~4 人在一起,其拼抢程度越来越激烈。世界性的大赛中经常出现胜负仅相差 2 ~3 分,决定胜负往往要到最后几秒钟的局面。

三、篮球的基本技术

篮球的基本技术分为进攻与防守两大部分。进攻技术包括传接球、运球、断球等,无论进攻与防守技术都含有移动、抢篮板球。

(一)移动

移动是由走、跑、跳、转身、急停、滑步等各种脚步动作组成。

【动作要领】

1. 基本站立姿势

两脚前后或左右开立,两脚与肩同宽,上体前倾,脚掌着地,两膝保持弯曲,降低重心,两臂屈肘自然下垂置于体侧,两眼注视场上情况。

2. 启动

启动时以后脚或异侧脚的前掌短促有力地蹬地,同时上体迅速前倾或侧转,向跑动方向移动身体重心,手臂协调摆动,充分利用蹬地的反作用力,迅速向跑动方向跑进。

3. 跑

跑是队员在场上改变位置,提高速度的重要方法,比赛中经常用到的跑有变速跑、变向跑、侧身跑、后退跑等。

(1)变速跑。变速跑是队员在跑动中利用速度的变换来攻守任务的一种方法。加速时,要用前脚掌短促有力的向后蹬地,同时上体前倾,手臂相应摆动。减速时,步幅稍大,上体直起,用脚前掌用力抵地,减缓向前的冲力,降低跑速。

(2)变向跑。变向跑是队员在跑动中突然改变方向的一种方法。变向跑时,最后一步用脚前掌内侧用力蹬地的同时,脚尖稍内扣,迅速屈膝,腰部随之内转,移动重心,上体向前斜倾,左脚向左前方跨出一步并用力蹬地,右脚迅速随着向左侧前方跨出,继续加速跑动前进。

(3)侧身跑。队员在跑动时为了抢位或接球经常采用侧身跑。在向前跑时,脚尖对着前进方向,注意场上情况。

(4)后退跑。后退跑是队员在球场上背对前进方向的一种方法,后退跑时,用两脚的前掌交替蹬地提膝向后跑动,上体放松直起,两臂屈肘摆动,保持身体平衡,两眼平视场上情况。

4. 跳

跳是队员在场上争取高度及速度的一种方法,分为双脚起跳和单脚起跳。双脚起跳,多用于原地、跳球、断球、盖帽和冲抢篮板球。起跳时,起跳腿脚跟先着地并迅速屈膝过渡到脚前掌用力蹬地,同时摆臂提腰,另一腿屈膝上提,以增加跳起高度。

5. 急停

急停是队员在快速跑动中突然制动速度的一种方法,常用的有跨步急停和跳步急停。

(1)跨步急停。先向前跨出一大步,用脚跟先着地并过渡到全脚抵住地面,迅速提膝,同时身体向后仰,重心后移,然后再跨出第二步。脚着地时,脚尖稍向内转,用脚前掌内侧蹬地,两膝弯曲,身体稍侧转,重心在两脚之间,两臂屈肘自然张开,控制住身体平衡。

(2)跳步急停。用单或双脚起跳,上体稍后倾,两脚同时平行落地,略比肩宽,落地时全脚掌着地,用前脚掌内侧蹬地,两膝弯曲,两臂屈肘微张,以保持身体平衡。

6. 跨步

跨步是一种起步的动作方法,是指以一只脚为中枢,另一只脚向前、向后、向侧方跨出的一种动作方法。

7. 转身

转身可分为前转身和后转身,是指队员一只脚做中枢进行旋转,另一脚蹬地向前或向后跨出,改变原来身体方向的一种动作方法。转身时,重心移向中枢脚,移动脚的脚前掌蹬地跨出的同时,中枢脚以脚前掌为轴用力蹬地,上体随着移动脚转动,向前或向后改变身体的方向。

8. 滑步

滑步是队员防守时移动的动作方法,分为侧滑步、前滑步和后滑步。

(1)侧滑步。两脚平行站立,两膝弯曲,上体微前倾,两臂张开,向左侧滑步时,右脚前掌内侧蹬地,左脚向左跨出,在落地的同时,右脚紧随滑动靠近左脚,两脚不要交叉。左脚又继续跨出，屈膝降重心，身体不要起伏，重心落在两脚之间。向右侧滑步时脚步动作相反。

(2)前滑步。两脚前后站立，向前滑步时，后脚前掌内侧蹬地，前脚向前跨出一小步，着地后后脚紧随着向前滑步，保持前后开立姿势，屈膝降重心。

(3)后滑步。动作方法与前滑步相同，方向相反。

9. 后撤步

撤步时，用前脚掌内侧蹬地，加上腰部用力向后转髋后撤，保持防守姿势。

知识窗

打篮球时为什么要保持低重心的基本站位姿势?

低重心的基本站位姿势使身体提前获得了一定的肌肉张力，便于随时完成各种复杂的动作，如突然的移动、抢球、断球、变速、变向、摆脱、接球和投篮等。相反，如果直腿站立，重心高，要做动作就需要先屈膝降重心，便会出现处处比对方慢半拍的现象。

(二)传接球

传球是进攻队员之间有目的地转移球的方法，是进攻队员在场上相互联系和组织进攻的纽带，是实现战术配合的具体手段。接球是获得球的动作，是传球、投篮和突破的开始，也是抢篮板球和断球的基础。

【动作要领】

1. 传球

传球分双手传球和单手传球两大类，有原地、行进间和跳起之分。方式很多，主要是前臂的伸、摆和手腕手指的用力，以配合全身协调用力来完成动作。

双手胸前传球。两手手指自然分开，拇指相对呈现八字开，用指根以上部位触球，手心空出，手肘自然弯曲于体侧，持球于胸前。传球时后脚蹬地，身体重心前移，前臂迅速向传球方向伸直，手腕翻转，拇指用力下压，手腕前屈，食指和中指用力拨球使球后旋(图7-1)。

图7-1 双手胸前传球

单手肩上传球。以右手为例，传球时左脚向传球方向迈出半步，同时将球后引至右肩上方，肘关节外展，上臂与地面近似平行，手腕后扬，右手托球，重心落在右脚上，右脚蹬地，转体，前臂迅速向前挥摆，手腕前屈，通过食指和中指拨球将球传出(图7-2)。

图7－2　单手肩上传球

(3)反弹传球。伸臂屈腕，手指拨球发力，传落地点距接球人约1/3处。

(4)行进间传球。右(左)脚上步落地接球，迅速屈臂后移，左(右)脚上步，右(左)脚再次落地向前，将球传出。

2. 接球

接球时两眼注视来球，两臂伸出迎球，手指自然分开，两拇指呈八字形，手指向前上方，两手呈半圆形，当手触球后，两臂顺惯性后引缓和冲来球的力量，双手持球于胸腹之间。接球分为单手接球和双手接球两种。

(三)运球

【动作要领】

运球是持球队员在原地或移动中，用手连续拍打球的动作。运球时两脚前后开立，两膝微屈，上体前倾，双眼平视，手臂肘关节弯曲，以肘关节为轴，前臂做上下伸屈动作，另一手臂屈肘外展，以便保护球和维持身体平衡。运球手五指自然张开，用指根以上部位触球，掌心空出，伸前臂，屈手腕和手指控球。球从地面反弹起来时，用屈前臂，伸腕和手指的动作缓冲向上反弹的力量，以控制球反弹的高度、速度和角度。

1. 高运球

两腿微屈，两眼平视，以肩为轴，手用力对球做上吸下按的动作，球的反弹高度在胸腹之间(图7－3)。

图7－3　高运球

2. 低运球

两腿弯曲，降低重心，上体前倾，用上体和腿护球，同时用手短促地按拍球，球的反弹高度在膝关节以下(图7－4)。

图 7－4　低运球

3. 体前变向换手运球

从防守队员右侧突破时，先向对手左侧变向运球，当对手向左侧移动时，运球队员突然向对方的右侧变向，变向时，右手按球的右后上方，使球由右侧向左侧移动，同时，右脚向左前方跨出。上体左转，用肩膀挡住对方，然后换左手按拍球的后上方，左脚跨出，换手时，球要压低，动作要快（图 7－5）。

图 7－5　体前变向换手运球

4. 体前变向运球

运球队员不换手向右或向左横向运球，改变运球的方向。体前变向时，将球从右侧拨向体前中间位置时，再将球拨回右侧，左脚向右侧前方跨出（图 7－6）。

图 7－6　体前变向运球

5. 运球转身

右脚在前，迅速上左脚，并以左脚为枢，右手按球的前上方，身体右转，将球拉向身体的后侧方，换左手运球，从对方右侧突破，转身降低重心(图7－7)。

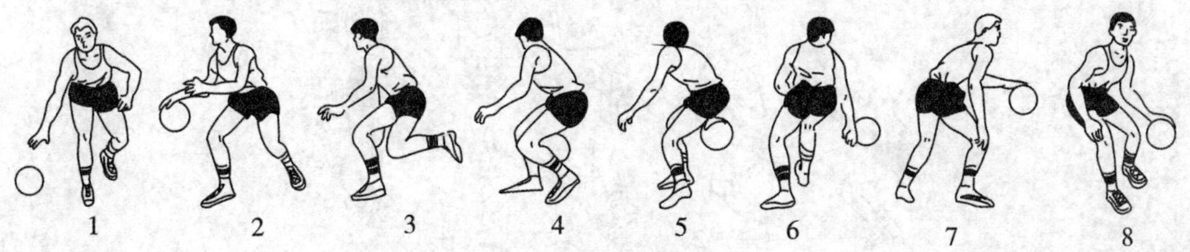

图7－7　运球转身

6. 跨下运球

运球时，左脚在前，右手按球的右侧上方，使球从两腿之间跨下空过，右脚向左前方跨出，换左手持球突破。

(四) 投篮

投篮是篮球比赛中主要的进攻技术，是唯一的一种得分手段，是各种技巧和战术运用的最终目的和体现，得分多少决定一场比赛的胜负，为此，掌握好投篮技术是很重要的。

【动作要领】

1. 双手胸前投篮

双手持球于胸前，肘关节自然下垂，两脚前后或左右开立，两膝微屈，投篮时，下肢蹬地发力，两臂向前上方伸直，前臂内旋转，拇指下压，手腕前屈，食指用力压球，身体随投篮出手方向自然伸直(图7－8)。

图7－8　双手胸前投篮

2. 单手肩上投篮

以右手为例，右手五指自然分开，手心空出，用指根以上部位持球，左手扶球左侧，右臂屈肘，球置于右肩膀上，前臂与地面接近垂直，两脚左右或前后开立，两腿微屈，投篮时，下肢蹬地发力，右臂向前上方伸直，手腕前屈，中指用力拨球，通过手指将球投出，身体随投篮动作向上伸展，脚跟微提起(图7－9)。

图7－9 单手肩上投篮

知识窗

单手投篮的好处

单手投篮具有出手点高、灵活性大、变化多、便于用力、出手快、防守者难以防守的特点。现代篮球普遍采用单手投篮。

3. 行进间单手肩上投篮

以右手为例，右脚跨出一大步的同时接球，左脚接着跨出一小步并用力蹬地跳起，置球于肩上。当起跳至接近最高点时，右臂向前上方伸直，手腕稍屈，中指用力拨球，通过指端将球投出（图7－10）。

图7－10 行进间单手肩上投篮

4. 行进间低手投篮

以右手为例，右脚跨出一大步的同时接球，左脚接着跨出一小步并用力蹬地跳起。右腿屈膝上抬，双手向前上方举球。当身体一接近最高点时，左手离球，右手外旋，掌心向上托球，充分向球篮方向伸直，屈腕，食指和中指用力拨球，通过指端将球拨出（图7－11）。

图 7－11　行进间单手低手投篮

5. 原地跳起单手肩上投篮

以右手为例，两手持球于胸前，两脚前后或左右自然开立，两腿微屈。起跳时两腿迅速屈膝，脚掌用力蹬地向上跳起，双手举球于肩上，右手持球，左手扶球的左侧，当身体接近最高点时，左手离球，右臂向前上方伸直，手腕前屈，食指和中指拨球，通过指端将球投出。落地时，屈膝缓冲（图 7－12）。

图 7－12　原地跳起单手肩上投篮

（五）持球突破

持球突破是进攻队员运用脚步动作和运球技术快速超越对手的一项攻击性很强的技术，主要由蹬跨转体、侧身探肩、推放球、加速等几个环节所组成。

知识窗

持球突破技术的几个要点

蹬跨:跨出的第一步要大,争取接近或超越对手。

转体探肩:在跨出第一步的同时,向前转体探肩,降低身体重心。

放球:以球领人,发挥速度。

加速:二次加速,彻底甩开对方。

【动作要领】

1. 交叉步突破

以右脚做中枢为例,两脚左右开立,两膝微屈,持球于胸腹之间,突破时,左脚前掌内侧迅速蹬地,上体稍右转,左肩向前下压,左脚向右侧前方跨出,将球引于右侧,接着运球,中枢脚蹬地向前跨出,迅速超越防守(图 7 - 13)。

图 7 - 13　交叉步突破

2. 顺步(同侧步)突破

以左脚为中枢脚步为例,准备姿势和交叉步相同,突破时,右脚向前方跨出一步,向右转体探肩,右手运球,左脚迅速蹬地,向右前方跨出,突破防守(7 - 14)。

图 7 - 14　顺步(同侧步)突破

3. 后转身突破

以右脚做中枢脚为例，背向球篮站立，两脚平行，前后开立，重心降低，两手持球于腹前，突破时，以左脚为轴转身，右脚向右侧后方跨步，上体右转，脚步尖指向侧后方，右手向右脚前方运球。左脚内侧迅速蹬地，向球篮方向跨出，运球突破防守。

4. 前转身突破

以左脚做中枢脚为例，突破时，重心移至右脚上，右脚前掌内侧蹬地，左脚为轴，右脚随着前转身向球篮方向跨步，左肩向球篮方向压，右手持球后左脚蹬地，向前跨出，突破对手。

知识窗

持球突破技的最佳时期

防守队员失去重心时。

防守队员注意力分散，或防守能力差时。

对方犯规较多，为了达到清除对方的有生力量或获得罚球得分的目的时。

为了吸引防守，给同伴创造良好的进攻机会时。

(六)防守对手

防守对手是防守队员合理地运用脚步移动和手臂动作积极地抢占有利位置，阻挠和破坏对手的进攻意图和行动，并以争夺控制球权为目的的技术。

防守对手有两种：防守无球队员和防守有球队员。

【动作要领】

1. 防守无球队员

(1)防守位置：根据对手、球篮、球的位置和距离以及对手的进攻特点和防守队员的防守能力来选择位置和距离。

(2)防守姿势：常采用面向对手侧向球的斜前方站立姿势。靠近对手的异侧脚在前，堵截对手摆脱移动的接球路线。

(3)防守移动队员：根据球和对手的移动，运用各种脚步移动，抢占有利的防守位置，堵截对手摆动、移动路线，不让其在有利于进攻的位置上接球。

2. 防守有球队员

(1)位置距离的选择。当对手持球时，应站在对手与球篮之间的位置上，对手离篮远则离对手远些，离篮近则近些。并根据对手的进攻特点以及防守战术的需要而有所调整。

(2)防守动作。根据对手的进攻特点、意图及距球篮的距离不同，防守动作也有所不同，一般有平步防守和斜步防守两种。

①平步防守：两脚平行站立，两臂侧身进行不停地挥摆，这种方法防守面积大，便于向左右移动，适合于防守运球突破的对手。

②斜步防守：两脚斜前站立，前脚同侧的手臂向斜上方伸出，另一手侧伸。这种姿势便于前后移动，对防投篮比较有利。

知识窗

防守无球队员与防守有球队员的区别

防守无球队员时，主要是集中精力控制对手活动，不让其接球，对威胁较大的投篮队员或进攻区域能接到球的队员，要选择合理的位置紧逼防守。防持球队员时，对手有可能投篮、突破或传球，防守者要善于发现对方的动向，正确判断持球进攻者的意图，及时占据有利位置，积极主动防守。

(七)抢篮板球

抢篮板球是投篮不中时，双方争夺控制权的一项技术。抢篮板球由抢占位置、起跳动作、抢篮板球动作和得球后的动作组成。

【动作要领】

1. 抢占位置

抢占有利的位置，根据对方和投篮队员所处的位置，正确判断篮板球的反弹方向、距离，运用快速的脚步移动，抢占有利的位置。

2. 起跳动作

抢占有利位置后身体应保持正确的基本站立姿势，观察和判断球的方向，起跳时两脚用力蹬地，两臂上摆，手臂向上展，腰腹协调用力。

3. 抢篮板球动作

抢篮板球动作分为双手抢篮板球、单手抢篮板球、点拨球3种。

4. 得球后的动作

进攻队抢球后，首先补篮。如果没有机会，迅速将球传给同伴，重新组织进攻。防守队员抢球后，迅速组织快攻，如不能，应迅速传出或运球突破后及时传给同伴。

四、基本战术

篮球战术是比赛中队员个人技术的合理运用，是指根据对方的具体情况，有组织地充分发挥全队协同配合的特定组织形式，分为进攻战术基础配合和防守战术基础配合。

(一)进攻战术基础配合

【动作要领】

1. 传切配合

传切配合是进攻队员之间利用传球与切入技术组成的简单的配合。常采用一传一切和空切。

2. 突分配合

突分配合是传球队员利用突破向篮下切入，可利用传球与同伴配合。

3. 掩护配合

掩护配合是进攻队员用身体挡住同伴的防守的移动路线，使同伴摆脱防守的配合方法。

4. 策应配合

策应配合是进攻队在前场或全场通过中间队员组织的接应和转移球的战术配合。

(二)防守战术的基础配合

【动作要领】

1. 挤过配合

挤过配合是当对方进行掩护时,防守者在掩护队员临近自己的一刹那,积极前跨一步,靠近自己防守的对手,并从两个进攻队员之间侧身挤过,断续防守自己的对手。

2. 穿过配合

穿过配合是当对方进行掩护时,防守掩护队员及时提醒同伴并主动后撤一步,让同伴及时从自己与掩护队员之间穿过,继续防守自己的对手的方法。

3. 交换防守配合

交换防守配合是对方队员进行掩护时,防守队员相互呼应,并紧跟自己的对手,当进攻队员摆脱切入时及时换防的一种配合方法。

4."关门"配合

"关门"配合是当对方持球突破时,邻近的两个防守队员,用合理的移动和站位方法,堵住突破者的移动路线的一种配合方法。

五、篮球运动竞赛规则

(一)场地

篮球场是一块长方形的坚实平面、无障碍物的场地。国际篮联举办的正式比赛(奥林匹克运动会、世界篮球锦标赛)球场尺寸为长28m,宽15m,球场的丈量从界线内沿量起。对于其他比赛也可使用下列尺寸范围内的现有场地:比正式比赛场地长度减少2m,宽度减少1m,只要其变动互相成比例即可。

(二)队员人数和号码

每队一般由12名队员组成,上场比赛为5人。每队队员号码应为4~15号,目的主要是避免队员得分(1~3分)、3s违例与队员犯规后罚球次数等在判罚手势中的混淆不清。

(三)比赛时间

每场比赛分为4小节,第1、2节和第3、4节分别为上、下半场。每节比赛为10min。第1、2节和第3、4节之间休息为2min,两个半场中间休息15min。在前三节的每节中,每队准予1次暂停,第4节中准予2次暂停,每一决胜期准予1次暂停,每次1min。决胜期比赛时间为5min。

(四)违例

违例是违反规则的行为。罚则是由对方在最靠近发生违例的地点掷界外球,但直接位于篮板后面的地方除外。如果发生投篮或罚球进球无效时,要在罚球线延长部分的界外掷界外球。

1. 跳球违例

跳球队员违反下列规定即为违例。

(1)两名跳球队员的脚要站在靠近本队球篮一边的半圆内,一只脚靠近两人之间的线的中心,不准上步助跳。

(2)在球到达最高点之前,不准拍击球。

(3)不能直接抓住球或触及球超过两次。

(4)拍球两次后,在球未触及非跳球队员、篮板和球篮、地面之前,不得再触球。

(5)在球被合法的拍击前,任一跳球队员都不得离开他的位置。

(6)跳球队员拍球前,非跳球队员不得进入跳球圈。

2. 运球违例

队员控制球后将球掷、拍或滚,在球触及另一队员之前再触及球为运球违例。每次运球必须使球与地面接触。运球后,队员用双手同时触及球或使球在一手或两手中停留的瞬间运球即完毕。队员第一次运球结束后不得再次运球,除非又重新控制球才可以运球。

下列情况不是运球:

(1)连续投篮。

(2)运球前漏接,球拿稳后可以运球;运球后漏接,可以拿住球,不能再运球。

(3)与附近的其他队员抢球中用挑、拍,试图控制球,获得球后可运球。

(4)打落或拦截对手得球并获得该球,可以运球。

(5)只要不出现持球移动违例,允许球在触及地面前在手中抛接或停留。在运球过程中,运球手翻腕时手掌心超过垂直面为"携带球"违例。

3. 持球移动违例

队员持球移动超出规则的限制即造成持球移动违例(走步)。

(1)中枢脚的确定。①队员双脚着地接到球,可用任何一脚作为中枢脚。②队员在移动或运球中接到球后,双脚同时着地,可用任何一脚作为中枢脚;两脚分先后着地,则先着地的为中枢脚。③队员在移动中或运球结束时,接球一脚着地,队员可以跳起这只脚并双脚同时落地,则两脚都不是中枢脚。

(2)持球移动。①运球开始时,在球离手前中枢脚不能抬起。②队员可以抬起中枢脚进行投篮或传球,但在球离手前中枢脚不能落回地面。③当两只脚都不是中枢脚时,一脚或双脚都可以抬起进行投篮或传球,但在球离手前不可落回地面;运球开始时,在球离手前哪一只脚都不可以抬起。当中枢脚出现不合法移动即为违例(带球走)。

4. 球回后场违例

某队在前场控球,该队的队员不得使球回后场。如果控制球队的队员在前场接触了球而使球进入后场,该队的队员在后场首先接触了球,即为球回后场违例。

(1)判断球回后场的3个条件。①某队在前场控制活球。②控制球队在前场最后触球后使球从前场进入后场。③控制球队的队员在后场首先触球。

造成球回后场违例,这3个条件缺一不可。

(2)球回后场违例的几种情况。①队员骑跨中线跳起接后场同队队员的传球,落地后仍骑跨中线或双脚落在后场时。②队员从后场跳起接前场同队队员的传球时。③队员骑跨中线运球时。④同队队员骑跨中线相互传球时。⑤队员骑跨中线,静立或跳起接前场同队队员传球时。⑥队员骑跨中线或有一脚踩在中线上静立接后场同队队员传来的球后,抬起在前场的脚为回后场违例。

(3)运球回后场违例的情况。①运球队员在中线附近由后场向前场作后转身运球,转身时即使有部分身体接触了前场地面,球却运在后场地面上,然后继续向前运球。②控制球队在前场进攻投篮出手后,球碰篮圈或篮板弹回后场,该队队员在后场又获得球。

5. 干扰球违例

投篮的球在飞行中下落并完全在篮圈水平面之上时,攻守双方队员不可以触及球。但在

球触及篮圈后或明显不会触及篮圈时除外。

(1)当球接触篮圈时,攻守队员都不得触及球篮或篮板。

(2)当投篮的球在球篮中时,防守队员不得触及球和球篮。不管是在投篮后、跳球拍击球后或是在传球后,进攻或防守队员不得从下方伸手穿过球篮,并触及在篮圈水平面之上或篮圈上的球。

6. 球出界与掷界外球违例

(1)当球触及界线、界线外的地面、人员、物体、篮板的支柱或背面及天花板为球出界违例。在球出界前最后触及球或被球触及到的队员是使球出界的队员。

(2)掷界外球队员发生下列情况为违例:①球离手的时间超过5s。②球离手前或离手时脚踏场地。③掷球时,从裁判员指定的地点沿界线移动超过正常的一步。④在球触及了另一队员前在场内触及球。⑤在球触及场内队员前又出界。⑥掷球越过篮板传给场上另一队员。⑦掷球离手后,球停留在篮圈支架上或进入球篮。

7. 踢球与拳击球违例

凡是用拳击球或故意用膝、膝以下的任何部位去击球或拦阻球为违例。脚或腿偶然地接触球不算违例。

8. 时间规则的违例

(1)3s违例。进攻队员在对方限制区内停留不得超过3s。3s的限制在所掷界外球的情况下均有效。在连续投篮或抢篮板球时,均不应判3s违例。

(2)5s违例。①场上队员持球被严密防守,在5s内没有传、投、滚或运。

②掷界外球超过5s,时间从掷界外球队员可处理球时算起,到球离手止。

③罚球超过5s,时间从裁判员将球掷于罚球队员可处理球时起到球出手止。

(3)8s违例。当一名队员在后场获得控制活球时,该队必须在8s内使球进入前场,即使球触及前场的地面或位于前场的队员,超过8s违例。

(4)24s违例。当队员在场上控制活球时,该队必须在24s内完成投篮。如球出界或由于控制球队一方的原因中断比赛,24s应继续计算;如因对方拳击球、脚踢球违例或犯规,或因对方原因终止比赛,24s应重新计算。

9. 罚球违例

(1)罚球队员要在罚球线后半圈内就位,可用任何方式投篮。违反下列规定为违例:①每次罚球不得超过5s。②球触及篮圈前,不得踩罚球线或限制区地面。③不得做假动作罚球。④不得故意抛击篮板而获得球。⑤罚球时球没有中篮且没有触及篮圈或篮板时获球。

(2)位置区两侧5名队员应按规定站位并遵守下列规定:①不得扰乱罚球队员。②罚球队员球离手后方可进入限制区。③要等球触及篮圈后才能抢球。

(五)犯规

犯规是违反规则的行为,含有与对方队员的不正常身体接触动作和违反体育道德的举止。

1. 侵人犯规

队员不准伸展手、臂、肘、肩、髋、腿、膝或脚,或将自己的身体弯曲成"反常的"姿势来拉、阻挡、推撞、绊对方队员以阻碍其行进;也不准放纵任何粗野或猛烈的动作。

罚则:对投篮队员犯规判给两次罚球(3分线外的投篮判罚3次);若投篮命中有效,则追加罚球1次。对非投篮队员犯规,则判发界外球。

2. 双方犯规

双方队员同时互相犯规为双方犯规。

罚则:给每个犯规队员一次侵人犯规;如犯规时有一方投篮命中,则投中有效,由对方在端线发界外球;如果某队控制了球或拥有球权,应将球判给该队在最靠近犯规的地点掷球入界;如果任一队都没有控制球或拥有球权,则执行交替拥有。

3. 5 次犯规

某队员全场各种犯规累计达 5 次。

罚则:自动退出比赛,不得再参加本场比赛,由其他队员替换。

4. 每节全队 4 次犯规

比赛的每节(决胜期作为第 4 节的继续)犯规达 4 次以后,每一次犯规均判罚球。

罚则:对不投篮的队员犯规,判 2 次罚球。对投篮队员犯规,则投中有效,并追加 1 次罚球。

5. 技术犯规

队员、教练员、助理教练员、随队人员及替补队员如违反规则的有关规定,漠视裁判员的劝告或有不正当、不道德的行为都将被视为技术犯规。技术犯规不包括身体接触。

罚则:视情节轻重,可判罚为劝告、提醒、警告;判罚球两次后在中场边线外由对方发界外球,直至取消比赛资格。

6. 违反体育道德的犯规

队员蓄意对持球或不持球的对方队员造成侵人犯规为违反体育道德的犯规。它不决定于动作的大小和激烈程度,而决定于这个接触是否是有预谋或是有企图的。

罚则:登记犯规队员 1 次违反体育道德犯规,对不持球或持球没有投篮动作的队员犯规,判罚 2 次罚球加 1 次中线外掷界外球;如对投篮队员违反体育道德犯规,投中有效再加 1 次罚球和边线中点处掷界外球;如果未中,视其投篮点判给 2 次或 3 次罚球和边线中点处掷界外球。

7. 取消比赛资格的犯规

十分恶劣的侵人犯规或技术犯规为取消比赛资格的犯规。

罚则:与违反体育道德犯规的罚则相同,并令其离开比赛场地。

第二节 足　　球

一、足球运动概述

足球运动是一项古老的体育运动。世界上不少民族都有过用脚踢球进行身体活动的历史。在公元前 475—前 221 年的战国时代,我国就有了古代的足球运动,当时称为“蹴鞠”或“蹋鞠”。在欧洲,古时候也有很多种足球游戏,但足球游戏在欧洲一些国家盛行起来却是在 16 世纪以后。尤其是 1800 年以后,英国军队、商人对传播足球运动起了很大的作用。

1863 年 10 月 26 日,英国 11 个足球俱乐部的代表在伦敦举行会议,成立了英格兰足球协会。从这时开始正式称此项运动为足球运动,这一日被世界公认为现代足球的诞生日,并公认现代足球运动起源于英国。与此同时也产生了世界上第一部较为统一的足球竞赛规则。

足球运动有利于良好的心理品质及思想品德的形成，经常从事足球运动，可以锻炼反应能力和判断能力，培养勇敢、顽强、机智、果断、坚韧不拔、勇于克服困难等优良品质和团结互助、遵守纪律的集体主义精神。它以特有的魅力风靡全球，成为世界上最受人们喜爱、开展最广泛、影响最大的体育运动项目之一。

二、足球运动的基本技术

足球技术是指运动员在遵守足球竞赛规则条件下，运用身体的有效部位合理完成各种动作的总称。足球技术可分为锋卫（前锋、前卫、后卫）队员技术和守门员技术两大部分。但无论守门员技术，还是锋卫队员技术，都包含结合球的有球技术和不结合球的无球技术两大类。有球技术主要包括颠球技术、踢球技术、接球技术、运球技术、头顶球技术、抢截球技术、掷界外球技术和守门员技术。

（一）颠球技术

颠球可分为拉挑球、脚背正面颠球、脚内侧颠球、脚外侧颠球、大腿颠球、头部颠球、肩颠球和胸部颠球。

1. 拉挑球

将支撑脚站在球的侧后方约30cm处，膝关节微曲，牢固支撑身体，挑球脚前掌轻轻放在球顶部位，屈小腿（大腿微伸）将球轻轻拉向身体，当球被拉动后，前脚掌迅速着地并向往回滚动的球下伸去，脚尖插向球的底部，脚尖微翘向上挑起。

2. 脚背正面颠球

两脚向前上方踢摆，用两脚正脚背击球，击球瞬间踝关节固定，击球的下部，由于摆腿的原因，击球后使球产生一定的向内旋转是正常的。颠球时两脚可交替击球，也可一只脚支撑，另一只脚连续击球。击球时用力均匀，将球始终控制在身体的周围。

3. 脚内侧、外侧颠球

抬腿屈膝，用脚的内侧或外侧向上摆动，击球下部，两脚内侧或外侧可交替击球，类似踢毽子的动作。

4. 大腿颠球

抬腿屈膝，用大腿的中、前部位向上击球的下部。抬腿不宜过高，与髋关节高度平行或稍高于髋关节即可。两腿可交替击球，也可一只脚支撑，用另一大腿连续击球。

5. 头部颠球

两脚开立，膝部微屈，用前额部位连续顶球的下部。顶球时两眼注视来球，两臂自然张开，以维持身体平衡。

（二）踢球技术

踢球是指运动员有目的地用脚的相应部位将球击向预定目标的动作方法。踢球是运动员进行比赛的主要技术手段，多用于传球和射门。

踢球技术按触及球时脚的部位分可分为脚内侧踢球、脚背正面踢球、脚背内侧踢球、外脚背踢球、脚后跟踢球和脚尖踢球几种方法。

1. 脚内侧踢球

【动作要领】

踢球时，向踢球方向直线助跑，支撑腿踏在球的侧方，与球平行，离球约15cm，支撑腿稍屈膝，上体稍前倾，摆动腿以髋关节为轴由后向前摆动，在前摆过程中髋关节外展，脚尖勾起，脚内侧与出球方向约成90°，然后小腿加速前摆。击球时脚跟前顶，距小腿关节紧张用力，击球后中部。击球后，摆动腿随球前摆，为下一个动作做好准备（图7－15）。

图7－15 脚内侧踢球

2. 脚背正面踢球

【动作要领】

踢定位球时，直线助跑，支撑脚踏在球侧约15cm处，脚尖正对出球方向，膝关节微屈；支撑脚着地的同时，摆动腿后引，小腿尽量后屈；前摆时，以髋关节为轴，大腿带动小腿前摆，当摆动腿前摆接近垂直时，小腿加速前摆，脚跟立起，脚尖向下，脚背绷直，用脚背正面击球的后中部，踢球后，身体随势向前移动（图7－16）。

图7－16 脚背正面踢球

3. 脚背内侧踢球

【动作要领】

斜线助跑，助跑方向与出球方向约成45°，最后一步稍大，支撑脚踏在球的侧后方约25cm处，膝关节微屈，上体稍向支撑脚一侧倾斜，以便控制身体重心；踢球腿自然后摆，脚尖稍外转，摆动腿以大腿带动小腿前摆，脚面绷直，以脚背内侧击球的后中部或后下部。踢球腿随球继续前摆（图7－17）。

图7－17 脚背内侧踢球

（三）接球技术

接球是指运动员有目的地运用身体的合理部位将运行中的球停下来，并控制在所需要的范围内。现代足球的发展对接球技术的要求包含两方面意义：一是停球，二是将接球动作与其他技术合二为一，即接过、接传、接射等。足球比赛中要求接球动作快速、简练、准确、多变。一切缓慢的、停留在原地的停球，已远远不适应实战的要求。所以接球需根据来球的不同性质、临场的不同情况，采用不同的部位和方法。接球技术主要有脚内侧接球、脚背正面接球、脚掌接球、胸部接球、大腿接球。

1. 脚内侧接球

【动作要领】

接地滚球时，身体正对来球，判断来球的速度和方向，选好支撑脚位置，膝关节微屈，大腿外旋，脚掌与地面平行，脚内侧对准来球。当脚接触来球时，快放大腿，用脚内侧作为切面与来球前缘相切，切后随即微微上提，将来球挡在体前并缓缓向前滚动（如图 7－18）。

图 7－18　脚内侧接球

接反弹球时，先要判断好来球的落点，支撑脚踏在球落点的侧前方；接球脚提起，膝关节外旋，脚内侧对准球的反弹方向。当脚内侧触球时，要稍下压，以缓冲球的反弹力量，把球接在脚前。

接空中球时，接球腿要屈膝提起，脚尖稍翘起，脚内侧对准来球。当触球的一刹那，迅速后撤或下撤，以缓冲来球的力量，在球落地时随即将球控制住。

2. 脚背正面接球

【动作要领】

身体正对来球，判断来球的路线和高度。接球时，支撑脚维持身体平衡，接球腿屈膝向前上方抬起，用脚背正面对准来球。当球与脚背接触时，小腿与脚踝放松下撤，缓和来球力量使球落在身前（图 7－19）。

图 7－19　脚背正面接球

3. 脚掌接球

【动作要领】

接球时判断来球路线或落点，选好接球位置并稳固支撑，接球腿屈膝提起，脚尖微翘，使脚尖与地面形成一定的仰角，球临近或落地的刹那，接球腿有控制地下压，用脚前掌部位触压球的后中部，将球控制在脚下（图 7－20）。

图 7－20　脚掌接球

4. 胸部接球

【动作要领】

挺胸式接球，适应于接有一定弧度的高球，接球时，身体正对来球，两脚前后或左右开立，两膝稍屈，上体略后仰；当胸部与球接触时，脚跟提起，憋气，同时向上挺胸，使球触胸后向前上方弹起落于体前（图 7－21）。

图 7－21　胸部接球

收胸式接球适用于接齐胸的平直球。收胸接球与挺胸接球的动作差异在于触球刹那，靠迅速收腹、缩胸，缓冲来球力量，使球直接落于体前。

5. 大腿接球

【动作要领】

身体面对来球，选好支撑脚位置并稳固支撑，接球腿屈膝上抬，以大腿中部对准下落的球，当球接触大腿时，顺时向下撤腿，使球触腿后落于体前（图 7－22）。

图 7－22　大腿接球

（四）运球技术

运球是指运动员在跑动中用脚连续推拨球，使球处于自己控制范围内的触球动作。运球包括运球的部位与方法、常用动作和运球过人。常用的运球方法有脚背外侧运球、脚背内侧运球、脚背正面运球、脚内侧运球等。

1. 常用的运球方法

（1）脚背外侧运球

【动作要领】

运球时的身体姿势与正常跑动时相同，上体稍前屈，步幅不宜过大，运球腿提起，膝关节稍屈，髋关节前送，提踵脚尖绕矢轴向内旋转，使脚背外侧正对运球方向，在运球脚落地前用脚背外侧推拨球的后中部（图 7－23）。

图 7－23 脚背外侧运球

（2）脚背内侧运球

【动作要领】

自然跑动，步幅稍小，上体略前倾并向球侧稍转，两臂协调摆动。运球腿屈膝提起，脚尖稍外转，前摆用脚背内侧部位向侧前推拨（图 7－24）。

（3）脚背正面运球

【动作要领】

自然跑动，步幅稍小，上体稍前倾，两臂协调摆动。运球腿提起，膝关节稍屈，髋关节前送，提踵脚尖下指，在着地前用脚背正面部位触球后中部推送前进（图 7－25）。

图 7－24 脚背内侧运球　　图 7－25 脚背正面运球

2. 运球时常用的动作

（1）拨球。拨球是用脚腕的扭拨动作，以脚背内侧或脚背外侧触球，使球向侧方或侧前方运动。用脚背内侧拨球的动作叫“里拨”，用脚背外侧拨球的动作叫“外拨”。

(2)扣球。扣球是指突然地转身和脚腕急转扣压的动作,以脚背内侧或脚背外侧触球,将球向侧后方停下或改变方向运行。用脚背内侧扣球叫“里扣”,用脚背外侧扣球叫“外扣”。

(3)拉球。拉球是指用脚掌将球由前向后或由左(右)向右(左)拖拉球的动作。

(4)挑球。一般指用脚背与脚尖翘起上挑的动作或用脚上撩的动作,使球向前上方改变方向。

3. 运球过人

运球过人方法很多,主要有强行过人与晃动过人两种。

(1)强行过人。用突然推球与快速起动相结合的动作而越过对手的过人方法。要求如下:①起动动作要快而突然。②准确地掌握起动的时机。③对手的身后有较大的空隙。

(2)晃动过人。用左晃右拨或右晃左拨的动作越过对手的过人方法。要求如下:①晃动动作要逼真。但晃动时身体重心不能超过支撑点。②要将精力集中在观察对手的反应和动作上。③由晃动到拨球的动作要突然而快速。

(五)头顶球技术

足球比赛中不仅要处理各种各样不同形式和不同性质的地滚球,同时也要处理各种空中球。当胸以上部位不能触及或规则不允许触及的一些球时就需要用头部来处理,尤其现代足球比赛中对时间与空间的争夺又异常激烈,而头顶球技术的使用不仅使运动员占据空间,又能争取时间。所以头顶球是处理高空球的最重要手段。

1. 前额正面顶球

【动作要领】

原地顶球时,身体正对来球,两眼注视运动中的球,两脚左右或前后自然开立,膝关节微屈,重心置于两脚间的支撑面上(或后脚上),两臂自然张开,当球运行到将近通过重心垂直于地面的垂线时,两腿用力蹬地,迅速向前摆体,微收下颌,在触球前瞬间颈部做爆发式振摆,用前额正面定击球的后中部,上体并随球前摆(图 7 - 26)。

2. 前额侧面顶球

【动作要领】

原地顶球时,身体稍侧对来球,两脚前后开立,出球方向的异侧脚在前,重心逐渐过渡到前脚上,眼睛注视来球,前膝微屈,两臂侧前后自然张开,当球运行至体前上方时,用力蹬地,前脚掌并适度旋转,上体随着向出球方向扭摆,同时用力向击球方向甩头,以前额侧面击球的后中部(图 7 - 27)。

图 7 - 26　前额正面顶球

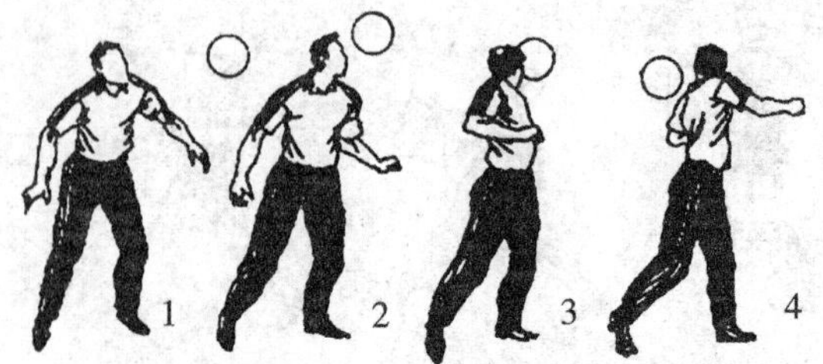

图 7 - 27　前额侧面顶球

(六)抢截球技术

抢截球技术是指运动员在规则允许的情况下,使用身体的合理部位,把对手对球的控制权夺过来或破坏掉。

抢截球技术是一种旨在争夺对球控制权的技术，往往成为防守队员的“杀手锏”，掌握和正确使用该技术，就能起到抑制对方进攻，保证本方防守线固若金汤的作用。

1. 正面抢球

【动作要领】

在逼近控球队员时，防守队员应控制好身体重心，两膝弯曲，上体略前倾，并注意观察对手的脚下动作，在对手触球的刹那，支撑脚前跨将球控住。如双方对脚触球，则应顺势向上做提拉动作，将球从对方脚下带出（图 7－28）。

图 7－28　正面抢球

2. 侧面抢球

【动作要领】

当防守者与运球者成并肩跑动时，身体重心稍下降，靠近对手一侧的手臂紧贴自己的身体。利用对手同侧脚离地的过程，用肘关节以上的部位适当冲撞对手同样部位，使其身体失去平衡之际将球控制住（图 7－29）。

3. 同侧脚铲球

【动作要领】

防守者在跑动中根据双方离球的距离做出判断，当对手不能立即触球时，用异侧脚用力蹬地，使身体向前方跃出，同侧腿沿地面向前滑出同时向外摆踢（脚腕也应有向外的动作），由脚背外侧将球踢出，也可以用脚尖将球捅出。接着对手一侧翻转，手撑地恢复到下一个动作所需要的位置（图 7－30）。

图 7－29　合理冲抢

图 7－30　同侧脚铲球合理冲抢

4. 异侧脚铲球

当双方都不能用正常的动作触球时（指跑动中），防守者应根据与球的距离，同侧脚用力蹬地使身体跃出，异侧脚向前沿地面对着球滑出，脚底将球铲出，然后小腿外侧、大腿外侧、手依次着地，或铲出球后身体向铲球腿一侧翻转，手撑地后立即起身，使身体恢复到与下一动作衔接的状态和位置（图7－31）。

图7－31 异侧脚铲球

（七）掷界外球技术

掷界外球技术是指运动员将比赛中越出边线的球，按照规则的规定用双手掷入场内预定目标的动作。掷界外球分为原地掷界外球和助跑掷界外球两种方法。

1. 原地掷界外球

【动作要领】

面对出球方向，两脚前后或左右开立，膝关节微屈，上体后仰成背弓，重心移至后脚上（左右开立时重心落在两脚间），两手自然张开，拇指相对，持球的后侧部，屈肘上举将球置于头后。掷球时，后脚用力蹬地，两腿快速伸膝，同时摆体，身体重心由后脚移向前脚，同时两臂急速前摆，当持球摆到头上时，用力甩腕将球掷入场内。掷球时，后脚亦可沿地面向前滑动，但两脚均不得离地或踏入场内。

2. 助跑掷界外球

【动作要领】

双手持球于胸前，在助跑迈出最后一步时，上体后仰成背弓，同时将球举至头后，掷球时的动作与原地掷界外球相同。

（八）守门员技术

守门员技术是指守门员防守球门和发动进攻时所采用动作方法的总成。守门员技术可分为接球、扑球、拳击球、托球、发球等。

1. 接球

（1）接地滚球。接地滚球分直立和单膝跪立接球两种。直立接球时，两脚要自然并拢不留空隙，脚尖对准来球，上体前屈，两臂自然下垂近地，手指自然张开，手心向前，两手接球底部，接球后两臂同时弯曲，并互相靠拢，将球提至胸前紧抱；单膝跪立接球时，两腿向侧前方开立，前腿弯曲，后腿跪立，膝关节接触地面，并靠近前脚跟，不留中空，上体前倾，两臂下垂，掌心对准来球方向，两手接球底部，接球后将球抱至胸前。

（2）接高球。两手自然张开，拇指相对，食指与拇指呈桃形，当手触球时，手腕和手指适当用力将球接住，同时屈肘、回缩并下引，顺势翻掌将球抱于胸前。要求判断球路与落点要准，跑动、起跳要准。

（3）接平球。接球前两臂屈肘置于胸前两侧，在球接触胸前的一瞬间，两臂夹紧，收缩两手

抱住球的侧上部，迅速置于胸前。

2. 扑球

侧身扑接低球时，先向来球一侧跨步，接着身体以一侧小腿、大腿、臀部、上体和小臂依次着地，同时两臂向前伸出，同侧手掌对准来球，另一侧手掌在球的上方对准来球，触球后手指、手腕用力，屈肘把球收回胸前，然后起立。

3. 拳击球

拳击球可分为单拳击球和双拳击球。单拳击球时，屈肘、握拳于胸前，跳起快速冲拳，以拳面将球击出；双拳击球时，双臂屈肘握拳于胸前，两拳靠拢，当跳起到最高点时，双拳同时快速冲击，以拳面将球击出。

4. 托球

起跳后身体成背弓，单臂快速上伸，手掌前部和手指用力将球向后上托出。

5. 发球

(1)踢发球。常用的方法有踢定位球、踢高抛球和踢反弹球，踢发球的力量大，距离远。方法灵活多变，适应于各种发球的需要。

(2)抛掷球。抛掷发球出球快，准确性高，但力量较小，适应于中短距离的快速发球需要。

三、足球的基本战术

足球战术是指在足球比赛中为战胜对方，根据主客观的实际情况所采取的个人行为和集体配合的形式与方法的总称。

战术在比赛中的作用是将集体的力量组织起来，发挥每个队员的特长，根据对手和自己的情况，采用一定的阵型和配合方法，使队员在技术、身体素质、战术意识等方面发挥较高水平，从而取得比赛的优异成绩。

足球战术由进攻战术和防守战术两大系统构成。从后卫往前锋数，常用阵型有4—2—4、4—3—3、4—4—2、4—5—1、3—5—2等。

(一)进攻战术

1. 个人进攻战术

个人进攻战术是指在比赛中，为了战胜对手采取的符合整体进攻目的的个人行动。个人进攻战术包括传球、射门、运球突破和跑位。

(1)传球。传球是整体战术配合的基础，是组织进攻，变换战术，迅速逼近对方球门，创造射门机会的主要战术方法。传球是比赛中运用最多、最重要的战术手段。

传球的运用应注意隐蔽、及时、准确、力量、全面。

(2)射门。射门是一切进攻战术配合的最终目的，也是进攻得分的唯一手段，是进攻战术最重要、最困难、最振奋人心的环节。在现代足球比赛中，要想在对方严密防守和紧逼拼抢的情况下，有效地完成射门，必须要有强烈的射门欲望，善于抓住射门时机，选择合理的射门方法。射门突然、快速有力，出球准确，才能将球攻入对方球门。

(3)运球突破。运球突破是极为重要、极有威胁的个人进攻战术，是突破防守体系，创造以多打少的重要方法，也是制造更好的射门和传球机会的有效手段。

①控球队员在没有射门、传球可能时，可运球突破对手，创造射门、传球的机会。

②在攻守转换过程中,控球队员在进攻三区内,面对最后一名防守队员,而且防守队员身后又有较大空当,应大胆运球突破其防守射门。

③控球队员在对手贴身紧逼,失去射、传角度时,应运球突破其逼抢,并使其后撤松动防守。

④对方采用制造越位战术,又没有传球可能时,应采用反越位战术,果断运球突破直接攻门。

(4)跑位。跑位是指在比赛中队员在无球的情况下,通过有意识的跑动,为自己或同伴创造进攻机会的行动。

跑位需要高度的整体配合意识支配下的多名队员协同行动。相互理解、配合默契,保持合理的进攻队形,才能取得最佳效果。正确的跑位可达到摆脱、接应、拉开、切入、插上、套边、包抄、扯动和牵制的目的。

摆脱:队员通过变速、变向跑动甩开对手的紧逼防守,获得有效的接球时间和空间。

接应:当控球队员被防守队员逼抢时,无球队员在避开防守队员的封堵角度的前提下,跑向控球队员为控球队员创造一条传球路线。接应的角度一般应在持球人侧前或侧后45°方向,接应距离根据不同场区和态势灵活掌握。

拉开:当控球队员没有对手逼抢或以多打少时,无球队员应及时拉开空当,扩大防守面,使进攻获得更大的空间。

切入:当控球队员有传球可能时,进攻队员应及时通过防守的结合间隙跑向防守者的身后空当接球:切入分为前切和后切,前切是从防守者身前切入防守内线。后切是从防守者身后切入防守内线。由于防守队员把注意力较多地放在球上,不易观察到身后切入的跑位队员,所以后切较前切更具威胁性。

插上:指球后的无球队员突然跑向球前空当接球进攻或向前跑位接回传球射门,使对方猝不及防。

套边:一般是在中、前场的边路,球后的无球队员利用边路队员向内线扯动,吸引边路防守队员拉出的空当,适时沿边路跑位从边路突破防守的方法。

包抄:一侧队员下底传中或射门,另一侧无球队员要及时包抄到位,务必不使球漏过而失掉进球良机。

2.局部进攻战术

局部进攻战术方法多种多样,主要有传切配合、交叉掩护配合、二过一配合等。其中二过一配合主要有直插斜传二过一、斜插直传二过一、回传反切直传二过一。

(1)直插斜传二过一。此种二过一战术配合在比赛中经常运用。当控球队员与接应队员之间有一定的宽度时可采用此种配合(图7-32)。图中⑦运球逼近防守队员或防守队员上前抢时传球给处在侧方或侧前方接应的⑧,并快速跑动直插防守队员背后接⑧的斜传球。

此种配合应注意:①控球队员要运球逼近防守者。②接应队员与控球队员要保持一定的宽度。③控球队员传球要准确,接应队员摆脱要突然、快速。

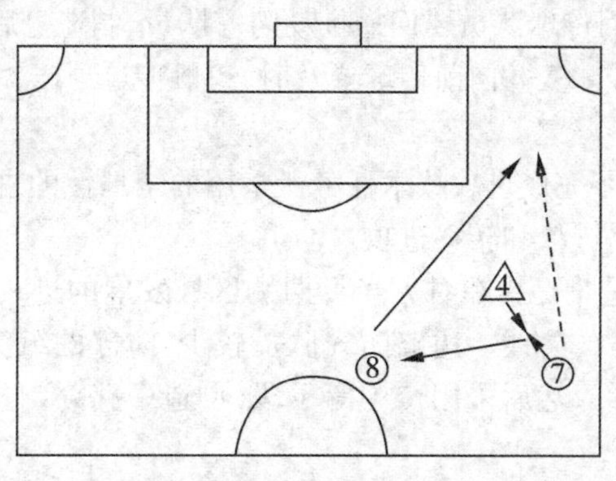

图 7－32 直插斜传二过一

(2)斜插直传二过一。当防守者身后有较大的空当时,可采用此种配合(图 7－33)。图中⑧横传给⑦,并快速起动斜插防守队员背后接⑦的直传球。⑦与⑧交换位置。

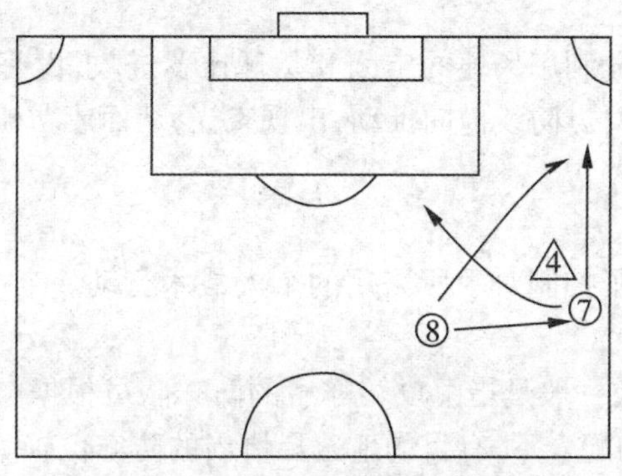

图 7－33 斜插直传二过一

此种配合应注意:①一般应先插后传,配合要默契。②斜插队员行动要突然、快速。③传球要准确。

(3)回传反切直传二过一。当接应队员与控球队员有一定的纵深距离,并且防守者身后有较大空隙时,可采用此种配合(图 7－34)。图中⑦回撤接⑧的传球,拉出身后空当,当防守队员上前逼盯时,⑦将球回传给⑧并突然转身反切到背空当,⑧直接传过顶球给⑦。

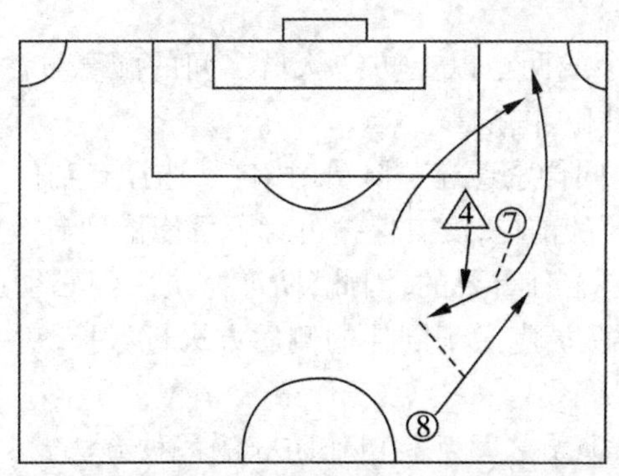

图 7－34 回传反切直传二过一

此种配合应注意:①回传球队员要回撤扯动防守队员,制造身后空当。②回传后反切动作要突然快速,并注视同伴传球。③向前传球要及时,一般传过顶球,以避开防守队员。

3. 整体进攻战术

整体进攻战术是指为了完成进攻战术任务所采用的全局性的进攻配合方法。依据进攻的方向可分为边路进攻、中路进攻和转移进攻。

(1)边路进攻。边路进攻是指在对方半场两侧区域发展的进攻。边路进攻的特点是充分利用场地的宽度,拉开对方的防线。边路防守队员较少,防守的纵深保护较差,可利用的空当较大。较容易突破对方防线,然后采用传中等手段,创造中路射门得分机会,但直接射门角度小很难射中球门。

(2)中路进攻。中路进攻是指在对方半场中部发展与结束的进攻。中路进攻的特点是进攻投入的人数多,层次深,配合点多、面广,射门角度大,破门机会多。但防守人员密集,纵深保护有力,突破难度较大。

(3)转移进攻。转移进攻是指中路进攻受阻转移到边路组织进攻,或者边路进攻受阻转移到中路,或另一侧边路进攻。

转移进攻的特点是充分利用场地的空间和足球比赛进攻,没有时间和传球次数限制的规则,及时转移攻击点,迫使对方防线横向扯动,出现空当,从而成功地突破防线。

(二)防守战术

1. 个人防守战术

个人防守战术是指为了控制对手所采用的个人战术行动。个人战术包括选位与盯人、断球、抢球、封堵等。

(1)选位与盯人。选位一般是指由攻转守后的防守队员根据自己的位置职责和当时赛势的具体情况,在整体意识的配合下,有目的地选择恰当的防守位置。盯人是指在正确选位的基础上,对防守的对手实施监控或严密控制其进攻行动。

(2)断球。断球是指将对方的传球从途中截下来或破坏掉的战术行动。断球是转守为攻最主动、最有效的战术行动。

(3)抢球。抢球是指将对方控运的球抢过来或破坏掉的战术行动。抢球是重要的个人战术,是个人防守能力的重要标志。

(4)封堵。封堵是指防守队员用身体某一部位挡住对方的传球或射门的战术行动。封堵可分为正面封堵和侧面封堵。

2. 局部防守战术

局部防守战术是指两个或两个以上防守队员之间的配合方法。它是集体防守战术的基础,基本配合形式有保护、补位、围抢等。

(1)保护。保护是指在同伴紧逼控球队员时,自己选择有利位置来保护同伴,防止对手突破的配合行动。保护是补位的前提,没有保护也就不可能做到有效的补位防守。在防守中,积极主动地逼抢控制球队员是十分重要的,因此,防守队员之间必须进行相互保护,当距球较近的同伴逼抢对手时,临近的队员应撤到同伴的侧后方进行保护,对手一旦突破同伴的防守,便可随时补位。

(2)补位。补位是防守队员之间互相协作防守的一种方法。补位有两种:一种是补空位,如边后卫插上进攻时,有一同伴应暂时补他的位置,以防在插上进攻失误时,对方利用这一空

当进行反击；另一种是相互补位，即交换防守。相互补位一般都是临近的两个同伴之间互相交换防守，这样能减少漏洞。补位的队员一般比被补位的队员更接近本方球门，这样，当同伴被对手突破时就能及时补位。通过同伴间的相互补位，可以有效地遏制和破坏对方的进攻行动，由被动局面转化为主动局面。

(3)围抢。围抢是指几个防守队员同时围堵对方控制球队员的防守配合，即在局部范围里以人数的优势对有球一方进行抢断。在局部范围里，防守者迅速形成防守网络，对进攻者实行人盯人紧逼，最大限度地限制进攻者的活动空间，特别是对有球进攻队员进行盯抢，形成“一抢全抢，相互保护”，造成对方失误。围抢的成功率比较高，是局部防守强有力的手段。

3. 整体防守战术

整体防守战术是指全队所采用的防守战术。整体防守战术按形式分为区域盯人防守、人盯人防守和混合盯人防守。按打法分为向前逼压式打法、层次回撤式打法和快速密集式打法。

(1)防守战术类型

①区域盯人防守。由攻转守时，根据场上位置的分布和职责分工，每个防守队员负责防守一定区域，当对方某一队员跑入该区时，就负责盯防，离开这个区域，就不再跟踪盯防。这种防守战术较为节省体力，能防守住进入本防区的进攻队员。但是，对方可以任意交叉换位，容易造成局部地区以少防多的被动局面，并且在邻近位置的结合部还容易出现漏洞。因此，目前在比赛中已很少采用这种防守方法。

②人盯人防守。人盯人防守是每个防守人各自都有明确的防守对象，对手跑到哪就要盯防到哪。人盯人防守分为全场人盯人、半场人盯人和后场人盯人防守。人盯人防守分工明确，责任具体，盯防效果好、但体能消耗大，防守队形、防线容易被拉乱，一旦突破，不易弥补。因此，目前比赛很少单纯采用人盯人防守方法。

③混合盯人防守。混合盯人防守是盯人防守与区域防守相结合的防守方法。在目前比赛中常常采用。它集中了盯人防守和区域防守的优点。对对方中场组织队员和前场攻击队员进行人盯人冻结防守，其他队员采取区域盯人防守。根据临场情况既盯人抢球又保护补位形成纵横交错的防守队形。

(2)常用防守打法

①向前逼压式打法。向前逼压式打法是指丢失控球权后，不是回撤消极防守，而是立即对球、对空间进行逼压，降低进攻速度，迫使对手犯错误，将球破坏和夺回来。

知识窗

一场足球比赛双方攻守转换近300次，只有15%～20%是死球转让，80%～85%是经过激烈争夺而获得控球权。52.5%的进球来自前场重新夺球，29.7%来自中场重新夺球。另外，前场夺球进球可能性是后场的7倍。向前逼压式打法及时将球夺回来，组织二次进攻，是对方防守思想最麻痹，防守行动最迟缓、最脆弱的时刻，反攻的成功率也最高。

②层次回撤式打法。层次回撤打法是指丢失控球权后，有组织、有层次地回撤，形成纵横交错的防守网络队形和体系。层次回撤打法既不同于消极回撤防守，又不同于向前逼压

打法，而是分层次、有步骤、有组织的防守打法，第一层次是在丢球后离球最近队员立即逼抢，附近队员堵截传球路线，延缓进攻，争取时间。第二层次是其他队员思想统一，迅速回位，既要选位，又要以球为中心，按场区分主次，组成相互支持保护的三角纵深防守队形和体系，控制对方，控制空间。第三层次是在稳固防守基础上，变被动防守为主动争夺球权，变防守为进攻。

③快速密集式打法。快速密集式打法是指丢失控球权后除个别队员延缓进攻外，其他队员快速撤至本方罚球区附近密集设防的打法。

四、足球运动的竞赛规则

(一)比赛场地

国际足联规定世界杯比赛场地长为105m、宽为68m。国内基层比赛的场地可因地制宜，长度最长为120m、最短为90m，宽度最长为90m、最短为45m，但球场的边线长度必须大于球门线长度。国际比赛场地长度最长为110m、最短为100m，宽度最长为75m、最短为64m，场内各区域的面积不得变更。球门两门柱间的距离为7.32m，横梁下沿距地面2.44m。

(二)比赛时间

正式比赛时间全场为90min，分上、下半场，每半场45min，中场休息不得超过1min。在每半场比赛中损失的所有时间应被扣除，这些时间包括：替换队员；对伤势的估计；将受伤队员移出比赛场地进行治疗；拖延时间；任何其他原因。根据裁判员的判断扣除损失的时间。

(三)越位

队员在对方半场内较球和最后第二名对方队员更接近于对方球门线，即为处于越位位置。队员处于越位位置本身并不是犯规。

队员下列情况为不处于越位位置：队员在本方半场内；队员齐平于最后第二名对方队员；队员齐平于最后两名对方队员。

处于越位位置的队员，在同队队员踢或触及球的一瞬间，裁判员认为其就下列情况而言，“卷入了现实比赛中”时才被判为越位犯规：①干扰比赛。②干扰对方队员。③利用越位位置获得利益。

如果队员直接从下列情况下接得球，则没有越位犯规：①球门球；②掷界外球；③角球。

对于任何越位犯规，裁判员应判给对方在犯规发生地点踢间接任意球恢复比赛。

(四)犯规与不正当行为

现代足球比赛争夺十分激烈，队员之间经常发生身体接触与碰撞，裁判员要准确掌握规则精神，善于识别和区分合理动作与故意犯规、勇敢顽强与粗野动作、良好作风与不正当行为，坚持严格执法，把判罚重点放在对人不对球的粗野动作、不正当行为及报复行为上，同时应贯彻“有利条款”的精神，避免做出对犯规队有利的判罚。

1. 判罚直接任意球

可判罚直接任意球的犯规有以下几种情况。

(1)踢或企图踢对方队员。

(2)绊摔或企图绊摔对方队员。

(3)跳向对方队员。

(4)冲撞对方队员。足球比赛快速、激烈,队员间避免不了身体接触,因此在接触的方式上允许做合理冲撞,但不允许做猛烈的或带有危险性的冲撞。合理冲撞必须符合下列条件:①冲撞的目的在于获得球。②冲撞时球必须在双方控制范围内。③必须用肩至肘关节部位冲撞对方相同部位,并且上臂不得扩张。④力量应适当,不得猛烈或带有危险性。

(5)打或企图打对方队员。

(6)推对方队员。

(7)为了得到对球的控制而抢截对方队员控制的球时,于触球前先触及对方队员。

(8)拉扯对方队员。

(9)向对方队员吐唾沫。

(10)故意手球。故意手球是指队员有意用手或臂部触球,以获得利益的犯规。凡故意手球应判罚,无意的球触手或臂部则不判罚。在比赛中,无论球在什么位置,如果队员在本方罚球区内违反了上述10种犯规中的任何一种,应被判罚点球。

2. 判罚间接任意球

可判罚间接任意球的犯规共有8种情况,其中前4种是针对守门员的,后4种是针对其他队员的。

(1)用手控制球超过5~6s。

(2)在发出球之后未经其他队员触及,再次用手触球。

(3)用手触及同队队员用脚故意回传的球。

(4)用手触及同队队员直接掷入的界外球。

(5)动作具有危险性。

(6)阻挡对方队员。

(7)阻挡对方守门员从其手中发球。

(8)违反规则中未提及的任何其他犯规,而停止比赛被警告或罚令出场的。

3. 纪律制裁

(1)可警告的犯规(黄牌)。

①犯有非体育行为。

②以语言或行动表示异议。

③持续违反规则。

④延误比赛重新开始。

⑤当以角球或任意球重新开始比赛时,不退出规定的距离(9.15m)。

⑥未得到裁判员许可进入或重新进入比赛场地。

⑦未得到裁判员许可故意离开比赛场地。

(2)罚令出场的犯规(红牌)。

①严重犯规。

②暴力行为。

③向对方或其他人吐唾沫。

④故意手球破坏对方的进球或明显的进球得分机会(不包括守门员在本方罚球区内)。

⑤可判为任意球或点球的犯规破坏对方向本方移动着的明显进球得分机会。

⑥使用无礼的、侮辱性的或辱骂性的语言及动作。

⑦在同一场比赛中得到第二次警告。

(五)任意球、罚点球

1. 任意球

直接任意球可以直接射入对方球门得分,若直接踢入本方球门,不能判对方进一球,应由对方踢角球恢复比赛。间接任意球直接射入球门不得分。

2. 罚点球

当队员在比赛中,于本方罚球区内故意违反规则可判罚直接任意球的10项规定中的任何一项时,即被判罚点球。罚点球可以直接进球得分。除主罚队员及对方守门员外其他队员应处于罚球点后、罚球区和罚球弧外的比赛场地内。

(六)掷界外球、球门球、角球

(1)掷界外球不能直接掷入球门得分,掷界外球时没有越位。

(2)球门球可以直接射入对方球门而得分,踢球门球时没有越位。

(3)角球可以直接射入对方球门而得分,踢角球时也没有越位。

第三节 排 球

排球运动起源于美国,它是由移动、发球、垫球、传球、扣球、拦网等技术动作组成的进攻与防守。两队在隔网的条件下展开比赛,攻守双方无身体接触,以击球的路线、落点的变化,造成对方失误为目的,以得分多少决定胜负的集体项目。另外,排球运动是典型的整体配合运动,具有突出的集体性。排球比赛无时间限制,持续时间长,对抗强度较大,对人的身体素质和心理素质有着极好的锻炼作用,更能培养应变能力和团结协作、顽强拼搏的精神。

一、排球基本技术

排球的基本技术包括准备姿势与移动、发球、垫球、传球、扣球、拦网等。

(一)准备姿势与移动

准备姿势:双脚前后并立,略与肩宽,脚跟微微地提起,屈膝稍内收,上体前倾、抬头双眼注视来球,身体重心保持在两脚之间。

移动:主要表现为起动与制动的步法,其步法包括并步、滑步、交叉步、跨步、跑步和综合步等。

(二)发球

发球标志着比赛的开始,是一种直接得分的进攻方法,同时还能破坏对方的战术。发球可用手掌、手根、虎口击球。它分为正面和侧面下手发球、正面上手发球、正面发飘球、勾手大力发球、勾手发飘球和跳发球。

1. 正面下手发球

【动作要领】

两脚前后开立,前手持球手臂略伸直轻抛球25cm左右高,身体重心放在前脚上。后手后引,以肩关节为轴经后、下、前挥臂击球的后下部,同时身体前送,随之进场(图7-35)。

图 7－35　正面下手发球

2. 正面上手发球

【动作要领】

两脚前后开立，重心落在后脚上。左手向前上方抛球，高度适中，同时右手臂抬起弯屈后引，上体右转，挺胸，展腹。击球时右臂上举伸直，随着蹬地，收腹迅速挥臂击球的后中下部，重心移至前脚（图 7－36）。

图 7－36　正面上手发球

（三）垫球

垫球是利用双手小臂形成的垫击面插入球的下面，根据来球的反弹力向前上方击球的过程，主要用于接发球、防守、救各种难球，是组织进攻的基本环节。其技术有正面双手垫球、体侧垫球、跨步垫球、单手垫球、背垫球以及前扑、鱼跃垫球。

【动作要领】

叠指法：两手小鱼际平行靠拢，一手四指并拢重叠在另一手并拢的四指上屈指，两手拇指平行靠拢。双臂夹紧、伸直、含胸收肩，压腕插入球下。蹬地送腰，以肩关节为轴，手腕上 10cm 处迎击来球（图 7－37）。

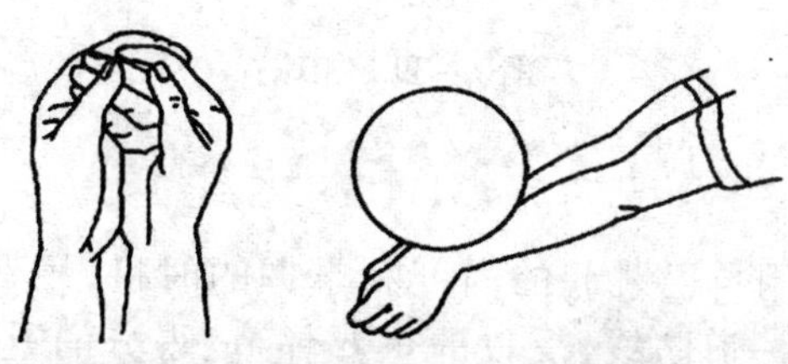

图 7－37　垫球手型与击球面

（四）传球

传球是利用手指手腕伸臂动作来进行传球的技术，它分为正面传球、背传球、侧传球和跳传球4种。

【动作要领】

做好排球的准备姿势。手腕后仰，手指自然分开微屈成半圆球形，小指朝前，拇指相对成一字形，间隔约2cm左右，置于头的前额上方一球处，准备传球。用拇指、食指、中指承受球的压力，无名指和小指控制球的方向，触球瞬间，用手指弹力和手腕、伸臂、蹬地的力量将球传出（图7－38）。

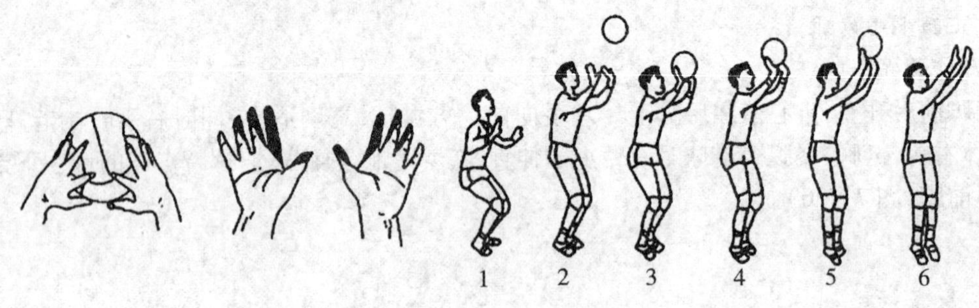

图7－38 传球

（五）扣球

扣球是利用良好时机和跳起的高度，用手将球快速直接地击在对方场区内。扣球是进攻的最有效的方法，是进攻得分的重要手段。扣球的种类有正面扣球、勾手扣球、扣快球、调整扣球。

【动作要领】

根据球速、方向、高度做好判断步和起跳步选点，屈膝深、起跳快、蹬地猛，上肢配合摆动等有效动作的配合。起跳后展腹挺胸，展肩拉肘，击球时手臂伸直，收腹转肩，迅速挥臂，以手掌击球中上部，并包卷球体（图7－39）。

图7－39 扣球

（六）拦网

拦网是队员在网上利用自己跳起的高度和掌握的时机，用双手阻击对方扣击过来的球。所以拦网是防守的第一道防线、反攻的重要环节、得分的重要手段，还可以直接破坏对方的进攻战术。拦网技术是根据对方扣球的位置、技术特征来决定拦网起跳时机的。

起跳时双手从额前向网前上方伸出，两臂伸直，提肩，手指自然分开，触击球时，手指紧张，迅速压腕。

二、排球的基本战术

排球的基本战术是教练员根据比赛规则和比赛双方的具体情况，灵活地运用基本技术，有组织有目的地安排的一种个人或集体配合。排球基本战术包括进攻战术和防守战术以及阵容配备。

(一)进攻战术

进攻战术是通过发、扣、拦、传、垫球组织起来的一种配合反击。要求积极主动、快速应变、灵活机动、密切配合。进攻战术有“中一二”“边一二”、后排插上和两次球4种基本形式。

1.“中一二”进攻战术及变化

由3号队员作二传，将球传给4号位或2号位队员扣球的进攻形式称为“中一二”进攻战术。它是进攻战术中，最简单最容易组织的进攻战术，适合初学和水平较低的球队在接发球进攻中采用。下面介绍几种常用的“中一二”战术配合变化形式。

(1)集中与拉开进攻。二传队员根据临场情况向2号位或4号位传集中或拉开球，由2号位或4号位队员扣球，借以变化进攻点，迷惑对方拦网(图7－40)。

(2)跑动快球掩护进攻。可由2号队员第一跑动，在二传手背后或体前打近体快球，4号位队员第二跑动在4号位打强攻(图7－41)。也可由4号位队员第一跑动，在二传手体前打短平近或近体快，再由2号位队员第二跑动，在二传手身后打半高球(图7－42)。

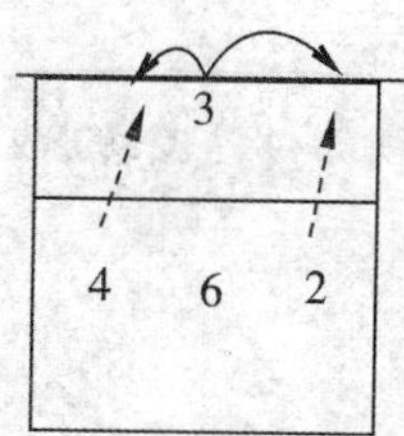

图7－40　集中与拉开进攻

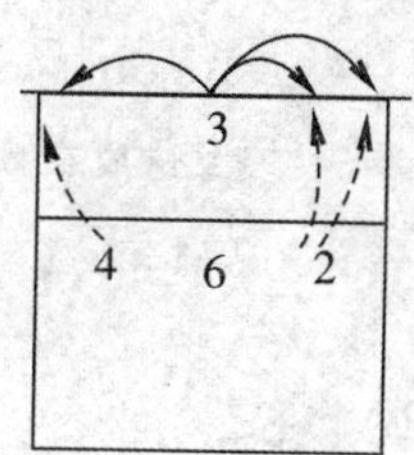

图7－41　跑动快球掩护进攻一

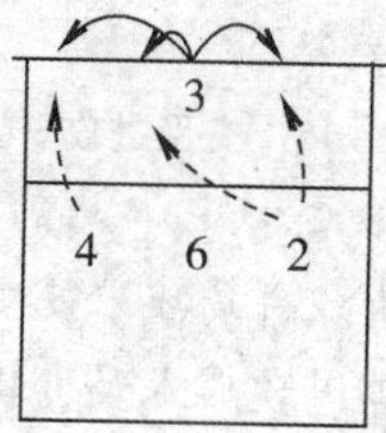

图7－42　跑动快球掩护进攻二

2.“边一二”进攻战术及变化

由2号位队员作二传，将球传向3号位或4号位队员扣球的进攻形式称为“边一二”进攻战术。这种进攻战术形式简单，容易掌握。它与“中一二”战术相比，由于是两名攻手相邻并在二传视野前面，更能组成快速多变的进攻战术。

快球掩护拉开进攻:3号位队员第一跑动打近体前快球或掩护，3号位队员跑动活点进攻，既可跑到二传身后进攻，又可跑到4号位队员体侧打半高球(图7－43)；或由3号位队员第一跑动扣快球或掩护，4号位队员跑动活点进攻(图7－44)。

3.“后排插上”进攻战术及变化

由后排球员插到前排作二传，将球传给前排3个队员扣球的进攻形式，称为“后排插上”进攻战术。这种进攻战术是现位队员拉开进攻(图7－45)。

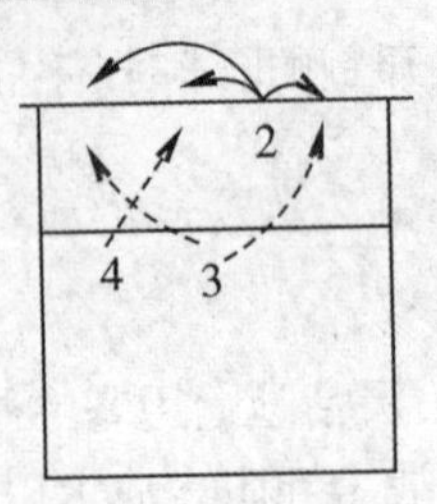

图 7-43 “边一二”进攻一

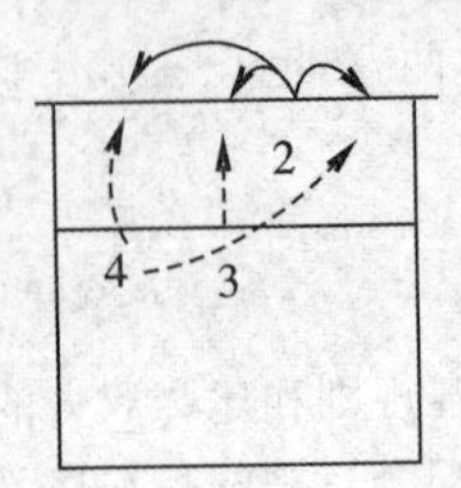

图 7-44 “边一二”进攻二

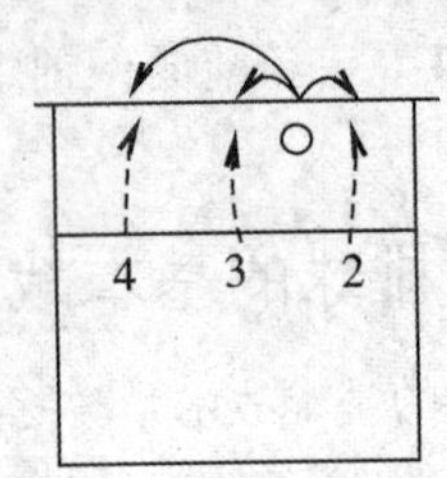

图 7-45 “后排插上”进攻

“后排插上”进攻战术是排球运动先进的战术形式。其优点是能保持前排三点进攻，能利用球网的长度，增多进攻点，并能组成变化多端、行之有效的进攻战术。

(1)中间快球、两边拉开进攻。中间 3 号位队员扣球或掩护，两边 2、4 号。

(2)交叉进攻。由 4 号位队员跑到二传体前扣快球或掩护，3 号位队员交叉到 4 号位队员体侧扣半高球，组成前交叉进攻战术(图 7-46)；由 3 号位发动快球或掩护，2 号位队员交叉到 3 号位队员左侧扣半高球，组成后交叉进攻战术(图 7-47)；由 2 号位扣背快球，3 号位队员交叉跑到 2 号位队员右侧扣半高球，组成背交叉进攻战术(图 7-48)。

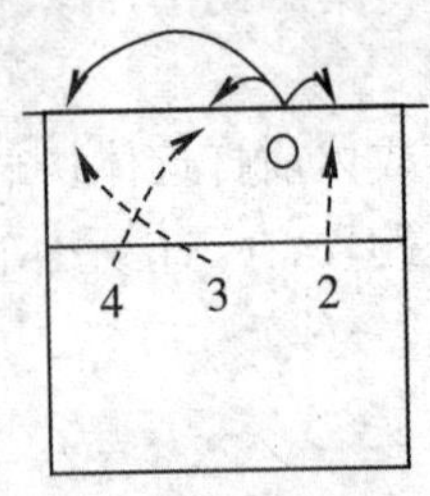

图 7-46 交叉进攻一

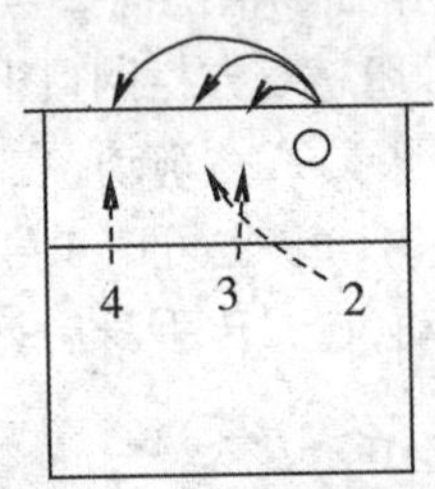

图 7-47 交叉进攻二

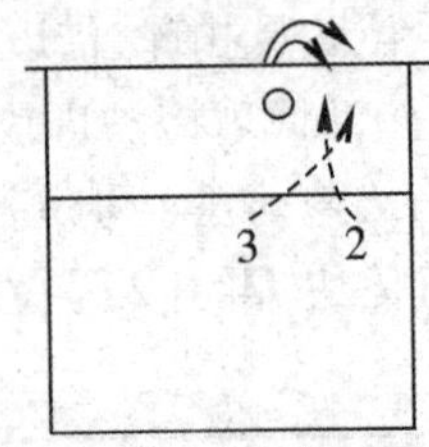

图 7-48 交叉进攻三

4. 两次球进攻战术及变化

两次球进攻战术及变化不再详细叙述。

(二)防守战术

防守战术是反击进攻的必要条件和基础，因此要抓好拦网、保护、后排防守和分工明确、合理布局的集体配合以及二传手调整能力的基本防守环节的训练。防守战术形式有无人拦网防守、单人拦网防守、集体拦网防守 3 种。

(1)无人拦网下的防守阵形是初学排球者在不会扣球和拦网时，或者是扣球力量不强时，所采用的防守阵形。其防守布局有以下两种：

①采用“中一二”进攻战术时，二传队员留在 3 号位网前，2、4 号位队员后撤至进攻线后面，参加后排防守(图 7-49)。

②采用“边一二”进攻战术时，二传队员留在 2 号位网前，3、4 号位队员后撤参加防守(图 7-50)。

(2)单人拦网下的防守阵形一般是在对方扣球威力不大，且线路变化不多时采用。其防守布局有两种。

①由前排 2 号位或 3 号位二传手拦网，4、3 号位或 4、2 号位队员后撤参加防守(图 7-51)。

②由前排3号位或4号位进攻队员拦网,2号位队员后撤参加防守,或3号位队员内切保护(图7－52)。

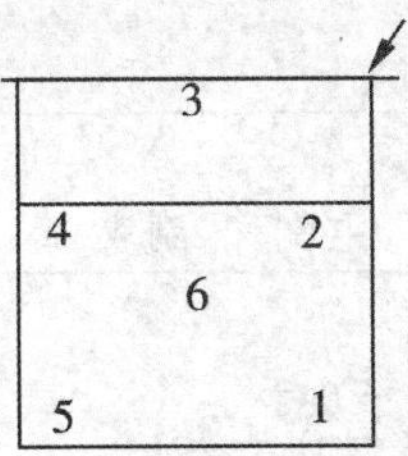

图7－49　无人拦网防守布局一

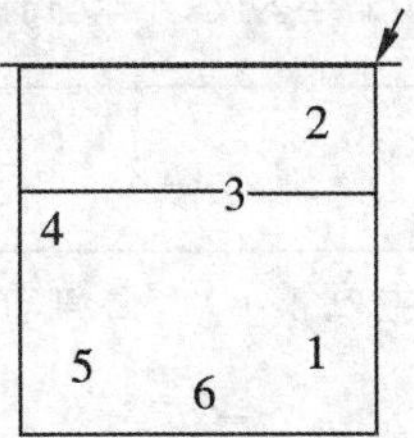

图7－50　无人拦网防守布局二

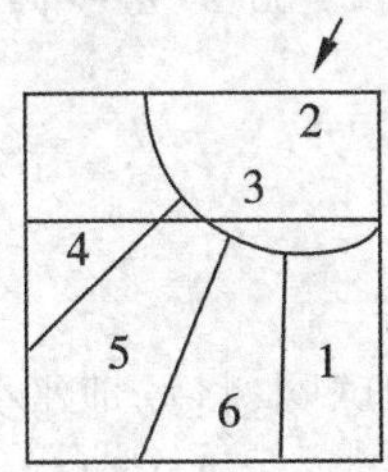

图7－51　单人拦网防守布局一

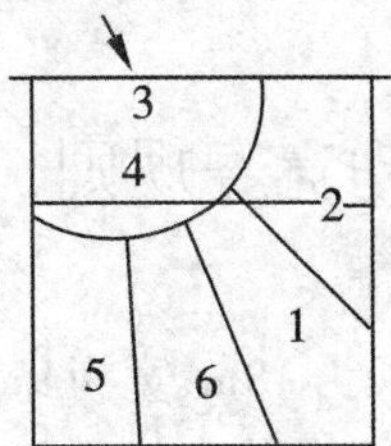

图7－52　单人拦网防守布局二

(3)双人拦网下的防守阵形是当对方进攻的威力较大,路线变化较多时,采用的防守阵形。它可以分为"心跟近"防守阵形和"边跟近"防守阵形两种。

①双人拦网的"心跟进"防守阵形是由后排6号位队员"跟近"保护,防吊球的防守阵形(图7－53)。它适宜对付经常采用打吊结合的球队。

②双人拦网的后排"边跟进"防守阵形:由后排1号位或5号位队员跟近保护防吊球或接扣球的一种防守阵形,也称"马蹄形"防守(图7－54)。它适宜对付扣球威力大、战术变化多、吊球运用较少的球队。

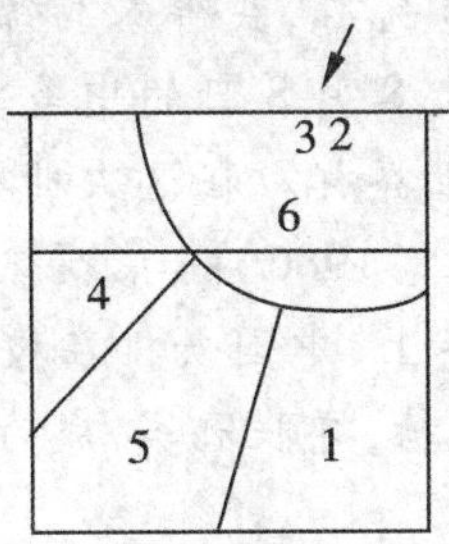

图7－53　"心跟进"防守阵形

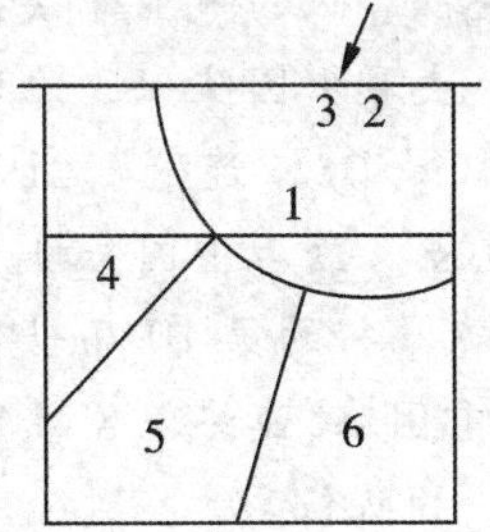

图7－54　"边跟进"防守阵形

(三)阵容配备

阵容配备是合理调动本队队员的组织手段,主要目的是把全队的力量很好地组织起来,最大限度地发挥每个队员的潜在作用和特长。阵容配备一般有两种形式。

(1)"四二"阵容配备:即安排4名进攻队员和2名二传队员的一种配备形式。4名攻手又分为两个主攻手和两个副攻手(快攻队员),他们都站在对角位置上(图7－55)。

(2)“五一”阵容配备:即一个二传手,五个攻击手。为了弥补在防守过程中后排二传队员来不及插上组织进攻的缺点,可安排一名攻击性强、传球较好的队员,与二传队员打对角的位置(图7－56)。对于运动水平较高的队多采用此种阵容。

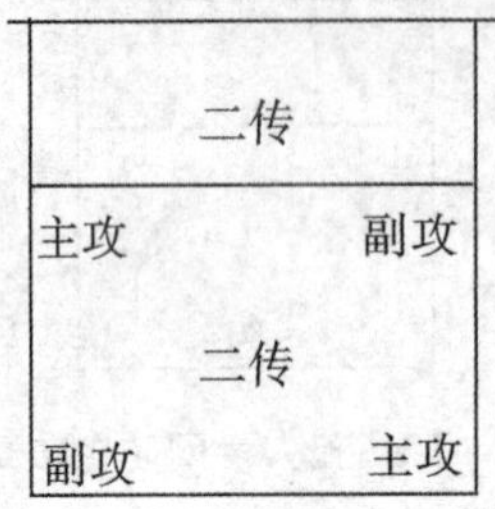

图7－55 “四二”阵容配备

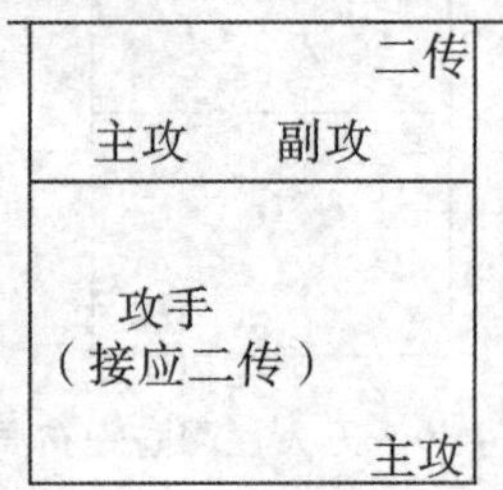

图7－56 “五一”阵容配备

三、排球运动竞赛规则

(一)场地设备

排球场的场地长为18m、宽为9m,场地中间有中线和球网,将场地平分为两边9m×9m的正方形,两边各边有一条与中线平行的进攻限制线,距中线3m,进攻限制线又将各边场地划为前区和后区。成人网高男子为2.43m,女子为2.24m,网两端有长1m、宽5cm的白色标志带垂直边线,两端白色标志带外沿分别设有长86cm的标志杆。球场四周线宽为5cm,在场区内。

女排五连冠

1981年,中国女排以亚洲冠军的身份,参加了在日本举行的第3届世界杯排球赛。中国队以7战全胜的成绩首次夺得世界杯赛冠军,袁伟民获“最佳教练奖”。1982年,秘鲁世锦赛登顶,以3比0轻取古巴,此后中国女排又以3比0战胜苏联队,杀入四强,并最终在与东道主秘鲁队的冠亚军决战中以3比0完胜,获得本届锦标赛冠军。1984年,折桂洛杉矶,半决赛中国队以3比0轻取日本后,8月8日的中美决战,中国女排以3比0完胜对手,取得了“三连冠”。1985年,再夺世界杯。在这次世界大赛中,中古之战是世人瞩目的焦点。最后中国女排以3比1获胜。1986年,荣获“五连冠”。当年9月,在捷克斯洛伐克举行的第10届世界女排锦标赛上,中国女排在极为困难的情形之下出征,克服了重重困难,最终以8战8胜的出色战绩,蝉联冠军,成为世界排球史上第一支获得“五连冠”的队伍。

(二)得分与轮转

排球比赛按每球得分制计算,当比赛开始,无论哪一方出现球落在本场内、四次触球、持球、连击、过中线、位置错误、将球击出界外等失误为失分。得分方发球。如果发球方失误,对方除得分外还要取得发球权。此时发球方应按顺时针方向依次轮转一个位置发球,使比赛继续进行。

（三）位置错误与触球

（1）准备发球时，场上队员站位不能出现前后、左右位置错位，一旦发球后或击球瞬间场上队员不受位置限制，可以随意移动。

（2）球在某方场区内，该队最多轮流触及3次（拦网除外），球落地为死球。

（四）持球与连击

（1）场上队员可以用身体的任何部位击球，但击球时球停留时间较长（如携带、捞棒、推）应判为持球。

（2）如一队员连续两次击球（拦网除外）为连击。

（五）网前、网上犯规

（1）比赛中队员触及网、标志带（竿）为触网。

（2）单脚或双脚超越中线为过中线。

（3）在对方场区空间内击球为过网击球。

（六）后排犯规

后排队员在前区将高于网沿的球跳起直接击入对方网内或参加拦网，叫后排犯规。

（七）暂停与换人

（1）每场比赛的前4局分别有3次暂停。在领先队的8、16分时共计二次技术暂停是自动执行，时间为1min。另外还有一次普通暂停，时间为30s。决胜局无技术暂停，但有两次普通暂停，时间为30s。

（2）每队每局只能换人6次，开局的场上队员被替补换下后再次上场，必须回到原来的轮次位置，替补队员每局只能替补上场一次，并且必须是被替补下场的队员来替换下场。自由人员可在比赛中断到裁判鸣哨发球前从进攻线到端线之间后区的边线自由进出，任意替换后排一队员，不计入正常换人次数。

第四节 乒 乓 球

一、乒乓球运动概述

乒乓球运动于19世纪末起源于英国，流行于欧美，最早叫Table Tennis。从这个命名可以看出，网球是乒乓球运动的前身。

1900年，英国成立了乒乓球协会，并在皇后大厅举行了英国大型的乒乓球比赛，开创了乒乓球正式比赛的先河。

1926年，国际乒乓球联合会正式成立，并决定举行第一届世界乒乓球锦标赛。50多年来，乒乓球运动的发展大约经历了3个阶段。初期，运动员使用的球拍虽形状各异，但大都是木制的，击出的球的速度慢、力量小，谈不上什么旋转；打法也单调，只是把球推来推去。

1903年，英国人古德发明了胶皮球拍，有力地促进了乒乓球技术的发展。从1926年到1951年，世界各国选手大都使用表面有圆柱形颗粒的胶皮拍。击球时增加了弹性和磨擦力，可以使球产生一定的旋转，因而出现了削下旋球的防守型打法。这一打法在欧洲流行很久，不少运动员采用这种打法获得了世界冠军。

1988年，乒乓球被列入奥林匹克运动会的正式比赛项目，这大大推动了世界乒乓球运动的进一步发展。

乒乓球的运动量可大可小,可以从儿童玩到老年,成为终身的爱好和健身的手段,也便于结识更多的朋友。作为一项对场地和装备要求不高、便于展开的运动,乒乓球在诸多体育项目中具有很高的"性价比"。在我国,乒乓球运动广受欢迎,我国是名副其实的"乒乓球王国",乒乓球被誉为"国球"。

二、乒乓球运动的基本技术

(一)握拍技术

握拍技术是学习乒乓球的入门技术之一。正确的握拍方法可提高手、臂及手腕的灵活性,为今后技术的提高打下良好的基础。因此,初学者一定要先学好握拍技术。

乒乓球握拍方法分直拍握法和横拍握法两种,不同的握拍方法各有其优缺点,从而产生不同的打法。直握拍反手推挡好,便于左推右攻,台内攻球灵活,正反手交替击球变换快,拍形变化不大,动作较为隐蔽,是我国和日本的传统握拍方法;横握拍正反手攻球力量大,反手攻球容易发力也便于拉弧圈,照顾范围较大,是欧洲的传统握拍方法。初学者可以根据各自的习惯和爱好,选择适合自己的握拍方法。

1. 直拍握法

拇指第一关节压住球拍左肩,食指第二关节压住球拍右肩。食指第一关节自然向内弯曲,虎口贴于拍柄后面,中指、无名指和小拇指自然弯曲,拖于球拍后面(图7-57)。

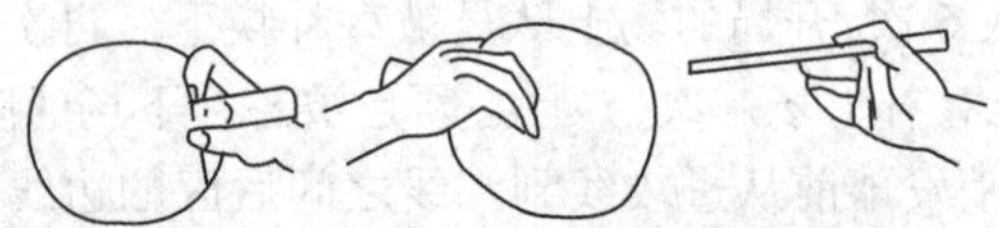

图7-57 直握拍法

2. 横拍握法

以中指、无名指和小指自然弯曲握住拍柄,拇指握球拍的正面轻贴在中指旁,食指自然斜伸于球拍的反面,虎口轻贴于拍,注意虎口不宜过紧、过死地贴靠在球拍上,以免影响手腕的灵活性。正手攻球时,食指稍向上移动;反手攻球时,拇指稍向上移动(图7-58)。

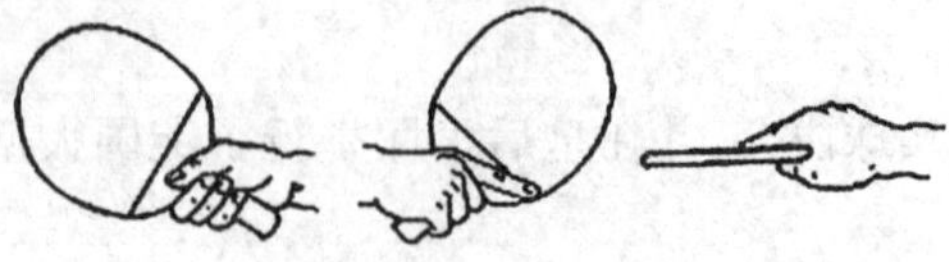

图7-58 横握拍法

(二)基本步法

1. 单步

一脚掌为轴,另一脚向前后或左右移动一步,是在来球角度不大时采用的步法。

2. 跨步

与来球同方向的脚向前侧跨一大步,另一脚再跟着移动,是在来球急、角度大的情况下击球常采用的步法。

3. 并步

远离来球方向的脚先向另一脚移(或叫并)半步或一小步,靠近来球方向的脚再向来球方向移一步。

4. 跳步

一脚用力蹬地,使两脚离开地面,同时向前、后、左、右跳动,是在来球快、角度大的情况下击球采用的步法。

5. 交叉步

靠近来球方向的脚先向来球方向侧转或略移半步,远离来球方向的脚在来球方向跨一大步,靠近来球方向的脚再跟上一步。

6. 小跑步

较高频率的原位小垫步,或小范围的小跑步。

7. 小跳步

两脚几乎同时轻跳或垫一下,有时甚至近似未离地面。

(三)发球与接发球技术

1. 发球技术

(1)发平击球。正手发平击球时,右脚稍靠后,身体稍向右转,左手掌心托球,置于体前偏右侧,右手持拍,置于身体右侧。当球向上抛起时,右臂稍向后引拍,接着从身体右后方向前挥拍,在球降至近于网高时击球,拍面稍前倾触球中上部。

(2)正手奔球。整个动作为先向后向侧绕一小圈,手腕放松,触球中部向右侧上方摩擦,速度要快,过网落台后拐弯飞行(图 7－59)。发此球时,手腕要下垂并放松,否则手腕难以发挥作用。

(3)正手发下旋加转球与不转球。此发球的威力在于转与不转球的旋转差距大,动作相似难辨认。

发下旋加转球时左脚在前,右肩侧对球台,向上抛球,同时,持拍手臂将拍引至后上方略比肩高,肘部后移,带动手腕旋内,球拍呈横向拍面垂直,身体重心后移。当球回落时,肘关节加速运动,前臂带动手腕猛然加力旋外,在胸腹前偏右一臂距离处,拍形后仰用球拍下部靠左的部位触球中后位底部,加大力臂摩擦球体,“切”球越薄,发球越转(图 7－60)。

图 7－59　正手奔球

图 7－60　正手发下旋球

发不转球与发加转下旋球的主要区别在于球拍触球瞬间,突然减慢手臂前进速度,并减小拍形后仰角度,用球拍中部偏右的地方去碰撞球的中下部,使作用力接近球心。由于力臂小造成力矩小,因而旋转不明显或为不转球(图 7－61)。

(4)正手发左侧上、下旋球。球拍运行路线似马鞍形(图 7－62),A 点触球为左侧下旋,拍从球的右侧中下部向左侧下部摩擦球,直握拍者拇指用力压拍(图 7－63),B 点触球为侧上旋,拍从球右侧中下部向左侧面摩擦，直握拍者食指稍用力压拍（图 7－64）。

图 7－61　正手发不转球

图 7－62　左侧上、下旋发球挥拍路线示意图

图 7－63　直拍正手发低抛左侧下旋球

图 7－64　直拍正手发低抛左侧上旋球

（5）反手发右侧上、下旋球。整个动作似马鞍形，从左上后方挥拍向前右下方，然后再向右前上方挥动（图 7－65）。在 A 点触球中下部向右下部摩擦球，直握拍者拇指稍用力压拍，为右侧下旋（图 7－66）；在 B 点触球的中下部向右侧上摩擦球，直握拍者食指稍用力，为右侧上旋（图 7－67）。

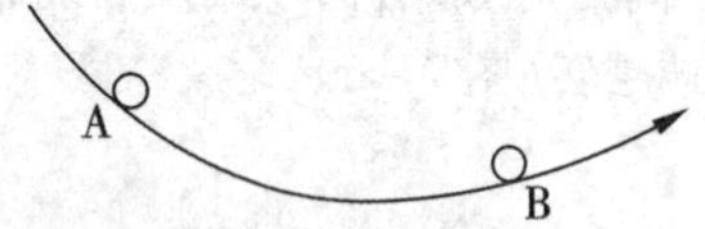

图 7－65　反手发右侧上、下旋球挥拍路线示意图

图 7－66　直拍反手发右侧下旋球

图 7－67　直拍反手发右侧上旋球

2. 接发球技术

接发球是比赛中每一回合的第二板，也是接发球开始比赛的第一板球，因而是一项反控制、求主动的技术，同时也是一项综合技术。它不仅要求掌握多种实用的基本技术，具备良好的判断能力和灵活多变的接发球意识，而且还必须有积极主动的指导思想，把接发球与发挥自己技术特长和战术风格结合起来。

首先要根据对方发球的位置来决定自己的位置，然后注意对方发球时的挥臂动作和球拍移动方向，根据对方发球时的摆臂振幅大小和手腕用力的不同程度来判断来球落点的远近和旋转强弱，根据来球的飞行弧线和速度来判断旋转性能。接发球的方法一般由点、拨、拉、搓、削等技术组成。

(四)攻球技术

攻球技术是乒乓球的一项重要技术，是得分的重要手段。用不同的攻球技术对付不同的来球，是各种技术类型乒乓球运动员的主要得分手段，攻球水平的高低成为衡量选手实力的客观依据。攻球技术从大的结构上分为正手攻球和反手攻球两大类。

1. 正手攻球技术

正手攻球速度快、力量大、球路广、照顾范围大，是克敌制胜的主要技术。

(1)正手快攻。站位在球台中间或偏左，身体离台约50cm。左脚稍前，身体重心放在右脚上，两膝微屈，收腹含胸，身体稍向右转。右臂自然弯曲，前臂后引，将拍引至身体右侧，略偏后，同时前臂内旋，使拍面稍前倾。来球从台面弹起后，在上臂带动下以前臂和手腕为主向左前方或左前上方挥拍迎球，同时，腰、髋带动上体向左转动，在来球的上升期，以前倾拍形迎击球的中上部。球拍击球瞬间，以前臂和手腕为主向左前方或左前上方发力击球，腰部亦协助用力。击球后，手和臂顺势向左前方或左前上方挥动，并迅速还原成准备姿势。动作过程中，身体重心从左脚移到右脚上(图7－68)。

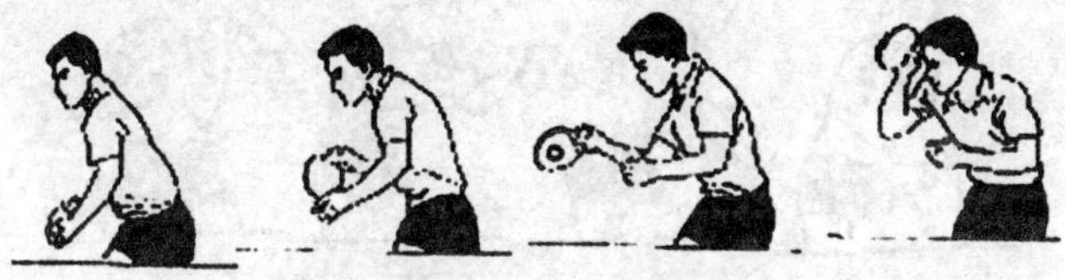

图7－68　直拍正手快攻

(2)正手快拉。站位在球台中间或偏左，身体离球台50～60cm。左脚稍前，身体重心放在右脚上，两膝微屈，收腹含胸，身体稍向右转；右臂自然弯曲，前臂后引并下沉，将拍引至身体右后下方，同时前臂外旋，使拍面稍后仰。待来球弹起到高点期，在上臂带动下，以前臂为主向左上前方挥拍迎球，在来球的下降期，后仰拍形迎击球的中下部。球拍击球瞬间，以前臂为主向左前上方发力摩擦击球，使球上旋(图7－69)。

图7－69　直拍正手拉球

(3)正手扣杀。站位在球台中间或偏左,多半在近台位置。左脚稍前,两脚距离比其他攻球稍宽,身体重心放在右脚上,两膝微屈,收腹含胸,腰、髋及上体稍向右转。右臂自然弯曲,前臂后引,将拍引至身体右侧偏后,同时前臂内旋,使拍稍前倾。来球从台面弹起后,腰、髋带动身体及上臂向左转动,与此同时,上臂积极发力带动前臂和手腕挥拍迎球,在来球的高点期,以前倾拍形猛击球的中上部。球拍击球瞬间,以上臂和前臂为主向左前方发力击球,腰、髋亦积极协助用力。击球后,手和臂顺势向左前方挥动,并迅速还原成准备姿势。动作过程中,身体重心从左脚移到右脚上。若来球下旋,则拍形不要过分前倾,应击球的中部,并适当增加向上的力量(图 7－70)。

图 7－70　横拍正手扣杀

(4)正手中远台攻球。身体离台约 1m 左右,左脚稍前,身体重心放在右脚上,两膝微屈,收腹含胸,身体稍向右转。右臂自然弯曲,将拍引至身体右后方,同时前臂内旋,使拍面接近垂直。来球从台面弹起到高点期,上臂带动前臂向左前上方挥拍迎球,同时腰、髋带动上体向左转动,在来球的下降期,以垂直拍形迎击球的中部,并向前上方摩擦球。球拍击球瞬间,以上臂和前臂为主向左前上方发力击球,腰、髋亦协助用力。击球后,手臂顺势向左前上方挥动,并迅速还原成准备姿势。动作过程中,身体重心从左脚移到右脚上(图 7－71)。

图 7－71　直拍正手中远台攻球

2. 反手攻球技术

(1)直拍反手攻球(图 7－72)。

图 7－72　直拍反手攻球

①引拍动作:两脚开立,体略左侧,右髋和腰右侧略向左后方压转重心,双膝微屈,前臂稍向后摆,举拍稍高。

②击球动作：髋关节略向右转，前臂向右前方用力，肘部内收，左肩稍向后拉，击球中部稍偏左侧，手腕辅助发力，稍带摩擦球，食指掌握好拍形，拍后中指决定发力方向。

③结束动作：因惯性作用，球拍至头右侧前下方渐止。迅速还原，准备下一次击球。

(2)横拍反手攻球(图7－73)。

图7－73　横拍反手攻球

①引拍动作：在腰、髋略向左转的同时，带动前臂略向后引拍，手腕稍后屈。

②击球动作：在腰、髋略向右转的同时，前臂手腕向前右方发力，触球中部或中上部，前臂和手掌背部的运行方向决定击球的方向，拇指控制拍形和击球弧线。

③反手快拨是横拍进攻型选手用来对付上旋球的一项相持性技术，具有站台近、动作小、快速、稳健的特点，以前臂发力为主，在借力中发力，击球时间为上升期，触球中上部。

④反手弹击是在台内或近台出现了略高于网的无旋转或旋转较弱的球时，手腕迅速向后做一小动作引拍，然后急速向前爆发用力将球弹出，击球时间为高点期。

(五)推挡球技术

推挡球是推球和挡球的总称，是左推右攻型打法的主要技术之一，也是其他类型打法不可缺少的技术。推挡球的特点是站位近、动作小、速度快及落点变化多。

1.快推

身体站在离台约40cm处，两脚与肩同宽或略宽于肩，两膝微屈，收腹含胸，身体向前或略向左转。右上臂和肘关节靠近身体右侧。手自然弯曲，引拍至身前或偏左，同时前臂外旋，使拍面稍前倾。来球从台面弹起后，前臂和手腕向前，挥拍迎球，在来球的上升期，以稍前倾的拍形推击球的中上部。球拍击球瞬间，前臂和手腕自然向前或兼略向上发力，并主要借用来球的反弹力将球快速击回。击球后，手臂顺势向前挥动，并迅速还原成准备姿势(图7－74)。

图7－74　快推

2.加力推

球速快，力量重，落点活，稍带上旋或不转；能遏制对方进攻，迫使对方后退，创造进攻机会；与减力挡配合使用，更能控制和调动对方，取得主动权。它是威力最大的一种推挡技术。

(六)搓球技术

搓球是近台和台内回击下旋球的一种基本技术。搓球力量小，速度慢，旋转和落点变化多，线路短，球弹起后多在台内，缺乏前进力，对方不易发力进攻，故可作为过渡技术以等待、寻求或创造进攻机会。

1. 慢搓

(1)反手搓球。击球前,持拍手向左上方引拍;击球时,前臂和手腕向前下方用力切球,前臂内旋并配合转腕动作,拍面稍后仰,在球的下降期触球中下部;击球后,前臂顺势前送。横拍搓球时,拍形略竖一些,击球后前臂向右下方挥摆(图7-75)。

图7-75 直拍反手慢搓

(2)正手搓球。左脚稍前,身体稍向右转。击球前,向右上方引拍。击球时,前臂和手腕向左前下方用力,在下降期击球的中下部(图7-76)。

图7-76 直拍正手慢搓

2. 快搓

(1)反手快搓。站位靠近球台,右脚稍前。击球前稍向左前上方引拍,拍面略后仰。击球时,前臂主动前伸迎球。在上升期击球的中下部,触球瞬间,手腕向前下方用力(图7-77)。

图7-77 直拍反手快搓

(2)正手搓球。身体稍向右转,并向右上方引拍。击球时,前臂带动手腕向左前下方用力,在球的上升期击球的中下部。

(七)弧圈球技术

弧圈球是速度与旋转相结合的一种进攻技术,于20世纪50年代由日本运动员最先发明,当时被称为“弧圈型上旋球”。70年代在欧洲取得很大突破,形成了以弧圈球为主的打法类型,现已成为一种流行于世界的先进技术,有加转弧圈球、前冲弧圈球、正手右侧弧圈球等。这是一项攻击力大、使用率高、稳健性强、适应性广的进攻技术。学习弧圈球技术时,应首先学会正手攻球技术。有正手攻球技术做基础,学习弧圈球技术很容易。同时在挥拍击球的过程中注意拍形、发力特点与发力部位的协调用力,多做模仿练习,就会很快掌握弧圈球技术。

1. 正手拉前冲弧圈球

(1)引拍向右后方,身体重心比拉加转弧圈球时稍高,球拍与来球同高或稍低于来球。

(2)挥拍击球时,身体重心、前臂、手腕应向左前方发力,击球的中部或中上部,击球瞬间,应先向前撞球,再向前摩擦球。直拍选手的中指应有一顶拍动作,横拍选手的食指应有一向前甩的动作。击球时间为上升后期或高点期。

(3)反冲时,少或不向后拉手,球拍与来球同高,应善于运用腰、髋、腿的动作,以身体重心来控制击球弧线,拍形稍前倾,击球时间为上升后期或高点期,前臂稍用力。

2. 正手拉侧旋弧圈球

(1)挥拍线路应由后下方向右侧前方,再向左前上方用力摩擦球。

(2)引拍位置略低于拉前冲弧圈,手腕要放松,注意蹬腿和转动腰、髋的动作,以加大拉侧旋的力量。

3. 反手拉弧圈球

(1)引拍阶段。两脚基本平行,间距略大于肩宽,双膝自然弯曲,腰、髋略向左转,腹微收,前臂自然弯曲,引拍动作为向左后方划一小弧。

(2)击球阶段。球渐近身前,两脚用力蹬地,伸膝,展腹,腰、髋略向右转,用前臂带动手腕同时向右前上方发力,击球的中部,撞球后迅速转为摩擦球。用拇指调节击球的弧线。快拉时,击球时间为上升前期,近台主动向前发力抢冲的球的击球时间为上升后期或高点期;拉强烈下旋或中台向前上方发力拉时,击球时间为下降前期;中远台对拉的击球时间为下降中期。

(3)结束动作。球出手后,因惯性作用球拍至右肩前才渐停止,应迅速还原,准备下次击球。

(八)削球技术

削球是一种防御性技术,主要通过旋转变化和落点变化控制与调动对方,具有稳健性好、保险系数大、以柔克刚的特点。随着攻球技术的提高,首先击败了“消极防御”(稳削),继而又在与“积极性防御”的争斗中占了上风。因为,尽管削球者通过旋转和落点的变化给攻球者增加了困难,但其威胁性仍然比不上攻球。由于人们对旋转的适应能力是一直在提高的,而对速度的适应就有一定的限度,这就使削球手必须沿着“实力 + 积极防御 + 攻球”的方向发展。

削球和攻球一样,按其部位划分类别,也有正、反削球两种。

1. 正手削球

削球时,左脚与左肩靠近球台右角,右脚后退一步。身体与球台成75°角并稍向前倾,两腿微屈,重心先放在右脚上。手臂自然弯曲伸出,球拍略高于来球弹起高度,拍柄向下。当球飞到身前,手臂即向前、下、左方向挥动,球拍在右腰前35cm的地方触球的中下部(或下部)。然后,手臂加速发力,小臂与地面接近平行,身体重心逐渐由右脚移至左脚。球削出后,手臂肌肉立刻放松,球拍因惯性仍往前向左下方摆动,上体转向球台,准备继续削球。

2. 反手削球

在运用反手削球时(横拍),右脚应伸到球台的左边,左脚在后,重心落在右脚上,背斜对球台。小臂弯曲,把球拍举起与头齐高,拍柄向下,拍面正对对方左角。手臂从上向前、下、右方摆动。当球拍触球的一刹那,小臂与手腕加速发力挥拍,将球勾到对方台内。球削出后,手臂肌肉立刻放松,上体顺势向右移动,球拍也摆至身体右侧,重心由右脚移到左脚上。

三、乒乓球基本战术

战术是一种综合运用技术、心理和身体素质的方法,其目的是争取比赛的胜利。战术是以基本技术和技术实力为基础,技术掌握越全面、越成熟、越实用、越有质量,就越能更好地完成战术实施,并取得良好的效果。基本战术有发球抢攻、接发球抢攻、搓攻、对攻、拉攻、削攻结合、挡攻削结合等。

(一)发球抢攻战术

发球抢攻是我国直板快攻打法的"杀手锏",是力争主动、先发制人的主要战术。各种类型打法的运动员都普遍采用发球抢攻来抢占每个回合的上风。发球战术运用的效果主要取决于发球的质量和第三板进攻的能力。

(二)接发球战术

接发球战术与发球抢攻战术同样重要,从某种意义上讲,接发球水平的高低可以反映运动员的实战能力以及各项基本技术的应用程度。事实上,接发球者只是暂时处在被控制状态,如果破坏了发球者的抢攻意图或者为其制造了障碍,减弱了对方抢攻的质量,也就意味着已经脱离被控制状态,变被动为主动了。控制与反控制是辩证的统一。

(三)搓攻战术

搓攻战术是进攻型打法的辅助战术之一,主要利用搓球旋转的变化和落点的变化为抢攻创造机会。这一战术在基层比赛中被普遍采用。搓攻战术也是削球型打法争取主动的主要战术之一。

(四)对攻战术

对攻战术是进攻型打法在相持阶段常用的一项重要战术。对攻战术主要依靠反手推挡(或反手攻球)和正手攻球(或正手拉弧圈球)的技术,充分发挥快速多变的特点来调动对方。

(五)拉攻战术

拉攻战术是以攻为主的选手对付削球的主要战术。为了发挥拉攻的战术效果,首先要具备连续拉的能力,并有线路、落点、旋转、轻重等变化,其次要有拉中突击和连续扣杀的能力。

(六)削中反攻战术

我国乒坛名将陈新华以及第43届世乒赛男单冠军丁松成功地运用削中反攻的战术创造了辉煌,令欧洲选手手足失措,无以应对。这种战术主要靠稳健的削球限制对方的进攻能力,为自己的反攻创造有利条件。

(七)弧圈球战术

由于弧圈球战术能把速度和旋转有效地结合起来,稳健性好,适应性强,许多著名选手已用它去替代攻球或扣杀。

四、乒乓球运动的竞赛规则

(一)乒乓球比赛的基本规则

1. 场地器材

用木料或其他材料制成的长274cm、宽152.5cm,离地面高度76cm的球桌。球桌中间横放一张长183cm、高15.25cm的球网。

2. 比赛项目

乒乓球比赛设男子单打、女子单打、男子双打、女子双打、男子团体、女子团体、男女混合双打7个比赛项目。

3. 一局比赛

在一局比赛中,先得11分的一方为胜方。但打到10平后,先多得2分的一方为胜方。一场比赛应采用五局三胜制或七局四胜制。

4. 发球、接发球次序及方位

(1)当比分达到2分后,接发球一方即成为发球方,依次类推直至该局结束;或直至双方的比分都达到10分;或直至实行轮换发球法。

(2)在双打比赛中由发球方确定第一发球员,再由对方确定第一接发球员。一经确定第一发球员和第一接发球员后,即形成全场比赛发球员与接发球员的固定关系。

(3)双方比分都达到10分,或者开始实行轮换发球法时,发球和接发球次序仍然不变,但每人只轮发1分球,直至该局结束。

(4)一局中首先发球的一方,在该场下一局应首先接发球。

(5)在双打比赛第一局之后的各局中,确定第一个发球员后,第一个接发球员应是前一局发球给他的运动员。

(6)一局中,在某一方位比赛的一方,在下一局就换到另一方位。

5. 合法发球

球静放于伸平的手掌心上。上抛球高度不少于16cm,不得偏离垂直线45°以上,不能使球旋转,球下降才能击球。球应先落在本方台面,然后越过网落在对方台面。

6. 合法还击

运动员必须用球拍或执拍手手腕以下部位击球,使球越过球网落在对方台面。

7. 失分

除重发球外,在每个回合中出现下列情况就判失1分。

(1)未能合法击球或合法还击。

(2)拦击或阻挡。

(3)连续两次击球或球连续两次触击本方台区。

(4)运动员和其他物品移动了台面和触击球网。

(5)不持拍的手触击台面。

(6)发球时运动员或同伴跺脚。

(7)在双打比赛中,除发球和接发球外,运动员未按正确的次序击球。

(二)团体赛

1. 团体赛形式

(1)五场三胜制(五场单打)。

①一个队由3名运动员组成。

②比赛顺序是:A—X、B—Y、C—Z、A—Y、B—X。

(2)五场三胜制(四场单打和一场双打)。

①一个队由2、3或4名运动员组成。

②比赛顺序是:A—X、B—Y、双打、A—Y、B—X。

(3)七场四胜制(六场单打和一场双打)。

①一个队由3、4或5名运动员组成。

②比赛顺序是:A—Y、B—X、C—Z、双打、A—X、C—Y、B—Z。

2. 团体比赛程序

(1)所有出场运动员应来自团体报名表。

(2)团体比赛前由抽签的中签者优先选择 A、B、C 或 X、Y、Z。由队长将该队名单提交给裁判长或其代理人,并为每一名单打运动员确定一个字母所代表的相应位置。

(3)双打比赛的配对不必立即提交,直到前一场单打比赛结束。

(4)需要连场的运动员有资格在连场的比赛之间有最多 5min 的休息时间。

(5)所有比赛场次采用三局两胜制。

(6)当一个队赢得足够多数场次时,一次团体比赛结束。

第五节 羽 毛 球

羽毛球运动具有球小、速度快、变化多的特点,运动器材设备比较简单,在室内、室外均可开展,容易被普及,已成为在全世界盛行的体育项目。羽毛球比赛设有男女团体、男女单打、男女双打、男女混双打共 7 个比赛项目。

一、羽毛球运动简介

现代羽毛球运动起源于印度,形成于英国。19 世纪 60 年代,一批退役的英国军官把印度的“普那”(一种近似于后来的羽毛球运动的游戏)带回英国,并加以改进,逐渐成为现代的羽毛球运动。1870 年,英国出现了用羽毛、软木做成的球和穿弦的球拍。

1873 年,英国公爵鲍弗特在格拉斯哥郡的伯明顿庄园里进行了一次羽毛球游戏,这是世界上第一次羽毛球比赛,伯明顿(Badminton)也因此成为羽毛球的英文名称。1934 年,由加拿大、丹麦、英国、法国、爱尔兰、荷兰等 10 多个国家发起成立了国际羽毛球联合会(简称国际羽联),总部设在伦敦,主席为汤姆斯。国际羽联 1948—1949 年举办的第 1 届世界男子团体赛的奖杯,即由汤姆斯所赠。1978 年 2 月,由亚非国家组成的世界羽毛球联合会于香港成立,同年 11 月举办了第 1 届世界羽毛球锦标赛。国际羽联和世界羽联于 1981 年 5 月 26 日宣布合并,统一称国际羽毛球联合会,其管辖的比赛有汤姆斯杯赛、尤伯杯赛、世界锦标赛、全英羽毛球锦标赛和世界羽毛球系列大奖赛。

羽毛球运动约于 1920 年传入我国,在解放后得到迅速发展。20 世纪 70 年代我国羽毛球队已跻身于世界强队之林。70 年代,国际羽毛球坛是印尼与我国平分秋色。80 年代,优势已转向我国,说明我国羽毛球运动已达到世界先进水平。羽毛球在 1992 年巴塞罗那奥运会上被列为正式比赛项目,设男、女单打和男、女双打 4 项比赛。在我国羽毛球运动的发展过程中涌现出了杨阳、赵剑华、熊国宝、李永波、林丹、陈金、林瑛、吴迪茜、李玲蔚、谢杏芳、张宁等一批世界羽坛顶尖高手,从而进一步奠定了我国羽毛球技术水平处于世界羽坛领先地位的基础,在一系列世界大赛中他们为祖国夺得了许多金牌,创造了中国羽毛球史上的辉煌。

二、羽毛球的基本技术

(一)正手握拍

虎口对着拍柄窄面内侧的小棱边,拇指和食指相对贴在拍柄两个大小宽面上,中指、无名指、小指并拢握住拍柄,掌心不要紧贴,拍柄末端与小鱼际肌持平,拍面基本与地面垂直(图

7－78）。

（二）反手握拍

在正手握拍的基础上，将拇指与食指相对改为拇指横贴在拍的内侧的宽面上，食指下收向中指靠拢，四指并拢后握住拍柄（图7－79）。

图7－78　正手握拍　　图7－79　反手握拍

（三）基本步法

羽毛球与其他球类运动项目不一样，很讲究步法的完整性、连续性和规范性，如果步法发生错误，就会使比赛处于不利地位。羽毛球步法移动由垫步、交叉步、小碎步、并步、蹬转步、蹬跨步和腾跳步等组成。完成场上的移动由起动、移动、协助完成击球动作和回动4个环节构成。根据移动方向和场区位置来划分，通常有上网步法、后退步法和两侧移动步法等。

1. 上网步法

上网步法通常采用跨步、垫步、蹬步和交叉步。不论是一步、两步还是三步上网击球，最后一步都要求与持球拍的那只手同侧的脚在前，身体重心放在前脚上。

2. 后退步法

后退步法通常采用侧步、并步和交叉步后退，要求最后一步是右脚在后，重心放在右脚上。按其击球方法分为正手和反手后退。

3. 两侧移动步法

两侧移动步法指从中心位置向左右两侧边线方向移动的步法。往往利用不同形式的单个步子来完成左右两侧的步法移动。

（四）发球

发球分正手发球和反手发球两种。根据球在空中飞行的弧线和落点不同，可分为发高远球、平高球、平快球、网前球4种（图7－80）。

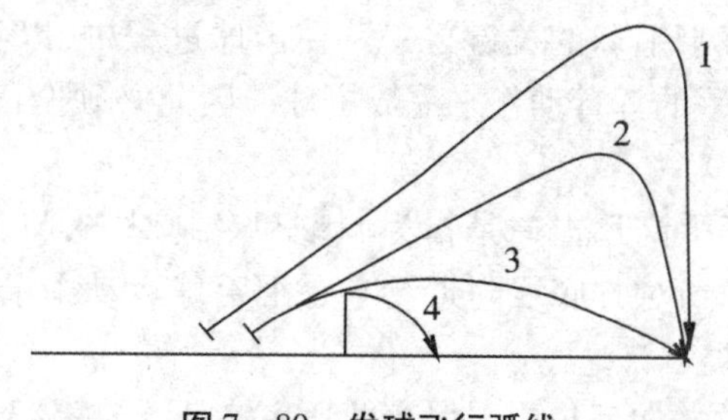

图7－80　发球飞行弧线

（1）发高远球顾名思义就是将球发得又高又远，几乎垂直下落在对方的底线附近。发球时侧身，左脚在前，右脚在后，左手将球举在身体的右前方抛球，右手后引并由上而下向右前方挥

拍击球,身体重心由右脚移至左脚(图 7－81)。

(2)发网前球就是使发的球刚好越过网顶落到对方前发球区附近。其动作与发高远球相近,只是挥拍的幅度要小,当球与球拍接触的一刹那,利用小臂挥动和手腕的力量由右向左横切推送把球击出。

(五)接发球

接发球就是还击对方发过来的球。如果说发球是争得胜利的开端,那么接发球就是争得胜利的第一步。所以接发球技术有同样重要的作用。它包括接发球的站位、判断、判断后的移动击球。

1.站位

双脚前后开立,身体半侧向网并前倾,重心在前脚上,后脚跟微提起,举拍于身前,站在离前发球线 1.5m 靠近中线处,两眼注视对方来球(图 7－82)。

图 7－81　发高远击球　　图 7－82　接发球站位与姿势

2.判断

由于发球变化的多样性,为了不盲目接球,造成失败,所以就应该注意从对方发球的动态和对方发球出手的动作来进行判断。

3.判断后的移动击球

当判断准确后身体应迅速作出反应,注意步法的移动,选择击球的有利位置,采取较好手法击出有威胁的球,赢得场上主动权。

(六)击球的基本方法

正确的击球方法是打好羽毛球的关键之一。在击球过程中,以身体的反应判断和步法的移动为基础,其关键是通过手的挥臂动作来完成击球。因此必须全面、合理地熟练应用以下几种击球方法。

(1)正手高远击球。正手高远击球是指为调整和牵制对方,将自己后场的球用正手高远击球,以较高的弧线把球击到对方底线附近。它是羽毛球运动中最主要的基本击球技术。

【动作要领】

正手高远击球时手举拍并向后拉引。肘弯曲比肩略低,当球落到一定高度时,手臂迅速向上挥拍,手腕充分后曲,以肩为轴上臂带动前臂快速向前甩动手腕(图 7－83)。

图 7－83 正手高远击球

(2)吊球。吊球是把对方击来的高球,从后场轻击、轻切、轻劈或拦吊到对方的网前区。

(3)杀球。杀球又称扣杀球。杀球是羽毛球运动的一种攻击手段,是将高球用力向前下方重压或重切击球,使球飞行弧线较直,落地快,对对方威胁大。

【动作要领】

判断球的落点迅速移动。重心移至右脚尖,向后挥拍。上体后仰,将持拍臂肘弯曲。转身带肘以画圆状击球,击球点比高远球略前。击球迅速发力后,手和拍顺圆弧自然摆至左下方。

(4)放网前球。在对方吊球或放网前球时,在网的上端以扑球、搓球、勾球和推平球等技术轻轻地将球挑过网,使球一过网顶便向下坠落。

(5)挑高球。击球者在近网的下部,把对方的吊球或网前球以高弧线回击到对方底线附近。它可以调动对方位置,诱使对方底线进攻,并借球的飞行弧线高、时间长来调整和恢复自己。

(七)羽毛球的基本练习方法

(1)脚步移动练习。

(2)徒手挥拍练习。

(3)各种击球方法的练习。

(4)定位球练习。

(5)悬吊球练习。

(6)一对一半蹲快打练习,可用平抽、推挡等方法。

(八)羽毛球的基本打法

1. 快速拉吊结合突击

快速拉吊结合突击以快速准确的平高球或吊球控制后场底线和网前两角,调动对方,伺机突击扣杀。

2. 压底线结合吊杀

压底线结合吊杀以打法威胁大、速度快的平高球紧压对方底线,迫使对方后退,然后配合杀球或吊球进攻。

3. 守中反攻

守中反攻本身的进攻能力不是很强,但是防守好,能够顶住对方的凶猛扣杀,并能用准确的落点控制对方,迫使对方四处奔跑勉强进攻,造成失误,并便于伺机大力扣杀攻击对方。

三、羽毛球基本战术

羽毛球战术是指在比赛过程中，根据比赛规则、双方技术、体力及心理状况，合理运用个人技术，组织配合，以取得比赛胜利的方法，是在比赛中根据对手而采取的计谋和行动。

（一）羽毛球战术的目的

1. 调动对方位置

对方一般站在场地中心位置，全面照顾各个角落，以便回击各种来球。如果把他调离中心位置，他的场区就会出现空当，这空当就成了我方进攻的目标。

2. 迫使对方击出中后场高球

以平高球、劈杀、劈吊或网前搓球等技术造成对方还击的困难，迫使对方击来的高球不能到达自己场区的底线，以此来增加自己大力扣杀和网前扑杀的威力，给对方以致命的一击。

3. 使对方重心失去控制

利用重复球或假动作打乱对方的步法，使对方重心失去控制，来不及还击或延误击球时间而使回球质量差，造成被动。

4. 消耗对方体力

控制球的落点，最大限度地利用整个场地，把球击到场地的 4 个角上或离对手最远的地方，使对手在每一次回球时尽量消耗体力。在争夺一球的得失时，也应以多拍调动对手，让对手多跑动。多做无效的扣杀球，当对手体力不支时，再行进取。

（二）单打战术

1. 发球抢攻战术

发球不受对方干扰，发球者可以根据规则，随心所欲地以任何方式将球发到对方接球区的任意一点。善于利用多变的发球术，能先发制人，取得主动。以发平快球和网前球配合，争取创造第 3 拍的主动进攻机会，即发球抢攻战术。

2. 攻后场战术

攻后场战术是指采用重复打高远球或平高球的技术，压对方后场两角，迫使对方处于被动状态，一旦其回球质量不高，便伺机杀、吊对方的空当。

3. 逼反手战术

后场反手击球是指对于后场反手较差的对手加以攻击。先拉开对方位置，使对方反手区露出空当，然后把球打到反手区，迫使对方使用反拍击球。例如，先吊对方正手网前，对方挑高球，我方便以平高球攻击对方反手区。在重复攻击对方反手区迫使其远离中心位置时，突然吊对角网前。

4. 打四点球突击战术

打四点球突击战术是指以快速的平高球、吊球准确地打到对方场区的 4 个角落，迫使对方前后左右奔跑，当对方来不及回中心位置或失去重心时，抓住空当和对方的弱点进行突击。

5. 吊、杀上网战术

吊、杀上网战术是指先在后场以轻杀配合吊球把球下压，落点要选择在场地两边，使对方被动回球。若对方还击网前球，便迅速上网搓球或勾对角快速平推球；若对方在网前挑高球，可在其后退途中把球直接杀到对方身上。

(三)双打战术

1. 攻人战术

攻人战术是双打比赛中常用的一种战术。在对方两名队员技术水平不平衡时,一般都采用这种战术,即使对付两名球员技术水平相差不大的对手时也可灵活运用。先通过将球下压或控制前场取得进攻机会,然后集中力量"二打一",避其所长,攻其所短。

2. 攻中路战术

将球击到对方两名队员站位之间的空隙,从而造成对方经常出现争抢回击,或相互让球漏接等错误,尤其针对一些配合不够默契的对手,行之有效。当对方前后站位时,可将球击到对方中场两侧边线处。而在对方分边左右站位防守时,则可利用扣杀球、吊球等技术攻击对方的中路。

四、羽毛球比赛规则

(一)场地与器材

羽毛球场地为长方形,长13.4m,双打宽6.1m,单打宽5.18m,场地包括各线宽度。网高11.55m,网中央1.524m,网长6.1m,宽0.6m。

(二)决定比赛胜负与计分

羽毛球比赛均采用三局二胜制。除女子单打每局11分外,其余每局均为15分。

不论是单打还是双打,除女子单打外,当双方比分打到14平时,先得14分一方有权选择再赛3分或按规定打满15分。女子单打则是比分打到10平先得10分一方可选择再赛。获准再赛时的比分从0比0开始报分。

(三)交换场地

每赛完一局或在决胜局中某方先得8分(15分为一局)、女子单打先得6分(11分为一局)时,双方交换场地,由上局胜方发球。

(四)得分和换发球

只有发球方胜球,才能得分,输球不失分换为对方发球。接发球方胜球不得分,只获得发球权。

(五)发球方位

单打比赛中发球方分数为零或偶数时,双方应在右发球区发球和接发球。分数为奇数时,双方应在左发球区发球和接发球。双打中每方有两次发球权(每局开始发球的一方只有一次发球权),每次换发球时,无论得分情况如何,均从右区先发球,发球方得分,交换方位继续发球,只要一方继续发球,就要在两发球区交替发球至斜对方的发球区,但双方方位不变。两次发球权失去后,换由对方发球。

(六)重发球

下列情况均判为重发球:发球时已挥拍,但没有击中球;球过网时停置在网上或虽已过网但挂在网上;发球方位或顺序错误;球在飞行时羽毛与球托分离;裁判员未报完比分就将球发出;发球时双方同时违例;遇有外界干扰时;裁判员不能作出判决时。

(七)合法发球

发球时(球与球拍接触的瞬间),球的任何部分与拍的击球点不得高过发球员的腰部。球拍顶端虽未向下,整个拍框应该明显低于握拍的整个手部。两脚或任何一脚不得移动或离地,也不得踏线。发过去的球应落在规定的对方区域。

(八)合法击球

击球时不得连击、持球、过网击球。

第六节 网 球

一、网球运动简介

(一)网球运动的起源和发展

网球运动起源于法国,是12—13世纪法国传教士在教堂回廊里用手掌击球的一种游戏。到18世纪资产阶级兴起后,网球运动才逐渐流入市民阶层和资产阶级手中。

网球运动是在19世纪后期随着西方近代体育的传播进入我国的。新中国网球运动的国际交往是从1956年开始的。1958年新中国首次派队参加温布尔顿网球赛。1980年中国网球协会被接纳为正式会员。1981年中国集中了当时国内最优秀的女子网球选手参加了“联合会杯”赛。第1轮战胜泰国队,第2轮负于澳大利亚队。1983年参加戴维斯杯网球赛,中国队在东方区的半决赛中被淘汰,但同年获得了亚洲男子网球团体冠军。1986年的第10届亚运会上,中国女子网球队以2∶1战胜韩国队,摘取了女子网球团体冠军。我国首次承办国际网联男子网球巡回赛是在1993年,共有15个国家和地区的运动员参赛。近年我国女子网球水平有所提高,在雅典奥运会上,李婷、孙甜甜获得女子双打冠军。

网球运动具有独特的欣赏价值。它是一种技巧性很强的对抗运动,有些网球高手的发球、击球技术达到炉火纯青的地步,看了令人叫绝。网球比赛中的战术运用也令人回味无穷。在前后左右、真真假假的变化中,出现了许多令人眼花缭乱的精彩场面,使人乐而忘返。网球比赛的环境布置,十分注意美的氛围的营造,如运动员的服装早就自成体系,别具一格。

(二)著名赛事介绍

1. 温布尔顿网球锦标赛

温布尔顿网球锦标赛是由全英俱乐部和英国草地网球协会于1877年创办的,是现代网球史上最早举办的重要赛事之一。该赛事于每年的6月底或7月初在英国伦敦西郊的温布尔顿进行,为草地型网球比赛,是四大网球公开赛的第三站赛事。

2. 美国网球公开赛

美国网球公开赛始于1881年,1968年被正式列为四大网球公开赛之一。该赛事于每年的8—9月进行,是商业化程度较高的硬地型网球比赛,为四大网球公开赛的最后一站。

3. 法国网球公开赛

法国网球公开赛始于1891年,该赛事于每年的5月底6月初在巴黎西部蒙特高地的罗兰·加罗斯体育场进行,该体育场始建于1927年,是以在第一次世界大战中为国捐躯的飞行员罗兰·加罗斯的名字命名的。法国网球公开赛为慢速红土场型比赛,是四大网球公开赛的第二站赛事。1989年,17岁的美籍华裔选手张德培荣登冠军宝座,并成为法国公开赛中最年轻的冠军。

4. 澳大利亚网球公开赛

澳大利亚网球公开赛始于1905年,是四大网球公开赛中历史最短的赛事。该赛事于每年的1月底至2月初在墨尔本举行,属硬地型网球比赛,为四大网球公开赛的第一站赛事。

5. 戴维斯杯赛

戴维斯杯赛是由美国人于1900年创办的一项世界男子团体网球比赛,因此,该赛事又称为世界男子团体网球赛。第一届戴维斯杯赛在美国波士顿举行,当时的比赛规模较小,仅有美国和英国两个国家的选手参赛。

戴维斯杯赛采用4单1双5盘3胜的赛制。比赛分3天进行,第一天为两场单打,第二天为1场双打,第三天为两场单打,第三天的比赛采用3盘2胜制。戴维斯杯赛比赛地点的确定类似主、客场制的比赛,如两队首次交锋,则抽签决定哪个国家为比赛地点;如以后再次相遇,则赛地安排在另一国家。

6. 联合会杯赛

1962年,在巴黎举行的国际网球联合会上,由英国人玛丽提议的关于举办国际女子网球团体赛的建议获得通过,并于1963年在英国伦敦的女子俱乐部举行了第一届联合会杯赛。

7. 大满贯杯赛

网球赛事中的大满贯是指球员在一年之中同时获得澳大利亚、法国、温布尔顿和美国四大网球公开赛冠军的称号。因此,四大网球公开赛又称为"四大满贯赛事"。

大满贯杯赛由国际网球联合会发起并主办,参赛选手为每年四大网球公开赛中获得优异成绩,在当年世界排名前16位的男球员。比赛实行淘汰制,只设奖金而没有积分,大满贯杯赛以高额的奖金著称。1990年,在德国慕尼黑举办的首届赛事,即以总奖金600万美元,冠军奖金200万美元创下了职业网坛的奖金记录。

8. 年终总决赛

年终总决赛是指世界男子网球协会(ATP),国际女子职业网球协会(WTA)组织的世界网球锦标赛。该赛事是ATF和WTA巡回赛的最后一站,在每年的11月进行,世界优秀选手的年终排名将由此最终确定。

ATP年终排名,于每年1月在德国汉诺威举行的ATP世界锦标赛最后确定,只有获得世界排名前8名的选手才有资格参加。而WTA的年终排名,则由美国纽约举行的WTA世界锦标赛最终确定。

(三)网球运动的分类

网球运动根据场地、器材和比赛方法不同,可分为硬式、软式和短式三大类。

硬式网球指使用常规场地和器材进行活动。

软式网球是从硬式(草地)网球派生出来的一种网球运动。软式网球诞生于日本的明治维新初期。第一届世界软式网球锦标赛是1975年10月在美国的夏威夷举行的。

短式网球使世界网球运动进入高速发展时期,是针对少年儿童身心发育的特点和身体负荷能力而产生的一种儿童网球运动。短式网球富有网球运动的全部内涵,适合5岁起各年龄儿童的生理、心理特点,是对儿童进行网球启蒙训练的有效方法和手段,也是通过训练与正规网球接轨的必经途径。

二、网球的基本技术

(一)握拍方法

网球运动有东方式、中国式和西方式3种握拍方法。其基本区别在于握拍手的虎口和手心置于拍的位置不同,无论哪种握法都须握住拍柄的末端。

1. 东方式

握拍手的虎口对准拍柄的正上方,手掌心置于拍柄右侧边,形同握手(图 7 - 84)。

2. 中国式

握拍手的虎口对准拍柄正面靠身体内侧上边,手掌心置于拍柄正上边(图 7 - 85)。

3. 西方式

握拍手的虎口对准拍柄正面靠身体外侧上边,手掌心置于拍柄的正下边(图 7 - 86)。

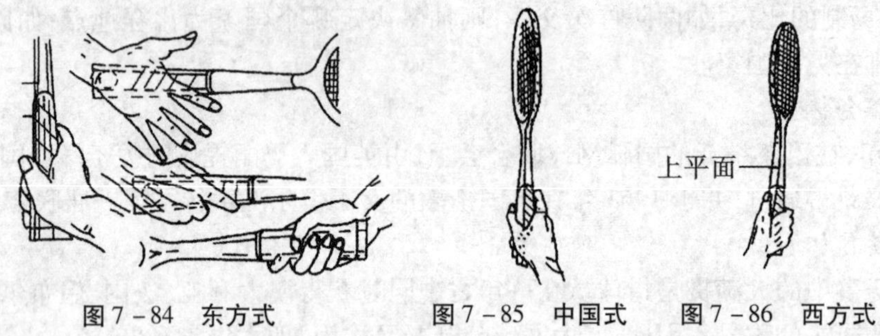

图 7 - 84　东方式　　图 7 - 85　中国式　　图 7 - 86　西方式

(二)准备姿势

任何一种击球动作都要从准备姿势开始,准备姿势正确与否关系到起动的快慢和击球效果。正确的准备姿势应当是双脚自然开立,略比肩宽,前脚掌着地,脚跟抬起,身体重心置于两脚前脚掌之间,两膝微屈,并保持膝关节的良好弹性,上体微微前倾,两眼注视对手或来球。球拍自然置于腹前,拍头指向前方,微上翘,手腕低于拍头。

(三)发球与接发球

1. 发球技术

【动作要领】

发球是比赛的开始,也是行使战术及进攻的开始,它能制约对方,赢得主动,从而可以直接得分。发球分大力发球、侧上旋发球、削击发球等。

发球时侧身对网,两脚前后开立,略与自己的肩同宽,左脚与底线的交角约 45°,脚尖指向右网柱方向,右脚基本与底线平行,重心放在右脚上,右手上举向后上方拉拍,挺胸展腹,左手将球垂直抛起于体前正上方,充分利用自己的臂长,当球在最高击球点时,握拍手带动球拍经后向前,向上挥动击球,并下滑到左侧,同时收腹转肩结束发球动作(图 7 - 87)。

图 7 - 87　发球技术动作

2. 接发球

【动作要领】

接发球是迎击对方的各种发球。因此运动员必须有准确的判断、灵活的步法和较为完善的基本技术,才能变被动为主动。接发球一般站在端线附近,两脚平行开立,降低身体重心,上身稍前倾,脚跟微提,持拍于体前,两眼正视对方发球动作,根据来球的变化,固定拍面和手腕,快速侧身转体,后摆拉拍,积极主动向前迎击来球。

(四)击球

1. 正手击球

挥拍击球时,要紧握球拍,手腕绷紧,球拍从稍低于腰部开始,做弧线轨迹运动,逐步上升,击球点在体侧前方,约齐腰高度。球离开拍弦后,球拍随着击球动作的惯性做跟进动作,将拍挥至左肩上,直到拍头向上对着天空。击球过程中,两眼要紧紧盯住球与拍弦相撞的位置以获得最佳的击球部位(图 7-88)。

正手击球时,由于球拍用力方向与出球方向不一致,因此可以打出上旋球、下旋球、平击球 3 种不同性能的球。

图 7-88 正手击球

2. 反手击球

击球时,应向来球方向跨步,上体前倾,两膝弯屈,击球点在跨出脚的斜前方。挥拍路线略微向上,拍面稍向后倾斜。利用蹬腿、转体、挥臂动作向前摆动。球接触拍弦的刹那,手腕要绷紧。球离开球拍后,球拍随惯性向上挥动(图 7-89)。

图 7-89 反手击球

3. 双手反手击球

后摆拉拍动作比较靠近身体，比单手握拍击球的拉拍动作低一些，向前挥拍动作是向上的，击球后应继续在体前完成挥拍击球后的弧形动作（图 7－90）。

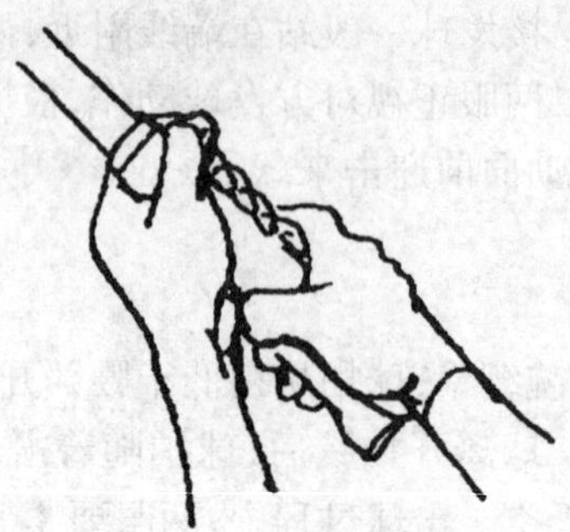

图 7－90 双手反手握拍

4. 截击球

截击球是在网前进行的一种攻击性击球方法，是指在球落地之前回击来球的方法。

正手截击球：击球时，拍面应平直，手腕绷紧。在身体前面撞击球，动作类似切削球。两眼始终注视球和拍的撞击动作。截击低球时，双膝弯屈，肩向前，并在前肩前面与球接触。在网前如需将来球截击为短球时，可在球拍与球接触的刹那，球拍向后缓冲，将球轻吊在对方网前（图 7－91）。

反手截击球：截击原则和技术与正手截击球基本相同。用扶拍颈的手帮助将球拍后拉，两膝弯屈，身体重心落在两前脚掌上。球拍后摆不宜过肩，持拍手腕向上，拍头上翘，两眼注视来球。击球时，手腕绷紧，手臂伸直，拍头与手腕向前下方作短切击动作（图 7－92）。

图 7－91 正手截击球　　图 7－92 反手截击球

5. 高压球

高压球与发球动作相似，只是没有向后拉拍的挥拍动作，而是直接把球拍引向头后。根据对方挑起球的高低，高压球分为原地、跳起和后退高压。一般以平击高压球为主，用切削高压打法也可以击出好的角度和落点（图 7－93）。

图7－93 高压球

6. 挑高球

在对方占据网前，回击的球不易通过的情况下，将球向空中挑起，扭转被动局面。

防守性挑高球：在极其被动的情况下挑一高球，以便重新取得有利位置。

进攻性挑高球：当对方占据网前位置时，有意识地向对方后场挑球，削弱其转身后退击球的攻击性，而便于增加自己回击球的威力。

7. 放短球

当处在网前时，突然回击近网短球，使球轻轻地越过球网，在近处落地而反弹较低，使对方来不及回击或回击球质量不高而被扣杀。

8. 反弹球

反弹球指在对方来球从场地上刚刚跳起还未跳至最高点之前，立即用小臂带一点手腕动作，把球反弹到对方场区的方法。常用于来不及后退击球、来不及上前截击或球落在自己脚下来不及挥拍击球时。击球时，要目盯住球，用小臂带动手腕动作借来球力量推挡过网。球拍后摆和前挥动作要小，身体要弯腰、屈膝，重心降低，拍面适当前倾，尽量在前脚之前击球。

9. 随击球

随击球指上网前的1次落地击球方法。对方来球在发球线附近跳起时，防击球随上网封球。击球动作要简洁，转身侧对球，重心降低，挥拍击球后跟进。击球的关键是落点要打到对方的弱区，并迅速封锁住对方回球的角度。

（五）网球的基本练习方法

（1）徒手挥拍练习。

（2）球落地反弹击定点球练习。

（3）对墙连续击球练习。

（4）降网两人对击球练习。

（5）两人一发一接练习。

三、基本战术的打法

（一）单打战术

1. 发球战术要点

（1）发球时的站位应选择既有利于进攻，又便于衔接下一个动作的位置。在右区发球时，一般站在接近中点线的位置。在中点线附近发直线球易击中对方的反手，破坏其强有力的进攻性击球。在左区发球时，可站在中点线附近或距中点线稍远的位置。

(2)发变化球。及时发现对方接发球的弱点，发出不同性能的球，在落点、线路上进行变化以增加对方接发球的难度。

第一发球因失误不失分，所以要发攻击性最强、威胁最大的球。力量既要大，又要落点好，力求做到稳、准、狠。第一发球失误后，进行第二发球。要注意发球的把握性，尽量发出攻击力强的球。重点放在稳健、准确、发好落点上。

2. 接发球战术要点

(1)接发球站位。一般站在对手发球扇面角度的角平分线上，也可根据个人接发球能力予以适当调整。若对手技术较差，站位应稍偏左；若对手擅发斜线和带侧旋的球，站位应稍偏右。

(2)按发球击球。要把握好击球的方法，选择好击球的落点，为自己创造上网的机会，不能只是被动地击球、挡球。常用的击球方法有平击抽球、拉旋转球、切削球、拉底线两角球、挑高球上网等。

3. 上网战术要点

(1)上网时机一般在发急速旋转球后，将球击向底线中间区域时；对方接反弹至底线外或反弹至边线外的球时；对方击被动的过渡球时，应及时上网。

(2)上网的位置。网前的位置应根据个人掌握网前击球的技术情况、自己移动的速度、来球的角度、来球的高度等因素来确定。以距网2～2.5m为宜。离网较近，攻击的角度大、截击球的机会多、控制面积大、移动距离较短，同时还可使回球的路线缩短，从而取得主动权。

(3)击球。应力求积极主动击球，或进行强有力的击球和具有战术意图的击球，尽量避免被动击球。

4. 底线战术要点

底线战术可起到过渡、稳定战局和以守为攻的作用。大多数用长抽球攻击对方的弱点，逼右攻左或退左攻右，打对方底线的两角，迫使对手左右移动，消耗体力，打乱其步法节奏。

5. 底线结合上网战术要点

在底线击球时，无论正手还是反手击球，都应力求给对手造成威胁，利用有力的长抽球拉开对手，然后伺机上网，截击对手来球或打高压球攻击对手档。

(二)双打战术

1. 发球战术要点

(1)发球站位。发球队员站位应稍靠边线。同伴站位一般在离网2～3m、距边线2～2.5m处为宜，以防对手回击直线球，并伺机截击高压球。也可采用同伴底线站位，发球队员发球后立即上网的打法。

(2)发球。第一发球，基本原则是大力(发向对方反手区)、准确(打落点)，迫使对方打过渡球，压制其回球角度，伺机上网截击或大力抽杀；第二发球，尽量发好落点，减少对方回击球的威力。同伴要做好充分准备，以防对方的袭击和强攻。

2. 接发球战术要点

(1)接发球站位。站位的原则是便于接发球后的上网，利用较小的移动距离取得较大的防守控制范围。一般站在对方发球扇面角度的角平分线上。右手持拍可稍偏左一些；反之，左手

持拍稍偏右一些。同伴的站位应在半场发球区内，随时准备上网迎击来球或及时后退至端线进行防守。

(2)回击球。接发球队员的回击球应积极主动，通过线路的变化，变被动为主动。网前的同伴队员应根据对方发球、同伴接发球、双方队员场上位置的移动情况，做出恰当的预判，迅速移动到来球位置截击球。

3. 上网战术要点

采用上网战术，首先应选择好正确的基本位置，一般应距网2～3m。这样不仅能击高于网的强有力的进攻性来球，而且也能迅速后退对付对手的跳高球。两人之间要保持适当的距离，既各自看好自己的边线球，又防止对方从结合部突破。随着场上的变化，两人要及时变换位置，左右交换，前后补位，不要同时偏向一边。两人之间的球，应掌握近球者先击，正手方便者先击球的原则，同时要互相呼应，防止互相让球。

4. 底线战术要点

底线战术可采用准、低、快的抽击球方法向对方两人之间、对方的两底线角或向对方两边线位置击球。还可运用削击球、拉旋转球等方法击球，争取制造良好的上网截击球机会。有时为了打破双方底线抽球的平衡局面，可突放一短球，引一人上网，然后向网前队员的身后吊球或向其身后击球，使底线队员防守困难。比赛中还应注意对方有人在网前封网时，回击的球应避开其截击。

四、网球竞赛规则简介

(一)网球场

网球场常见的有沙土场、塑胶和草地等。网球场呈长方形，边线长23.77m，端线长单打为8.23m，双打为10.97m，球网把全场隔成相等的两个半场。每个半场靠近球网处均有两个面积为4.115m×6.40m的左右发球区。网高两边为1.07m，中间为0.91m。

(二)比赛记分

(1)比赛的盘数，在网球比赛中，女子单打、双打和混合双打均为3盘2胜制。男子单打和双打均可采取5盘3胜制。

(2)胜一局。网球比赛以4分为一局，每分分别记为0、15、30、40，先得4分的即胜一局。如果出现比分40∶40，叫平分，一方必须连得2分才算胜这一局。

(3)胜一盘。比赛双方以一方先胜6局的叫胜一盘。如果局数是5∶5，一方必须连胜两局才算胜一盘。如果局数是6∶6，一般采用平局决胜制，即先得7分者为胜该局及该盘。如果出现比赛延长时，某方须净胜2分为胜该局该盘。

(4)交换场地。比赛双方应在每盘的第1、3、5等奇数局结束后，以及每盘结束后双方局数之和为奇数时交换场地。

(5)发生下列情况均判失分。

①在球第二次着地未能还击过网。

②还击的球触及对方场区界线以外的地面、固定物或其他物件。

③还击空中球失败。

④故意用球拍触球超过一次(连接)。

⑤运动员的身体、球拍，在“活球”期间触及球网、网柱、钢丝绳、中心带、网边白布或对方场

区以内的地方。

⑥过网击球。

⑦抛拍击球。

⑧发球双误。

思考题

1. 简述篮球、足球、排球、乒乓球、羽毛球和网球的运动项目特点。

2. 简述篮球、足球、排球、乒乓球、羽毛球和网球的竞赛规则。

第八章　游泳运动

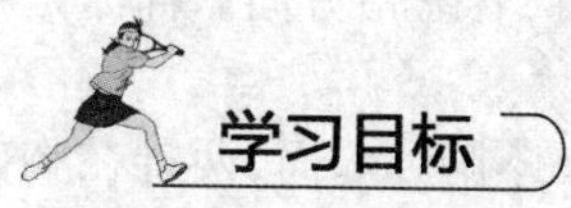

1. 通过学习游泳运动的起源、作用、分类等，对游泳这项运动本身形成概括性的了解。

2. 通过学习游泳运动中蛙泳、仰泳、自由泳和蝶泳项目，掌握科学、合理的动作技术，全面提高自身素质。

3. 通过各游泳项目的动作练习，掌握蛙泳、仰泳、自由泳和蝶泳动作要领。

第一节　游泳运动概述

一、游泳运动的概念

游泳是所有运动中唯一俯卧或仰卧进行身体锻炼的体育项目，这样的特性可以使全身血液均衡地分配到身体各个部位，加上其全身运动的技术特点，对身体健康来说，游泳可谓是一项百利而无一害的全身性运动，为此，受到越来越多的普通民众的喜爱。

(一)游泳运动的发展

游泳运动是男女老幼都喜欢的体育项目之一。古代游泳，根据现有史料的考证，国内外较一致的看法是产生于居住在江、河、湖、海一带的古代人。他们为了生存，必然要在水中捕捉水鸟和鱼类作食物，通过观察和模仿鱼类、青蛙等动物在水中游动的动作，逐渐学会了游泳。

我国历史悠久，水域辽阔。据记载，游泳始于五千年前。但游泳作为体育项目得以发展还是近几十年的事。

现代游泳运动起源于英国。17 世纪 60 年代，英国不少地区的游泳活动就开展得相当活跃。1828 年，英国在利物浦乔治码头修造了第一个室内游泳池，到 19 世纪 30 年代，这种泳池在英国各大城市相继出现。1837 年，在英国伦敦成立了第一个游泳组织，同时举办了英国最早的游泳比赛。1869 年 1 月，在伦敦成立了大城市游泳俱乐部联合会(现英国业余游泳协会前身)，并把游泳作为一个专门的运动项目正式固定下来。并随之传入各英国殖民地，继而传遍全世界。

(二)游泳的分类

游泳的种类很多,随着科学技术和体育的发展,一些新的种类也正在形成。但就目前的情况来看,开展比较普遍的项目大致可以分为以下几类:

1. 竞技游泳

竞技游泳是游泳运动项目之一,以运动员游进速度快慢论胜负,它包括出发、途中游、转身和终点触壁技术,以及蝶泳、仰泳、蛙泳、自由泳(爬泳)四种泳式和由这四种泳式组成的混合泳。

(1)蝶泳。蝶泳在四种竞技游泳姿势中是最年轻的一种泳式,它是从蛙泳技术中派生出来的。开始时的蝶泳实际上是手臂做蝶泳划水,而腿仍是蹬蛙泳腿的蝶式蛙泳。由于手臂动作的外形好像蝴蝶飞舞,所以称为蝶泳。1953 年匈牙利运动员董贝克最早采用了海豚式打腿技术,由于躯干和腿的动作似海豚,所以又被人们称为海豚泳。

(2)仰泳。仰泳,又名背泳,是一种人体仰卧在水中的游泳姿势。仰泳包括反蛙泳和反爬泳,因为脸面在水面上,呼吸很方便,但是游泳者看不到在往哪里游,容易错方向。仰泳是唯一一个运动员在水中开始的姿势,其他都是跳入水中。

(3)蛙泳。蛙泳是竞技游泳姿式之一,也是最古老的泳姿。人体俯卧水面,两臂在胸前对称直臂侧下屈划水,两腿对称屈伸蹬夹水,似青蛙所以得名蛙泳。蛙泳较省力,易持久,实用价值大,同时,也是游泳初学者的学习项目。

(4)自由泳。自由泳,也称爬泳,是竞技游泳比赛项目之一。游泳规则规定:“在自由泳比赛中,运动员可采用任何一种游泳姿势,转身和到达终点时,可用身体的任何部位接触池壁。”同时,自由泳还是个人混合泳和混合接力的组成部分,但规则规定“个人混合泳和混合泳接力中的自由泳,是指除蛙泳、蝶泳、仰泳以外的任何泳式”。由于爬泳速度最快,所以自由泳现已成为爬泳的俗称、同义语。

(二)实用游泳

实用游泳,是游泳运动的一类,是指为了生产、斗争、国防建设和生活需要进行的游泳活动。自 1896 年第一届奥运会举行游泳比赛以后,自由泳、蛙泳、仰泳、蝶泳等作为比赛项目列入竞技游泳,一般不再把它们包括在实用游泳范围内。现在人们通常讲的实用游泳,是指踩水、侧泳、反蛙泳、潜泳、着装泅渡和水上救护等。

(三)韵律泳

韵律泳是游泳、技巧、舞蹈、音乐相结合的,具有高度艺术性的体育运动项目。其和水中健身操是有区别的。水中健身操的全称是水中有氧健身操(aquaticaerobics),又称水中健美操、水中有氧操和柔水操等,多为站在齐腰深的水中,在音乐的伴奏下结合不同的身体动作和舞蹈步伐来锻炼和放松全身,就好像在水中做游戏一样。两者最大的区别是,前者是在游泳,后者是站立在水中。

(四)冬泳

冬泳是冬天在室外冷水中进行的游泳,用以培养人的勇敢精神,锻炼意志品质和提高身体素质。坚持冬泳能促进人体血液循环,增强体温调节和御寒能力。

二、游泳的作用

适当地进行游泳锻炼,不仅能给人带来心理上的愉悦,塑造流畅和优美的体型,还能增强

心血管系统的机能，增强体质，提高协调性。许多运动项目都容易给机体造成劳损或损伤，但游泳是劳损和损伤率最低的体育活动。因此，游泳是一项很好的、可以终身进行锻炼的健身运动。

（一）改善心血管系统的功能

心血管系统包括我们所熟知的心脏、肺和负责将吸入的氧运送到肌细胞的血管。游泳时要克服水的阻力需要动用较多的能量，使心率加快，心输出量增大。坚持长期进行游泳锻炼，心脏体积呈运动性增大，心肌收缩有力，安静心率减慢，每搏输出量增加，血管壁增厚，弹性加大，心血管系统的效率得到提高。

此外，游泳时人体处于平卧姿势，水对皮肤的压力又形成一种按摩作用，因此，肢体，尤其是下肢的血液向心脏的回流比在陆地上直立状态下容易。而且水的阻力使肌肉难以像陆地上那样进行爆发式用力，这些特点非常适合中老年人进行锻炼，既能增强体质，又不容易因运动过于激烈而发生意外。

（二）提高呼吸系统的机能

水的一个主要特点是难以压缩。因为水的密度比空气大800余倍，人在水中受到的压力要远远大于在空气中。这就是初学游泳者在水中感到呼吸困难的原因。由于胸腔和腹腔在水中受到的压力增大，这就迫使呼吸肌用更大的力量进行呼吸。所以经常游泳，可以增大呼吸肌的力量，提高呼吸系统的机能。最明显的一个例子是肺活量的值。游泳运动员的肺活量可以达到4 000 ~6 000毫升，甚至7 000毫升，而一般人只有3 000 ~4 000毫升。

（三）改善肌肉系统的能力

游泳是一项全身参与的运动，比其他运动动更多的肌肉群参与代谢供能。

虽然游泳不能塑造粗壮的、隆起的肌肉，但能够提高许多肌肉的力量和协调性，特别是躯干、肩带和上肢的肌肉。因为在水中游泳需要克服较大的阻力，游泳又是周期性的运动，长期锻炼能够使肌肉的力量、速度、耐力和关节的灵活性都得到提高。

游泳还有一个很大的好处，即柔韧性的改善。这使得人们由于年龄限制而不能从事其他体育活动时，仍然能够继续游泳。由于游泳时身体活动的范围较大，定期进行游泳活动的人都会变得更加灵活和柔软。而且，正确的游泳技术要求肌肉在收缩用力前先伸长，这种运动方式有利于不断地提高柔韧性和力量。

（四）使身体成分比例更加合理，从而塑造健美的体型

如果经常观看游泳比赛，一定会对游泳运动员圆润、修长、比例适当的肌肉和健美的身材艳羡不已。因为肌肉工作方式的影响，游泳运动员一般有修长的身材，宽宽的肩膀，灵活的腰肢，匀称的体型。也许有人会说，我想通过游泳减肥，为什么没有效果呢？其实，要想通过运动减肥，必须达到一定的强度，坚持足够的时间，并且持之以恒。如果只是三天打鱼，两天晒网地到游泳池悠闲地游一点，当然不会有什么作用。如果用这种方式进行跑步、骑自行车或其他任何锻炼，结果也是一样的。

（五）改善体温调节的机制

由于水的温度一般低于气温，水的导热能力又比空气强数十倍，因此人在水中失散的热量远远快于在空气中。经常游泳能改善体温调节能力，从而更能够承受外界温度的变化。特别是冬泳，对这方面的改善作用尤其明显。

（六）预防疾病，治疗康复

由于冷水的刺激，长期进行游泳锻炼能增强机体抵御寒冷、适应环境的能力，可以预防感冒等疾病，使身体日益强壮。由于游泳时身体平卧，加上浮力的作用，可以使脊柱充分伸展，对一些脊柱病患者有一定的康复作用。游泳还可以作为运动处方，治疗一些慢性疾病，如慢性肠胃病或慢性支气管哮喘等。对于一些不适合直立锻炼的人群，如过度肥胖症患者等，如果采取跑步等方式，由于重力作用，腿脚部负担过重，容易受伤。此时，游泳是很好的替代锻炼方式。

（七）磨练意志，培养注意品质，促进心理健康和智能发展

学习游泳需要克服一定的困难。例如，初学游泳的人一般会有怕水心理，对水环境的陌生感使他们心生恐惧。学习游泳的过程，就是克服恐惧，克服冷、累等困难的过程，这对人的意志品质是很好的锻炼。现代人追求回归自然，越来越多的人喜欢到公开水域中游泳，到江河湖海中享受大自然的乐趣，还有许多人常年坚持冬泳，这些都磨练了人的意志，鼓舞了人的精神。

游泳对智能的发育也有好处。水的流动特性对游泳技术提出了许多特殊而微妙的要求。掌握游泳技术的过程就是神经系统和肌肉之间充分协调的过程，需要体会特殊的“水感”。这些对神经系统是良性的刺激，坚持游泳锻炼的人一定能从中得到益处。

三、游泳的器材

（一）泡沫泳圈

游泳圈是游泳初学者必不可少的东西，泳圈一般有充气式和泡沫式两种，两种泳圈各有优点，但对于初学者来说，泡沫式泳圈更适用。泡沫式泳圈相对于充气式泳圈来说，其一安全性更加可靠。很多厂家生产的充气式泳圈用料做工并不是很讲究，容易出现漏气的问题；而泡沫式泳圈整体化的设计则更具备安全性。其二体积较小，在学习的过程中不会太过约束手脚动作的练习，而使用充气式泳圈由于体积较大，在使用的过程中很难放开手脚。其三价格相对便宜。

（二）背漂

背漂对于游泳初学者来说非常重要。将背漂系在臀部靠上的位置，完全不影响手脚的施展。同时初学者随着自身水平的提升，可以将多余的背漂一片一片取掉，直到真正脱离背漂。

（三）漂板

初学者一般上游泳课时教练都会从单体动作开始。用蛙泳来说，教练一般都是先教腿部动作，然后再教手部动作，最后才是手脚配合。因此如何把一个分解动作做到完美这就需要漂板了。在练习腿部动作时，可以通过双手向前伸直扶住漂板来保证上半身的的漂浮；在练习手部动作时，可以用双腿内侧固定夹住漂板，安心练习手部动作。

（四）泳帽与眼镜

如今市场的泳帽与眼镜种类繁多。

泳帽在购买时建议买硅胶的，因为其亲肤性更好。硅胶泳帽对比橡胶泳帽来说质地更加柔软，可以通过揉、扯等方式去区分；也可以通过用鼻子嗅的方式去辨别，硅胶的泳帽无气味，而橡胶的泳帽泽有一股淡淡的刺鼻味。

眼睛的选择方面首先要考虑眼睛的密闭性，不能在游泳的过程中突发进水的情况；其次考虑眼睛的防雾性，游泳眼镜带久以后，镜片上往往会出现一层薄雾影响视线，应当选择防雾性较强的。

第二节　游泳的基本技术

一、蛙泳学习

蛙泳配合有一个顺口溜:“划手腿不动,收手再收腿,先伸胳膊后蹬腿,并拢伸直漂一会儿。”从顺口溜中可以看到,手的动作先于腿的动作。一定要在收手后再收腿,伸手后再蹬腿。

(一)蛙泳动作要领

1. 臂部动作

(1)开始姿势。两个手臂自然前伸,手掌张开,掌心向下,与水平面平行,身体处于自然伸直状态(图 8 – 1)。

图 8 – 1　开始姿势

(2)手臂外划。手肘伸直,掌心由向下慢慢转为向外,手掌倾斜大约 45°角,边转手掌边将全臂向外斜下方推开,这时是没有向前的推进作用的,不需要太用力,以免浪费体力(图 8 – 2)。

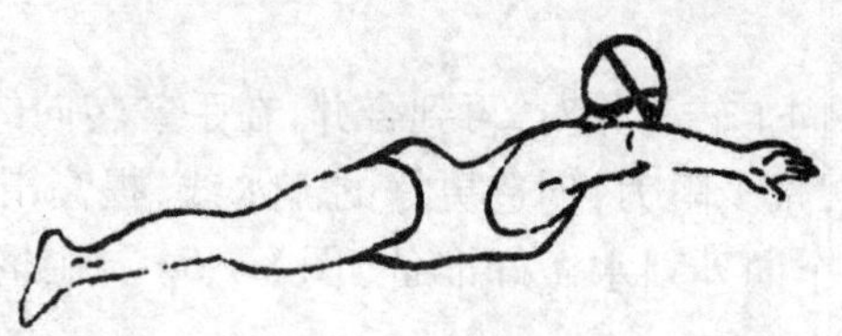

图 8 – 2　手臂外划

(3)高肘抓水。当手掌和手臂感觉到有压力时,开始抓水,这是抓水推进力最为关键的一步,过早抓水,会导致内划距离缩短,影响速度。抓水速度根据个人水平高低而定,水平高者,抓水速度快,否则则慢(图 8 – 3)。

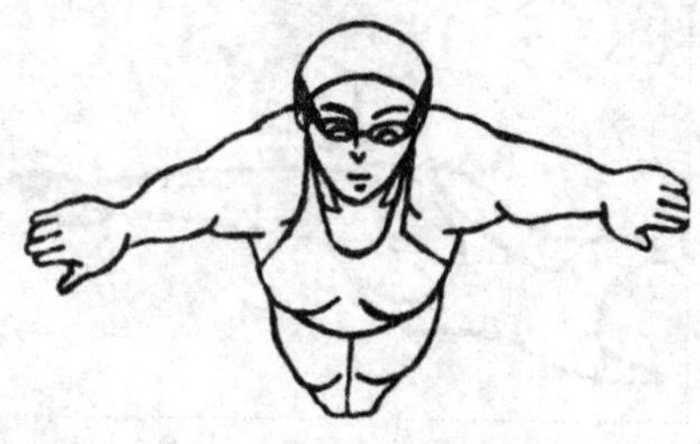

图 8 – 3　高肘抓水

(4)内划收手。当手臂张开大约45°角时，手腕开始弯曲，掌心由外向内，手臂带动手肘加速向内划水，将水推向身体内侧，这时由于水的推力，上半身可以处于一个较高的位置；该动作完成时，手肘将收置于腋下，双臂贴紧身体，以减少水阻力；掌心也同时由外向上（朝向胸部），置于头部前下方位置（图8－4）。在整个内划收手的过程中，手的速度要快、圆滑、用力，收手结束时，肘关节必须低于手。

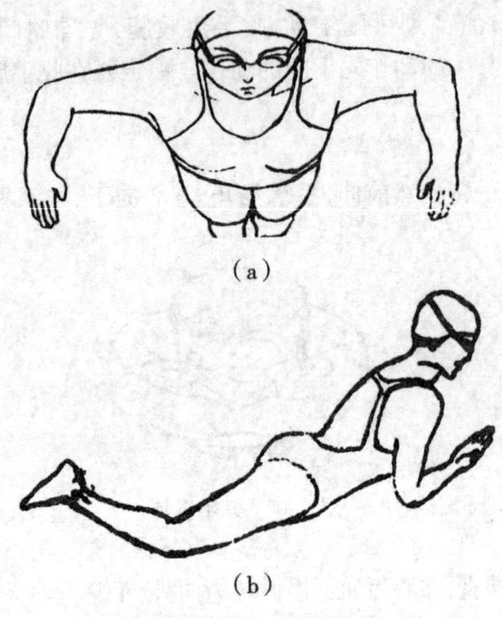

(a)

(b)

图8－4　内划收手

(5)手臂前伸。掌心由向上转为相对，再到合并，在手掌转向的同时慢慢伸直手肘，用暗力往前伸，尽量伸到缩紧肩宽，减少阻力，创造更好的流水线，提高滑行速度，在最后动作结束前掌心慢慢转为向下，为下一个向外划水做好准备（图8－5）。在整个前伸的过程中，手掌到手指要伸直，尽量减少水的阻力。

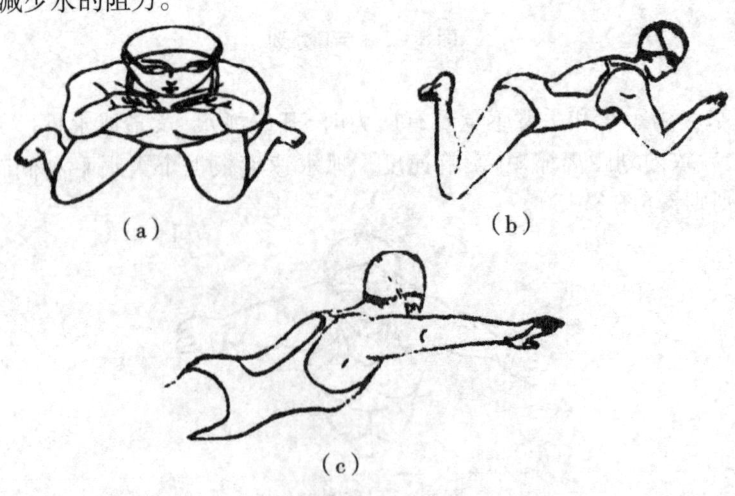

(a)　(b)

(c)

图8－5　手臂前伸

2. 腿部动作

蛙泳腿部动作是推动身体前进的主要动力，腿部动作由收腿、外翻、蹬夹水、滑行四个连贯动作组成。

（1）收腿。蛙泳的收腿动作是为了把腿收至最有利于蹬水的位置，它不但不产生推进力，而且还造成阻力，所以收腿时，要考虑尽量地减少阻力。

收腿时两腿自然放松，随着划手和吸气动作两腿略下沉，两腿一边向前收一边逐渐分开膝和踝，同时屈膝屈髋，脚稍向内旋，脚跟向臀部靠拢。收腿时小腿和脚要跟在大腿和臀部的后面，藏在大腿投影截面内，收腿力量要小，速度较慢，以减少阻力。收腿结束后，大腿与躯干成120°～140°角，两膝内侧与髋关节同宽，脚后跟靠近臀部，大腿与小腿之间成40°～45°角，小腿与水面几乎垂直（图8－6）。

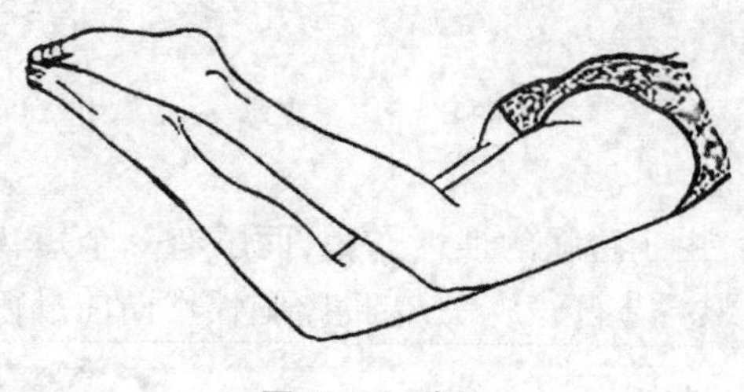

图8－6　收腿

在现代蛙泳技术中，有的运动员在收腿时，采用快收小腿技术，以提高收腿动作速度，使之与臂部动作相配合，加快了动作的频率，这对提高速度是有利的。

（2）外翻。外翻是蛙泳收腿与蹬水之间的连接动作，通过向外翻脚可以增大对水面，为蹬水创造有利条件。

脚外翻动作既是收腿的继续，也是蹬腿动作的开始，严格来讲脚外翻是随最初的蹬腿动作完成的。当腿收至脚跟接近臀部时，膝关节和踝关节随着向后蹬腿的动作而向外转动，勾脚尖，此时脚位于臀部的外侧，形成脚和小腿的内侧对水面（图8－7）。

图8－7　外翻

（3）蹬夹水。蹬腿是产生推进力的主要阶段，蹬是由蹬和夹两个动作构成，蹬腿应先伸展髋关节，然后是膝关节，最后是踝关节，在向后蹬的同时向内夹水（图8－8）。蹬夹过程中两腿保持勾脚动作，只在腿将蹬直并拢时，两脚踝关节才由原来的背屈转为跖屈，同时两腿自然地从水下向上摆到接近水面的位置，使腿与躯干保持直线。蹬腿结束，两腿应并拢伸直，踝关节伸直。蹬腿动作方向是先向外向后蹬然后转入向内向后蹬，最后阶段是向内、向后和向下的蹬夹腿，由此形成蛙泳的蹬夹水是呈弧线形的鞭状蹬腿动作。由于蹬夹水能产生较大的推进力，

应用较大的力量和较快的速度完成。

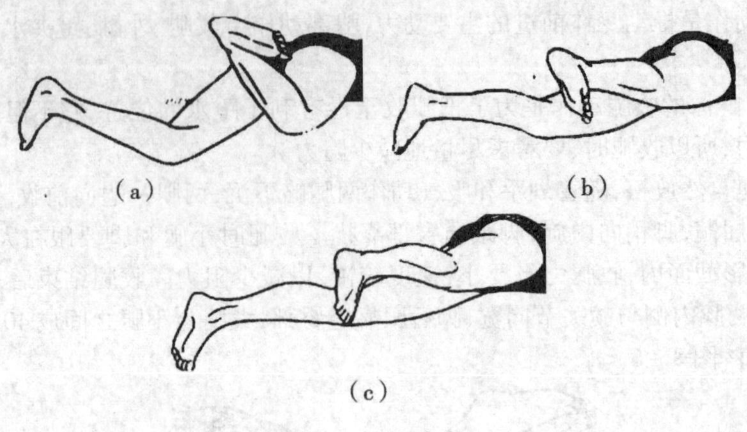

图 8－8　蹬夹水

(4)滑行。蹬夹结束后,由于蹬腿的惯性作用,两腿有一个短暂的滑行阶段。这时两腿应尽量伸直并拢,腿部肌肉和踝关节自然放松,借助蹬腿惯性向前滑行(图 8－9)。

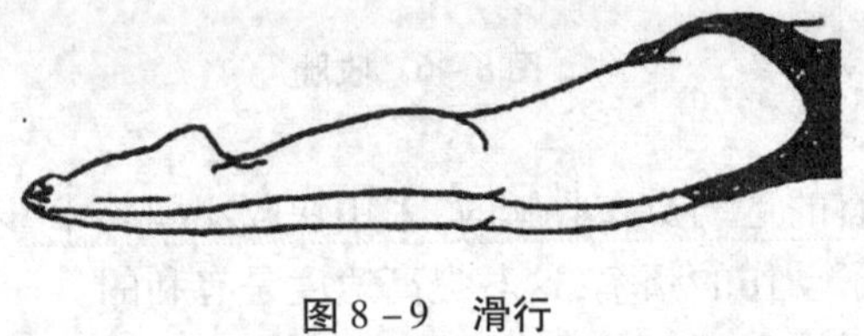

图 8－9　滑行

(二)蛙泳的呼吸

学习蛙泳的过程中,腿部动作是基础,呼吸换气是难点,配合是关键。呼吸换气需要配合整套动作才能顺利完成。

(1)呼吸虽然不受限制,但最好采用有节奏的呼吸方式,或以固定在一臂移臂时吸气。毕竟划水以及身体在水中行进时会有波浪及水花。随意呼吸易呛水。

(2)保持水平的身体姿势,躯干和肩随手臂动作围绕纵轴转动,始终有一肩不露出水面。

(3)一般每划水 2 次,腿打水 6 次,呼吸 1 次。

(4)两腿交替做鞭状上下打水。向上打水要快而有力,脚略内旋并绷直,向下打水时腿和脚自然放松。

二、仰泳学习

仰泳技术的产生和发展有较长的历史,1794 年就有了关于仰泳技术的记载,但是直到 19 世纪初,游仰泳时仍采用两臂同时向后划水,两腿做蛙泳的蹬水动作,即现在的“反蛙泳”。自 1902 年出现爬泳技术后,由于爬泳技术合理和速度快,开始有人采用类似爬泳的两臂轮流向后划水的游法。但是直到 1921 年才初步形成了现在的仰泳技术。

仰泳的技术环节分为仰泳身体姿势、仰泳手臂技术、仰泳腿部技术、仰泳呼吸换气技巧四部分。

（一）仰泳身体姿势

仰泳身体姿势在仰泳技术中头起着“舵”的作用，并可以控制身体左右转动。头应保持相对稳定，不要上下左右晃动，但颈部肌肉不要过分紧张，后脑处在水中，水位在耳际附近，两眼看腿部的上方。

腰部肌肉要保持适度的紧张，以不至于使身体过分平直和屈髋成坐卧姿势为前提。肋上提，不要含胸。快速游进时，身体的迎角能使体位升高，水平较高的运动员不仅肩和胸部露出水面，而且腹部也经常会露出水面。

（二）仰泳手臂技术

（1）入水。臂入水时，应借助于移臂动作的惯性，臂部自然放松，入水点应在身体纵轴与肩的延长线之间，或在肩的延长线上。过宽和过窄都会影响速度。臂入水时应保持直臂，肘部不要弯曲，入水时小指向下，拇指向上，掌心向侧后方。手掌与小臂成150°～160°角（图8－10）。

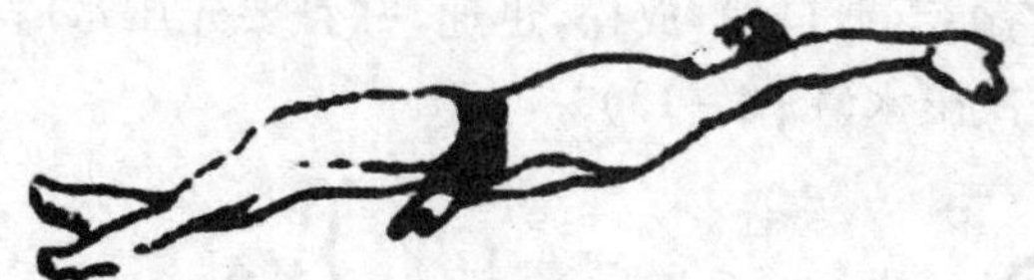

图8－10　入水

（2）抱水。抱水为划推水创造有利的条件。臂入水后要利用移臂时所产生的动量积极下滑到一定的深度，手掌向下、向侧移动，通过伸肩、屈肘、上臂内旋和屈腕的动作，配合身体的滚动，使手掌和前臂对准水并有压力的感觉。当完成抱水动作时，肘部微屈成150°～160°角，手掌据水面约30～40厘米，肩保持较高的位置（图8－11）。

抱水时，手的运动方向为向后—向下—向外的三个分运动，水流由小指尖流向第一掌骨底，紧接着通过前臂外旋，改变掌心朝向，由向外—向下—向后变为向后—向上—向外侧的方向。

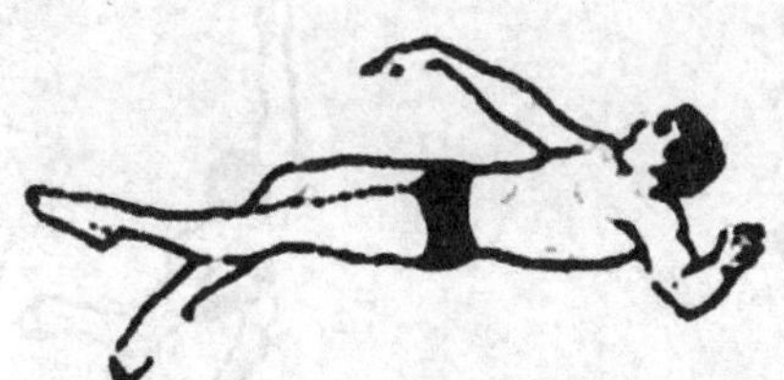

图8－11　抱水

（3）划推水。仰泳的划水动作是推动身体前进的主要动力。整个动作由屈臂抱水开始，以肩为中心，划直打腿外侧下方为止（图8－12）。划水动作包含拉水和推水两个阶段。

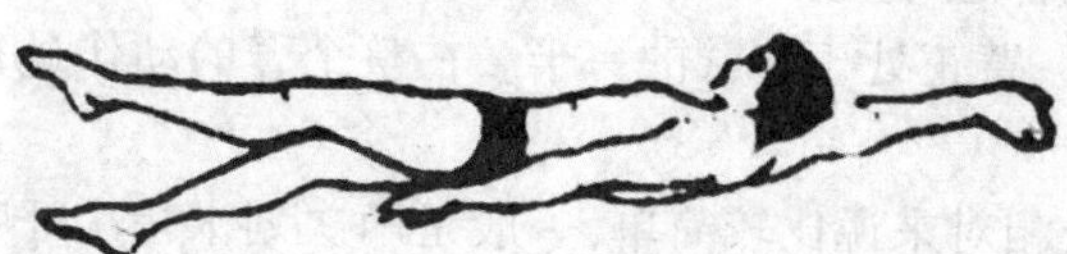

图8－12　划水

拉水是在臂前伸抱水的基础上进行的。开始时前臂内旋，手掌上移，肘部下降，使屈肘程度加大，手掌和小臂要保持与前进方向垂直。当手掌划之肩侧时，屈臂程度最大，为70°～110°角，手掌接近水面。拉水的前半部分，手的运动为向上—向外—向后的三个分运动；后半部分则是向上—向内—向后的三个分运动。水流从大拇指流向小指。这个阶段也是身体向划水臂同侧转动最大的阶段。

推水是在手臂划过肩侧时开始的，这时肘关节和大臂应逐渐向身体靠近，同时用力向脚的方向推水。当推水即将结束时，小臂内旋做加速转腕下压的动作，掌心游向后转向向下。推水时，手的运动时由向内—向下—向后的运动，逐渐转变为向内—向下—向前的运动。水流从小指流向大拇指一边。推水结束时，手臂要伸直，手掌在大腿侧下方。

(4)出水。推水结束后，借助于手掌压水的反弹力迅速提臂出水。出水时手形有多种：①手背先出水；②大拇指先出水；③小指先出水。这三种手型各有利弊，相对来说最后一种较好。无论采用哪种手型出水，都要注意使手臂自然、放松、迅速，并且要先压水后提肩，肩部露出水面后，由肩带动大臂、小臂和手依次出水(图8－13)。

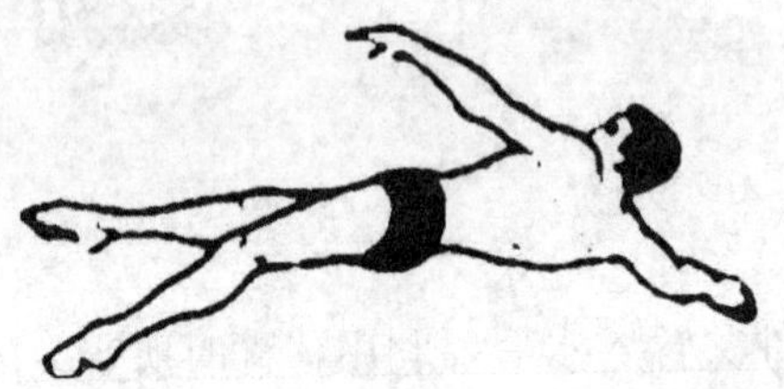

图8－13　出水

(5)空中移臂。提臂出水后，手应迅速从大腿外侧垂直于水面移至肩前。当手臂移至肩上方时，手掌要内旋，使掌心向外翻转(采用小指先出水技术的无此动作)。空中移臂时，必须伸直放松，移臂的后阶段要注意肩关节充分伸展，为入水和划水做好准备(图8－14)。

图8－14　空中移臂

(6)注意事项。

①两臂配合技术：仰泳两臂的配合是“连接式”的，即当一臂划水结束时，另一臂已入水并开始划水；一臂处于划水的中部，另一臂正处于移臂的一半。在整个臂的动作过程中，两臂几乎都处在完全相反的位置。

②臂和呼吸的配合：仰泳的呼吸相对来说比较简单，一般是两次划水一次呼吸，即一臂移臂时开始吸气，然后做短暂的憋气，当另一臂移臂时进行呼气。在高速游进时也有一次划水一

次呼吸的技术,但是呼吸不能过于频繁,否则会引起呼吸不充分,造成动作紊乱。

③臂腿配合技术:臂腿配合是否合理,将影响整个动作的平衡和协调自然。臂在划水过程中,腿的上踢、下压动作要避免身体的过分转动,以保持身体的平衡、协调为原则。

(三)仰泳腿部动作

1. 直腿下压

膝关节充分伸展,臀部肌肉缩紧,整个腿向下压,当压到一定程度的时候,由于腿部的向下惯性,小腿继续下压,而大腿停止向下,这时膝关节将会有些弯曲。

提示:下压动作并不产生推进动力,所以腿部各关节要自然放松,而且速度不用快。

2. 屈腿上踢

完成直腿下压之后,大小腿大概形成 140°角,此时大腿跟小腿达到了最大弯曲度,膝关节充分展开,靠腰部力量大腿带动小腿,小腿带动脚加大力量与速度往水面方向踢水,直到膝关节快接近水面时停止上踢动作。

提示:整个过程尽量避免膝关节、脚尖露出水面,脚尖尽量伸直,加大打水的面积。

(四)仰泳呼吸换气技巧

仰泳的呼吸换气相对来说比较简单,但为了避免呼吸过于频繁或者过于不充分而导致动作紊乱,一般采用划水两次、呼吸一次的频率。也就是说,当一个移臂开始时,进行吸气,并有一短暂的憋气,直到另一个移臂开始时,便进行呼气。

三、自由泳学习

自由泳由于动作没有太多的限制,而且泳姿具有阻力小、速度快、耗力小的优点,很多游泳爱好者非常喜欢采用这种游泳方式。

(一)自由泳臂部动作

1. 入水

手臂在空中完成移臂之后,大臂内旋,使肘关节处于最高点,手指伸直并拢,掌心斜向外下方,指尖自然触水,接着是小臂,最后大臂自然插入水中(图 8-15)。

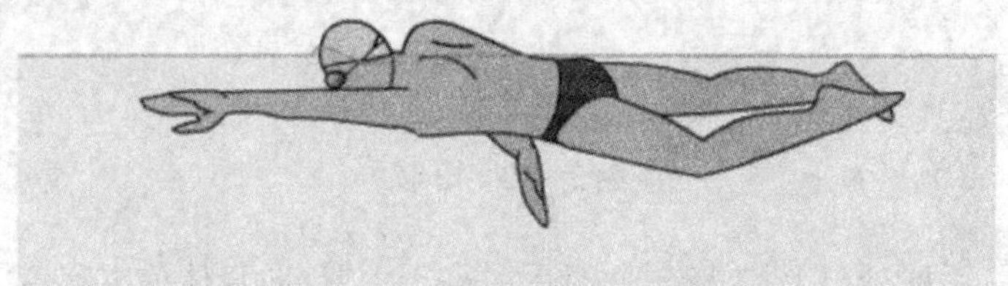

图 8-15　入水

2. 抱水

完成入水之后,手掌掌心开始由斜向外下转为斜向内后,逐渐弯手肘、弯曲手腕,手肘始终高于手臂,为下一步的划水做好准备(图 8-16)。

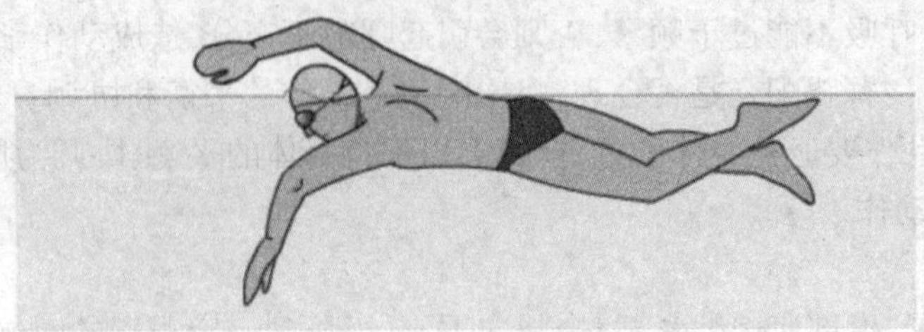

图 8-16　抱水

3. 划水

抱水完成之后，手臂配合肩膀的旋转，大臂内旋，带动小臂，弯曲的手臂逐渐往大腿方向伸直划水，掌心由斜内下方转为斜内上方，从下往上划水至大腿（图 8-17）。

注意：划水是提供向前滑行的最主要，也是最关键的动力，不仅要划水有力，而且更要充分发挥推进作用。

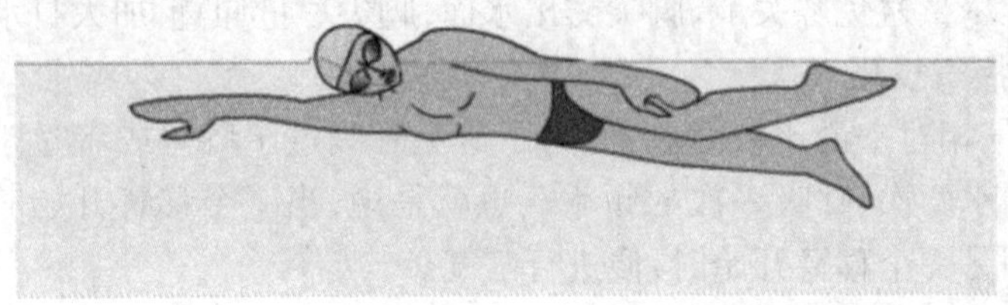

图 8-17　划水

4. 出水

划水至大腿之后，掌心转向大腿，手指向上先划出水面，稍微弯曲手肘，手臂放松，大臂带动小臂，上提手肘部位，掌心转为后上方，整个出水过程必须连贯不停顿，并且快速（图 8-18）。

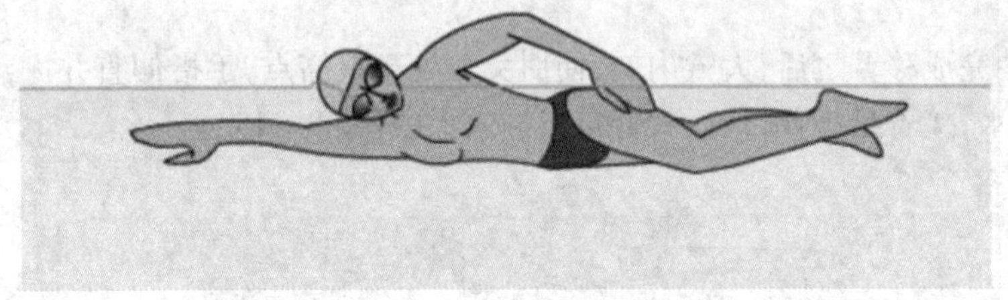

图 8-18　出水

5. 空中移臂

完成出水之后，手肘处于上提状态，此时手肘高于手臂，向身体前方移臂，手感觉像要插入水的动作，进入下一个入水动作的准备（图 8-19）。

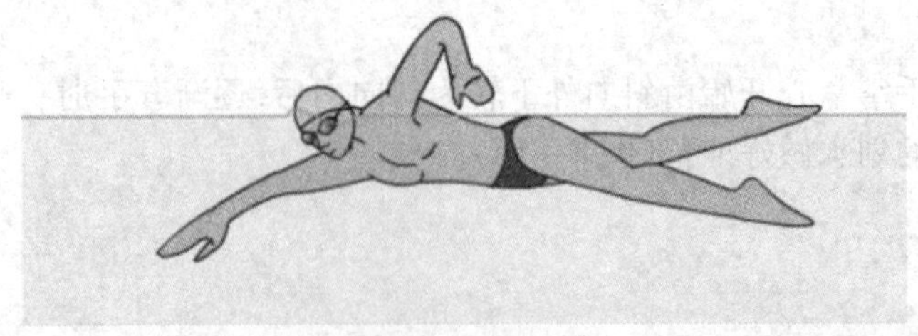

图 8-19　空中移臂

（二）自由泳腿部动作要领

（1）自由泳腿部的打水动作，虽然也有一定的推进作用，但主要作用是保持身体的平衡（图8－20）。

图8－20　腿部打水保持身体平衡

（2）膝盖自然弯曲，但不能弯曲太大，这样的话小腿打水就显得不够力，而且加大了前进的水阻力，看不到打水时的水花；如果绷紧，伸得太直，会让腿部肌肉过于紧张，太累，而且水花也大，最佳状态是弯曲160°（图8－21）。

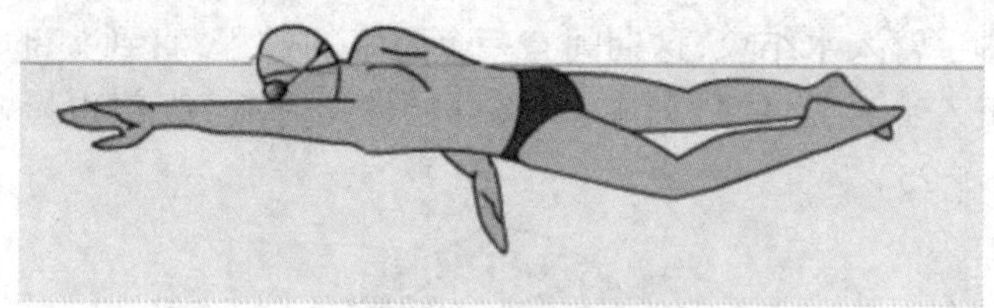

图8－21　膝盖弯曲160°打水

（3）尽量放松脚踝，绷直脚尖，大腿带动小腿打水，腰部以下用力，上半身保持不动，这样打水才有力度，而且不会左右晃动（图8－22）。

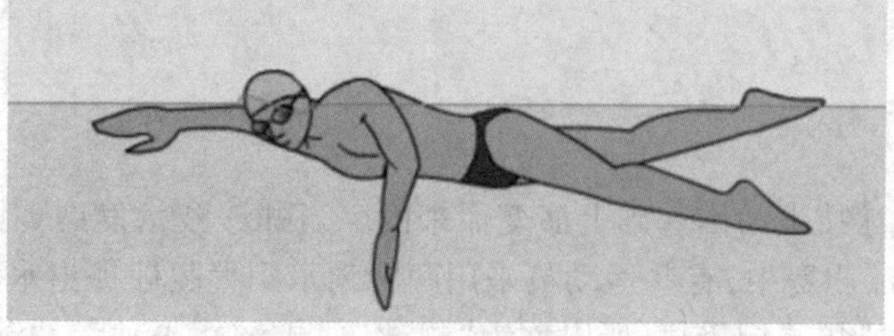

图8－22　打水脚部动作

（三）自由泳换气技巧

一般是划臂两次（即左右臂各自划水一次），呼吸一次，腿部打水六次。以右边呼吸为例（图8－23）。

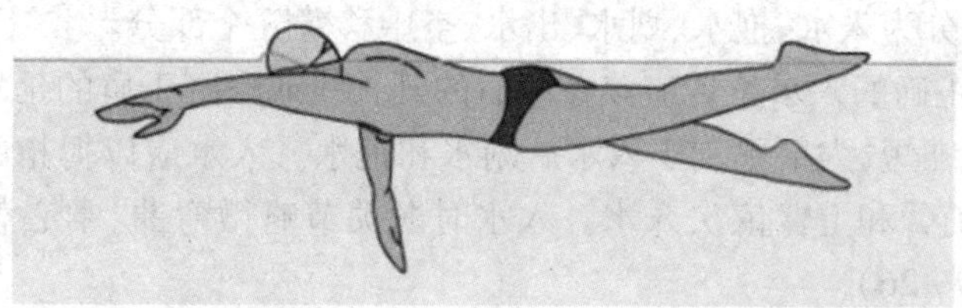

图8－23　右边呼吸划臂

1. 呼气

右手入水之后,此时头部面向左下方,口鼻在水中慢慢呼气,随着右手臂划水到肩下的过程,头部慢慢转向右下方,同时口鼻加大呼气量,直到右手臂即将划出水面时,用力呼气(图8-24)。

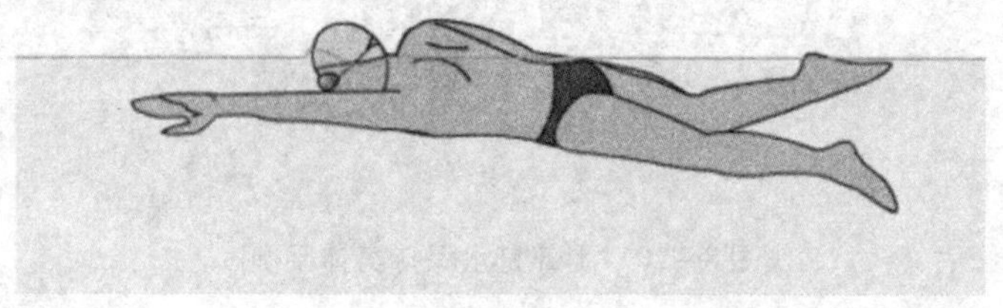

图8-24 呼气

2. 吸气

右手臂一划出水面,头部刚好能摆上水面,大口吸气,随着右手臂在空中移臂的过程,将头再次埋进水里,直到右手臂入水结束,这期间有一个闭气的过程,直到头部完全摆向左下方;然后,在左臂空中移臂至入水、划水的过程中,口鼻开始慢慢呼气,头部也慢慢摆向右侧,进行下一轮吸气的准备(图8-25)。

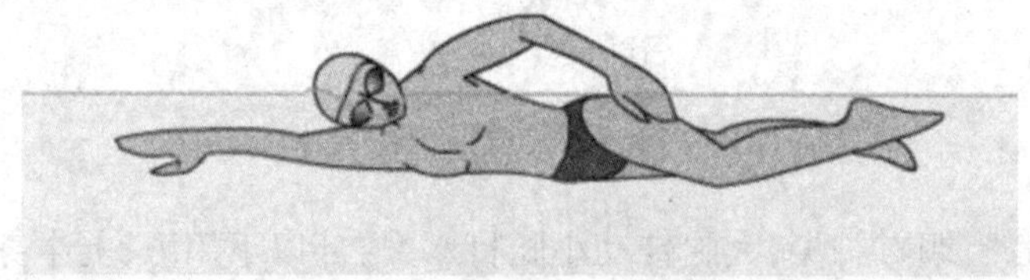

图8-25 吸气

四、蝶泳学习

蝶泳技术是在蛙泳技术动作基础上演变而来的。当蛙泳技术发展到第二阶段时,也就是1937—1952年,在游泳比赛中,有些运动员采用两臂划水到大腿后提出水面,再从空中迁移的技术,从外形看,好像蝴蝶展翅飞舞,所以称为“蝶泳”。蝶泳在4种竞技游泳姿势中是最后发展起来的泳姿。

(一)蝶泳动作要领

1. 臂部技术与练习

蝶泳手臂动作可分为入水、抱水、划水、出水、空中移臂五个部分。

(1)入水。蝶泳正确的入水位置应该在两肩的延长线或略窄于肩的延长线上,两手的入水点太宽易使划水路线缩短,太窄不利于入水后划水和抱水。入水应以拇指领先,两手掌同时对称地斜插入水,然后前臂和上臂依次入水。入水时肘关节略微弯曲,掌心朝向外下方,手掌与水面约成40°角(图8-26)。

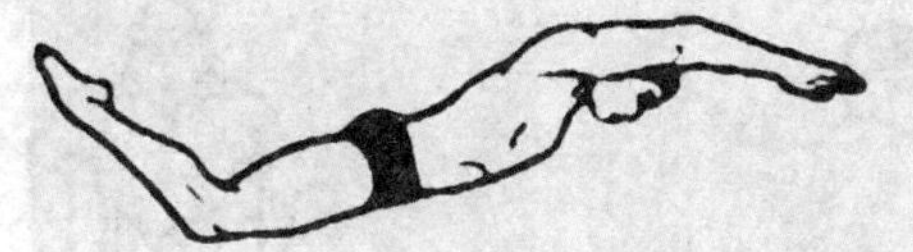

图 8－26 入水

(2)抱水:臂入水后,尽可能沿水面向前伸肩和伸臂,两手和前臂内旋并外分,向外向后划水。当两手外划至超过肩宽时,屈腕,使手掌由向外、向后变为向外、向下和向后,同时屈肘完成抱水动作。抱水动作过程就像是用手臂去抱一个大圆球,在头前形成高肘的姿势,这样可以使背阔肌、大圆肌等大肌肉群预先拉长,为划水的主要阶段做好准备(图 8－27)。

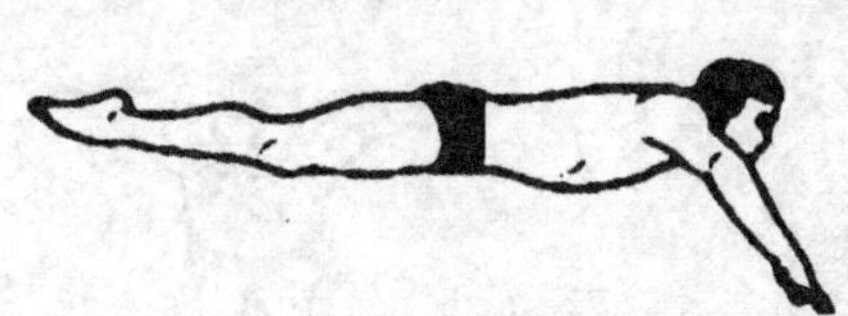

图 8－27 抱水

(3)划水:做好抱水的动作之后,手臂继续屈肘,并保持高肘姿势,手的运动方向从向下、向外、向后转为向内、向上和向后。随手向着内上方的划动,屈肘程度逐渐加大,当手臂划至肩的下方时,肘关节弯曲成 90°～100°角,两手之间的距离最近。然后手臂内旋,从原来的向内、向上、向后方转为向外、向上和向后方的划动,这时的划水要逐渐伸肘、伸腕,使前臂和手尽量保持对水。当手划到大腿两侧时,划水动作结束,转入出水(图 8－28)。

图 8－28 划水

蝶泳的整个划水过程两手相对于身体的运动轨迹是呈双 S 形的曲线。划水阶段产生的推进力是最大的,应用最大力量和最快速度完成。

(4)出水。在手划水尚未结束时,肘已经开始离开水面。当两手划到大腿两侧时,利用划水的惯性,肩带动手臂提肘出水。出水时,掌心向内,朝向大腿的内侧,小指领先,以较小的截面出水,减小出水的阻力(图 8－29)。蝶泳的划臂虽然和爬泳相似,但也有不同。爬泳的推水是向后、向上、向外在大腿旁出水,而蝶泳双手划到腹下便向外、向后、向上推水,在髋旁出水。推水和出水是一个很圆滑的动作,如果手划得太后就会觉得出水很困难并影响移臂。

图 8-29 出水

(5)空中移臂:手臂出水后,在肩的带动下在身体两侧沿低平的抛物线经空中向前摆动到头前,准备做下一个周期动作的入水动作。在移臂过程中,肩应该露出水面,手臂自然伸直,前臂和手腕自然放松,拇指朝下,由上臂带动前臂前摆。由于蝶泳两臂同时向前移动,故采用低平的自然直臂姿势从两侧向前甩臂比较好(图 8-30)。

图 8-30 空中移臂

(二)腿部技术

蝶泳腿和爬泳腿有相似之处,但蝶泳打腿对蝶泳的完整配合所起的作用比爬泳大。此外,蝶泳腿打水时屈膝的程度大于爬泳。

蝶泳的打腿动作是由躯干发力,经过髋、膝、踝关节的动量传递,各部分协调配合形成波浪式的动作,它对于保持良好的身体姿势以及推进身体前进有十分重要的作用。蝶泳打水时,两腿自然并拢,两脚稍内旋成内八字,两腿的动作应同时进行,否则即为犯规。

蝶泳腿由向上打水和向下打水两部分组成。当两腿前一次向下打水动作结束时,两脚处于最低点,膝关节伸直,臀部上升至水面,髋关节屈成约 160°角。接着两腿伸直向上摆动,髋关节逐渐展开,当大腿上升到与躯干成一直线时,腰腹和臀部开始下沉,大腿开始下压。在大腿下压时,两脚和小腿由于惯性的作用继续向上,膝关节形成自然弯曲。随着大腿继续加速向下,屈膝程度增加,直到脚升至接近水面,在水下 4~5 厘米处,此时臀部下沉至最低点,膝关节屈成 110°~130°角,这时向上打水结束。

随着大腿加速下压,脚和小腿在大腿的带动下加速向后下方下打,直至小腿和脚向下打水到膝关节完全伸直,脚处于最低点。向下打水是伸膝的过程,小腿和脚加速向后下方打水,就像鞭子向池底甩去。向下打水时踝关节跖屈脚掌内旋,踝关节的柔韧性和灵活性对打水效果起重要作用。向下打水是产生推进力的主要阶段,要加速完成。向下打水结束,又进入下一个打水的周期动作。向上打水和向下打水是没有明显界线的:当小腿和脚向上打水动作还未结束时,大腿已经开始向下打水;在小腿和脚向下打水动作还未结束时,大腿已经开始上摆,进入向上打水。躯干与腿部动作连贯才能形成波浪的动作。

四、注意事项

(1)不要孤身一人游泳。不要孤身一人去游泳,尤其是小孩子要在成人的监护下才能下水。有别人在,万一发生溺水事故的话,也有照应。

(2)饭前饭后不宜游泳。饭前游泳,会感到体力不支,容易虚脱。饭后,肚子吃饱了游泳,容易造成呕吐,饭前饭后游泳都会造成身体不适,所以最好在饭后2小时之后再去游泳。

(3)携带好游泳圈。对于水域比较深的场所,或者游泳技术不是很好的人,千万记得带上游泳圈类辅助工具。游累了,可以借助它们休息下,万一有危险的话,还可作为救命工具。

(4)游泳时间不宜太长。在水里浸泡时间过久后,感觉会不舒服,所以,游泳的时间不宜过久,确保在2个小时以内。

(5)月经期不要游泳。对于女性来说,经期身体抵抗力差,游泳的话,会使细菌进入到体内,产生感染。所以女性经期不宜游泳。

(6)不在陌生水域游泳。陌生的水域,像野外的水库、湖泊和不熟悉的河流等,由于不清楚水的深度、水下石头分布状态,是否有野草等,大意下水会加大溺水事故发生的概率。

(7)患有疾病者不要游泳。患有疾病者如心脏病、高血压、肺结核、中耳炎、皮肤病、严重沙眼等以及各种传染病的人不宜游泳。

(8)注意卫生。游泳的时候,还要注意水的卫生,不在不清洁的河流、湖泊、游泳馆里游泳,减少传染病和各种疾病感染的可能。同时游泳后,要洗澡清洁一下。

第三节　游泳技术练习

一、蛙泳的练习

(一)身体姿势练习

1. 滑行

练习目的:掌握开始和结束时的身体姿势。

练习方法:做滑行,使身体俯卧在水面,两臂前伸,保持身体姿势的水平。

2. 身体位置练习

练习目的:在蹬腿的推进力阶段保持身体的流线型。

练习方法:两臂前伸,蹬腿,保持流线型身体姿态;在蹬腿的推进力阶段低头。

3. 抬头流线型练习

练习目的:提高在呼吸阶段时身体保持流线型的能力,提高蹬腿的爆发力。

练习方法:两臂前伸,两手交叉握住,蹬腿,并保持身体的流线型。注意在蹬腿的1/2低头、1/2抬头。

(二)蛙泳腿练习

1. 垂直蛙泳腿

练习目的:加强膝关节部位的肌肉力量。

练习方法:直立水中,两臂位于体侧,两腿用蛙泳腿交替做踩水动作。

2. 反蛙泳腿

练习目的:掌握正确的膝部姿势。

练习方法:仰卧在水面,两臂位于体侧或前伸夹紧,两腿做反蛙泳腿动作。

3. 扶板蛙泳腿

练习目的:掌握正确的蛙泳蹬腿动作和节奏。

练习方法:俯卧,两手抓住扶板的上沿,蹬蛙泳腿;收腿时膝关节应在臀部的投影之内,脚后跟应快速地上抬收紧并更快速地蹬出;感觉蹬出的距离越长越好,要感觉水面在足背下面;蹬腿结束时,应将两脚并拢。

4. 水下流线型

练习目的:检验蹬腿效果,掌握呼吸控制。

练习方法:保持流线型姿势,在水下身体成俯卧姿势,做蛙泳腿;如果运动员蹬腿时过于朝下,则在蹬腿结束时会浮出水面。这是一个很好的自我检测的练习。

5. 蹬腿练习

练习目的:提高蹬腿效果,加长每次蹬腿的距离。

练习方法:采用扶板蹬腿,要求运动员在一定距离内完成的蹬腿次数越少越好。

6. 蹬腿+鞭状打腿练习

练习目的:提高蹬腿的效率。

练习方法:采用扶板蹬腿,用最大幅度蹬腿,在每次转身时,将扶板放在池边,两手抓住水槽,使两腿上抬,做5次鞭状打腿动作。

7. 混合练习

练习目的:保持两腿蹬腿的平衡性。

练习方法:扶板,两腿交替蹬腿;然后,两腿同时蹬腿,保持流线型,抬头。完成时可以采用2次右腿、2次左腿,2次完整蹬腿的方式进行。在蹬腿过程中身体保持流线型,抬头。如果运动员蹬腿是直线的,那么两腿的发力是均匀的;如果是向一边,则是不均匀的。

8. 蘑菇状蹬腿

练习目的:掌握和体会臀部发力动作。

练习方法:俯卧,两臂位于体侧,做蛙泳蹬腿动作,做的时候有意夸大蹬腿的波浪动作:身体向前,同时两腿向后伸直;两腿做收腿动作,并拱背使臀部向前;在蹬腿结束、两脚并拢时,提臀,使臀部露出水面并向前。

9. 两手背后蛙泳腿

练习目的:提升臀部位置和正确腿的位置。

练习方法:两手背后,放在体侧,靠近水面位置;每次收腿时,尝试用手触碰脚踝;同时,应将臀部向前,并呼吸;当蹬腿时,头部沉入水中,在蹬腿结束时,臀部应上抬。

10. 转腕滑行

练习目的:使运动员学会靠手移动,同时提高身体位置。

练习方法:两臂前伸,只做手腕转动的小的划水动作,当手腕内旋时做呼吸动作;然后做蹬腿动作,并使身体伸展滑行。尽力使每次蹬腿都达到最远的距离,保持良好的伸展性。

11. 垂直蹬腿

练习目的:提高蹬腿力量。

练习方法：采用垂直蹬腿，保持身体的流线型，并尽量使身体抬高出水面。

12. 浮漂蹬腿

练习目的：加强膝部的力量。

练习方法：身着浮漂或阻力器，做蛙泳腿练习。

13. 橡皮绳练习

练习目的：加强脚踝的灵活性。

练习方法：在脚踝上拴橡皮绳，做蛙泳腿练习。（蹬腿的幅度或许会减小）

14. 三次蹬腿

练习目的：增加蹬腿力量、掌握波浪动作和呼吸控制练习。

练习方法：每次划臂做3次蹬腿动作；呼吸时尽量抬高身体；第1次蹬腿时，做长的滑行，并在水下做流线型姿势，尽量保持这姿势；第2、3次蹬腿在水下进行。

15. 两次蹬腿

练习目的：加强蹬幅，掌握蹬腿时机和呼吸控制。

练习方法：扶板蹬腿，在每次动作周期中增加一次蹬腿动作，这次动作应增加波浪动作。

16. 混合蹬腿

练习目的：掌握波浪、快速的蛙泳腿的动作。

练习方法：俯卧、扶板，运动员做3次蝶泳腿，然后做1次蛙泳腿（称作3+1混合腿）；然后做2+1、1+1。

（三）蛙泳划臂练习

1. 感觉第1次划水

练习目的：使运动员体会和掌握在抱水阶段如何抓水。

练习方法：仰卧，两臂位于体侧，两手在臀部位置做小划水动作，使身体朝脚的方向移动。

2. 交叉划水

练习目的：掌握高肘划臂动作。

练习方法：身体保持垂直姿势，两臂肘关节位于水面下，在脸前做蛙泳划水动作，保持高肘。

3. 旋涡划水

练习目的：体会高肘划水的用力感觉。

练习方法：运动员俯卧，滑行，腿伸直，抬头；两臂做同步的8字型划水动作，保持高肘。

4. 力量划臂

练习目的：提高向内划水的技术效果。

练习方法：戴超大的划水掌，身体保持垂直，做有力、快速的内划动作；然后做移臂动作，前伸手臂时手掌出水，掌心朝下。

5. 三次内划

练习目的：掌握内划和前冲动作，学习保持肘、手流线型姿势。

练习方法：运动员身体保持直立姿势，做3次爆发式的划水动作；在第3次内划时，运动员尽量将背部拱起；然后使身体前冲潜入水中，做蝶泳打腿动作，身体成滑行姿势，尽量保持这一姿势。重复上述练习。

6. 速度划臂

练习目的:体会手掌划水角度的变换和水感。

练习方法:俯卧,做蛙泳划臂,在正常手臂内划 1/4 处时,头部尽可能快地上抬;鼓励运动员在做“将拇指向下朝向上”的划水动作时,幅度尽量地小和快速。采用蝶泳腿动作,当手掌内旋时呼吸。

7. 抬头划水

练习目的:掌握快速的划水动作。

练习方法:俯卧,抬头做蛙泳划臂动作;要求尽可能地快。

8. 水下划水

练习目的:体会蛙泳划臂的水感,掌握正确的用力方式。

练习方法:在水下做正常的蛙泳划水动作。

9. 划水掌练习

练习目的:体会划臂时的水感,使运动员手掌感受最大压力。

练习方法:使用去掉划水掌上的皮筋;用手掌抓住划水掌,做蛙泳划水。

10. 海豚蛙泳

练习目的:体会和掌握波浪动作。

练习方法:做蛙泳划臂,蝶泳打腿;两臂前伸时,运动员应尽量使背部拱起;两手掌向内划水时做呼吸动作,这时应尽量使身体上抬;做大幅度的蝶泳打腿动作,使身体可以尽量地前冲,像“穿过波浪”一样;移臂时,两手应在水面上,贴近水面前伸。

11. 两次蝶泳腿 + 蛙泳划手

练习目的:掌握划臂和身体配合时机,提高划步。

练习方法:划 1 次手,做 2 次海豚泳打腿动作;在身体做充分伸展时,使臀部露出水面;在第 1 次打腿时,尝试使身体伸展;在第 2 次打腿时,保持身体伸展的流线型。

12. 发射练习

练习目的:掌握快速移臂动作。

练习方法:俯卧,两臂采用蛙泳单划臂交替、完整划臂加蝶泳腿练习;即右臂划水两次、左臂划水两次、正常划臂两次;每次移臂时,两手都尽量快地前伸;不划臂的手前伸。

(四)蛙泳配合练习

1. 三次划水动作

练习目的:提高划水效果。

练习方法:做 2 次划臂动作,不蹬腿;第 3 次划臂时使头部抬起;然后蹬腿使身体前冲,耳朵应下降到肩部位置,头部位于两臂之间。

2. 海马练习

练习目的:提高水感。

练习方法:采用抬头蛙泳,头部尽量上抬,垂直,模仿海马姿势。

3. 3/3 海马练习

练习目的:掌握波浪动作、呼吸控制,提高动作协调性。

练习方法:做 3 次“海马”蛙泳动作;在第 3 次划水时,做前冲动作,入水;之后在水下做 3 次划臂动作,在第 3 次划臂动作后,冲出水面并前冲,在正常的时机做呼吸动作。

重复以上动作。注意，只在水下3次划臂时做蹬腿动作。

4. 波浪动作练习

练习目的：增加蛙泳时的波浪划水动作。

练习方法：采用夸大波浪动作的蛙泳，移臂时拱背，尽量前冲，做最大划幅的蛙泳动作。

5. 撞绳练习

练习目的：掌握蛙泳波浪动作。

练习方法：用绳子或仰泳转身标志线缚在泳池两端，横跨水面，距离水面约1米高；运动员在做每次动作时，尝试用头触碰绳子。做这个练习的时候，注意力集中在身体的波浪升起、波浪移动动作。每次划臂做最大划距。

这个练习最好在50米池中进行，可以在一条泳道中做撞绳练习，在另一条泳道中做“两次蹬腿、最大划幅”练习。这个练习可以使运动员感觉到前冲动作，而不是上下动作。

6. “猫扑”动作练习

练习目的：掌握快速移臂动作。

练习方法：在移臂阶段，两手相握，掌心向下，贴着水面移臂。这个练习是用闪电的速度做前冲动作，这个动作类似“猫扑”动作（好像是跃过一个窗户，爪、腿和身体都做好准备）。运动员应冲入水中，所以手、臂和身体都做好准备。注意，可以采用两次蹬腿，一次划臂进行这个练习。

7. 高肘划臂练习

练习目的：使运动员在内划阶段保持划水效果。

练习方法：游蛙泳，在内划阶段保持高肘，运动员应看见肘部贴近水面；完成这一动作时，应使臀部向前，并拱背。

8. 抓对侧脚踝

练习目的：加强动作的协同性。

练习方法：用右手抓住左脚踝，用左手划臂、右脚蹬腿；做正常呼吸动作。每25米交换一次。

9. 握拳蛙泳

练习目的：提高划水效果和水感。

练习方法：一手握拳，一手张开，做蛙泳动作。

10. 交叉握手

练习目的：使运动员掌握内划动作。

练习方法：游蛙泳，在内划阶段，两手以腕关节交叉（左手在右手上、右手在左手上，交替进行）。

11. 反蛙泳

练习目的：掌握划臂时机，提高协调性。

练习方法：游反蛙泳，运动员两臂在头后，两手握住；身体充分伸展，蹬反蛙泳腿，保持流线型；然后做划臂，移臂时，两臂的姿势像是V字型。

12. 水上水下蛙泳练习

练习目的：掌握正确的蛙泳划臂动作，提高水感和身体协调性。

练习方法：可以采用以下方式进行：

(1)做4次正常划臂和4次水下划臂练习;即3次抬头蛙泳,1次完整配合;然后在水下做3次划臂,1次完整配合,这次划臂使身体露出水面。重复以上动作。

(2)做3次抬头划臂,1次完整配合并使身体潜入水中,再做3次蛙泳腿,并保持身体的流线型;然后做1次划臂使身体露出水面。重复以上动作。

13. 3—2—1—0 练习

练习目的:掌握动作配合时机。

练习方法:俯卧,身体伸展并保持滑行,3拍;蛙泳配合,1拍;当蹬腿结束,两脚一并拢时,就做划臂动作。

14. 浮漂蛙泳

练习目的:提高蛙泳膝部力量和快速蹬腿。

练习方法:穿浮漂或阻力衣游蛙泳配合。

15. 最大划幅练习

练习目的:提高划水效果和最大伸展性。

练习方法:采用最大划幅练习。可以尝试做一些挑战,如看谁可以在6个动作内完成25米的距离,甚至4个、5个动作。

16. DPSS

练习目的:在比赛距离中保持划水效率。

练习方法:在每次划水时保持划幅,同时注意速度;在比赛距离中注意划水频率。

17. 快慢频率练习

练习目的:提高划幅和掌握动作节奏。

练习方法:运动员每做3次正常的配合动作后,做1次超长的滑行,身体保持充分伸展;接着做4次快节奏的配合动作,然后再做1次超长的滑行,接着再做3次正常的配合动作;重复进行。

18. "奥运选手"式练习

练习目的:掌握正确的腿、手、配合动作。

练习方法:在25米池中进行,游75米的距离。在单数练习中:抬头蹬蛙泳腿,保持流线型;快速两次蹬腿练习;骑马式蛙泳练习;在双数练习中:抬头划水;猫扑练习;蛙泳配合:手臂划水,保持腿部的推进力。

19. 橡皮拉力练习

练习目的:提高游进中保持身体最大流线型能力,提高速度。

练习方法:运动员系橡皮绳,将拉力拉至泳池对岸;队友或者教练站在对岸,用力拽橡皮绳,使运动员更快地游向池岸。运动员在每次动作后,应保持一个节拍的流线型身体姿势,感觉身体的滑行状态。

20. 三次动作触壁

练习目的:提高触壁技术和转身技术。

练习方法:这个练习是让运动员连续做3次到边触壁和转身动作,即触壁,转身至5米仰泳转身标志线处;重复3次。

二、仰泳的练习

（一）仰泳腿技术练习

1. 侧身仰泳腿

练习目的：发展打腿力量和身体转动力量。

练习方法：一臂前伸，一臂位于体侧，侧身仰泳腿，臀部和肩部应垂直于水平面。

2. 流线型打腿

练习目的：发展打腿耐力、力量和身体在水面的感觉。

练习方法：仰卧，两臂前伸，夹紧，身体呈流线型，做仰泳打腿，注意用脚尖踢水，大腿带动小腿做鞭状打腿动作，上身保持适度紧张，肋部上提。

3. “发射”练习

练习目的：提高身体控制能力和爆发力，练习仰泳腿上踢技术。

练习方法：仰卧，两臂前伸，夹紧，在水下采用快速的反蝶泳打腿，腰部发力，带动大腿和小腿做鞭状的打腿动作，身体保持流线型。

4. 身体滚动并连续打腿练习

练习目的：提高完成动作时连续、不间断的打腿能力和身体控制能力。

练习方法：类似“侧身”打腿练习，一臂前伸，另一臂位于体侧；身体侧转，完成 6 次打腿后，做一次划臂动作后，身体滚动到另一侧，并完成 6 次打腿。鼓励运动员在完成侧身打腿过程中，头部应保持仰泳时的姿势。也可以采用 8、10 或 12 次打腿一变换。

5. “模特”打腿

练习目的：提高在身体滚动动作情况下快速打腿能力。

练习方法：仰卧、两臂位于体侧，身体转动并使一臂露出水面；打 6 次仰泳腿后，使身体滚向另一侧；注意打腿要有力，而密，让队员像时装模特一样，眼睛朝肩部方向看，打腿连续快速。

6. 空中臂 + 仰泳打腿

练习目的：增加打腿练习难度，提高仰泳打腿能力和身体的控制能力。

练习方法：仰泳打腿，一臂前伸、另一臂伸出水面保持固定位置；空中臂可以在空中移臂过程的 1/4、1/2 或 3/4 处保持稳定状态。也可以用这样的方式进行以下练习。

75 米打腿：

第 1 个 25 米：右臂在 1/4 处；第 2 个 25 米：右臂在 1/2 处（在最上端处）；第 3 个 25 米：右臂在 3/4 处（大约离水面 30 厘米、拇指朝上、小拇指朝下）；然后重复左臂。

7. 火箭式打腿

练习目的：提高仰泳打腿能力，保持身体的流线型姿势。

练习方法：仰卧，做仰泳打腿，身体保持好的流线型，两臂前伸夹紧；小运动员可以使用脚蹼进行练习。

8. 靠墙提踵练习

练习目的：控制身体的流线型姿势，加强小腿的爆发力，提高快速打腿能力。

练习方法：使身体靠在墙上，两臂上伸夹紧，快速地进行提踵 6 ~ 12 次。

9. 胶带打腿练习

练习目的：提高快速密集打腿能力。

练习方法:采用比较厚的橡胶带子,缚在踝关节上,成 8 字型,然后进行上述的仰泳腿练习。

(二)仰泳划臂技术练习

1.“挖沙”练习

练习目的:体会高肘抱水动作。

练习方法:运动员采用仰卧,两臂前伸,连续打腿;一臂做 3 次划水动作。前 2 次划水做仰泳抱水动作,像是“挖沙”的动作,但是划水不超过肩部,最后一次划水手推水到底,直至手臂完全伸直;完成第 3 次划水动作后,手臂还原并向对侧滚动身体,另一臂重复上述动作。

2. 手上举划水练习

练习目的:体会高肘抱水动作,掌握正确的抱水和划水技术。

练习方法:运动员做侧身连续仰泳打腿,一臂上举,垂直于水面,另一臂前伸,前伸臂做不过肩的抱水和划水动作;头部保持仰泳时的正确位置。

3. 中划练习

练习目的:体会、掌握正确的仰泳划水动作。

练习方法:运动员一臂前伸,一臂在水下、在肩部和腰部之间做上划和下划动作。

4.“澡盆”划水

练习目的:掌握仰泳划水结束阶段的技术。

练习方法:运动员好像坐在澡盆里一样,用手做划水动作;做下划、上划、下划动作,贴近身体完成动作。

5. 单臂划水练习

练习目的:注意力集中在一臂的划水动作上,提高划水技术。

练习方法:运动员一臂位于体侧,另一臂做划水动作;在臂入水时,对侧肩滚动并露出水面。

6. 侧身划水练习

练习目的:水下划水时,手掌体会加速划水动作。

练习方法:运动员仰卧、侧身,一臂前伸,另一臂位于体侧;前伸臂做划水动作,身体同时向前伸臂一侧侧身;划水时做向下和向外的加速划水动作,一直划过大腿直至手臂伸直;划水结束后,移臂从水下进行,并伸直手臂。

在做这个练习的时候,运动员可以面朝水中,看划水的长 S 动作;要求运动员应注意做高肘抱水、加长上划动作和加速推水动作;如果需要呼吸时,可以在推水结束时转动头部进行呼吸。

7. 交替划臂

练习目的:掌握正确抱水和身体滚动动作,体会划水动作。

练习方法:仰卧,两臂交替做侧身划水,并从水下移臂;在做体侧划臂的动作结束时应继续做向下的划水动作。

8. 3—3—3 自由泳—侧身—仰泳划臂练习。

练习目的:提高划臂和身体滚动的协调性,体会正确的划臂技术。

练习方法:运动员仰卧,一臂位于体侧,另一臂前伸;做 3 次自由泳划臂动作、3 次体侧划臂、3 次仰泳单划臂动作;然后另一臂重复;体会抱水阶段,做长而有力的上划动作,感觉能够抓

住水；并做加速推水动作。

9.“天空—底部”练习

练习目的：防止在做抱水动作时掉肘。

练习方法：仰卧，一臂前伸，另一臂做仰泳划臂动作；在移臂时尽量将手臂上伸，在划臂时尽量使手臂下伸；动作尽量地夸张。

10. 抱水练习

练习目的：掌握正确的抱水技术。

练习方法：仰卧，一臂前伸，一臂做仰泳划臂动作时，肩部先做提肩动作；做深抱水动作；右臂划臂时，右肩先做提肩动作；在划右臂时，左肩滚动出水；当右臂划水结束时，再一次转动右肩，重复以上动作。

11. 三次滚动

练习目的：掌握仰泳时身体滚动动作。

练习方法：运动员手臂位于体侧并做打腿动作；向右转动并做6次打腿动作；然后向左侧转动，做6次打腿动作；之后做向右转动、打腿动作，并完成划水动作；再向左侧转动并重复以上动作；接着做6次向右转动的打腿后，左臂做划水动作，并使身体向左转动，并完成6次打腿动作和1次右臂的划水动作。

重复以上动作，让运动员记住要连续的打腿，并且要不停地“滚动”。身体滚动时肩部先出水。这个练习组合了踢水、滚动和划臂动作。前2次滚动是在完成6次打腿后进行的，而在第3次滚动时做划水动作。

12. 双臂同步划水练习

练习目的：保持两臂划水的对称性。

练习方法：两臂同步划水，两臂同步做仰泳划臂动作。

13. 甩划水掌练习

练习目的：体会加速推水的动作。

练习方法：用“手指划水掌”做每一次划水动作；在手臂入水后，做第1次上划动作时，将手指直接划出水面（在划臂过肩后就直接出水）；之后用力加速将手掌一直推到大腿部位。

注意：此练习可以采用单臂、双臂，或者可以组合成“右右左左双双单单”（2次右臂、2次左臂、2次双臂、2次单臂）等；或者做3—2—1，即3次右侧划臂，并做2次呼吸动作；然后做1次完整配合；之后重复以上动作。

14. 拽绳游泳

练习目的：练习仰泳上划动作和直线推水动作。

练习方法：可以利用水线进行，运动员做仰泳单臂划水，每次划水都抓住水线并用力向后推水；去的时候用一臂，回来时用另一臂完成。

15. 抗阻练习

练习目的：提高划水力量，强化抱水动作，体会手掌抱水时的压力。

练习方法：25米仰泳戴阻力圈练习，注意：将阻力圈带在脚踝处。鼓励运动员仍旧在水中做滚动动作。每次完成3次练习。

16. 夸张滚动—长划幅练习

练习目的：提高划水效果。

练习方法：仰泳，用 3 秒完成每次划臂。这是动作非常慢的练习，可以使运动员体会划水动作并最大限度地增加划幅。

17. 顶点练习

练习目的：在仰泳配合过程中，保持垂直移臂的动作。

练习方法："顶点"时当仰泳，运动员手臂移臂时，经过头部指向空中，拇指的位置达到最高点的位置。这个练习是要求运动员做仰泳移臂动作，达到"顶点"位置后，手臂再回落到大腿位置。重复完成练习，并交换手臂进行。

每次做移臂动作时都应做身体的滚动动作，并使肩部露出水面。在完成练习时应保持连续的有力打腿。

18. 顶点手掌转动练习

练习目的：帮助运动员掌握正确的手掌转动时机。

练习方法：同"顶点"练习一样，只是当练习者的手臂达到顶点位置时，转动手掌，使大拇指的方向朝下，而小拇指的位置朝上，在这个位置上稍做停留，然后再使手掌转回成大拇指的方向朝上；然后再将手臂回落到体侧（大腿侧）。

19. 同伴仰泳练习

练习目的：练习掌握正确的入水点。

练习方法：两名运动员共同完成练习。当同体戴脚蹼做仰泳打腿动作时，用手从后面扶住其头部；在同伴做仰泳划臂时，帮助其做好入水动作，即当同伴的手臂入水点位置不正确时，拍打同伴的肩部提示他。

20. 两次接触

练习目的：入水和垂直移臂练习。

练习方法：仰卧，两臂位于体侧，右臂做 2 次划臂动作：在第 1 次划臂时手臂做入水动作，并完成第 1 次水下的划臂动作到体侧；然后将手臂从水面移回到头后，再做第 2 次的水下划臂动作；左臂再重复这个练习。

21. "钟点"练习

练习目的：掌握手臂入水点的技术练习。

练习方法：想象自已躺在一支钟表表盘上。右臂做 3 次划水动作，分别在 9 点、10 点和 11 点的位置入水；然后左臂同样完成 3 次划水动作，分别在 3 点、2 点和 1 点的位置入水。在每次移臂入水前都应经过"顶点"位置。

22. 摸对侧肩—甩臂练习

练习目的：掌握身体滚动和入水技术。

练习方法：仰泳，每次划臂移臂时运动员都用手臂触碰对侧的肩部、肘部和臀部；然后甩动手臂完成入水动作。

23. 停止—转动—拍击练习

练习目的：掌握正确的入水技术。

练习方法：仰泳，当移臂处于"顶点"位置时，转动手臂，并用手掌（不是手背）拍击水面，做入水动作。

24. 轻松甩动练习

练习目的：提高入水、臀部和肩的滚动协调动作。

练习方法:练习同上,仰泳配合,只是在入水时采用正常入水;并将肩部沉入水中,并使对侧臂部位置提高。

(三)仰泳配合技术练习

1.握拳练习

练习目的:体会最小到最大划水的感觉。

练习方法:采用握拳划水一定距离,然后打开手掌,体会划水的感觉。

2.最大划幅练习

练习目的:提高划水效率练习。

练习方法:游仰泳,每次划臂都用最大划幅完成,保持正确的划臂动作。

3.“直升机”练习

练习目的:提高手臂移臂和出水速度。

练习方法:采用直立的姿势游仰泳,手掌出水时要尽量地快,要保证手臂移臂保持垂直。

4.“火箭”练习

练习目的:掌握加速推水和“安静”出水动作。

练习方法:游仰泳,一臂上伸,垂直于身体,处在“顶峰”位置;做加速入水,并加速完成推水动作;然后手掌轻轻出水到“顶峰”位置;另一臂重复进行。

5.变换练习

练习目的:掌握动作有节奏,提高协调能力。

练习方法:最大划步和最快节奏交替进行。例如,58 100 米;40 米最大划幅;然后加速完成转身,25 米快速游,最后 25 米最大划幅练习。

6.混合练习

练习目的:主要用于提高仰泳技术的协调、滚动、配合时机、改进技术动作。

四、自由泳的练习

(一)自由泳腿技术练习

1.侧打腿练习

练习目的:利用连续打腿来使身体体会在水中运动的感觉。

练习方法:一臂前伸,另一臂位于体侧,头保持侧向,打腿密而快速。

2.6 次腿滚动练习

练习目的:使臀部、肩部在转动的同时保持持续地侧向打腿。

练习方法:一臂前伸,一臂位于体侧,保持身体侧向,并打腿,完成 6 次打腿后,前伸臂做一次划手动作,体侧臂做移臂动作,身体做滚动动作。“滚”向另一侧,再完成 6 次打腿动作;运动员应在身体侧向时准确地完成打腿动作,脸向下,在手入水时,眼睛朝前看手的背面;可以在身体向一侧滚动时进行呼吸动作。

3.扶板打腿

练习目的:提高打腿和划手的协调配合。

练习方法:一手扶板,另一臂做连续划水动作;尝试着在抱水和内划阶段打 2 次腿;推水阶段打 1 次腿,移臂阶段打 3 次腿;在进行练习时应将注意力放在入水、划水、加速推水和空中移臂上。

4. 水下流线型打腿

练习目的：最大程度地练习腿、身体控制能力。

练习方法：保持身体的流线型，在水下进行打腿练习。

5. 18 次腿练习

练习目的：提高身体的控制能力。

练习方法：两臂前伸，保持流线型姿势并做 12 次打腿后，然后做一臂的划水动作并完成 6 次打腿；然后重复，并做另一臂的划水动作。

(二)自由泳划臂技术练习

1. 蛙自混合划手练习

练习目的：提高抱水和内划技术。

练习方法：两臂前伸，一臂做 3/4 蛙泳划臂动作，然后做自由泳划臂动作，两臂交替进行；注意在划臂过程中保持打腿动作；在蛙泳划臂阶段做呼吸动作。

2. "2 + 3"划水练习

练习目的：提高抱水和推水技术。

练习方法：右臂做 2 次小蛙泳划臂，然后做 3 次自由泳划臂；两臂交替进行。练习者应将注意力放在抱水和加速推水阶段。

3. 抱水/身体滚动练习

练习目的：提高动作划幅、划水路线；掌握身体滚动技术。

练习方法：一臂划水时，另一臂前伸，身体侧向滚动，并尽量保持住；注意力放在划幅、划水路线、加速划水和身体滚动动作上。

4. 单臂划水

练习目的：提高划水效果。

练习方法：一臂位于体侧，一臂做自由泳划水；注意力放在划水路线、抱水、加速推水和高肘移臂。

5. 侧身划臂练习

练习目的：体会水下划水技术，提高加速推水技术。

练习方法：运动员一臂前伸，一臂位于体侧，身体在水中保持侧向(前伸臂一侧)；前伸臂做向后的划水动作一直到大腿部位，并感觉手臂完全伸直；之后从水下前伸至起始位置，并重复练习。可以要求运动员将头沉入水中观察其 S 型划水路线；要求运动员做较深的跑水、长外划和加速推水动作；需要换气时可以在推水时转头吸气。

6. 3—3 体侧自由泳划臂练习

练习目的：体会自由泳划臂的整体感觉，提高划水的爆发力。

练习方法：3—3 体侧划臂练习是在完成 3 次侧身划臂练习后，再接着完成 3 次自由泳单臂划水练习。两臂交换进行。

7. 单臂划水——滚动练习

练习目的：强化呼吸时机，保持稳定合理的头部位置和身体转动动作。

练习方法：一臂位于体侧，一臂做划臂练习；在划水臂入水时，身体转动并转头做吸气(对侧)动作。

8. 数字练习

练习目的:发展身体的协调性,保持注意力的集中。

练习方法:将许多不同的组合放在一臂的划水练习中,不同的打腿和划臂练习组合在一起进行练习。

例如:

A:3 +2,即 3 次右臂划水 +2 次配合;3 次左臂划水 +2 次配全。

B:3/6/3,即 3 次右臂划水 +6 次配合 +3 次左臂划水。

C:递加 + 递减练习:1 次右、1 次左;2 次右,2 次左;3 次右,3 次左;2 次右,2 次左;1 次右,1 次左。

9. 水下自由泳

练习目的:体会和控制身体位置,体会手入水时不带气泡的感觉。

练习方法:在水下游自由泳,做自由泳划臂动作,空中移臂时从身体下方贴身体向前移臂。

注意手臂的划水和加速动作;尝试着在每次训练课的准备活动时,每趟的前半程做这个练习。

10. 3 点接触练习

练习目的:提高身体控制能力,保持合理的身体位置。

练习方法:一臂划水时,另一臂前伸,当划水臂结束时,用手碰触臂部,然后移臂碰触前伸臂的肘部,然后由前向后空中移臂至腿部,并再次碰触腿部;之后,做向前移臂入水动作。

11. “鸡爪”移臂

练习目的:提高和完善高肘移臂技术。

练习方法:一臂前伸,另一臂做移臂动作。移臂时,手掌紧贴身体前移。

12. 手指拖拽

练习目的:提高和完善高肘、低手移臂技术。

练习方法:移臂时,用手指接触水面,使手掌处于较低的位置。

13. 两次入水练习

练习目的:提高入水技术。

练习方法:一臂前伸,一臂划水动作;在每次即将入水时,先向后抬高肘关节,然后再次入水,将注意力集中在“手—手腕—肘关节”依次入水。

14. 慢移臂练习

练习目的:提高身体控制力,提高和完善高肘移臂技术。

练习方法:保持长划水路线,做慢速移臂;移臂时保持高肘,期间一直保持侧身的动作直到肘关节移过头部;手入水时,身体向另一侧轻松转动。

15. 3 划臂,滑行练习

练习目的:提高爆发力,加强身体滚动动作;提高最大划水效果,保持合理的身体位置。

练习方法:一臂前伸,另一臂做 3 次爆发式的划水,用力打腿,在第 3 次用力划水时使身体成为“一侧滑行”的姿势;尽可能使身体保持直线滑行,滑得越远越好;在保持“一侧滑行”姿势时,划水臂位于体侧并保持与水面平行。

16. 抬头爬泳

练习目的:发展力量,提高划水效果。

练习方法：抬头爬泳，下巴在水面上，眼睛朝前，保持头部位置稳定；连续打腿，注意保持“手—手腕—肘关节”依次入水；做深抱水和长划水动作。

17. 摸对侧臂部练习

练习目的：提高划臂结束技术；掌握臂部和肩部的转动技术。

练习方法：每次划水时，用手碰触对侧臂部；这个练习也可以和“6次滚动腿练习”“鲨鱼鳍”练习一起进行。

（三）自由泳配合练习

1. 头部升降练习

练习目的：提高身体控制能力，保持头部位置的稳定。

练习方法：自由泳游进，头部位置抬起，使下巴在水面上——4楼位置；将头部位置放在第3楼——将嘴放在水里（这时每划3次水换气一次）；将头部位置放在第2楼——将鼻子放在水里；将头部位置放在第1楼——头部位于水平位置。这个练习可以在任意一段距离中进行。将这段距离分为4小段，每段距离完成1楼的位置即可，如25米、50米、100米等都可以分做4小段进行此练习。

2. 自由泳——带呼吸管练习

练习目的：保持头中位置的稳定。

练习方法：将牵引绳拴在池边，动动员将牵引绳的收缩力向池边前进。

3. “狗刨”练习

练习目的：提高划臂技术。

练习方法：分5步进行。

（1）头部抬起，两臂外划，做狗刨动作。

（2）“狗刨”划水动作采用高肘抱水。

（3）同上，采用正常的长划水动作，移臂时从水下进行。

（4）同上，移臂上手指贴水面进行。

（5）完整的自由泳动作。

4. 单腿打腿

练习目的：强化一条腿连续和快速地打腿。

练习方法：自由泳配合游，只用一条腿做打腿动作。

5. 握拳划臂

练习目的：体会划水的感觉。

练习方法：握拳游自由泳，然后张开手掌，体会划水的感觉。

6. 手指划水掌练习

练习目的：体会手指划水时的感觉。

练习方法：采用短的手指划水进行练习。每划划水时都体会手指对水的感觉。

7. 光板划水掌练习

练习目的：体会手掌对水的压力。

练习方法：采用不带橡胶带的划水掌游自由泳；移臂时从水下进行。

8. 最大划幅练习

练习目的：提高划水效果。

练习方法:将注意力放在每次划水的最大划幅上,数划水次数。

9. 牵引拉力练习

练习目的:提高划水力量和划水效果。

练习方法:采用医用橡胶管、尼龙绳或器械都可以进行;运动员带拉力游25米或50米(正牵引,负牵引)。

10. 混合练习

练习目的:提高动作的协调性。

练习方法:可以将任何练习手段混合在一趟游程中。

11. 拖拽练习

练习目的:提高划水力量和划水效率。

练习方法:使用阻力物,如使用绳子拴一个水桶等可以带来阻力的用具,游配合或划臂25或50米,也可以进行长一些距离的练习,如~1500米。在这个练习时要注意不要使运动员受伤。

12. 呼吸练习

练习目的:提高氧利用能力,耐乳酸能力。

练习方法:采用3、4、5、6、7等划次呼吸1次,或者25米只左侧呼吸;或者采用右侧呼吸游25米。

13. 呼吸管练习

练习目的:提高保持身体平衡能力;提高控制头部位置、身体节奏的能力;提高二氧化碳耐受力、氧利用能力。

练习方法:采用带呼吸管和鼻夹,短冲25米或50米。

14. 混合型练习

练习目的:提高身体协调性,控制能力和划臂技术。

练习方法:采用以下几种方式:

(1)抬头划水,水下自由泳,慢移臂,完整配合。

(2)右臂前伸,左臂做蛙身混合划手+左臂前伸,右臂蛙自混合划手+完整配合。

(3)6次打腿,左臂划水;6次滚动打腿,右臂划水;完整配合。

(4)鲨鱼鳍,两次入水,摸对侧臀部练习。

四、蝶泳的练习

(一)蝶泳腿技术练习

1. 海豚跳

练习目的:学习和掌握波浪动作练习。

练习方法:在浅水里用一只腿模仿海豚跳跃的动作,从水面跳起到水下,然后换另一只腿重复进行。

2. 扶板打腿

练习目的:练习和掌握在第2次打腿时使身体产生波浪动作。

练习方法:俯卧,两手扶打腿板前缘,连续做1—2—3—4,1—2—3—4有节奏的打腿练习。

3. 水下大幅度打腿

练习目的:在第1次打腿时使身体产生波浪动作。

练习方法:模仿海豚,在水下做打腿动作——两臂位于体侧,摆动打腿,像海豚的尾巴一样。

4. 垂直海豚打腿

练习目的:练习波浪动作技术,提高身体的爆发力。

练习方法:采用垂直的姿势做蝶泳打腿动作,头部上仰,两臂位于体侧;加大身体动作幅度,注意力集中在臀部。为了加强爆发力,应用力打腿,使身体从深处提升到尽可能的高处,并尽量更长时间地保持在"水上"的姿势。

5. 侧身海豚腿

练习目的:提高不同方向的海豚腿打腿能力。

练习方法:身体侧卧,做两臂位于体侧的海豚腿。也可以使一臂指向池底,而另一臂位于体侧。身体保持一定的紧张,尽量保持流线型的身体姿势。

6. 反蝶泳腿练习

练习目的:提高身体和腿部力量

练习方法:仰卧,做反蝶泳打腿练习,也可以做水下或者组合形式的练习。

7. 螺丝刀练习

练习目的:练习和掌握上踢、下踢技术动作。

练习方法:依次做4次俯卧蝶泳打腿、4次右侧打腿、4次反蝶泳腿、4次左侧打腿。重复进行。尽量保持连续打腿。

8. 手背后蝶泳腿练习

练习目的:提高身体滚动和控制能力。

练习方法:俯卧,两臂位于体侧,在水面上做蝶泳打腿练习,不呼吸或者仅仅模仿呼吸动作。注意力集中在连续打腿动作上,打腿应使臀部升出水面。

9. 4—6 打腿练习

练习目的:提高身体滚动能力,掌握合理的呼吸技术。

练习方法:同练习8,每4次打腿后,在上踢时做吸气动作;在下踢时将头埋入水中。

10. 手臂交叉

练习目的:掌握臀部发力,提高呼吸技术。

练习方法:同练习9,两臂交叉,前伸。

11. 水下流线型练习

练习目的:体会身体在水中的流线型。

练习方法:俯卧,两臂前伸,在水下做蝶泳打腿,保持身体的流线型。

12. 超级打腿

练习目的:提高打腿的力量。

练习方法:俯卧,两臂在背后握住,抬头打蝶泳腿。

13. 1上8下

练习目的:提高动作的连续性和身体控制能力。

练习方法:做1次划臂和正常的蝶泳腿配合,然后做呼吸动作;之后做水下蝶泳打腿动作8

次，保持身体的流线型。重复进行。

（二）蝶泳划臂技术练习

1. 抬头划水练习

练习目的：掌握抱水技术。

练习方法：俯卧，抬头，两臂同时做划水动作（1/8—1/4 完整蝶泳划臂），两腿做蝶泳或自由泳打腿动作。

2. 反向移动

练习目的：掌握和提高抱水技术。

练习方法：运动员仰卧，两腿伸直，两手在臀部周围做环绕的划臂动作，使脚向池底移动。

3. 高肘划水

练习目的：掌握高肘划水动作。

练习方法：两臂垂直于身体，保持尽可能的高肘姿势，肘、肩和手应在同一水平线上，两手保持较近的距离，好像交叉一样，向后用力划水；两腿站立在水中或采用踩水动作。

4. 螺旋上划

练习目的：掌握高肘抱水和划水动作。

练习方法：运动员将脸埋入水中，先做两次抱水动作，注意高肘抱水；然后做一次完整的划臂动作，在划水推过大腿时再做呼吸动作；之后在水中移臂。让运动员在练习时思考“螺旋—螺旋—加速推水”，采用自由泳打腿。

5. 下划

练习目的：掌握水下划臂技术。

练习方法：俯卧，做完整的蝶泳划臂动作，尽量加大划幅；注意手臂划水时做加速动作，采用蝶泳腿。

6. 仰卧下划

练习目的：提高身体控制能力，使运动员看见并感觉外划动作。

练习方法：运动员在水下仰卧做向下划水动作，在内划阶段，运动员拇指应并拢或者两手交叉。

7. 同步推水

练习目的：掌握划水、打腿和呼吸时机。

练习方法：蝶泳划臂，水下移臂；每 4 次打腿呼吸 1 次，或者每划 2 次臂呼吸 1 次；推水时，大拇指朝上，然后使手掌垂直水面——出水时小拇指朝上。

8. 单臂划水

练习目的：使运动员在划臂时保持连续打腿。

练习方法：做单臂蝶泳划水动作，另一臂位于体侧或者前伸。这个练习还可以采用 2—2 的形式完成，即一臂完成 2 次划臂后，另一臂再完成 2 次划臂；每划 2 次臂呼吸 1 次；一臂划水时，另一臂前伸。

9. 单臂双臂练习

练习目的：提高身体的控制能力，提高内划技术。

练习方法：一臂做蝶泳划臂时，另一臂前伸；保持正确和规范的蝶泳划臂技术；在做单划臂时，运动员应保持连续的打腿，划臂应宽—深—长（向外—向下—向里—向上划水）。在做双臂划水练习时,应尽量使手臂在内划阶段划至泳衣或泳裤的下缘;每划臂 2 次呼吸 1 次。

10. 高空蝶泳

练习目的:增加划臂的加速能力,掌握臀部动作、打腿和呼吸配合时机。

练习方法:俯卧,当一臂做蝶泳划臂时,另一臂位于体侧;当手臂划至臀部和大腿后,移臂时应尽量使手臂伸直,并指向天空;利用获得的动量,使胸部下压,并使臀部尽量从手臂入水点入水。每划臂 1 次呼吸 1 次。还可以进行 2—2 高空蝶泳。同上练习,只是在划臂时,一臂保持前伸;左臂划 2 次,右臂划 2 次。

11. “看池壁”练习

练习目的:掌握波浪动作、加速划水和呼吸配合时机。

练习方法:一臂前伸,另一臂做 2 次“高空蝶泳”划臂,在第 2 次划臂时做侧向呼吸动作;然后做 2 次蝶泳单划臂,在第 2 次划臂时做抬头呼吸动作(眼睛看池壁)。左臂重复以上练习。

12. 伸展蝶泳

练习目的:通过抱水练习使运动员克服入水过宽、过猛。

练习方法:俯卧,运动员一臂前伸,完成 2 次右臂单臂划水,2 次左臂单臂划水,2 次正常蝶泳划臂,在第 2 次划臂时做呼吸。采用较长的划水路线,入水时路线短,手指领先入水。这个练习有助于保持屈肘动作,要求运动员在游进中注意抱水环节和一直加速推水结束。

13. 蝶泳划臂练习

练习目的:使运动员保持入水后的连续划水动作,掌握正确的打腿的时机。

练习方法:运动员采用连续的划臂动作,拖带腿部,使其保持着波浪动作;这样练习不久,运动员就会发现在每个动作周期之间,会自然地做出 2 次小地、向下地、快速地、准确地打腿动作。下一步就可以使运动员在游蝶泳时,做较深的打腿动作,而不改变动作节奏。

14. 憋气蝶泳

练习目的:掌握蝶泳的动作节奏和臀部发力动作。

练习方法:游蝶泳时不呼吸——保持动作的连续性。

15. 3 次腿蝶泳

练习目的:掌握打腿时机。

练习方法:游蝶泳,在划臂中间增加 1 次打腿动作;然后再去掉这次打腿动作进行练习。

16. 抬头蝶泳

练习目的:强化运动员的划臂连续性,提高爆发力。

练习方法:这个练习通常使用小脚蹼和手指划水掌,是爆发力练习,一般采用的距离为 12.5 ~25 米。做这个练习时,应将下巴抬在水面上。在做内划时,划水掌应能接触,并保持高肘动作。要求运动员第 2 次打腿用力,使移臂更轻松。

17. “突然停止”练习

练习目的:使运动员掌握在入水前低头的动作。

练习方法:在蝶泳移臂过程中,手臂在移臂至 3/4 处“突然停止”,这时使头部下沉,然后手臂再做移臂入水动作。

18. 2 上 4 下

练习目的:掌握海豚动作,提高身体控制能力。

练习方法:运动员在水面上做两次蝶泳划臂动作,在第 2 次划臂时抬头吸气,之后前伸手

臂、低头，身体沉入水中，使身体保持流线型，做4次蝶泳打腿动作。重复进行。

19. 握拳蝶泳

练习目的：提高划水效果。

练习方法：运动员两手握拳游蝶泳。

20. 最大划步练习

练习目的：提高划臂效果。

练习方法：在练习中，游到一趟的1/3时，做最大划步练习。

21. 稳定性练习

练习目的：帮助运动员保持划臂稳定性。

练习方法：在规定时间内完成规定的划臂动作。例如，384 825次划臂，30秒内；间歇1分钟；尽量保持划臂次数。

22. 注意力划水

练习目的：提高划水效果。

练习方法：采用较短的距离，让运动员集中注意力在某1~2个划水阶段。

思考题

1. 游泳运动的分类有哪些？
2. 游泳前后的注意事项有哪些？
3. 简述各游泳项目常用的技术训练方法。

第九章 塑身运动

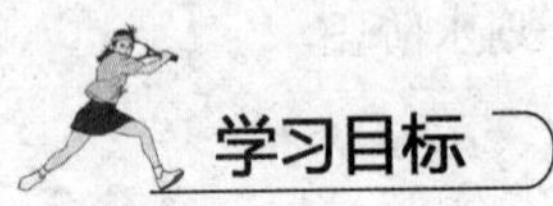

1. 了解形体训练、健美操、瑜伽、健美运动的起源、发展及锻炼价值。

2. 初步掌握4种运动方式的基本技术。

3. 通过学习,选择自己喜欢及适合自身锻炼的项目,并能够养成积极进行体育锻炼的良好习惯。

第一节 形体训练

一、形体训练概述

(一)形体与形体训练

形体是在先天遗传变异和后天获得性的基础上所表现出来的身体形态上相对稳定的特征,是指人体结构的外在表现。形体美就是人类的身体曲线美,是指人的躯体线条结合人的情感和品质,通过形象、姿态诉诸于欣赏者眼前的一种美。

形体训练是一项比较优美、高雅的健身项目,主要以芭蕾为基础,结合其他舞蹈风格进行的综合训练,可塑造人们的形体美、培养高雅的气质、纠正生活中不正确的姿态。

(二)形体训练的功效

(1)形体训练能对肌肉产生特殊作用,塑造优美的体形和体态,促进身心的健康发育。

(2)形体训练能使正处于生长发育期的人个子长高,也能使不同生长阶段的人延迟骨化期。

(3)形体训练能矫正人的原始不良姿态和骨形,增强骨的抗折、抗压和抗扭的能力。

(4)形体训练能提高人体各器官的功能,促进血液循环、改善神经功能、提高免疫能力。

二、形体训练的内容与要求

(一)形体训练的内容

1. 训练的方位

为了便于理解训练中的有关方位，在教学中，身体的方位一般以学生自身为基点，以面向老师的方向为正前方，称为1点，顺时针每转45°为一个方向，共分8个方向，分别称为1点、2点……8点，如图9-1所示。

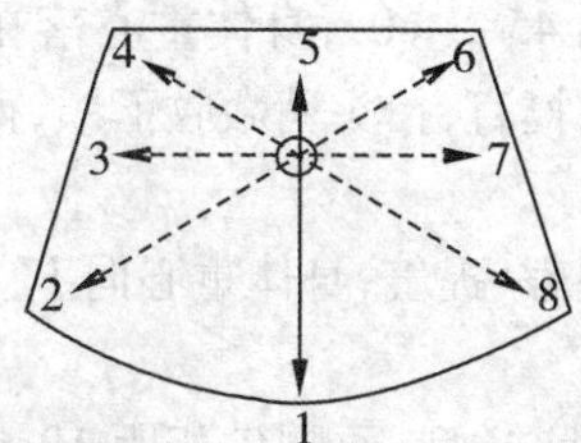

图9-1 训练的方位

2. 基本姿态练习

人的基本姿态是指坐、立、行、卧。当这些基本姿态呈现在人们眼前时会给人一种感觉，如身体形态所显示的端庄、挺拔与高雅，给人的印象是赏心悦目的美感(包括日常活动的全部)。由于一个人的姿态具有较强的可塑性，也具有一定的稳定性，通过一定的训练，可以改变诸多不良体态，如斜肩、含胸、松垮、行走时屈膝晃体、步伐拖沓等。

3. 基本素质训练

形体基本素质练习是形体训练的最重要内容之一，在练习中可采用单人练习和双人配合练习两种形式。通过大量的练习，可对人体的肩、胸、腰、腹、腿等部位进行训练，以提高人体的支撑能力和柔韧性，为塑造良好的人体形态、改善形体的控制力打下良好的基础。形体基本功练习的内容较多，在训练时，应本着从易到难，从简单到复杂的原则；同时也要注意自己和配合者的承受能力，不能超负荷，以免发生伤害事故。

4. 基本形态控制练习

基本形态控制练习是对练习者身体形态进行系统训练的专门练习，是提高和改善人体形态控制能力的重要内容。它通过徒手、把杆、双人姿态等大量动作的训练，进一步改变身体形态的原始状态，逐步形成正确的站姿、坐姿、走姿，提高形体动作的灵活性。这部分练习比较简单，个别动作要求比较严格，训练必须从严要求，持之以恒。

(二)形体训练的要求

(1)训练前必须做好准备活动。

(2)训练时要穿有弹性的紧身服装或宽松的休闲服、体操鞋、舞蹈鞋或健身鞋。

(3)训练时不能佩戴饰物，以免发生伤害事故。

(4)训练要有计划、有步骤，循序渐进，切忌忽冷忽热、断断续续；要持之以恒，力求系统地掌握形体训练的有关知识和方法。

(5)要保持训练场的整洁和安静。

(6)在训练中和训练后要注意补充适当的水分，同时要注意饮食营养的合理搭配。

三、形体训练基本技术

(一)基本姿态练习

形体基本姿态是指人体坐、立、行时的身体形态,是人体的自然动作,也是人体姿态美的基础。

1. 站立的基本姿态

【动作要领】

两腿并拢,脚跟靠拢,脚间夹角 45°~60°,身体重心落在两脚中间脚弓前端的位置上。臀部肌肉收紧,收腹、立腰、挺胸、颈部挺直,抬头稍微收下颌,两臂自然下垂,手略成圆形,表情自然略带微笑,如图 9-2 中①所示。

动作要求:挺胸、立腰、收腹、夹臀、提气,身体重心向上。

【练习方法】

(1)靠墙站立控制练习。双脚呈 V 型,两脚尖相距 10cm,两眼平视前方,面带微笑。双腿伸直,收腹,挺胸立腰,两腿夹紧,臀部夹紧,两肩微后下沉,下颌略微收,头向上顶,脚跟、腿、臀、肩胛骨和头紧贴墙。一次控制 4 个 8 拍,如图 9-2②所示。

(2)提踵站立控制练习。双臂自然下垂,保持站立姿态。1 拍双脚同时提踵,脚跟尽量抬高;2~7 拍控制不动;8 拍脚跟落地,落地要有控制。重复进行共做 4 个 8 拍(图 9-2③)。

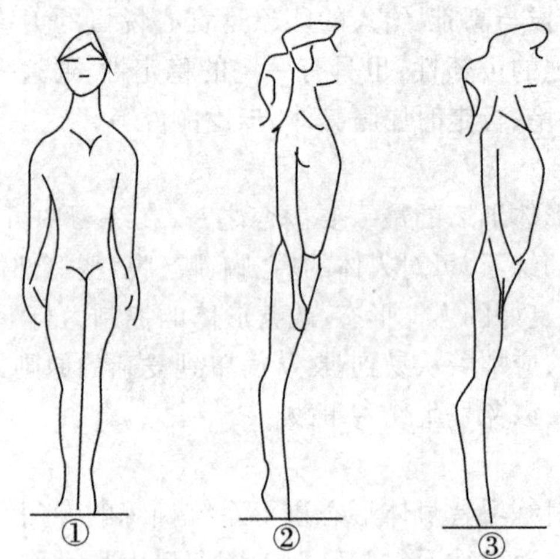

图 9-2 站立的基本姿态

2. 坐姿

【动作要领】

坐时要头部挺直,双目平视,下颌内收;身体端正,两肩放松,勿倚靠座椅的背部;挺胸收腹,上身微微前倾;采用中坐姿势,坐时占椅面 2/3 的面积;双腿靠紧并垂直于地面,也可将双腿稍稍斜侧调整姿势。

3. 走姿

走路时方向明确,身体协调,姿势优美;步伐从容,步态平衡,步幅适中,步速均匀,走成直线;双臂自然摆动,挺胸抬头,目视前方。

【练习方法】

(1)双手叉腰或摆臂行走姿势练习。配4/4拍中速音乐。

【动作要领】

站立的基本姿态,前两个8拍左脚开始向前走,最后一拍并脚。后两个8拍右脚开始向前走,最后一拍并脚,如图9－3所示。

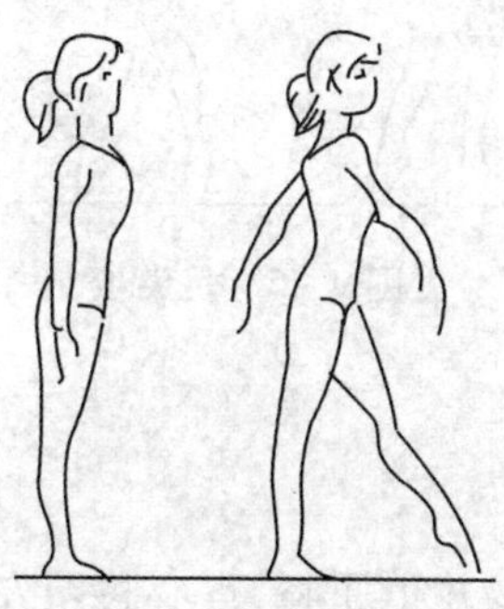

图9－3　行走姿势练习

(2)柔软步练习。

【动作要领】

站立的基本姿态,左腿脚面膝盖绷直,整个腿旋外向前伸出,由脚尖过渡到全脚掌着地,身体重心随之前移,接着换右脚向前,两腿交替行进。可先分解练习向前伸腿和落脚跟移重心动作,再进行两手叉腰由慢到快练习柔软步,最后结合手臂动作练习柔软步,如图9－4所示。

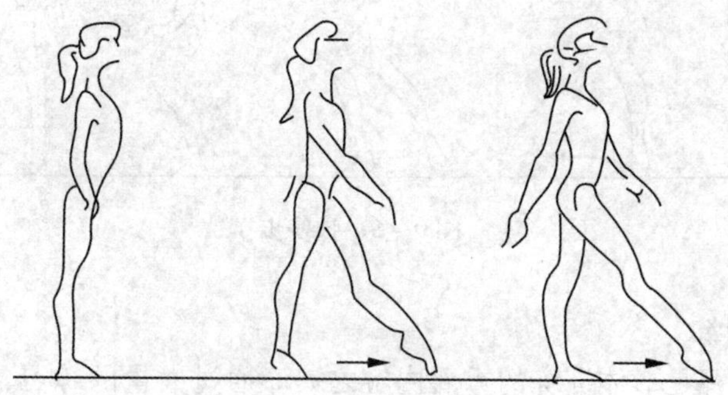

图9－4　柔软步

(3)足尖步练习。

【动作要领】

由提踵立开始,左腿脚面、膝盖绷直向前伸出,由脚尖过渡到前脚掌着地,同时重心前移,两腿交替行进。足尖步走时,紧腹收臀,足跟尽量向上抬,重心高,步幅小,步频快,平稳移动。可先练习两脚起踵立,再进行两手叉腰节奏由慢到快练习足尖步,最后结合手臂动作练习足尖步,如图9－5所示。

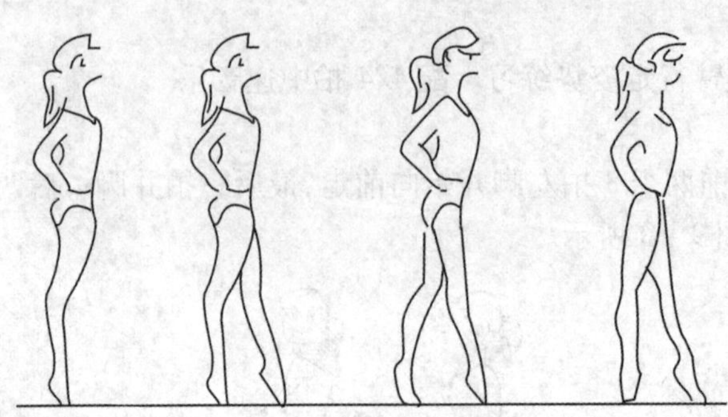

图9－5　足尖步

(4)弹簧步练习。

【动作要领】

由提踵立开始,左脚向前柔软步并稍屈膝,重心移至左脚,右腿随之屈膝。左脚蹬直至起踵立,同时右腿向前下方伸出;接着换另一条腿做,重复多次练习。可在掌握柔软步、足尖步的基础上学习弹簧步,再进行两手叉腰练习向前弹簧步,最后配合手臂摆动、绕环做弹簧步,如图9－6所示。

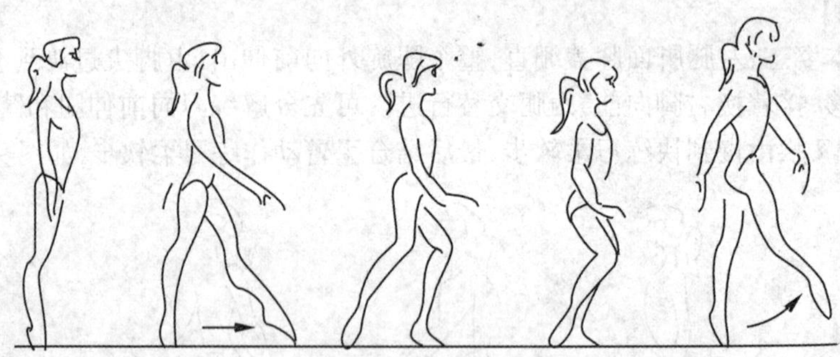

图9－6　弹簧步

(二)基本素质训练

形体基本素质练习是形体训练的重要内容之一。通过大量的练习,可以对人体的各部位进行强化练习,从而加强腿部、腰部的力量以及身体各部位的柔韧性,为塑造良好的人体外形形态,改善形体的控制力打下良好的基础。

1. 腿部力量和柔韧性练习

(1)脚面柔韧性练习。配2/4 拍或4/4 拍中速音乐。

①脚踝练习。

【动作要领】

坐地,两腿并拢伸直,绷脚面,两臂体后支撑。

第1 个8 拍:1 ~2 拍用力勾起两脚脚趾,勾脚背,使距小腿关节屈;3 ~4 拍用力绷脚面;5 ~8拍同1 ~4 拍。

第2 ~4 个8 拍:同第一个8 拍,如图9－7 所示。

图 9－7　脚踝练习

②吸腿练习。

【动作要领】

坐地，两腿并拢伸直，绷脚面，两臂体后支撑。

第 1 个 8 拍：1～2 拍用力向胸部吸双腿，脚尖点地；3～4 拍腿慢慢向前伸直还原，绷脚面；5～8 拍同 1～4 拍。

第 2～4 个 8 拍：同第一个 8 拍，如图 9－8 所示。也可做单腿练习。

图 9－8　吸腿练习

③举腿练习。

【动作要领】

坐地，两腿并拢伸直，绷脚面，两臂体后支撑。

第 1 个 8 拍：1～2 拍左腿上举，右腿保持不动；3～4 拍左腿还原绷脚面；5～8 拍动作同 1～4 拍，换右腿。

第 2～4 个 8 拍：同第一个 8 拍，如图 9－9 所示。也可进行向侧、后举腿练习。

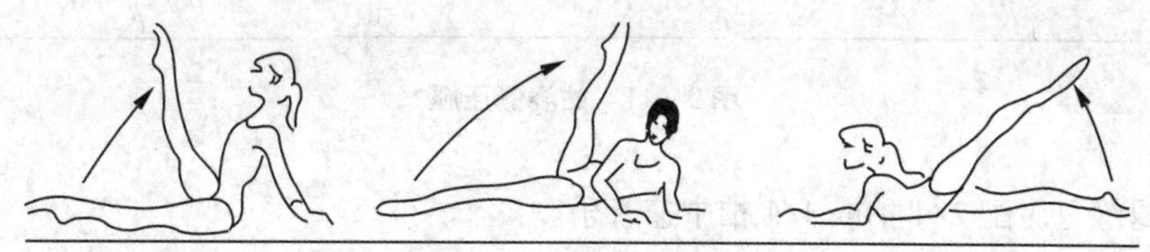

图 9－9　举腿练习

(2)压腿练习。配 2/4 拍或 4/4 拍中速音乐。

①站姿正压腿练习。

【动作要领】

面对(或右肩斜对)把杆站立，右手扶把，左臂上举，左腿绷直外旋放在把杆上。上体前屈，以腹、胸、下颏依次贴左腿，左臂伸向脚尖前方，接着上体还原成正直，如图 9－10 所示。

第 1 个 8 拍：1 拍上体前屈压腿，胸部尽量贴近大腿，手臂前伸；2 拍上体直立；3～4 拍同 1～2拍，5～8 拍同 1～4 拍。

第 2 个 8 拍:同第一个 8 拍。

第 3 ~4 个 8 拍同第 1 ~2 个八拍,换右腿。也可两拍一动。

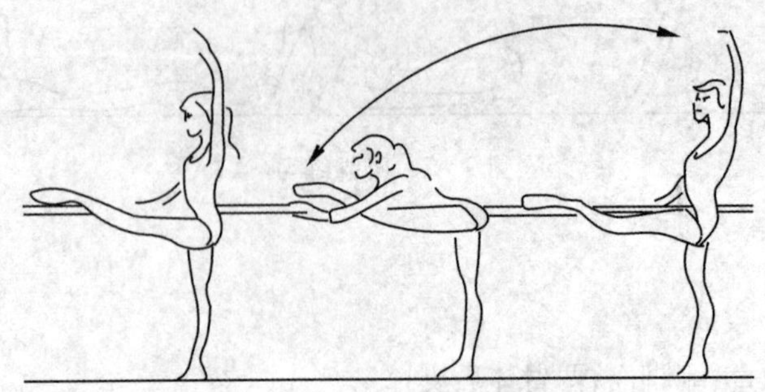

图 9 – 10　站姿正压腿

②站姿侧压腿练习。

【动作要领】

右侧对(或斜对)把杆,右腿伸直放在把杆上,左臂侧平举,右手扶把。左臂向上使上体拉长并向右侧摆动,右肩后部贴右腿,接着还原成上体直立,如图 9 – 11 所示。

第 1 个 8 拍:1 拍左臂向上使上体拉长并向右侧摆动,尽量使头接近右腿;2 拍上体直立;3 ~4拍同 1 ~2 拍;5 ~8 拍同 1 ~4 拍。

第 2 个 8 拍:同第 1 个 8 拍。

第 3 ~4 个 8 拍同第 1 ~2 个 8 拍,换左腿。也可两拍一动。

图 9 – 11　站姿侧压腿

(3)踢腿练习。配 2/4 拍或 4/4 拍中速音乐。

①前后摆腿练习。

【动作要领】

侧对把杆,右手扶把,左臂侧平举。

第 1 个 8 拍:1 拍左腿直膝(或屈膝)向前摆动,2 拍左腿下摆至右腿时脚尖向外,3 拍直膝(或屈膝)向后摆动,4 拍左腿下摆还原至并腿立;5 ~8 拍同 1 ~4 拍,如图 9 – 12 所示。

第 2 个 8 拍:同第 1 个 8 拍。

第 3 ~4 个 8 拍同第 1 ~2 个 8 拍,换右腿。

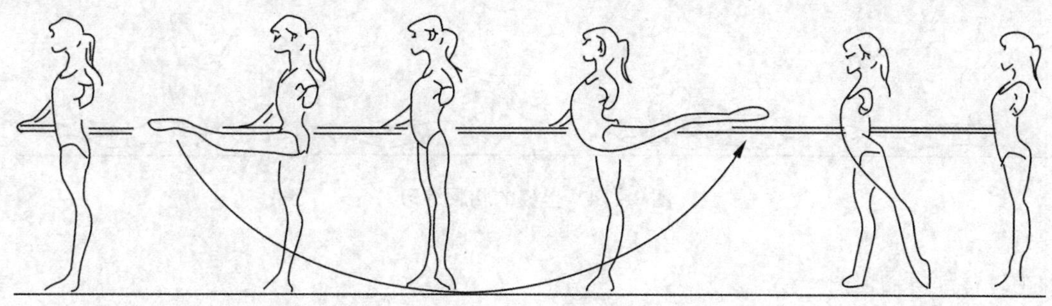

图9－12　前后摆腿

②侧摆腿练习。

【动作要领】

面对把杆，双手扶把。

第1个8拍：1～2拍左腿直膝（或屈膝）向右摆起，接着下摆，注意经下方时脚尖向外，3～4拍左腿直膝（或屈膝）向左摆起，接着向下经点地收回成直立；5～8拍同1～4拍，如图9－13所示。

第2个8拍：同第一个8拍。

第3～4个8拍同第1～2个8拍，换右腿。

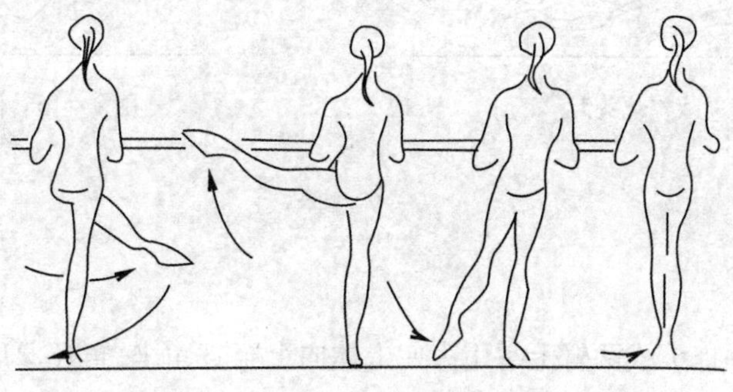

图9－13　侧摆腿

2．腰、背部力量和柔韧性练习

（1）坐姿的胸腰练习。

【动作要领】

直角坐开始，两臂侧平举。上体向前、后弯曲，注意使躯干各关节先拉长再弯曲；前后方向交替进行，避免一个方向的弯曲动作重复过多，如图9－14所示。

第1个8拍：1～2拍直角坐，两臂侧平举，两腿伸直并拢，绷脚面；3～4拍上体由向前、向上拉长至下压，头、胸、腰贴近腿，双手伸长置于足两侧；5～8拍保持弯曲状态振动，幅度由小到大。

第2个8拍：1～2拍由第1个8拍还原成直角坐，3～4拍上体由向上、向后拉长至后屈压，头、肩尽量向后下伸展，双手由上至后下扶地；5～8拍保持弯曲状态振动，幅度由小到大。

第3～4个8拍同第1～2个8拍。

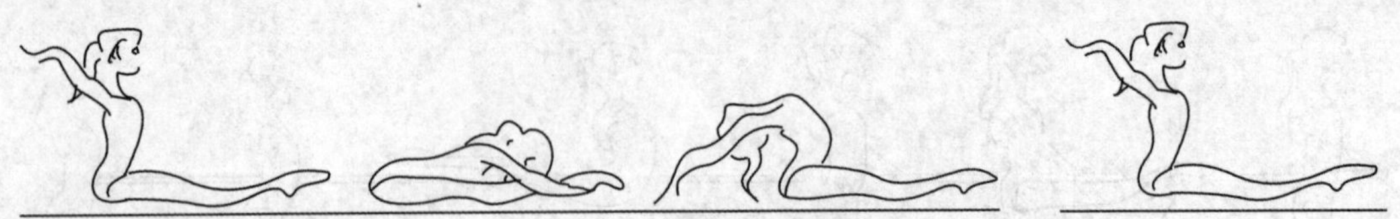

图 9－14　坐姿的胸腰练习

(2)背部练习。

①一头起练习。

【动作要领】

由俯卧开始,两臂前伸伏地,两腿向后上方举起,再放下,连续进行,如图 9－15 所示。或两腿伸直不动,两臂向前上方举起,再放下,连续进行。

②俯卧两头起练习。

【动作要领】

由俯卧两臂前举或侧举或背后相拉开始,抬上体同时向后上方举腿,然后还原成开始姿势,重复练习,如图 9－16 所示。

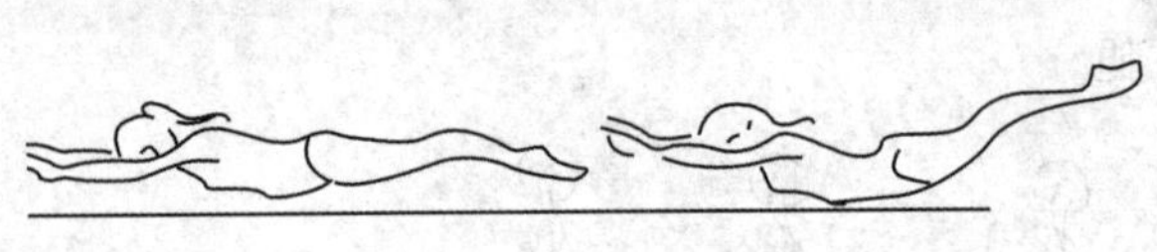

图 9－15　一头起

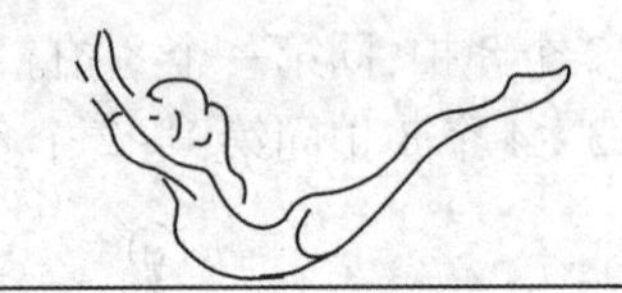

图 9－16　俯卧两头起

3. 腹部力量练习

(1)仰卧起坐练习。

【动作要领】

由仰卧开始,两手抱头或两臂上举用力使上体向上至直角坐,再还原成仰卧,重复练习,如图 9－17 所示。

图 9－17　仰卧起坐

(2)仰卧举腿练习。

【动作要领】

仰卧两手抱头或两臂上举贴地,直膝两腿上举至垂直,再还原成仰卧,重复练习,如图 9－18 所示。

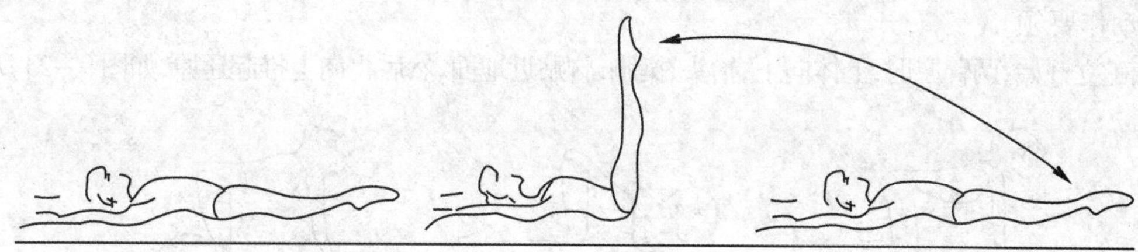

图 9－18　仰卧举腿

(3)仰卧两头起练习。

【动作要领】

由仰卧开始(屈膝或直膝),两手抱头或两臂上举用力使上体与腿同时向上起至团身坐或高直角坐,再还原成仰卧,重复练习,如图 9－19 所示。

图 9－19　仰卧两头起

4. 手臂、肩、胸部力量和柔韧性练习

(1)前压肩、胸练习。

【动作要领】

面对把杆,两手腕置于把杆上,上体前倾(髋角约 90°)。低头向下振动,如图 9－20 所示;或抬头挺胸向下振动,如图 9－21 所示。压肩时可分腿立或并腿立,要求肩关节放松、挺胸直臂完成动作。

(2)跪立压肩练习。

【动作要领】

跪立,两臂向前伸直伏地,挺胸、塌腰,使肩部用力向下挺压。慢节奏练习两肩同时下压,低头、挺胸,使肩充分伸展贴地,如图 9－22 所示。

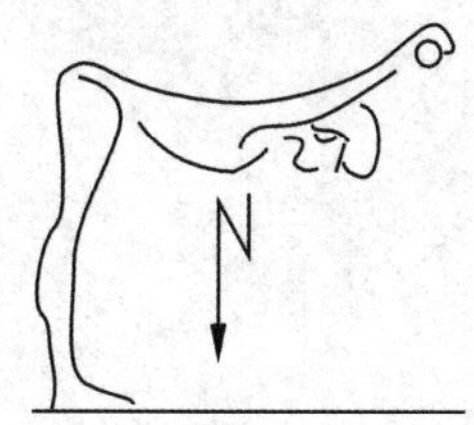

图 9－20　前压肩、胸练习一

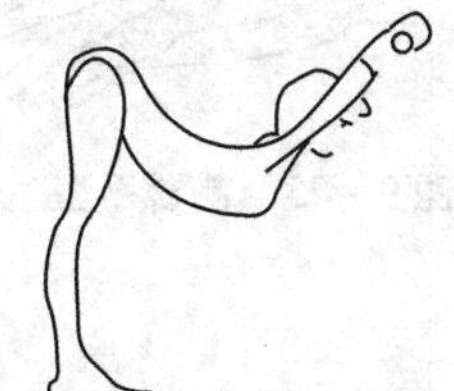

图 9－21　前压肩、胸练习二

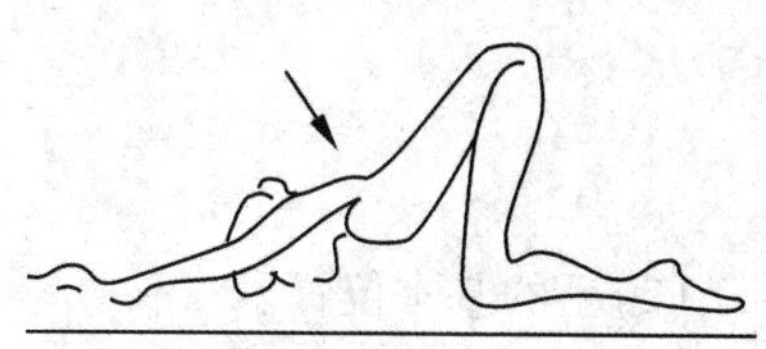

图 9－22　跪立压肩练习

(3)上肢力量练习(又称半俯卧撑)。

①跪立屈臂撑练习。

【动作要领】

由跪立开始,两臂屈肘,上体向下,抬头、挺胸,胸贴近地面,然后再向上推起还原,如图 9-23 所示。

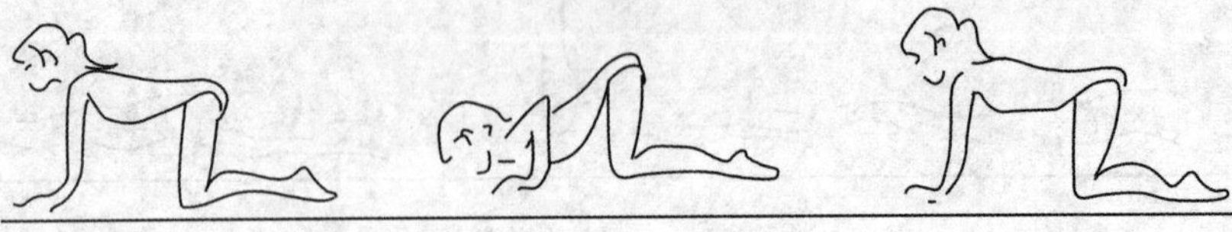

图 9-23 跪立屈臂撑

②俯卧撑练习。

【动作要领】

由俯撑开始,屈臂,胸贴近地面,然后再向上推起成直臂俯撑,动作中身体保持正直,重复练习,如图 9-24 所示。

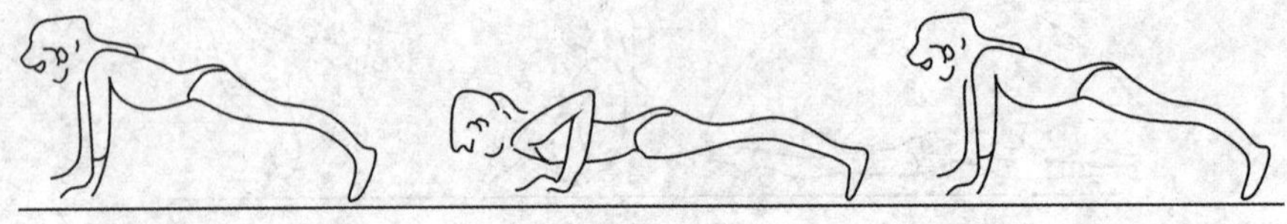

图 9-24 俯卧撑

(三)基本形态控制练习

形体美是一个由多种要素有机结合而成的整体性的动态系统。优雅的体态是身体各部位形态的基础,必须经过形态控制练习才能得到提高。基本形态控制练习是对人体身体形态进行系统的专门性练习,它进一步改变身体形态的原始状态,提高形体动作的灵活性,增强站姿、坐姿、走姿动作的规范化。

1. 芭蕾的手位与脚位

(1)手型。

【动作要领】

芭蕾对手的形态要求是手指并拢,自然伸长,拇指与中指稍向里合,如图 9-25 所示。

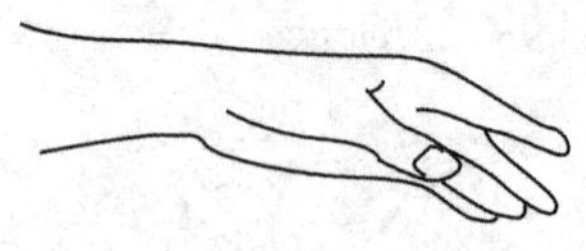

图 9-25 芭蕾手型

(2)手的基本位置。

【动作要领】

芭蕾舞的手位有 7 个,如图 9-26 所示。

一位:两臂呈弧形置于体前,指尖相对掌心向内。

二位:两臂保持弧形前平举,稍低于肩。

三位:两臂保持弧形上举,稍偏前。

四位:一手臂保留在三位,另一手臂回落到二位。

五位:一手臂保留在三位,另一手臂向侧打开。

六位:在三位的手下落到二位,另一手臂仍侧举。

七位:在二位的手由前向侧打开,另一手臂仍侧举。

要求:练习手臂位置时,肩要放松,肘、腕自然微屈,两臂始终要保持弧形,手指尽量伸长。动作过程中,要运用手来传情达意。

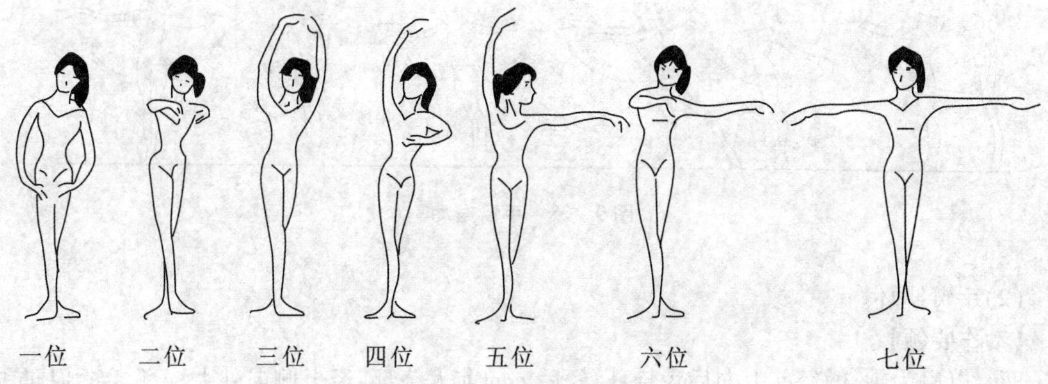

图 9－26　芭蕾的手位

(3)脚的基本位置。

【动作要领】

芭蕾的脚位有 5 个,如图 9－27 所示。

一位:两脚跟靠拢,脚尖向两侧,两脚呈一字形。

二位:在一位的基础上,两脚跟分开,相距约一脚。

三位:一脚跟相叠在另一脚跟处平行站立。

四位:两脚前后平行,脚尖向两侧,两脚间距离约一脚。

五位:两脚前后平行相靠,脚尖向外侧。

要求:站立时髋部要保持正直,腿部、臀部的肌肉向上收紧。脚位的练习由于要求较好的开度,即从髋到脚整条腿都要外开,在学习中如开度暂时达不到要求,可先站小八字,不可强求,以免造成损伤。

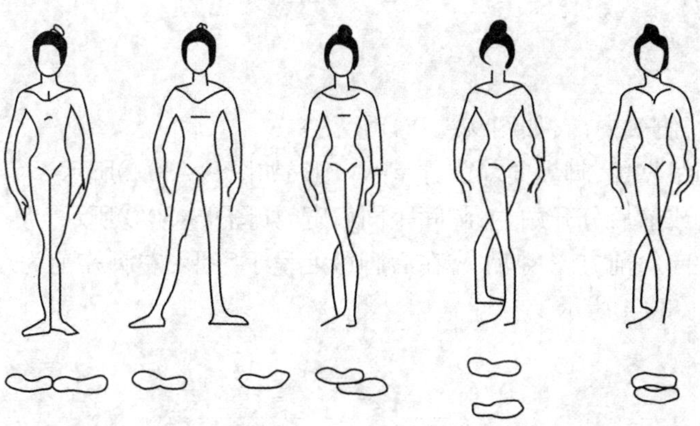

图 9－27　芭蕾的脚位

2. 其他手臂动作与脚位

(1)手臂摆动。

【动作要领】

以肩为轴,可向前、后、左、右以及水平方向摆动。两臂可同向摆动,也可反向摆动。可先练习两臂同向摆动,再练习反向摆动,如图 9-28 所示。

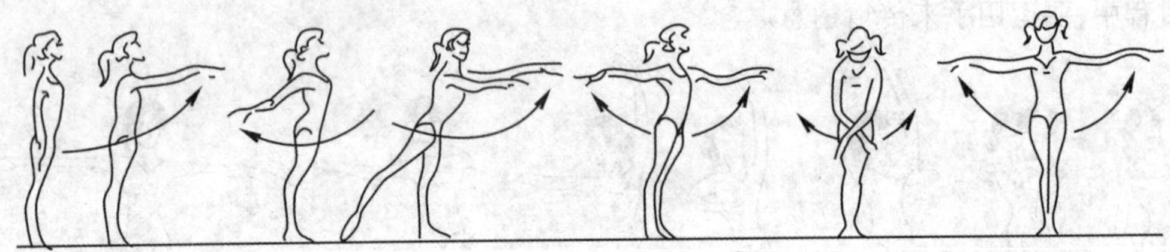

图 9-28 手臂摆动

(2)手臂绕环。

【动作要领】

两臂以肩为轴,做经前上向后大绕环、经后上向前大绕环、经上侧向外大绕环,经侧上向内大绕环、两臂向左右大绕环,两臂反向前后大绕环等,如图 9-29 所示。也可前臂以肘关节为轴向内、外做中绕环。手臂绕环时肩、胸随着做协调转动,以加大手臂绕环幅度。练习时,首先在手臂摆动的基础上学习手臂绕环,然后手臂摆动与绕环结合练习。最后,可结合各种步法练习手臂绕环。

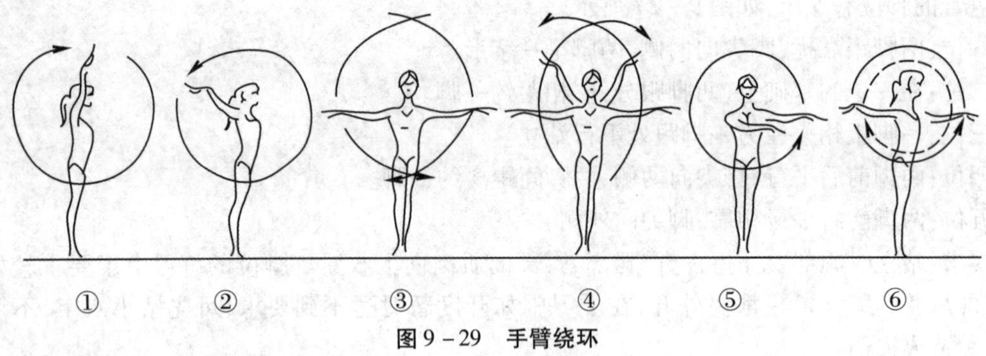

图 9-29 手臂绕环

(3)其他脚位

并步:两脚并拢,脚尖向前,如图 9-30①所示。

小八字步:两脚跟靠拢,脚尖向斜前方呈八字形,如图 9-30②所示。

开立:两脚左右或前后分开站立,脚间距同肩宽,如图 9-30③所示。

丁字步:两脚尖向斜前方,一脚跟靠在后脚弓处呈丁字形,左脚在前为左丁字步,右脚在前为右丁字步,如图 9-30④所示。

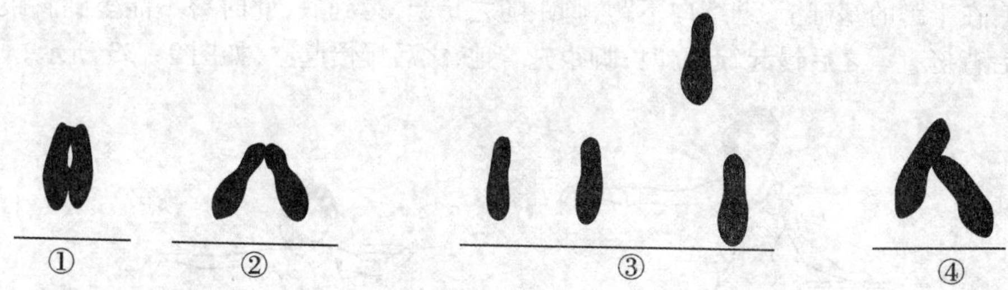

图9－30　其他脚位

3. 把杆基本动作练习

(1)擦地。擦地是整个腿部训练中的基础动作,通过向前、侧、后方向的蹦脚练习,锻炼距小腿关节、脚背的力量,训练腿部肌肉,使其线条优美。

【动作要领】

一位或五位站立,双手或单手扶把,收臀收腹,后背夹紧。

向前擦地:重心在主力腿上,动力腿保持正直,绷脚向前擦地。擦地过程中脚跟用力前顶,脚跟、脚心、脚掌逐渐离地到完全绷脚,脚面向外,脚尖要与主力腿在一条直线。然后沿原路线收回,如图9－31①所示。

向侧擦地:重心在主力腿上,动力腿保持正直,向侧擦出,开始全脚擦地,边擦边绷脚背,脚背推至最高点,脚尖点地,脚跟前顶,脚面向外,腿部肌肉充分伸长;然后沿原路线收回,如图9－31②所示。

向后擦地:重心在主力腿上,动力腿保持正直,向后擦出。擦地过程中,脚尖先行,动力腿尽量向后下方伸展,脚面向外,脚尖要与主力腿在一条直线;然后沿原路线收回,如图 9－31③所示。

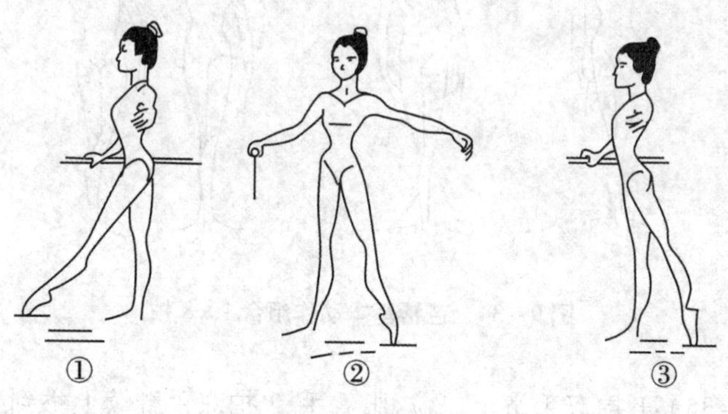

图9－31　擦地

(2)蹲。蹲主要是通过腿的屈伸练习,增强其腿部肌肉力量,促使其均衡发展。进行蹲的练习还能提高跟腱的弹性、韧性及膝关节的控制能力。

【动作要领】

半蹲:一位站立,上体保持正直,两膝逐渐下蹲,在全脚掌着地状态下下蹲到最低限度,此时脚踝和脚背有挤压感,跟腱有较深的牵拉感,之后再慢慢起立,如图 9－32 所示。

全蹲:在半蹲的基础上,继续向下蹲,脚跟随之抬起,蹲到底,此时臀不能坐到脚跟上,腿保持外开,后背挺直。之后慢起,起立时,脚跟先着地,之后慢慢起立,如图 9-33 所示。

图 9-32 半蹲　　图 9-33 全蹲

四、形体训练组合动作

(一)芭蕾基本动作组合

【动作要领】

准备姿势:面向 1 点,右脚在前五位站立,手在一位。动作做法如下。

1×8 拍(图 9-34):1 拍右手举至二位,眼看右手;2 拍右手打开到七位,头随之右转,仍看右手;3 拍右手下落,仍看右手,稍低头,同时呼气;4 拍右手在一位,抬头看前方;5～8 拍与 1～4 拍动作相同,方向相反,即用左手完成上述动作。

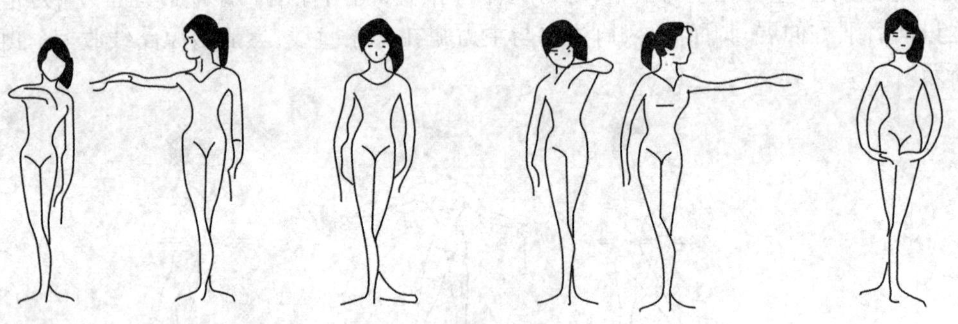

图 9-34 芭蕾基本动作组合 1×8 拍

2×8 拍(图 9-35):1 拍双手举至二位,眼看手;2 拍双手继续上举到三位,抬头看前方;3 拍双手打开到七位,眼看左手,头随之左转;4 拍双手下落一位,抬头看前方;5 拍双手举至七位,眼看左手,头稍左转;6 拍双手继续上举到三位,抬头看前方;7 拍双手下落到二位,眼看手;8 拍双手继续下落到一位,抬头看前方,最后身体转向 8 点。

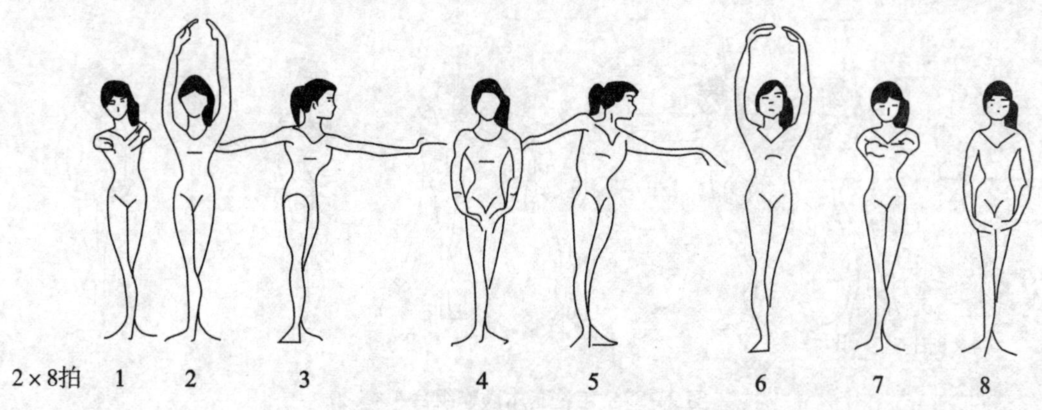

图 9－35　芭蕾基本动作组合 2×8 拍

3×8 拍(图 9－36):1 拍面向 8 点,右脚向前擦出脚尖点地,同时手举至五位,头转向 2 点;2 拍右腿上举;3 拍右腿落下,脚尖点地;4 拍右脚收回五位,同时手也收回一位,头转回 8 点;5 拍面向 8 点,左脚向后擦出脚尖点地,同时手举至五位,头转向 2 点;6 拍左腿上举;7 拍左腿落下,脚尖点地;8 拍左脚收回五位,同时手收回一位,头转回 8 点。

图 9－36　芭蕾基本动作组合 3×8 拍

4×8 拍(图 9－37):1 拍右腿向侧擦出脚尖点地,同时右手三位,左手七位,头转向左,低头左下方;2 拍右腿上举;3 拍右腿落下,脚尖点地;4 拍右脚收回五位,同时手收回一位,头转回 1 点;5 拍左腿向侧擦出脚尖点地,同时左手三位,右手七位,头转向左,抬头看左上方;6 拍左腿上举;7 拍左腿落下,脚尖点地;8 拍左脚收回五位,同时手收回一位,头转回 1 点,最后转体面向 3 点站立。

5×8 拍(图 9－38 左):1～2 拍左脚向后点地,右手向前伸,左手侧后斜伸,眼看右手指向方向;3～4 拍左手经下向前伸出,右手同时经上向后绕至斜后举,头左转;5～6 拍左手经上向后绕至斜后举,右手同时经下向前伸出,眼看右手方向;7～8 拍左脚收回五位,手同时收回一位,最后身体转向 7 点成右脚在前五位站立。

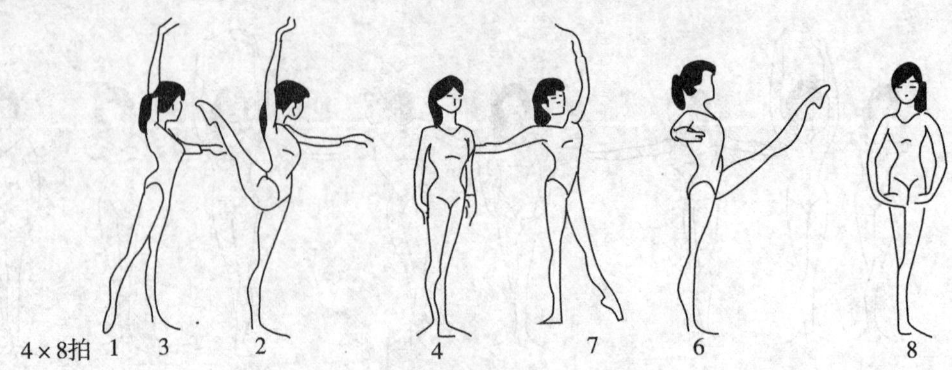

图 9－37　芭蕾基本动作组合 4×8 拍

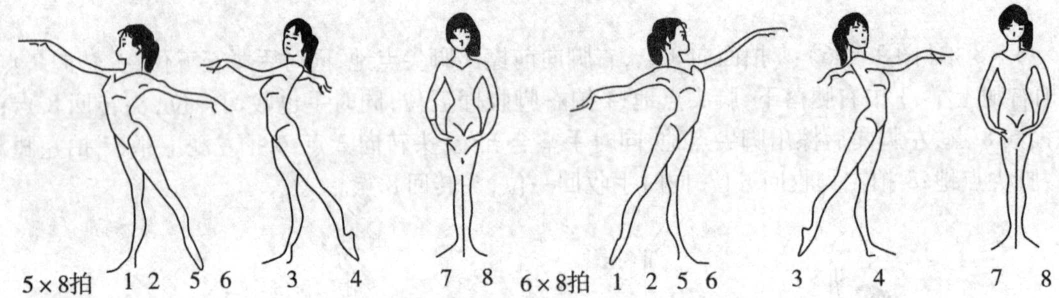

图 9－38　芭蕾基本动作组合 5×8 拍

6×8 拍(图 9－38 右):同 5×8 拍动作相同,方向相反。

(二)五位擦地组合

【动作要领】

准备姿势:1～4 拍右手扶把,左手一位,左脚在前的五位站立;5～8 拍左手经二位打开到七位。动作做法如下。

1×8 拍(图 9－39):1 拍左脚向前擦地;2 拍左脚收回前五位;3～4 拍同 1～2 拍;5 拍左脚向前擦地;6 拍左脚脚跟着地,两腿同时半蹲(四位半蹲);7 拍重心前移,左腿伸直,右脚绷直后点地;8 拍右脚收回成后五位。

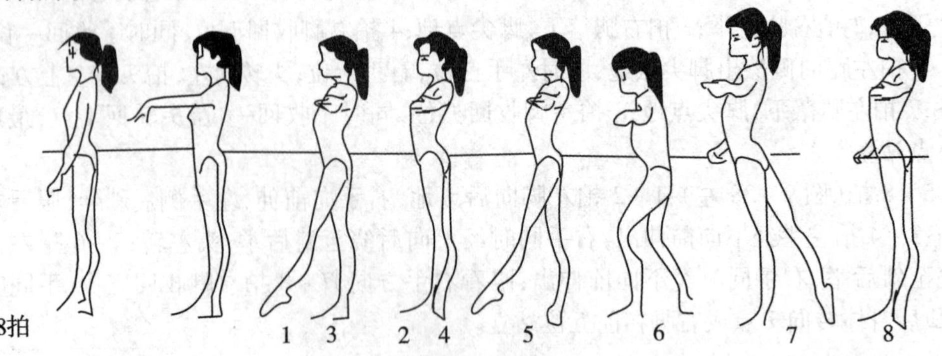

图 9－39　五位擦地组合 1×8 拍

2×8 拍(图 9－40):1 拍右脚向后擦地;2 拍右脚收回成后五位;3～4 拍同 1～2 拍;5 拍右脚向后擦地;6 拍右脚脚跟落地两腿同时半蹲;7 拍重心后移右腿伸直,左脚绷直前点地;8 拍左脚收回成前五位。

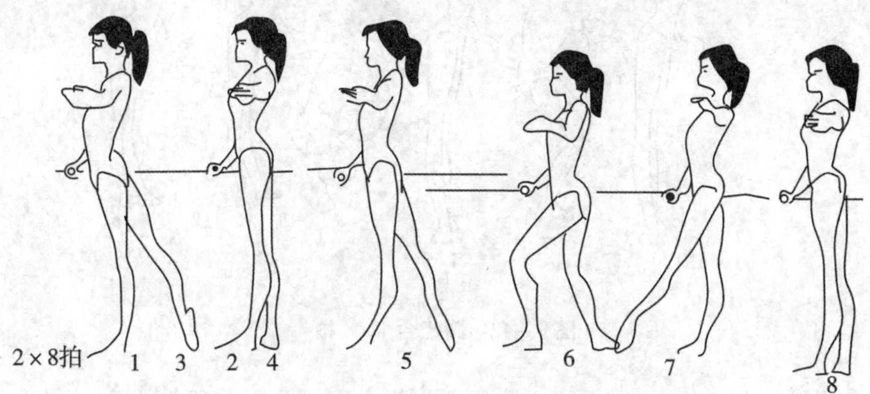

图 9－40　五位擦地组合 2×8 拍

3×8 拍(图 9－41):1 拍左脚向侧擦地;2 拍左脚收回成前五位;3 拍同 1 拍;4 拍左脚收回成后五位;5 拍左脚向侧擦地;6 拍左脚收回成前五位同时半蹲;7 拍双腿伸直,双脚立踵;8 拍向右转体 180°后双脚足跟落地,左手扶把反方向动作相同。

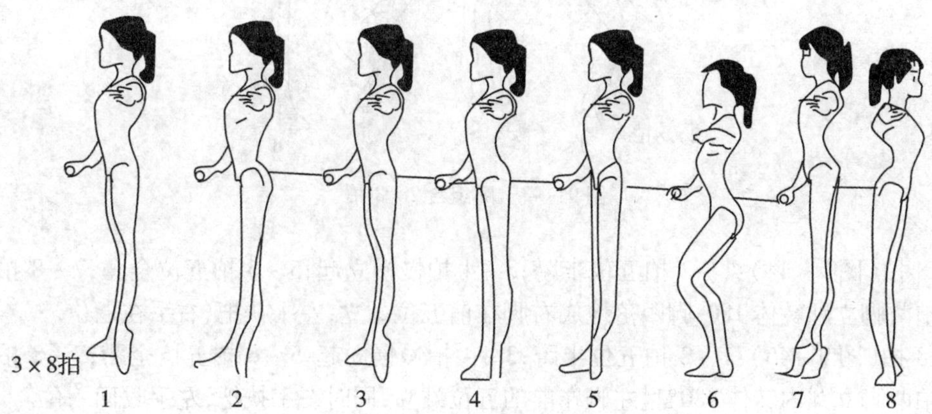

图 9－41　五位擦地组合 3×8 拍

(三)蹲组合

【动作要领】

准备姿势:1～4 拍右手扶把,左手一位,脚一位站立;5～8 拍左手经二位打开到七位。动作做法如下。

1×8 拍(图 9－42):1～2 拍一位半蹲;3～4 拍慢慢立起;5～6 拍一位全蹲;7～8 拍慢起,最后半拍左脚向侧擦出呈二位站立,头转向左侧。

2×8 拍(图 9－43):1～2 拍二位半蹲;3～4 拍慢慢立起;5～6 拍二位全蹲;7～8 拍慢起,最后半拍左脚向内侧收回呈左脚在前的五位站立。

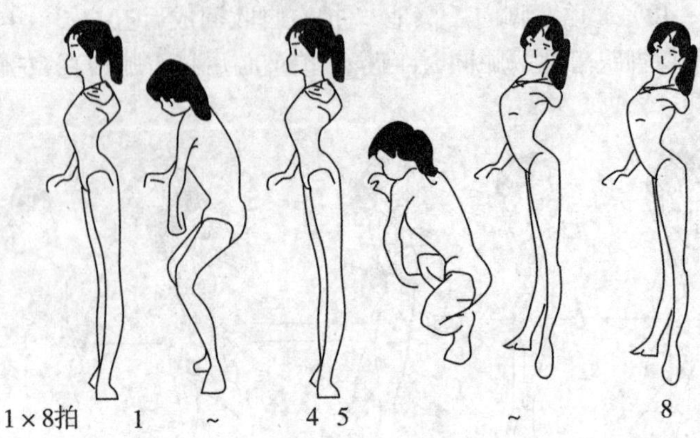

图9－42　蹲组合1×8拍

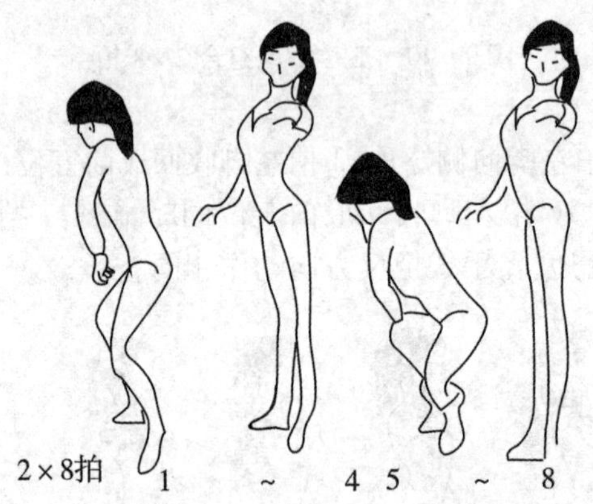

图9－43　蹲组合2×8拍

3×8拍(图9－44):1～2拍五位半蹲;3～4拍慢慢立起;5～6拍五位全蹲;7～8拍慢起,最后半拍两脚立踵转体180°脚跟落地成右脚在前五位站立,左手扶把,右手在七位。

4×8拍(图9－45):1～2拍五位半蹲;3～4拍慢慢立起;5～6拍五位全蹲;7～8拍慢起,最后半拍两脚立踵内转体180°呈左脚在前的五位站立,同时右手扶把,左手收回一位。

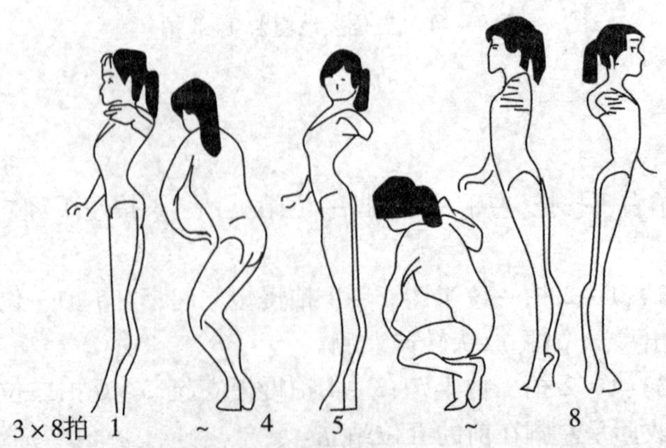

图9－44　蹲组合3×8拍

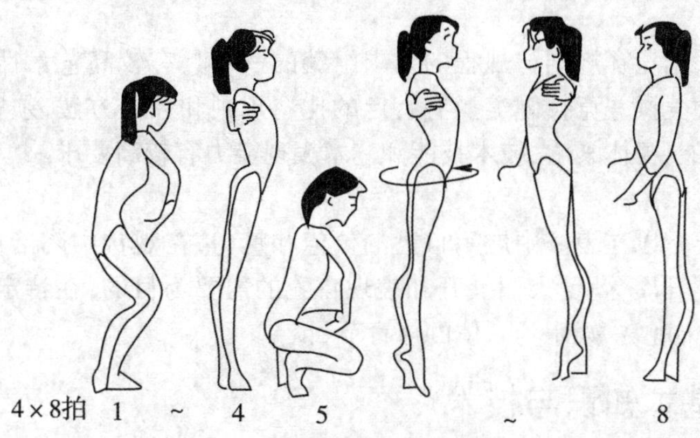

图 9－45　蹲组合 4×8 拍

第二节　健　美　操

一、健美操概述

（一）健美操的起源

健美操是在音乐伴奏下以基本体操为主体，配合各种类型的风格动作、基本难度动作、特殊规定动作，按照一定的方式进行锻炼的运动项目。

健美操运动源于 20 世纪 70 年代末，英文原名 Aerobics，意为有氧运动、健身健美操。80 年代初，美国健身、影视明星简・方达根据自己的健身经验和体会，编写出版了《简・方达健美术》，引起了全世界的轰动，这对健美操运动在全世界的发展起到了积极的作用，随后健美操运动传入我国。

（二）健美操的分类

根据健美操的目的和任务，可以将其分为健身健美操、竞技健美操和表演健美操三大类。

1. 健身健美操

健身健美操也称为大众健美操，是集健身、娱乐为一体的群众性健身运动。它的目的主要在于健身，其运动强度和动作难度相对较低，可为社会不同年龄、层次、性别、职业的人所选用。根据不同的需要，健身健美操还可从不同的角度进一步分类和命名。

（1）按年龄结构可分为老年健美操、中年健美操、青年健美操、少年健美操、儿童健美操等。

（2）按人体解剖结构活动部位可分为头颈健美操、肩部健美操、胸部健美操、腹部健美操、腿部健美操等。

（3）按练习的目的和任务可分为热身健美操、姿态健美操、形体健美操、减肥健美操、活力健美操等。

（4）按练习形式可分为徒手健美操、持轻器械健美操（哑铃、花球、扇子等）、专门器械健美操（垫上健美操、踏板健美操等）。

（5）按人名、动作特色可分为简・方达健美操、搏击健美操、拉丁健美操、爵士健美操等。

2. 竞技健美操

竞技健美操是根据竞赛规则与规程的要求组编的一套具有较高艺术性、以比赛取得优异成绩为主要目的的健美操。竞技健美操有特定的比赛规则和评分方法，须完成一定难度的动作，对人体的心肺功能、身体素质、技术技能和艺术表现能力有较高要求。

3. 表演健美操

表演健美操主要是以在表演中展示自己的价值和魅力，在观赏中陶冶情操、净化心灵、促进健美操活动的广泛开展，满足人们展开和表现自我的需要为目的，在特定的活动、场合或节日庆典中进行表演，集观赏、娱乐为一体的体育节目。

二、健美操基本知识与技术

(一) 手型

健美操常用的手型主要有并掌、分掌、花掌、拳等，如图 9 - 46 所示。

1. 并掌

五指伸直并拢，大拇指紧扣在食指旁。

2. 分掌

五指伸直用力分开。

3. 花掌

花掌又称西班牙舞手式。五指用力，小指、无名指依次内旋，拇指稍内扣。

4. 拳

五指用力弯曲并拢，大拇指第一个关节紧扣在食指、中指的第二个关节上。

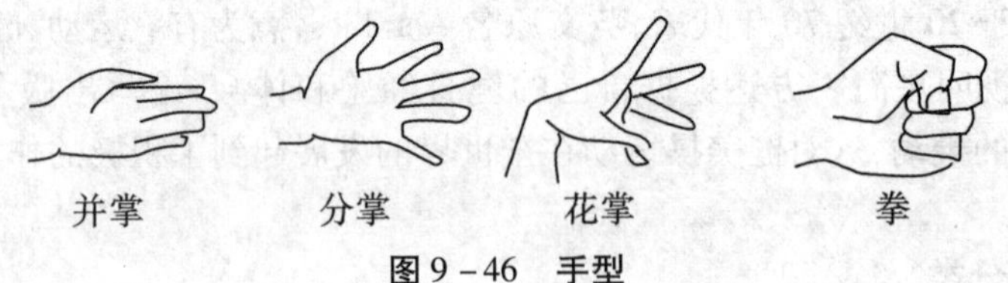

图 9 - 46　手型

(二) 身体各部位基本动作

1. 头、颈动作

头、颈动作由屈、转、绕环动作组成，如图 9 - 47 所示。

(1) 屈，指头颈关节角度的弯曲，包括前屈、后屈、左屈、右屈。前屈时下巴尽量接近胸部，后屈时用后脑勺接近背部，侧屈时耳朵尽量接近肩膀。

(2) 转，指头颈部绕身体垂直轴的转动，包括左转、右转。

(3) 绕环，指头以颈为轴心的圆形运动，包括左、右绕环。

要求：上体保持正直，头颈移动的方向要准确，颈部被动肌群充分伸展。

图 9 - 47　头、颈动作

2. 肩部动作

肩部动作由提肩、沉肩、肩绕环动作组成，如图 9－48 所示。

（1）提肩，指肩胛骨做向上的运动，包括单肩提、双肩同时提和依次提。

（2）沉肩，指肩胛骨做向下的运动，包括单肩沉、双肩同时沉和依次沉。

（3）肩绕环，指以肩关节为轴做 360°及 360°以上的圆形运动，包括单肩向前、后绕环，双肩同时和依次向前、后绕环。

要求：提肩时要尽力向上，沉肩时要尽力向下，动作幅度要大而有力。绕肩时上体不能摆动，颈与头不能前探。

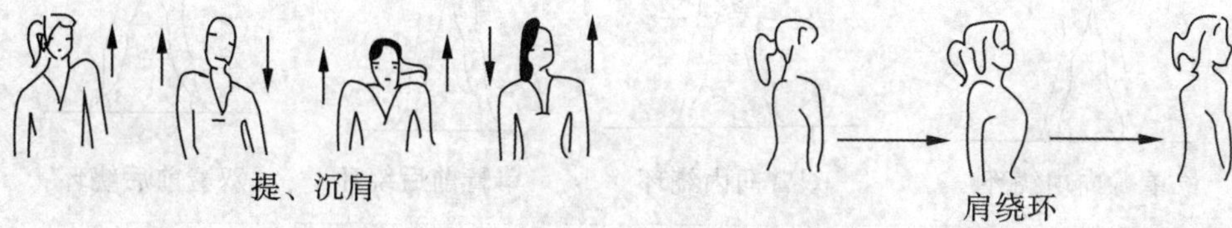

图 9－48　肩部动作

3. 上肢动作

上肢动作由举、屈、伸、摆、绕、绕环等动作组成。

（1）举，指以肩为轴，臂的活动范围不超过 180°而停止在某一部位的动作，包括单臂和双臂的前、后、侧、侧上、侧下举等。

（2）屈，指肘关节产生一定的弯屈角度，包括胸前平屈、肩侧屈、肩上侧屈、肩下侧屈、肩上前屈、腰间屈、头后屈，如图 9－49 所示。

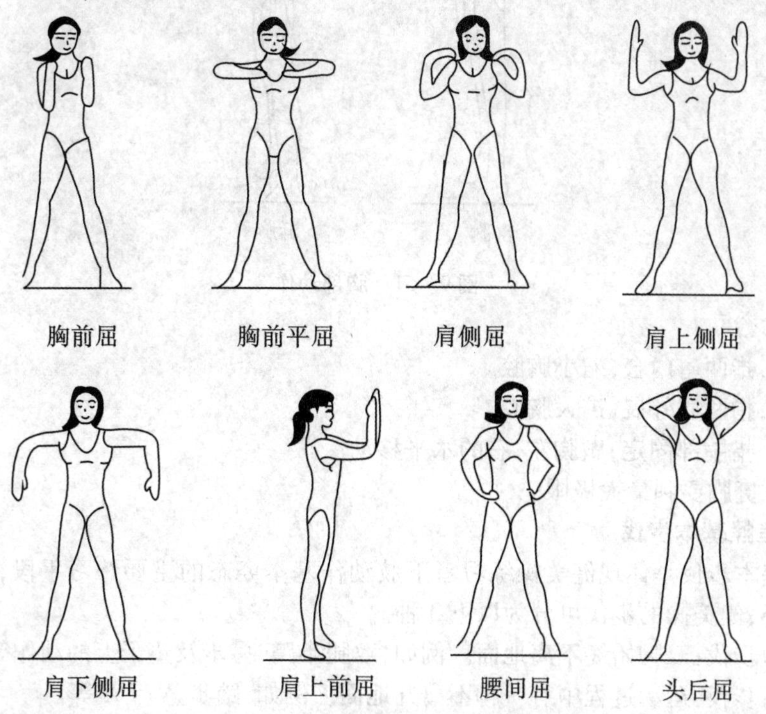

图 9－49　屈

(3)绕,指双臂或单臂向内、外、前、后做180°以上360°以下的弧形运动。

绕环:指以肩关节为轴,双臂或单臂向前、向后、向内、向外做圆形运动,如图9-50所示。

要求:上体保持正直、位置要准确,幅度要大,力达身体最远端。

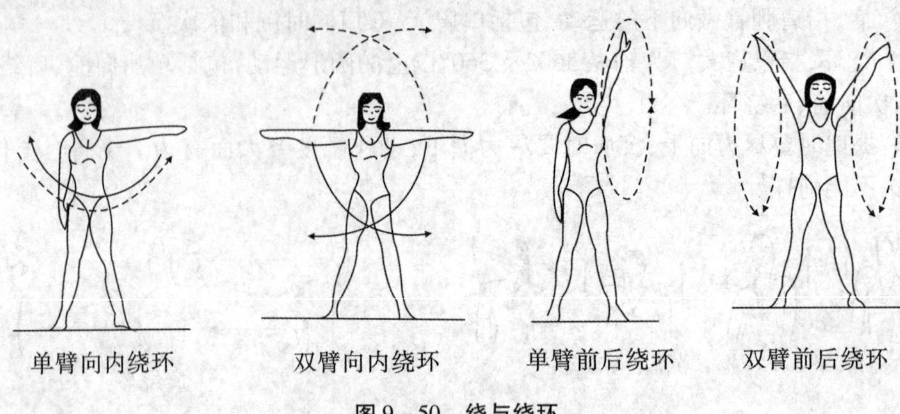

图9-50 绕与绕环

4. 胸部动作

胸部动作由含胸、挺胸、移胸动作组成,如图9-51所示。

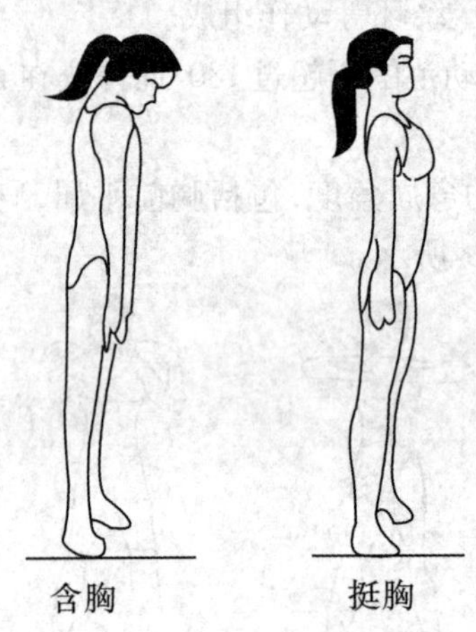

图9-51 胸部动作

(1)含胸,指两肩内合,缩小胸腔。

(2)挺胸,指两肩外展,扩大胸腔。

(3)移胸,指髋部固定,做胸左、右的水平移动。

要求:含、挺胸要到最大极限。

(三)健美操基本步伐

健美操基本步伐是体现健美操练习者下肢动作基本姿态的主要练习手段,依据脚对地面冲击力的大小,健美操的步伐可分为以下3种。

无冲击力步伐:双脚始终不离地面。例如,双腿半蹲、弓步及垫子上的动作等。

低冲击力步伐:运动过程中有一脚不离开地面。例如,踏步、V字步等。

高冲击力动作:双脚瞬间同时离开地面。例如,后踢腿跑、吸腿跳等。

健美操常用的步伐有以下 7 种。

1. 踏步

踏步包括角度、高度与方向的变化。

【动作要领】

身体保持自然直立；脚屈于体前，髋与膝保持弹动；距小腿关节动作要清晰，落地由脚尖滚动到脚跟。

2. 后踢腿跑

后踢腿跑包括各种角度和方向的动作变形。

【动作要领】

上体保持自然直立；摆动腿膝关节垂直于髋关节或在髋关节后弯曲；脚面绷直至最大，较好地控制落地过程（由脚尖过渡到脚跟）。

3. 弹踢腿跳

弹踢腿跳包括各个空间、角度、方向、高或低强度冲击力的动作变形。

【动作要领】

上体保持自然直立；弹踢有力，髋膝动作明显，膝关节由充分屈至完全伸；摆动腿表现出较好的制动；摆动腿脚背绷直。

4. 吸腿跳

吸腿跳包括各个空间、角度、高或低强度冲击力的动作变形。

【动作要领】

上体保持自然直立；摆动腿髋、膝关节弯曲最低要求均为 90°；当摆动腿抬至最高点时，小腿垂直地面，脚面绷直；支撑腿伸直，髋与膝最大弯曲接近 10°。

5. 踢腿跳

踢腿跳包括各个空间、角度与方向的动作变形。

【动作要领】

上体保持自然直立；支撑腿伸直，髋与膝最大弯曲接近 10°；动作过程中，摆动腿直腿上踢，脚面绷直。

6. 开合跳

开合跳包括各个角度的髋膝关节的高或低强度（蹲）冲击力的动作变形。

【动作要领】

上体保持自然直立；双腿向外跳开，膝关节自然弯曲，髋关节自然向外展开；两脚分开距离大于肩宽，膝盖、脚尖向一个方向外开 45°；起跳落地控制有力，动作精确，向内跳回，双脚足跟并拢腿伸直收紧。

7. 弓步跳

弓步跳包括各个空间、角度、高或低强度冲击力的动作变形。

【动作要领】

双脚前后成一直线；髋关节不外展；低强度时身体微前倾，高强度时重心位于两脚之间。

三、健美操组合及成套动作

(一)跳步动作组合

丰富多彩、富有弹性的跳跃动作是健美操的特色之一。这套跳跃动作组合共 10 个 8 拍，是由健美操的几种主要的跳步(后踢腿跑、弓步跳、吸膝跳、踢腿跳、开合跳等)，配以规范有力的上肢动作组合而成。由于这套组合是在快速跑跳中不断变化上肢动作和身体方向，因此除有益于发展下肢力量外，还有助于提高协调性。

【动作要领】

准备姿势：开立，两手叉腰。动作做法如下。

1×8 拍(图 9－52)：1～2 拍不动；3～4 拍两脚弹动 2 次；5～6 拍跳成并立，同时两脚弹动 2 次；7 拍跳成开立；8 拍跳成并立，同时两臂落至体侧(五指并拢，掌心向内)。

2×8 拍(图 9－53)：1 拍右腿后踢跑，同时两臂胸前屈(拳心向后)；2 拍左腿后踢跑，同时两手胸前击掌；3 拍右腿后踢跑，同时两臂肩侧上屈(拳心向内)；4 拍并腿，手同 2 拍；5 拍并腿向左蹬跳成右侧弓步(左脚跟着地)，同时左臂侧举(拳心向下)，右臂胸前平屈(拳心向下)，头稍左转；6 拍还原成并立，同时两手胸前击掌；7～8 拍同 5～6 拍，方向相反，8 拍两臂还原至体侧。

图 9－52　跳步动作组合 1×8 拍

图 9－53　跳步动作组合 2×8 拍

3×8 拍(图 9－54)：1 拍左腿向侧一步，同时左臂上举(五指并拢，掌心向内)，右臂前举(五指并拢，掌心向内)，目视前方；2 拍提右膝同时向右转体 90°，右臂胸前上屈(拳心向后)，左臂胸前平屈(指尖搭在右上臂)；3 拍右腿后伸成左前弓步，同时左臂侧举(掌心向下)，右臂肩侧上屈（拳心向内），头向左转；4 拍右腿还原跳成并立，同时两臂还原至体侧（掌心向内），头还原；5 拍左腿提膝跳，同时两臂胸前平屈（拳心向下）；6 拍还原成并立，同时两臂还原至体侧（拳心向后）；7 拍右腿高踢跳；8 拍右腿落下成并立。

图 9－54　跳步动作组合 3×8 拍

4×8 拍（图 9－55）：同 3×8 拍，方向相反。

图 9－55　跳步动作组合 4×8 拍

5×8 拍（图 9－56）：1 拍跳成开立，同时左臂侧举（拳心向下），头向左转；2 拍跳成并立，同时左臂肩侧上屈（拳心向内），头还原；3 拍跳成开立，同时右臂侧举（拳心向下），头向右转；4 拍跳成并立，同时右臂侧上屈（拳心向内），头还原；5 拍跳成开立，同时两臂胸前屈（拳心向后），头还原；6 拍跳成并立，同时两臂胸前平屈（拳心向下）；7 拍跳成开立，同时两臂上举（五指并拢，掌心向前）；8 拍跳成并立，同时两臂还原至体侧（掌心向内）。

图 9－56　跳步动作组合 5×8 拍

（6～9）×8 拍同（2～5）×8 拍，方向相反。

10×8 拍（图 9－57）：1～4 拍跑跳步向左转体 360°，同时两臂体前屈伸 2 次（拳心向后）；

5～6拍原地踏步走，同时两手胸前击掌2次；7～8拍跳成开立，两手叉腰，挺胸立腰，目视前方。

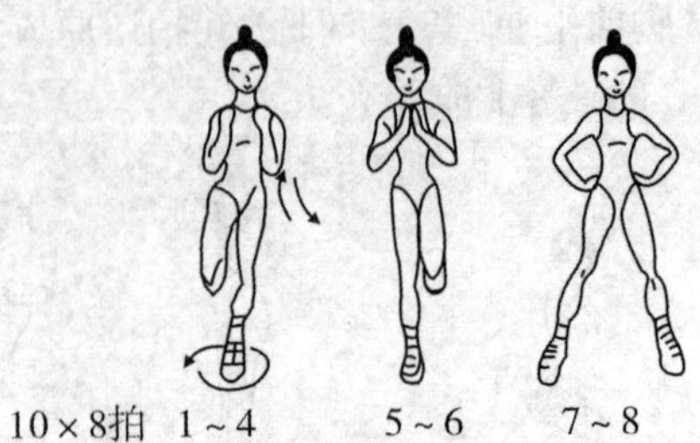

图9－57 跳步动作组合10×8拍

音乐选择：节奏感强的音乐，速度为26拍/10s。

要求：跳跃轻快，富有弹性；上肢动作到位、有力度；整套动作节奏准确、富有表现力。

（二）青春健身操

青春健身操是依据我国健身操传统创编方法设计的健身健美操，它包含身体几个主要部位的运动，使身体得到较全面的锻炼，同时该操比较简短、活泼，体现了青春期学生的特点。

【动作要领】

准备姿势：直立。动作做法如下。

1×8拍（图9－58）：保持预备姿势。

2×8拍（图9－59）：1～6拍原地踏步，同时两臂体侧屈自然摆动；7～8拍继续踏步，同时两手胸前击掌2次。

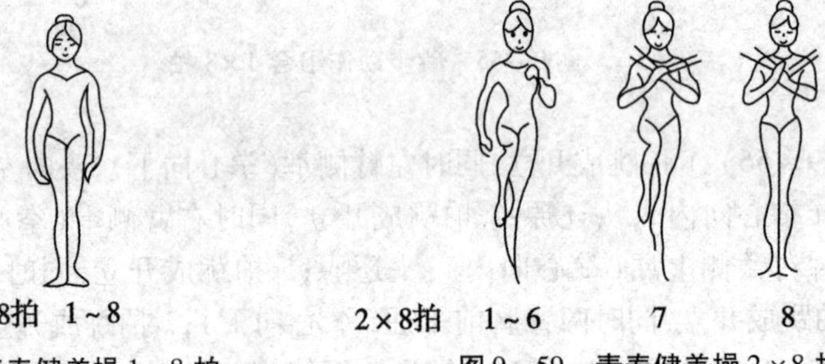

图9－58 青春健美操1×8拍　　图9－59 青春健美操2×8拍

3×8拍（图9－60）：1～2拍左腿屈膝，脚尖点地，同时右脚弹动2次，左臂后摆（五指分开，掌心向后），右臂前屈（五指分开，掌心向后），低头；3～4拍同1～2拍，方向相反；5～8拍同1～4拍。

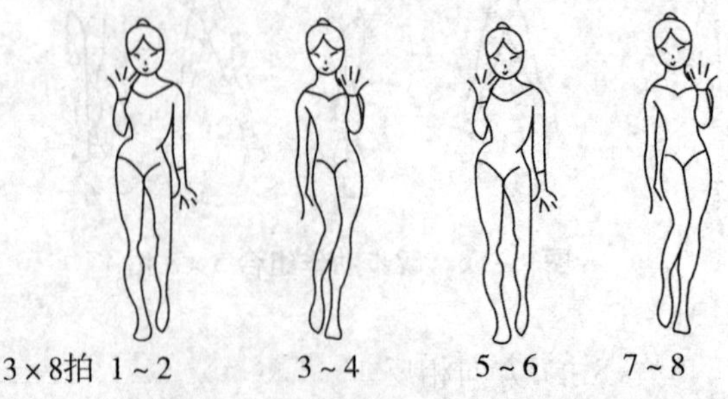

图9－60 青春健美操3×8拍

4×8 拍(图 9－61):1～2 拍腿同 3×8 拍的 1～2 拍,同时左臂落至体侧(五指并拢、掌心向内),右臂胸前平屈,手触左肩前(五指并拢,掌心向下),头右转;3～4 拍腿同第 3×8 拍的 3～4拍,同时右臂侧举,头转至左侧;5～6 拍同 1～2 拍;7 拍右腿屈膝脚尖点地,同时右臂侧举,头转至左侧;8 拍右脚侧出一步成开立,同时右臂落至体侧,头转正。

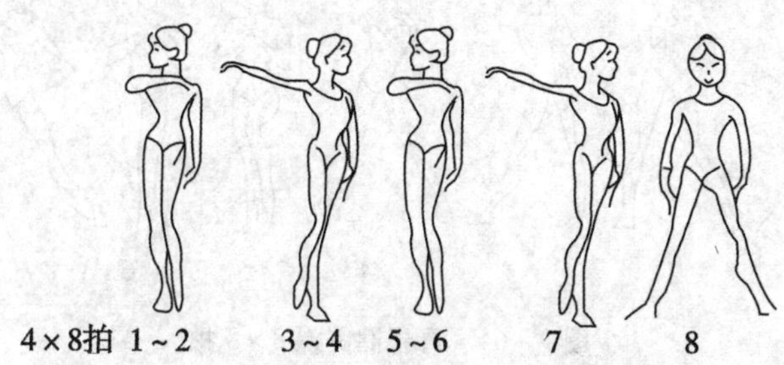

图 9－61　青春健美操 4×8 拍

5×8 拍(图 9－62):1 拍左肩上提;2 拍左肩还原;3 拍右肩上提;4 拍右肩还原;5～6 拍双肩向后绕,同时双脚提踵落踵 1 次;7～8 拍双肩向前绕,同时双脚提踵落踵 1 次。

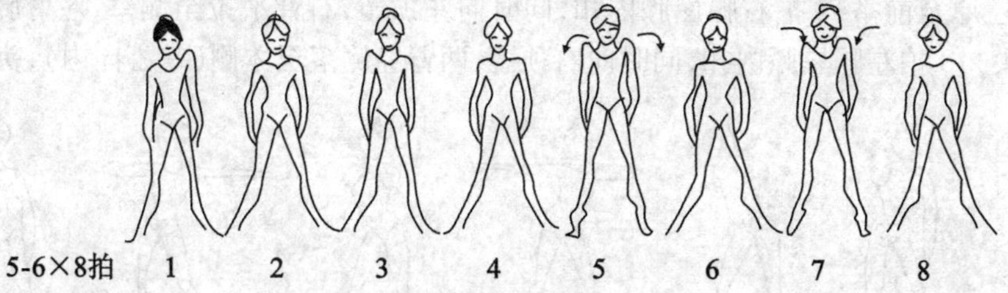

图 9－62　青春健美操 5×8 拍

6×8 拍:同 5×8 拍。

7×8 拍(图 9－63):1 拍左腿屈膝内扣,同时向右顶髋,两臂胸前平屈(握拳,拳心向下);2 拍右腿屈膝内扣,同时向左顶髋,两臂下伸(拳心向后);3～4 拍同 1～2 拍;5 拍腿和髋同 1 拍,同时两臂经侧至头上交叉 1 次后成上举(五指并拢,掌心向前,两臂头上交叉时左手在前)抬头;6 拍腿和髋同 2 拍,同时两臂头上交叉 1 次后成上举(两臂交叉时右手在前);7 拍腿和髋同 1 拍,同时两臂肩侧上屈(手指触肩),头右转;8 拍腿和髋同 2 拍,同时两臂还原至体侧(掌心向内),头还原。

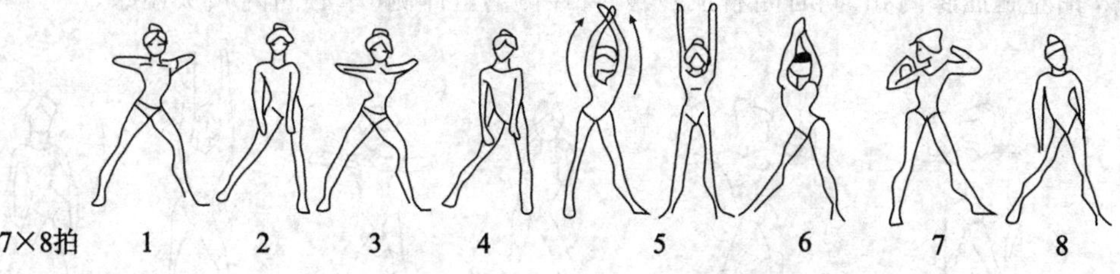

图 9－63　青春健美操 7×8 拍

8×8 拍(图 9－64):1 拍腿和髋同第 7×8 拍的 1 拍,同时左臂前屈(握拳,拳心向后);2 拍

腿和髋同第7×8拍的2拍,同时右臂前屈(握拳,掌心向后);3拍腿和髋同1拍,同时左臂前屈(五指分开,掌心向内);4拍腿和髋同1拍,同时右臂前伸(五指分开,掌心向内);5~6拍自左脚起原地踏步2次,同时两手胸前击掌2次;7拍双脚起跳成开立,同时两手叉腰;8拍不动。

图9-64 青春健美操8×8拍

9×8拍(图9-65):1~2拍右腿屈膝内扣,同时向左顶髋2次,左臂前举(五指并拢,掌心向下);3~4拍左腿屈膝内扣,同时向右顶髋2次,右臂前举(五指并拢,掌心向下);5拍右腿屈膝内扣,同时向左顶髋1次,左臂平拉至侧举,右臂胸前平屈;6拍左腿屈膝内扣,同时向右顶髋1次,两臂还原至前举;7拍右腿屈膝内扣,同时向左顶髋,右臂平拉至侧举,左臂胸前平屈(掌心向前抬头);8拍左腿屈膝内扣,同时向右顶髋,两臂经侧落至体侧(掌心向内),头还原。

图9-65 青春健美操9×8拍

10×8拍(图9-66):1~2拍右腿屈膝内扣,同时向左顶髋2次,左臂向外绕至肩侧上屈(握拳,拳心向内),头左转;3~4拍同1~2拍,方向相反,同时左臂保持肩侧上屈;5拍右腿屈膝内扣,同时向左顶髋,两臂胸前屈(拳心向后),头还原;6拍左腿屈膝内扣,同时向右顶髋,两臂胸前平屈(拳心向下);7拍右腿屈膝内扣,同时向左顶髋,两臂上举(五指并拢,掌心向前),抬头;8拍左腿屈膝内扣,同时向右顶髋,两臂经侧落至体侧(掌心向内),头还原。

图9-66 青春健美操10×8拍

11×8 拍(图 9－67):1～2 拍右脚并向左脚,同时两腿微屈成并腿半蹲,两臂胸前屈(握拳,掌心向后),稍低头;3～4 拍向左转体 90°,同时右脚向侧一步成开立,两臂经下向外绕至侧举(五指并拢,掌心向后),挺胸、立腰,抬头;5 拍体前屈,同时两臂经胸前平屈后交叉下伸(手触脚面);6 拍躯干稍抬起,同时两臂还原成下垂;7 拍体前屈,同时两手触脚面;8 拍同 6 拍。

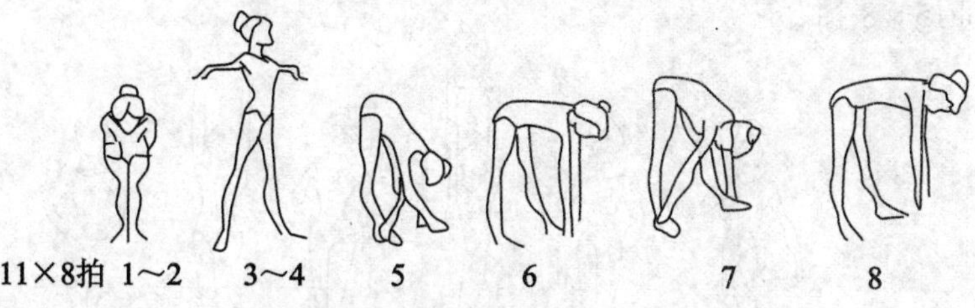

图 9－67　青春健美操 11×8 拍

12×8 拍(图 9－68):同 11×8 拍,但出脚方向相反。

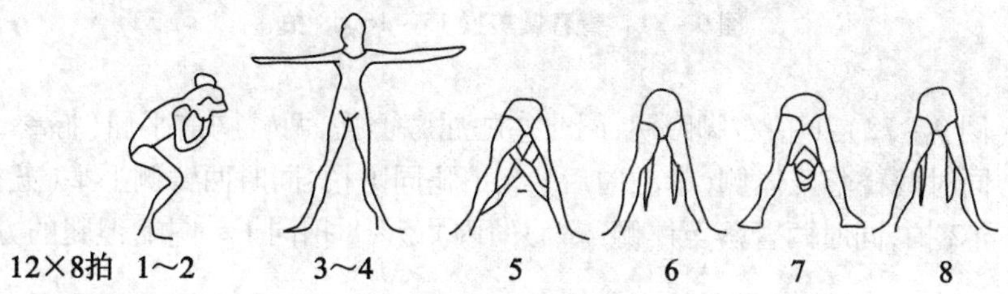

图 9－68　青春健美操 12×8 拍

13×8 拍(图 9－69):1～4 拍同 11×8 拍的 1～4 拍;5 拍上体和头向右转,同时左臂肩侧上屈(手扶头后),右臂体后屈(手背贴于后腰);6 拍上体和头还原;7～8 拍同 5～6 拍。

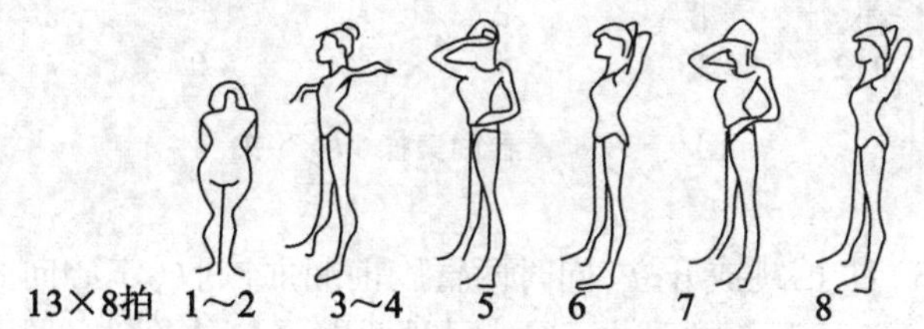

图 9－69　青春健美操 13×8 拍

14×8 拍(图 9－70):同 13×8 拍,但方向相反。

图 9－70　青春健美操 14×8 拍

15×8拍(图9－71):1～4拍左脚起步做跑跳步,同时两臂体侧自然摆动(握拳,拳心向内),4拍两臂胸前屈;5拍右腿蹬跳,同时左腿向前高踢,两臂上举(五指分开,掌心向前);6拍左腿还原,同时两臂胸前屈(握拳,拳心向内);7拍同5拍,但腿的方向相反;8拍右腿还原,同时两臂经侧落至体侧屈(拳心向内)。

16×8拍:同15×8拍。

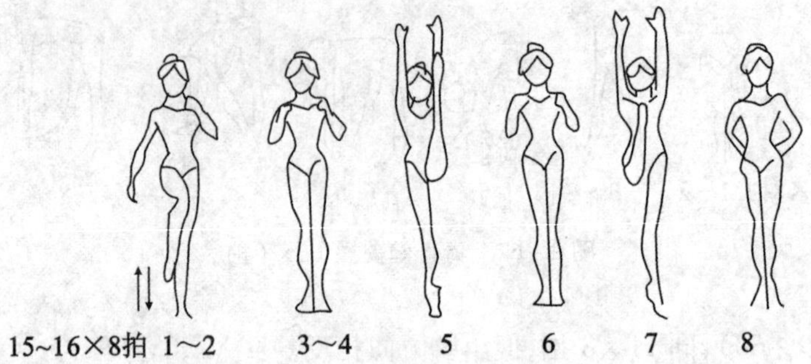

图9－71　青春健美操15～16×8拍

17×8拍(图9－72):1拍右脚蹬跳,同时左腿屈膝上提,两臂胸前平屈(握拳,拳心向下);2拍左腿还原,同时两臂落至体侧(拳心向后);3拍腿同1拍,同时两臂侧上举(五指并拢,掌心向外);4拍腿同2拍,同时两臂落至体侧(掌心向内);5～8拍同1～4拍,但腿的方向相反。

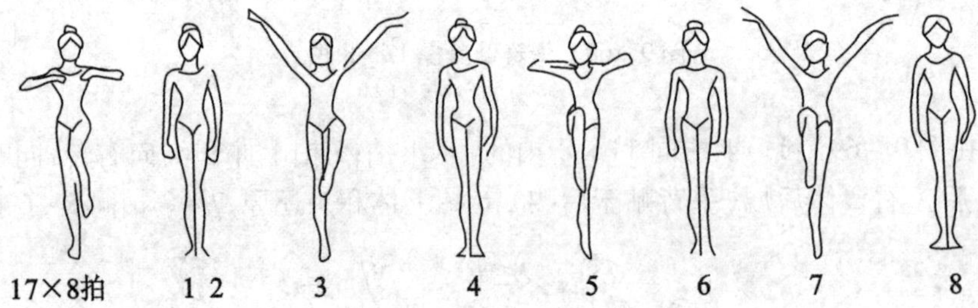

图9－72　青春健美操17×8拍

18×8拍(图9－73):1拍跳成开立,同时两臂胸前屈肘内收(掌心向后);2拍跳成并立,同时两臂还原至体侧(掌心向内);3拍跳成开立,同时两臂经侧绕至头上击掌;4拍跳成并立,同时两臂落至体侧(掌心向内);5～8拍同1～4拍。

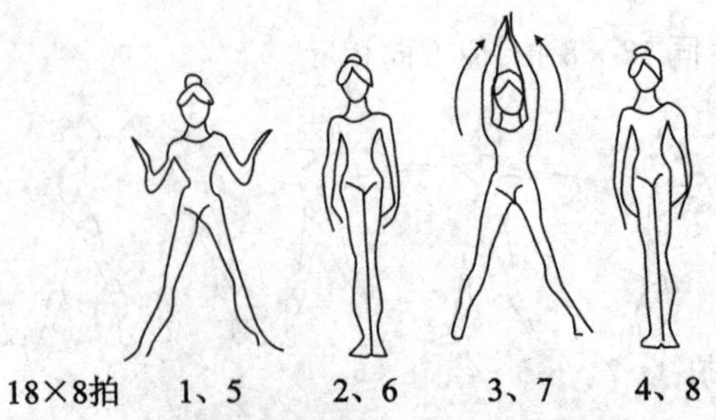

图9－73　青春健美操18×8拍

19×8 拍(图 9－74):1 拍左腿侧摆跳,同时两臂左下摆(五指并拢,掌心向后),上体右倾,目视左下方;2 拍还原成并立,同时两臂摆至体前下垂;3～4 拍同 1～2 拍,方向相反;5～8 拍同 1～4 拍。

图 9－74　青春健美操 19×8 拍

20×8 拍(图 9－75):1～4 拍原地跑跳步,同时两臂体侧屈自然摆动(半握拳,拳心向内);5～7拍原地踏步,同时两手胸前击掌 3 次;8 拍立定,同时两臂落至体侧(五指并拢,掌心向内)。

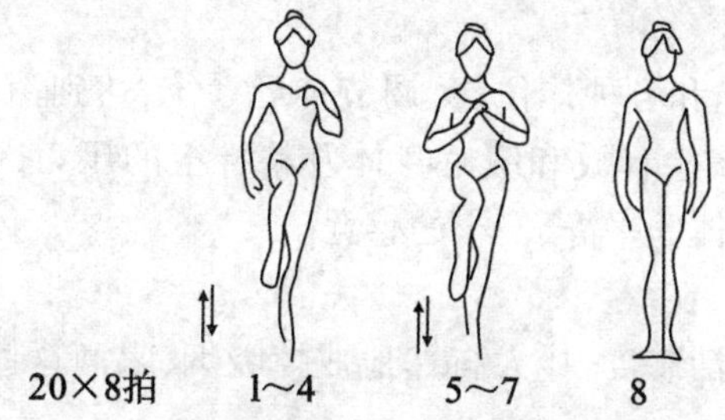

图 9－75　青春健美操 20×8 拍

音乐选择:旋律清晰、节奏强劲的迪斯科音乐,速度为 24 拍/10s。

要求:动作协调有力,幅度大,有弹性,节奏准确,满怀激情。

第三节　瑜　　伽

一、瑜伽概述

(一)瑜伽的起源

瑜伽起源于印度,有着 5000 多年的悠久历史,它是印度的 6 大哲学体系之一,被人们称为世界的瑰宝。近年来瑜伽风靡全世界,20 世纪 80 年代开始,瑜伽传到中国,逐渐被人们所熟知。瑜伽是一项通过身体操作、身心调和及心理意念的引导而达到身心整合的运动,把精神和肉体结合到最完美的状态是其最终目的。

知识窗

瑜伽音乐班德瑞系列

1. 仙境。	7. 春野。
2. 迷雾森林。	8. 梦花园。
3. 琉璃湖畔。	9. 大自然情诗。
4. 日光海岸。	10. 蓝色天际。
5. 寂静山林。	11. 微风山谷。
6. 森林之月。	12. 莱茵河波影。

(二)瑜伽的功效

1. 调节生理,达到平衡

瑜伽强调身体是一个大系统,系统中由若干部分组成,使各个部分保持良好的状态才能有健康的身体。瑜伽通过体位、调息等方法,调整各个器官的生理机能,达到强身健体的目的。

2. 消除紧张,平静内心

瑜伽通过完全呼吸、打坐和各种体位法,调节神经系统,达到消除紧张的目的。瑜伽课程里的调息可以排除体内的废气,释放和缓解身体及精神上的压力,帮助练习者清除杂乱的思想,去发现内心真正的自我,体验平静、安宁的感觉。

3. 修心养性,厚德载物

瑜伽提倡一种健康的生活态度,让人自然地戒掉吸烟、喝酒这些不良习惯,通过不停地超越自我,让人充满自信。

4. 特别功法,特别疗效

瑜伽功法的练习能协调身体内各个系统的正常运作,促进各腺体的正常分泌。

5. 塑身与美容

首先,瑜伽特有的胸、腹式呼吸法对控制食欲的脑部摄食中枢有良好的调节作用,防止过度进食;其次,瑜伽配合呼吸的韵律围绕脊柱完成的各种姿势,可以有效地按摩腹腔器官,实现对内脏活动的自我调节,调节内分泌,加强胃肠蠕动,促进脂肪的消耗;再次,瑜伽是有氧运动,每周2~3次的瑜伽练习会帮助身体消耗多余的热量,不但能够减肥,同时还会增长肌肉力量,并通过各种伸展姿势拉长肌肉线条。

(三)瑜伽的分类

1. 传统瑜伽的分类

(1)哈达瑜伽(Hatha Yoga):把体位法、身体洁净、呼吸锻炼结合在一起,是传统瑜伽体系中最基础、最普及的流派,动作相对缓慢柔和,在全世界传播范围最广。

(2)阿斯汤加瑜伽:即八支分瑜伽(Astanga Yoga),又称滕王瑜伽(Raja Yoga)。以体位法、呼吸、冥想、三摩地等8个步骤著称,是最系统的瑜伽体系。

(3)实践派瑜伽(Karma Yoga):是以身心的行动,无私奉献世人的无我修行派瑜伽,提倡在工作中修行。

(4)语音冥想瑜伽(Mantra Yoga):是通过反复唱诵语音净化身心的瑜伽流派。

2. 现代社会派生的瑜伽支流

(1)阿斯汤加 Vinyasa(Astanga Vinyasa),起源于印度的城市迈索(Mysore),以“Vinyasa 动作呼吸紧密相连”为基础,动作前后连贯,一气呵成,是最系统、难度最高的瑜伽,有呼吸体操之称。

(2)力量瑜伽(PowerYoga),是阿斯汤加瑜伽的现代演绎,同样以“Vinyasa”为基础,动作更为活泼,可以穿插许多力量型的体位法,注重意志力和生命内在能量的锻炼。

(3)流瑜伽(Flow Yoga),是由哈达瑜伽向力量瑜伽和阿斯汤加瑜伽过渡而产生的,以阿斯汤加瑜伽的“Vinyasa”为主线,但动作缓慢而流畅,同时又可以穿插快速的节拍性练习,强度大于哈达瑜伽,小于力量瑜伽和阿斯汤加瑜伽,是练习阿斯汤加瑜伽和力量瑜伽的基础。

(4)热瑜伽(Hot Yoga,也称 Bikram Yoga),是通过对外在环境温度的控制(38 ~ 42℃)而达到减肥、排毒效果的瑜伽。

3. 从不同的功能看瑜伽的分类

(1)力量类瑜伽,如活力瑜伽、阿斯汤加瑜伽、流瑜伽。

(2)放松类瑜伽,如哈达瑜伽、心灵瑜伽、香熏瑜伽。

(3)减肥、塑身类瑜伽,如高温瑜伽、形体瑜伽、水中瑜伽。

(4)从功能看瑜伽的分类,如孕妇瑜伽、妈妈瑜伽、理疗瑜伽、少儿瑜伽、亲子瑜伽。

(5)从锻炼形式看瑜伽的分类,如双人瑜伽、辅助瑜伽。

二、人的生理结构与锻炼注意事项

(一)相关生理知识

在练习瑜伽之前,需要对人体的脊柱有一个了解。人体的脊柱是由 33 节脊椎构成的,从上至下包括 7 节颈椎、12 节胸椎、5 节腰椎、5 节骶椎、4 节尾椎。它们联系着全身的各个系统,因此每一节脊椎的健康都关系着全身各个系统的健康。强壮的骨骼是身体的基础,支撑着柔软的肌肉与韧带,肌肉附于骨的表面,与骨骼共同支持人体、保护体内器官和承担运动的功能。只有肌肉富有弹性,才能带动关节活动,才能维持人体稳定的姿势。而瑜伽发挥的功能就是用自然的方法使人慢慢地伸展每一块肌肉,只有当肌肉拉长到足够的长度,动作才会变得灵活。

(二)练习瑜伽的注意事项

1. 时间安排与饮食要求

清晨、早饭之前或傍晚是瑜伽锻炼的最佳时间。要保证空腹或完全消化以后进行练习,大体上是饱餐后 3h,喝入流质食物则可在半个小时后练习。

2. 身体清洁

洗澡可以增加人体洁净和轻松的感觉,这样在进行某些练习时效果更好,因此许多人选择在练习前一个小时左右洗澡。

3. 衣着要求

练习瑜伽要尽可能穿着简单、宽松。练习时最好光着脚,并摘掉手表、腰带或其他饰物。

4. 练习场地与环境

练习瑜伽时要选择安静、清洁、空气新鲜的地方,如果在室内注意保持空气的流通,这对于调息练习尤为重要。瑜伽练习时必须保持安静,避免交谈和心理活动,播放轻松简单的乐曲,以帮助身心集中。

5. 女性及某些患病者的注意事项

女性在生理周期应避免做腹部过于用力的动作、腹部过于用力的呼吸、倒立类动作等。做上体往下倒立的姿势时，高血压、低血压、头部受过伤害、晕眩、心衰的人避免练习，以免头部充血而发生危险。

6. 休息

瑜伽休息有两种：第一种是短时间的休息，这主要是体位法中常采取的 10 ~ 30s 的休息，一般占用练习的 1/5 左右；另一种是专门的休息，有时达十几分钟之久，甚至更长时间，如常练习的仰卧瑜伽放松术等。

三、瑜伽基本技术

(一) 瑜伽的呼吸

呼吸是瑜伽的精华，它能供给脑部和血液足够的氧气，摄入生命之气，控制意识。通过瑜伽呼吸法的练习，可将个人的肉体和精神联系起来；可以洁净呼吸系统，排除身体毒素，更深入地放松身体和精神。

瑜伽呼吸由 3 部分组成：吸气、悬息（屏气）和呼气。人们常常认为吸气是呼吸中最重要的部分，但事实上，吐气才是最关键的部分。吐出的废气越多，才能有机会吸入更多的氧气，所以在许多的瑜伽呼吸法中，吐气比吸气的时间长。

瑜伽的呼吸方法大约有 10 多种。较为简单的、也容易为初学者所掌握的有以下 3 种。

1. 胸式呼吸法

气息的吸入局限在胸部区域，气息较浅，这种呼吸适宜做针对性较强的动作（如上背部和胸部的动作）。

方法：呼吸时，意识集中于肺部，缓缓吸气，感觉自己的肋骨向外扩张，气息充满胸腔，保持腹部的平坦；缓缓呼气放松胸腔，将气呼尽。

2. 腹式呼吸法

气息的吸入局限于腹部区域，气息较深，横膈肌下降得较为充分。

方法：呼吸时，更多关注腹部，缓吸气，感觉腹部被气息充分膨胀，向前推出，胸腔保持不动；缓缓呼气，横膈膜上升，腹部慢慢向内瘪进。

3. 完全呼吸法

完全呼吸法是瑜伽练习中最常用的呼吸方法，是胸式呼吸和腹式呼吸的结合，又称“横膈膜呼吸法”。

方法：呼吸时，缓缓吸入气息，感觉到由于横膈膜下降，腹部完全鼓起；随后，肋骨处向外扩张到最开的状态，肺部继续吸入氧气，胸腔完全扩张，胸部上提；吸满后缓缓地呼出，放松胸腔，将胸部的气呼出，随后温和地收紧腹部，腹部向内瘪进去，感觉肚脐向后背接近，将气完全呼尽为止。

呼吸时应注意以下事项：①意识力集中到一呼一吸上；②一般只有鼻腔参与呼吸。因为鼻腔对灰尘和细菌有过滤作用；③每一次吸气时，犹如品尝空气一般，缓慢深长地吸入；呼气时，犹如蚕吐丝一般，细而悠长，意识中要将体内废气排出；④躺、跪、坐的姿势时，眼睛闭上，向内集中注意力；站立的姿势时，为了保持身体平衡，需要睁开眼睛；⑤保持自然、轻松的呼吸即可。

进行瑜伽呼吸练习，在每天早上或睡前 10 ~ 20min 最好，若以养身为目的，时间可适当延

长。采用的姿势是坐姿或卧姿，宽衣松带，双手自然放置于身旁，头、颈、脊柱成一线，全身放松。

（二）瑜伽的静思与冥想

瑜伽健康的实践是体位法、呼吸法、冥想法三者融为一体，达到身心合一的完美境界。瑜伽中的静思与冥想不是宗教，也不是玄学，而是现代人可以利用和学习的一种自我心灵对话的方式。瑜伽冥想的目的在于获得内心的平和与安宁，获得无限的精神之爱、欢乐、幸福和智慧。当在练习瑜伽体位法时，每个动作完成后的静止过程中，闭上眼睛，配合缓慢深长的呼吸，用心体会动作刺激身体的所在部位，即从姿势的名称联想相应的图像。例如，练习“树式”姿势时，想象身体像棵充满生机的树沐浴在阳光下，脚像有力的树根从大地吸取养分，生命变得充满活力与自信。现代人的精神压力越来越大，冥想是一种很好的精神减压方式。冥想可以提高人集中精神、控制自身意识以及调节身心的能力，从而帮助人们达到内心平静、祥和的状态。

这里介绍两种冥想技巧。

1. 注意力集中于呼吸

仔细观察和感受呼吸过程，在任何情况下都不改变呼吸的节奏，也可以把注意力集中在每一次呼气上。

2. 注意力集中到某一物体上

将一支点燃的蜡烛、一枝花或者是一块带条纹的石头等置于身前的地板上或者与视线等高的地方，把注意力集中在烛焰、花或石头上等，当注意力分散时，重新把注意力集中到这些物体上。也可闭上眼，脑子里默想着烛焰、花或石头的样子，直到它们逐渐从脑海里消失。然后睁开眼睛，再一次凝视眼前的蜡烛、花或石头。

（三）瑜伽姿势

瑜伽姿势又叫瑜伽体位法。印度瑜伽先哲帕坦迦利所著的《瑜伽经》将体位法定义为“将身体置于一种平稳、安静、舒适的姿势”。瑜伽体位法通过身体的前弯后仰、扭转、侧弯、俯卧、仰卧等各种姿势，对人体脊柱、中枢神经、骨骼、肌肉、内脏进行全方位的刺激与按摩，配合自身的呼吸、消化、体液分泌物的运转循环，激活身体潜能。这种配合呼吸缓慢做动作的体位法，有促进血液流通的按摩效果，可以从根本上使身体恢复活力，从而达到强身、健体、塑身和美容的功效。

（四）瑜伽的松弛法

瑜伽松弛法又可称瑜伽休息术。它对身体有莫大的裨益，可使大脑、心脏、自律神经系统和肢体得到深度的休息，令身体得到“充电”而恢复活力。松弛法因不同目的、时间和环境而有不同的练习方法。例如，白天练习的目的在于消除疲劳，快速补充精力，只要做15min的休息术就可以了；在晚上睡觉之前练习，时间可尽量延长，直至自然入睡为止，这样会感觉到睡眠质量因此而得到很好的改善。练习体位法后，可做10min的松弛训练，通过松弛来消除运动所产生的紧张。结束每节课或完成一组瑜伽姿势练习后，也可用此方法缓解身体的紧张，让体内的能量自由流动。具体方法如下。

（1）双眼轻闭，采取仰卧姿势，将双腿分开20～30cm，双臂放在身体两旁，两手掌心向上，让膝盖和脚趾自然放松。

（2）深呼吸，让手臂和腿部轻轻往里和外转动几次，头部也轻轻转动几次，然后停止身体的一切动作，去感受身体的放松状态——开始让身体有融化的感觉，每一次吐气都感觉身体不断下沉，接下来让意识从下往上慢慢放松身体的每一个部分，做缓慢、平静的呼吸。

(3)放松每一个脚趾、脚背、脚底、脚踝、小腿、膝盖、大腿、髋部,随着吐气的动作,放松腰部,感觉身体下沉;再继续让意识上行,放松肋骨、胸部、心脏、肩膀、上臂、下臂、手肘、手腕、手掌、手指;继续调匀呼吸,开始放松颈部、下巴、脸部肌肉、嘴、牙齿、舌头、鼻子、眼皮、眼睛、眉心、前额、太阳穴、头顶、后脑勺、整个头部;接着放松整个身体的背部:上背、中背部、下背部;放松整个脊柱;放松腰部、大腿、膝盖和小腿的后侧。整个身体每一部分都变得十分放松,呼吸也随之越来越放松、越来越稳定。可根据自身情况反复2~3次,直至身心完全平静、放松。

(4)最后慢慢睁开眼睛,从右边侧身起,结束。

四、部分瑜伽基本姿势与体位动作介绍

现在通常应用的瑜伽姿势有近百种,下面介绍一些最基本和常用的姿势。

(一)瑜伽的基本姿势

常见的瑜伽基本姿势有山立式、仰卧式、俯卧式、完全莲花坐式、跪坐式(也叫金刚坐)、正坐式等等,如图9-76所示。这几种姿势均有安定神经、稳定情绪的作用,一般作为瑜伽练习的起始姿势,其中完全莲花坐式、跪坐式也常常作为瑜伽冥想姿势。

图9-76 瑜伽的基本姿势

①山立式;②莲花坐式;③跪坐式;④正坐式;⑤仰卧式;⑥俯卧式

(二)瑜伽的放松姿势

在瑜伽的练习过程中,放松起着非常重要的作用。充分、及时、有效的放松可以避免身体各部分的关节、韧带的过度用力,并释放紧张。在姿势与姿势的练习之间可采用婴儿式放松,而在一组瑜伽姿势完成后,可采用仰卧放松式做彻底的放松,如图9-77所示。

图9-77 瑜伽的放松姿势

(三)拜日式

拜日式作为一个整体对身体的各个系统产生良好影响,如循环系统、消化系统、呼吸系统、内分泌系统、神经系统、肌肉系统等,而且有助于使各个系统互相达到和谐状态,使人健康而又充满活力,动作步骤如图 9－78 所示。

图 9－78　拜日式动作步骤

【动作要领】

(1)直立,两脚并拢,双手于胸前合十,调整呼吸,使身心平静。吸气,手臂向后伸直,放在耳朵两侧,上半身向后仰,臀部向前推。

(2)吐气,上体前屈,手掌平放地面,让手指与脚趾成一直线,头部尽量贴近膝盖。

(3)吸气,左腿尽量往后伸(初学者让左膝着地),右膝盖弯曲,伸直脊柱,抬头,眼睛向前上方看。

(4)憋气(或保持呼吸),把左腿往后伸直,成伏地挺身姿势。

(5)吐气,膝盖弯曲,膝盖、胸、下巴(或额头)着地,保持髋部抬高。注意放松腰部和伸展胸部。

(6)吸气,臀部往前推,头向后仰;吐气,手脚不动,臀部尽量往上推,成倒 V 姿势。

(7)吸气,前跨左脚并放在两手中间,右腿往后伸展,眼睛往前上方向看;吐气,把左脚往前收,两脚并拢,膝盖伸直,额头贴近膝盖。

(8)吸气,上体后仰,全身尽量向后伸展;吐气,慢慢还原成直立。

(四)伸展类体位法

1. 猫伸展式

猫伸展式模仿猫活动脊柱的姿势,柔和、缓慢地配合呼吸,让脊柱慢慢地伸展,可以消除脊柱的僵硬感和腰部多余的脂肪。此式也是帮助女性调节经期紊乱和产后恢复的最佳选择。很适合作为早晨身体比较僵硬的时候练习，舒缓柔和的动作不会给身体带来任何压力。练习时意识力应放在运动过程中每一节脊柱骨的伸展上，如图9－79所示。

图9－79 猫伸展式

①步骤(1)；②步骤(2)；③变形式

【动作要领】

(1)跪立，四肢着地，膝盖、手臂与地面垂直。吸气，挺胸，仰头，伸展颈部，眼睛向上看，腰部下压。

(2)吐气，拱背腹部往里收紧，下巴回收，把凹背和拱背这两种姿势各重复做12次。

变形式：保持四肢着地的姿势，然后慢慢向前伸展右手臂，向后伸展左腿，直到身体和地面平衡，保持这个姿势尽可能长的时间。

2. 坐式角度式

坐式角度式又称劈腿伸背式，伸展后侧的韧带和肌肉，增加骨盆的血液循环，有助于消除女性经期疼痛，调节人体的生殖系统。练习时意识力应放在髋部和脊柱的伸展上，放松肩膀和头部，如图9－80所示。

图9－80 坐式角度式

【动作要领】

(1)坐式，最大程度地分开双腿，保持脊柱挺直，两手放在腿上或者放在腿部后侧。

(2)双手放在身体前方的地面。吐气，上半身慢慢向前弯，贴近地面，保持腿部和背部伸直。保持这个姿势30s，做正常的呼吸。

(3)也可以让双手抓住两脚脚趾。保持这个姿势30s，做正常的呼吸。肩膀尽可能靠近地面。

3. 单跪伸展式

经常练习单跪伸展式会使整个身体变得轻盈、敏捷，还可调节和刺激腹腔内脏，促进消化系统的血液循环，加强膝关节的灵活度。练习时意识力应放在身体的平衡感和膝盖、腿部的抻拉感上，如图9－81所示。

图 9－81　单跪伸展式

【动作要领】

（1）坐式，左腿保持伸直，右腿向后弯曲，小腿放在臀部旁边，脚趾指向后方，双手抓住左脚脚趾，吸气，伸展背部。保持这个姿势 10s，同时保持正常呼吸。

（2）吐气，身体前弯，让整个背部延伸，双手手臂尽量伸直，不要放在地面，同时维持身体平衡，保持这个姿势 30s～1min，做正常的呼吸。吸气，抬起上半身，伸直并放松右腿。换另一边做同样的练习。

4. 牛面式

牛面式可十分有效地扩张肺部，改善肺部功能。练习时意识力应放在双腿的挤压感和胸部的扩张感上。

变形式：初学者可让臀部坐在脚跟上完成，练习一段时间后将双腿交叉，两膝体前重叠，臀部坐在地面上，如图 9－82 所示。

图 9－82　牛面式

【动作要领】

跪立，双腿交叉，让右膝在上与左膝重叠，右手向上在背后与左手相扣，右手手肘应向上，臀部放在地面，髋部应向下放松，保持这个姿势 1min，做正常的呼吸。换另一边做同样的练习。

（五）扭动屈压类体位法

1. 脊柱扭转式

脊柱扭转式能保持脊柱的弹性，消除腰围脂肪，按摩腹部内脏，滋养肝脏、脾脏和肾脏，调节所有的脊神经。练习时意识应放在整根脊柱的扭转感以及胸部的扩张感上，如图 9－83 所示。

图 9－83　脊柱扭转式

【动作要领】

坐式，两腿向前伸展，然后左腿保持在地面，右脚放在左腿膝盖外侧。吐气时，身体向右方扭转，用左手抱住右膝外侧，让右膝内侧尽量靠近胸部，右手放在身体后侧，头部向后转动保持这个姿势30s，尽量向上延伸脊柱。换另一边做同样的练习。

变形式1：双手合十在胸前，同时用左手肘内侧抵住右腿膝盖外侧。

变形式2：右腿弯曲，左腿放在右膝外侧，然后左手背后，右手通过左膝外侧，穿过膝盖内侧，左手抓住右手腕，头部向右方转动。保持这个姿势30s左右。

2. 扭体三角式

扭体三角式作用于整根脊柱，能加强整根脊柱的血液循环和胸部扩张。练习时意识应放在整根脊柱的扭转和胸部的扩张上，如图9－84所示。

图9－84　扭体三角式

【动作要领】

山立式，然后两腿分开，身体转向右侧，吸气。接着吐气，转动身体向下弯，左手放在右脚旁，右手臂向上伸展，让两手臂在同一直线上，转动头部向上看。保持这个姿势30s，做正常的呼吸。两腿要保持伸直，吸气，慢慢还原。换另一边做同样的练习。

3. 扭体侧伸展式

扭体侧伸展式能加强脊柱的扭转，促进内脏的血液循环和消化系统的新陈代谢。练习时意识应放在髋部和整根脊柱的扭转感以及胸部的扩张上，如图9－85所示。

图9－85　扭体侧伸展式

【动作要领】

山立式，双腿分开，吐气，弯曲右腿，形成伸展角度式。吐气，身体向后扭转，左手置于右脚

踝外侧，右手向上伸展，扭转头部向上看，或做双手合十的动作，保持这个姿势30s～1min，做正常的呼吸。吸气，按原路线恢复山立式。换另一边做同样的练习。

（六）平衡类体位法

1. 树式

树式是瑜伽练习里加强平衡能力的姿势之一，通过练习可以感受身体和内心的平和。练习时意识应放在身体的平衡聚合感和积极向上的伸展感上，如图9－86所示。

图9－86　平衡类体位法

①步骤（1）；②步骤（2）；③变形式

【动作要领】

（1）山立式，以左腿站立，保持平衡，慢慢把右脚抬离地面，抵住左大腿内侧，双手胸前合十做祈祷的姿势。注意膝盖应向外打开。

（2）双手举过头顶，向上收紧腹部，保持尽可能长的时间，做正常稳定的呼吸。呼气，还原山立式。换另一边做同样的练习。

变形式：身体下蹲，将右脚放在左大腿上，左脚脚跟抬起，抵住会阴部位，双手合十在胸前，保持这一姿势尽可能长的时间。注意放松肩部的肌肉和关节。

2. 船式

船式是一个强化神经系统的姿势，能加强双腿、腹部和背部的机能，强化内脏。练习时意识力应放在整个腰背和腹部上，如图9－87所示。

图9－87　船式

【动作要领】

正坐,上半身和腿部呈一直角。吐气,双手抱住头部后倾,同时身体后倾,以臀部做支点,腿部抬离地面,尽可能与头部在同一水平线上。重复2~3次。

变形式:让手臂向前伸展,保持这个姿势尽可能长的时间,做正常、平静的呼吸。

3. 舞蹈式

舞蹈式看起来像舞蹈的姿势,可以增强平衡感和全身各个关节(肩关节、髋关节、踝关节等)的技能及柔韧性。它是一个十分优雅的姿势,是调节体态的最佳选择。练习时意识应放在身体的平衡感和身体每个关节的柔和伸展上,如图9-88所示。

图9-88 舞蹈式

【动作要领】

山立式,右腿站立,左小腿向后弯,靠近臀部的方向左手抓住左脚脚踝,右手向上伸展到头部上方。调匀呼吸,身体稍向前倾,右手臂向前方伸展,同时左腿向上和向后伸展。保持这个姿势30s,做正常的呼吸。吐气,还原山立式。换另一边做同样的练习。

变形式:右腿站立,左小腿向后弯,靠近臀部的方向双手在头后上方抓住左脚脚踝,调匀呼吸,保持这个姿势尽可能长的时间。吐气,还原山立式,换另一边做同样的练习。

(七)倒立类体位法

1. 犁式

犁式是一个模仿犁锄的姿势,可以增加自信心和精力,有聚集能量和平静心态的作用,帮助伸展和柔化脊柱,改善脊柱和脸部的血行,调理内分泌系统,使所有内脏得到按摩。练习时意识应放在倒转状态中的身体后侧以及脊柱挤压感上,如图9-89所示。

图9-89 犁式

【动作要领】

仰卧，掌心向下，双腿抬高，伸直到头部的前方，双手扶住腰部，保持这个姿势1～3min，做正常的呼吸。掌心向下放在身体两边，然后让双腿慢慢回到地面。

2. 肩倒立式

肩倒立式有助于调整甲状腺分泌，促进新陈代谢，防治内脏下垂，预防脑血管硬化，清除血液毒素，使脑部、颈部肌肉柔软，如图9－90所示。

图9－90　肩倒立式

【动作要领】

(1)仰卧，吸气，做犁式，然后双腿弯曲，慢慢向上伸展，也可以选择让双腿先后伸直再向上伸展。

(2)让双腿与胸部、颈椎尽量保持在同一直线上，让下巴靠近胸骨。保持这个姿势1～4min。还原时，向头部弯曲双膝，慢慢让身体展开回到仰卧姿势。

第四节　健美运动

一、健美运动概述

(一)健美运动概念

健美运动是根据医学原理和人体各部位的解剖特点，采用各种具有显著效果的锻炼方法，进行系统的、循序渐进的练习，以发展人体外形健美的一项体育活动。这种运动能使身体瘦弱者通过锻炼逐步达到身体强健，肌肉发达。健美运动练习的主要手段包括徒手、自抗力、哑铃、杠铃、拉力器以及一些特制的设备，做各种发展肌肉的练习。

(二)健美运动的起源及发展

最早提倡健美运动的是德国体育家山道。他出生于1868年，幼时体弱多病，后来被古代角力士雕像的雄伟体魄所吸引，每天锻炼身体，并从实践中摸索出一套锻炼肌肉的方法。18世纪末19世纪初山道在伦敦音乐厅表现各种力的技巧,还做一些健美动作表演。他那肌肉发达、完美无瑕的体格吸引了千千万万的人,他在表演台上所表演的各种姿势,就像一座座活的完美艺术雕塑。

健美运动传到我国则是20世纪末,那时在上海沪江大学读书的赵竹光等人,为增强民族体质,成立了锻炼小组,选择国外健美函授教材中的优秀训练方法,并参阅国外书刊,拟定科学的锻炼计划进行研习和训练,因效果显著而吸引了大量的爱好者参加训练,1930年经校方批准,正式成立"沪江大学健美会",它是中国第一个健美运动组织。近年来,全国各省市自治区都成立了健美协会,充分利用现有的体育场馆为广大健美爱好者提供安全、可靠的锻炼场所。各种形式的健美馆、健美中心、训练班、函授班像雨后春笋,在我国大地上崛起。

二、健美训练的原则、计划及注意事项

(一)男子健美训练的原则与计划

1. 男子健美训练的原则

(1)以器械练习为主,以形体练习为辅。

(2)动作设计要符合解剖和生理特点。

(3)要循序渐进,因人而异。

(4)要全面、匀称、协调地发展。

2. 男子健美训练计划

初学者半年内的训练安排,主要是掌握动作技术、体会肌肉感觉、发达上肢肌肉,使身体向均衡的方向发展。这一阶段一般每周安排3次训练(隔天训练),开始的第1个月内每次训练6~8个基本动作,每个动作练2~3组;第2个月以后可增加到8个基本动作,每个动作练2~3组,重点动作练3组(重点动作不超过4个);第3~4个月,每个动作训练3~4组;第5~6个月,每个动作练3~4组,重点动作练4组(重点动作不超过5个),一堂训练课不超过30组。

(二)女子健美训练的原则与计划

1. 女子健美训练的原则

(1)器械练习和体型练习相结合。

(2)重点进行预防肥胖锻炼。

(3)突出胸部健美锻炼。

(4)加强全身柔韧性锻炼。

2. 女子健美训练计划

初学者一般每周训练3次,每次训练应安排健美操或形体的内容(约30min),器械练习6~7个动作,每个动作练2~3组,发达肌肉者每组练8~12次,对着重减少脂肪者每组至少练30次以上,一堂训练一般不超过20组。

(三)注意事项

1. 准备活动

准备活动是易被忽视而又十分重要的问题。它能克服内脏器官的惰性和肌肉的黏滞性,兴奋神经,使机体进入训练状态,否则容易达不到训练效果或造成损伤。

2. 放松活动

放松活动的目的在于促进体内代谢过程,疏散淤积在肌肉组织内能引起肿胀疼痛的物质,

松驰肌肉,加快机能恢复。

3. 意念要集中

只要练习某一动作就十分清楚是刺激哪块肌肉群,使自己的注意力集中在所练的肌肉群上(即意念集中),而且必须全神贯注。

4. 掌握训练节奏

健美训练不同于其他运动项目的训练,练习过程中不需要很快的速度,应控制整个动作过程,较缓慢地进行使其刺激达到最大限度。

5. 合理掌握密度

注意组与组之间的休息与放松的时间控制在 40s ~ 1min,初级班学员最好也不要超过 2min。

6. 注意呼吸方法

根据动作结构、节奏与用力特点进行呼吸,这样有利于摄入更多的氧气,排出二氧化碳,增强肌肉力量。

7. 保持肌肉的温度

在练习过程中和练习完后都要根据气温情况保持肌肉的温度,不要让其受凉,以保证收到良好的训练效果,消除疲劳,加快机体的恢复。

8. 注意饮食卫生

饭后半小时再进行健美训练,训练中尽量少饮水,训练完 10min 后再慢慢补充身体在训练中丧失的水分。

三、发展主要部位肌肉锻炼方法

(一)发展胸部肌肉锻炼方法

健美的胸部肌肉是人体健美体型的重要组成部分,发展胸部肌肉的目的不仅仅是发达肌肉,而且是为心、肺器官创造最佳的工作条件。为此,在编排发展胸部肌肉主要是胸大肌的专门动作时,要注意胸大肌上、下、内、外侧的全面发展,这样可以对肋骨、胸骨和脊柱的连接起到较好的作用。

1. 选择动作

(1)斜板坐哑铃“飞鸟”。背靠斜板凳坐(斜板约 30° ~40°),两手握哑铃,手心向上。两臂经体侧向上斜举,反复作成“飞鸟”状,如图 9 – 91①所示。该练习主要是发展胸大肌外上侧肌肉。

(2)杠铃卧推。仰卧在斜推架或长凳上,两手宽握杠铃,两肘外展与身体成 90°,反复上下匀速推举,如图 9 – 91②所示。该动作主要发展胸大肌外侧肌肉,杠铃斜上推发展胸上侧肌,杠铃斜下推发展胸下侧肌。

(3)双杠臂屈伸。两臂伸直,两手支撑在双杠上(可在腰部和脚部加重物),上体尽力保持正直,成屈撑,推起,如图 9 – 91③所示。该动作主要发展胸大肌下沿肌肉。

(4)负重俯卧撑。两臂伸直俯卧撑地,手距宽于肩,肘部外展与身体成 90°,背部负重(一般为杠铃片或沙袋等)反复撑起,如图 9 – 91④所示。该练习主要是发展胸大肌外侧肌群。

(5)哑铃仰卧“飞鸟”。仰卧在长凳上,两臂胸前举,两手持哑铃,手心相对。两臂侧平举,平举和前举反复练习成“飞鸟状”,如图 9 – 91⑤所示。该动作在平卧侧举时侧重发展胸外侧

肌,斜上卧发展胸上侧肌,斜下卧发展胸下侧肌。

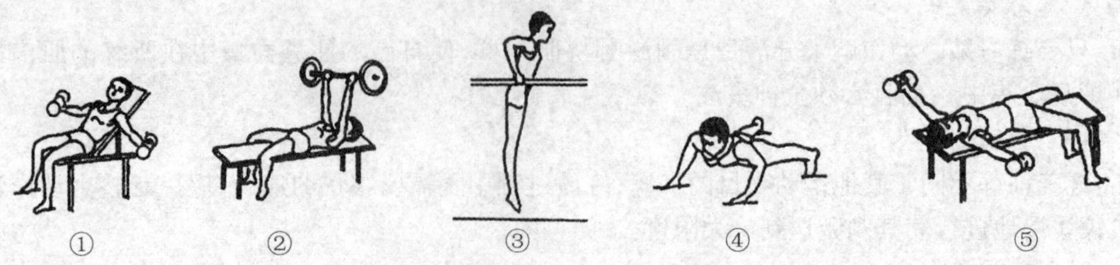

图9－91　发展胸部肌肉锻炼方法

2. 运动负荷和基本要求

每次训练可选择2～3个动作,每个动作可做3～5组,每组选做8次的负荷,该负荷动作超过12次时,再增加负荷。做动作时,幅度要大,平稳而有力;要加强呼吸深度,注意呼吸与动作的配合;还要注意力集中,方能提高训练的效果。

(二)发展背部肌肉锻炼方法

背肌是人体承受大重量的重要肌肉,背部主要肌群有背阔肌、斜方肌和背长肌。背阔肌位于腋窝以下,沿着体侧到腰部,背阔肌是使人体成V型的主要肌肉。斜方肌成束地从颈部往下向两侧分开,然后向背部中间缩小。背长肌位于脊柱两侧深层,要保持优美体型和预防腰部损伤,相应地发展背长肌是必要的。

1. 选择动作

(1)俯卧负重挺身起。俯卧,两大腿撑在凳上或山羊上,两脚固定在肋木上,两手持重物于头后,挺身起,如图9－92①所示。该动作主要发展背长肌。

(2)负重肩绕环。开立,两脚与肩同宽,两手正握杠铃,握距稍宽于肩,两臂伸直不动,做肩绕环,如图9－92②所示。该动作主要发展斜方肌和提肩胛肌。

(3)提拉杠铃。开立,体前屈,两臂伸直,手握杠铃,直腰提拉杠铃,如图9－92③所示。该动作主要发展斜方肌、背长肌、臀大肌、股二头肌等。

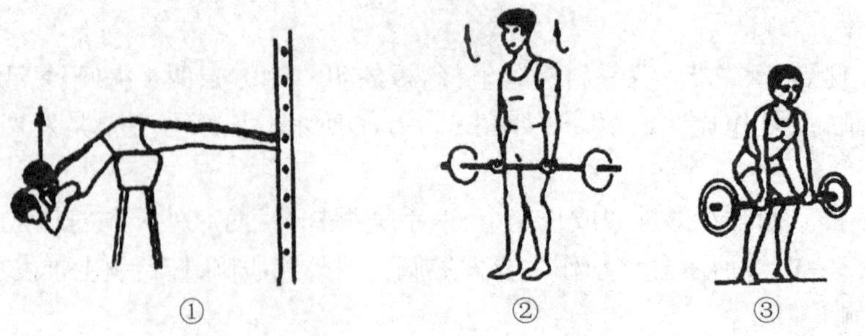

图9－92　发展背部肌肉锻炼方法

2. 动作负荷和基本要求

背部的负荷量要合适,不应该做很多动作,否则背部主要肌肉群负荷量会过大。由于上述动作对脊柱有影响,所以要注意掌握好正确的姿势,特别要注意挺胸塌腰和脊柱挺直,使脊柱在动作中保持一个比较紧张的状态,增加负荷要有一个适应的过程,在适应一定负荷之后方可

增加负荷，如增大器材重量、动作组数、重复次数和训练密度等。

开始时可做 2 ~ 3 个动作，每个动作做 3 ~ 4 组，每组可完成 8 ~ 12 次。

（三）发展上肢肩带肌锻炼方法

这里主要介绍发展三角肌、肱二头肌和肱三头肌的专门练习方法。三角肌对于增加肩宽起着重要的作用，因为宽肩被认为是男子健美中必不可少的部分。此外，要想使双臂粗壮，还必须练好肱二头肌和肱三头肌。

1. 选择动作

（1）哑铃两臂交替前上举。开立，两脚与肩同宽，两臂体侧伸直，两手持哑铃，手心向后，两臂交替前上举，如图 9 - 93①所示。该动作主要发展三角肌前束。

（2）哑铃体侧上举。开立，两脚同肩宽，两臂体侧伸直，两手持铃，掌心向上，哑铃侧上举，如图 9 - 93②所示。该动作主要发展三角肌中束。

（3）弓身哑铃"飞鸟"。开立，上体前屈，背与地面平行，两臂下垂，两手持哑铃，掌心相对，两臂侧平举，即为"飞鸟"，如图 9 - 93③所示。俯卧在斜板上也可以做哑铃飞鸟动作。该动作主要发展三角肌后束。

（4）杠铃体后提拉。开立，两脚同肩宽，两臂体后伸直，两手正握杠铃，握距比肩窄，做杠铃体后提拉动作，如图 9 - 93④所示。提拉时杠铃要沿着身体尽力上提。该动作主要发展三角肌后束。

（5）杠铃臂弯举。开立，两脚与肩同宽，两臂伸直，双手持铃，握距稍宽于肩，手心向前，两肘位置不动，做杠铃臂弯举动作，如图 9 - 93⑤所示。如果负荷较大，身体可稍前倾。

（6）负重引体向上。两手握杠悬垂，可正握或反握。握距与肩同宽，腰系重物引体向上，也可做吊环引体向上，如图 9 - 93⑥所示。

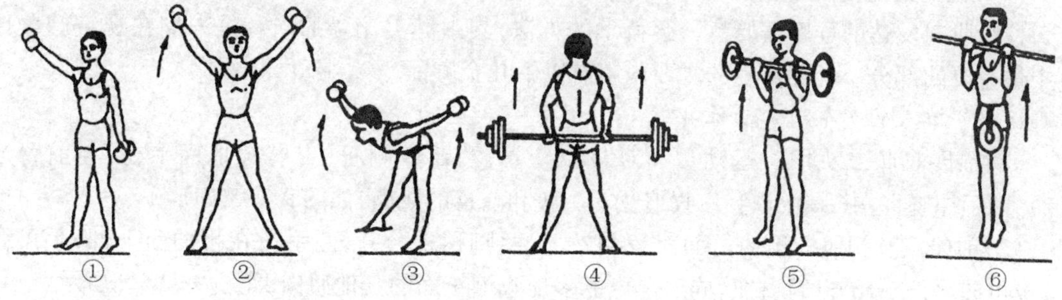

图 9 - 93　发展上肢肩带肌锻炼方法

2. 运动负荷和基本要求

上肢和肩带肌的练习动作负荷不要追求大重量，在做动作时，要注意掌握好动作的节奏和正确的技术。训练时所选择的每个动作，可做 3 ~ 5 组，每组做 12 ~ 15 次。

（四）发展下肢肌肉锻炼方法

腿是人体的"基架"，人的一般力量及各项运动能力，都取决于腿部肌群的发达程度。

1. 选择动作

（1）坐式负重腿屈伸。坐在长凳的一端，两臂体侧伸直，两手抓住长凳边缘，两腿弯屈并拢，脚部负重，两小腿同时或交替屈伸，伸直时保持几秒钟，如图 9 - 94①所示。

(2)负重单腿侧举。一脚站立,两手叉腰或扶墙,练习腿脚部负重,做负重单腿侧举,如图9－94②所示。

(3)负重单腿屈伸。一脚站立,两手叉腰或扶墙,练习腿脚部负重,做负重单腿屈伸,如图9－94③所示。

(4)杠铃肩上蹲起。开立,两脚与肩同宽,两臂肩上屈,两手持铃于肩上,做蹲起动作,如图9－94④所示。

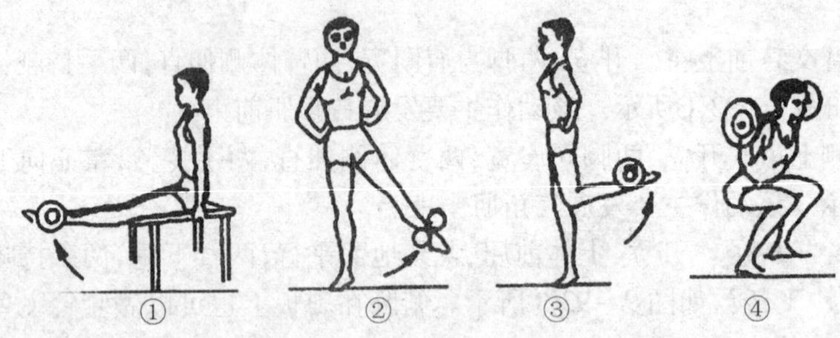

图9－94　发展下肢肌肉锻炼方法

2. 运动负荷和基本要求

每个动作一般可做3～5组,每组8～12次。下蹲时的负荷量可以大些,但要注意安全,挺胸塌腰,身体不要前探。

四、健美比赛赏析

(一)健美比赛的主要内容

检验肌肉发达的程度需要有一套科学的方法,其中健美比赛的内容是人们在观赏健美比赛中最主要的部分。健美竞赛的主要内容有以下几个方面。

1. 男子单人的7个规定动作

(1)前展双肱二头肌。运动员面对裁判开立,两臂肩侧屈(上臂与地面平行,与前臂成90°),两手屈腕握拳(拳心向下),收缩肱二头肌和前臂的肌肉,如图9－95①所示。

(2)前展双背阔肌。运动员面对裁判站立,两脚稍稍分开,两手按在腰的前下部,手可张开,也可握拳,充分展开背阔肌,同时尽可能多地收缩正面的其他肌肉,如图9－95②所示。

(3)侧展胸部。运动员可任选其右侧或左侧对向裁判,靠近裁判的前臂上弯到和上臂成直角,紧握拳,另一手握住其腕,收缩肱二头肌;靠近裁判的一侧腿稍弯屈,脚尖踮地,大腿肌特别是股二头肌要尽量收缩,如图9－95③所示。

(4)后展双肱二头肌。运动员背对裁判站立,动作同前展双肱二头肌。要收缩臂部、肩部、上下背部、大腿和小腿的全部肌肉,如图9－95④所示。

(5)后展双背阔肌。运动员背对裁判站立,两手叉按腰间,两肘尽量外展,尽量扩展背阔肌,一只脚向后稍移,足尖踮地,收缩小腿肌肉,如图9－95⑤所示。

(6)侧展肱三头肌。运动员可任选左侧或右侧对向裁判,双臂伸向身后,两手指相互扣住,或靠后的手握住前面的手腕,肱三头肌尽量收缩提高胸部,靠近裁判的前腿屈膝,足尖稍向后踮地,收缩腹肌、大腿肌和小腿肌,如图9－95⑥所示。

(7)前展腹部和大腿部。运动员面对裁判站立,两臂屈肘上提将两手放在头后,紧缩身躯并稍向前倾以收缩腹部肌肉,一脚稍侧后移,收缩前腿的大腿肌,如图9－95⑦所示。

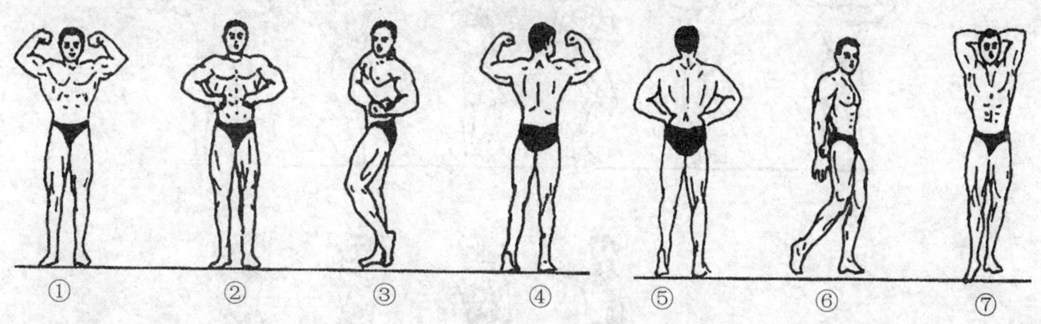

图9－95 男子单人的7个规定动作

2. 女子单人的5个规定动作

(1)前展双肱二头肌。运动员面对裁判成右脚点立(两腿伸直,重心在左腿),两臂肩侧上屈,手放松握拳或微张。收缩肱二头肌、腹肌、大腿和小腿肌肉,如图9－96①所示。

(2)侧展胸部。运动员可任选左侧或右侧对向裁判,前腿稍屈膝,高抬脚跟,靠前面手臂的肘部屈成90°,掌心向上,靠后的手握住前面的手腕。收缩肱二头肌、胸大肌、大腿肌和小腿肌,如图9－96②所示。

(3)后展双肱二头肌。运动员背对裁判员成左脚点立,两臂肩侧上屈,两手张开或放松握拳,一腿后移足跟提起收缩肱二头肌、上下背部肌、大小腿肌群,如图9－96③所示。

(4)侧展肱三头肌。运动员可选左侧或右侧对向裁判,前脚后移约三脚远,脚尖点地,两臂置于体后,收缩肱三头肌、胸部肌群、腹肌、大腿和小腿肌群,如图9－96④所示。

(5)前展腹部和腿部肌肉。运动员正对裁判,两手放在头后,一脚前踏地面,收缩胸大肌、腹肌和大腿肌,如图9－96⑤所示。

图9－96 女子单人的5个规定动作

3. 男女混双的5个规定动作

男女混双的5个规定动作包括:前展双肱二头肌(图9－97①)、侧展胸部(图9－97②)、后展双肱二头肌(图9－97③)、侧展肱三头肌(图9－97④)、前展腹部和腿部肌肉(图9－97⑤)。

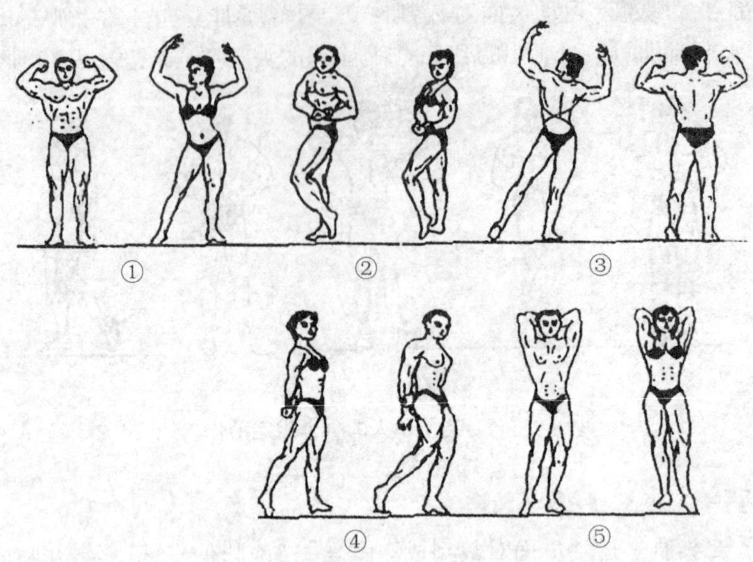

图9－97　男女混双的5个规定动作

4. 自选动作

自选动作是根据运动员的体格状况，从4个不同的面（前、后、左、右）来显示他们的体形、肌肉。每转换一个动作，必须有短暂的静止。在成套自选动作中，造型动作的多少没有规定，过渡动作可以结合舞蹈、体操等手势和步法，但不宜过多、过长以致喧宾夺主。自选动作所配的音乐，应使动作和音乐的节奏及气势和谐。

健美比赛时间：规定动作为1min；自选动作男子为1min，女子为1.5min；男女混双为2min。

（二）健美比赛观赏方法

在健美比赛中，作为观众应如何观赏健美比赛，现提供以下几方面的介绍，供观众在欣赏健美比赛时参考，以提高大学生对健美比赛的观赏水平，培养观赏情趣。

1. 观赏的准则

（1）匀称性。全身各部肌肉的发展是否匀称，不能有任何一个部位跟其他部位有明显差距，包括身体两侧和上下肢的匀称发展程度。

（2）体型比例。在同一级别中，躯干、上肢和下肢的比例是否协调，臂部和肩部是否成比例，身高和体围、手与足、四肢与身高是否成比例。

（3）肌肉发达情况。这是在同一级别中，运动员之间肌肉的质和量的比较，主要部位的肌群和小肌肉群的比较，比较发达差距的大小。

（4）肌肉的明显程度。这是指全身肌肉群的皮下脂肪含量，肌肉线条应非常明显，而不是单纯的肌肉块大或脂肪太多。

（5）皮肤。皮肤是否光洁柔和，颜色是否深浅一致，是否有斑点、粉刺、痣和疮疤及有损于外观的斑纹等。

（6）骨架和体格。身体有无明显的脊柱后凸、胸椎前凸、脊柱侧弯，腿是否畸形等。

（7）表演。在整个表演比赛中，造型、动作是否准确，动作衔接是否自然协调，规定动作的表演是否完整、刚劲、优美，自选动作能否根据自己的体型和肌肉的发展特点来编排并充分地

表现自己,动作是否连贯舒展、流畅和富有艺术感,以及动作与音乐的配合是否和谐。

(8)总观感觉。外貌是否端正整洁,发型和脸型是否相配,站立和表演时是否处于自然良好的状态,走步是否庄重、自然、大方,以及运动员的精神文明风貌等。

2. 观赏的内容

(1)男子个人的观赏内容

①肌肉:全身肌肉的发达程度和肌肉块的大小。

②均衡:运动员先天骨架和肌肉形态,即体格比例的均衡。

③匀称:全身肌肉发展的匀称性。

④线条:肌肉线条的明显性。

⑤造型表演:运动员是否把所有的发达肌肉群用一定的控制能力,用艺术造型的表演充分地展示出来,及整套动作的过渡衔接与音乐节奏是否配合。

(2)女子个人的观赏内容

①均衡:女运动员的体型应符合"女性"的特点,整个身段的骨架和形态具有"女性美"。

②匀称:全身肌肉发展的匀称性。

③肌肉:全身肌肉的发达程度,对女子不能用男子的肌肉发达程度及其标准来评定,只能对参加同一场比赛的女子运动员进行相对的比较,女子肌肉发达程度应该达到一定的水平,并有适当的皮下脂肪。

④线条:包括两方面,一是肌肉线条的明显性,二是女子体型的线条美。

⑤造型表演:运动员的造型姿势和自选动作的表演技能,女子自选动作可适当选择一些舞蹈、体操中的手势和步法。

(3)男、女混双的观赏内容

①男、女运动员的身材、体型是否相配、和谐相称,不要一高一矮相差悬殊,一般男子应略高于女子。

②男、女运动员的体格和肌肉发达程度是否相协调、匀称相配,皮肤色调是否一致,容貌、发式和精神气质是否吻合。

③男、女运动员的表演技能是否协调默契,是否有整体感。

3. 不同方位的观赏与评价

由于运动员向不同的方向展示他们的肌肉、体型、造型等,因此观众也要从不同的方位去观赏和评价。

(1)前观的评价。外貌、头型和发型是否合适、自然,与身体是否成比例;颈肌的发达情况与其他部位是否成比例;肩部的宽度是否合适,是否成水平;三角肌和斜方肌是否丰满,线条是否清晰;手臂下垂体侧是否均衡,伸展是否自然;胸部是否饱满、匀称,胸大肌上部、中间沟和下沟是否线条明显圆润,是否脂肪过多或有下垂松弛现象;胸大肌与三角肌衔接处线条是否清晰;腹直肌是否显得清晰、线条分明,形态是否整齐,腹外侧肌是否呈现明显;股四头肌是否结实而富有曲线,肌肉线条是否清晰,看上去是否缺乏力量感;全身的发展是否成比例,看上去是否匀称。

(2)后观的评价。颈部和斜方肌的发展情况,与头骨衔接处是否形成两个肌肉束,并明显地突出来;三角肌后束和上背部肌肉是否丰满,形态和线条是否清晰;背阔肌从腋下延伸到腰侧,是否呈现V字型;斜方肌延伸到背直肌是否有两条明显的肌束和线条;臂部肌肉是否结实

饱满，是否脂肪太多；大腿股后肌群是否呈曲线、与腰肌相连处是否有明显的区分，小腿腓肠肌是否呈菱形，线条是否清晰，发达程度与身体各部位肌肉是否相称；背部脊柱是否正直，是否有侧弯症状或其他畸形。

(3)侧观的评价(左侧或右侧)。站立时，背部脊柱是否呈正确的挺胸收腹状态，胸椎是否前凸或后凹；腹部是否平坦内收，还是呈“前鼓”状，腹外肌肉线条是否清晰；腿部肌肉的线条是否明显，股二头肌是否有曲线，小腿前股骨附着的肌肉是否有曲线，腓肠肌是否有一个明显的肌肉块，线条是否流畅；左侧或右侧、上肢和下肢的发展是否匀称，左右侧、上下肢是否有明显的大小差别。

1. 掌握形体训练的基本技术有哪些？
2. 健美操有哪七种基本步伐？
3. 练习瑜伽有哪些注意事项？
4. 怎样欣赏健美比赛？

第十章　武　　术

1. 了解武术的起源与发展。

2. 重点掌握24式简化太极拳的动作做法。

3. 通过学习本章,以增强大学生身体各器官的功能,发展人体的基本活动能力及各项身体素质,同时使支配动作的中枢能力得到较好的锻炼。

第一节　武术概述

一、武术的起源与发展

武术萌芽于原始社会人类的生产劳动。武术的器械来源于原始人类的生产工具,一些朴素的攻防概念则从同大自然的搏斗中产生出来。武术的雏形与阶级、国家产生之后的战争有关。到秦汉时手搏、剑道已经很盛行。唐代兴武举,促进了练武活动。宋代开始有了使拳、踢脚、弄棍、掉刀等表演,宫廷中则有“枪对牌”“剑对牌”等对练项目,武术从此渐以套路运动为主。元明清时代,不同拳种流派林立,“十八般武艺”及各家拳法广泛流传。中华人民共和国成立后,武术被正式列为体育竞技项目,得到普及与推广。

十八般兵器

通常认为十八般兵器包括:刀枪剑戟、斧钺钩叉、镋棍槊棒、鞭锏锤抓、拐子流星。中国古代的兵器远不止这18种,平常所说的十八般兵器或武艺只不过是一种泛称。

二、武术的分类

武术的内容丰富多彩,按其运动形式可分为两大类:套路运动、搏斗运动。

(一)套路运动

套路运动是根据攻守进退、动静疾徐、刚柔虚实等矛盾运动的变化规律编成的整套练习形式,主要内容包括拳术、器械、对练、集体表演。

(1)徒手练习的套路运动:主要有长拳、太极拳、南拳、形意拳、八卦掌、通背拳、象形拳等。

(2)器械:主要有长器械、短器械、双器械、软器械等。目前,在武术竞赛中,刀、枪、剑、棍是重点竞赛项目。

(3)对练:是在单练的基础上,两人或两人以上在预定条件下进行攻防的假设性实战练习。对练包括徒手对练、器械对练、徒手与器械的对练等。

(4)集体表演:是以6人以上的徒手或器械集体演练,可变换队形与图案,采用音乐伴奏,要求队形整齐、动作协调一致。

(二)搏斗运动

搏斗运动是两人在一定条件下按照一定的规则进行斗智较力的对抗练习形式。目前武术竞赛中正在逐步开展的有散打、推手。

(1)散打。它是两人按照一定的规则,使用踢、打、摔、拿等方法制胜对方的竞技项目。

(2)推手。它是两人遵守一定的规则,使用掤、捋、挤、按、采、挒、肘、靠等方法,双方粘连黏随,通过肌肉的感觉来判断对方的用力,然后借力发力将对方推出,以此决定胜负的竞技项目。

三、武术的特点和作用

武术在长期的历史演变中,逐渐形成了自己的运动规律,它以独特的技术风格和多方面的社会功能享誉于世。

(一)武术的特点

(1)寓技击于技术之中。武术作为体育运动,将技击寓于搏斗运动与套路运动之中。搏斗运动集中体现了武术攻防格斗的特点,在技术上与实用技击基本上是一致的,但是从体育的观念出发,它受到竞赛规则的制约,以不伤害对方为原则。套路运动的不少动作在技术规格、运动幅度等方面相对于技击的原型动作有所变化,但在技术方法上仍然保留了技击的特性。

(2)内外合一、形神兼备的民族风格。既讲求形体规范,又讲求精神传意、内外合一的整体观,是中国武术的一大特色。所谓内,是指心、神、意等心志活动和气息的运行;所谓外,即手眼身法等形体活动。内与外、形与神是相互联系统一的整体。

(3)广泛的适应性。武术练习的形式、内容丰富多样,适应人们不同年龄、性别、体质的需求,它对场地、器材的要求也较低。人们可以根据自己的条件和兴趣爱好进行选择练习。

(二)武术的作用

(1)改善和增强体质。武术运动具有强身健体的作用,它不仅使形体得到锻炼,而且使人的身心得到更全面的锻炼。

(2)提高防身和自卫的能力。武术具有技击的特点,通过习武,能增长劲力,抗击摔打,具备防身自卫的能力。

(3)磨练意志,培养道德情操。武术的学艺和练功,要吃苦耐劳,常年不懈。这能培养习武

者坚忍不拔、勇敢无畏的意志品质。武术在长期的传承中，一向重礼仪、讲道德。通过习武可以培养尊师重教、讲礼守信、见义勇为、不凌弱逞强等高尚的道德情操。

(4)娱乐观赏，丰富文化生活。武术具有很高的观赏价值，不管是赛场上两人斗智斗勇的对抗性搏斗，还是呈现武术功力与技巧的套路演练，都会引人入胜，给人以美的享受，丰富人们的文化生活。

第二节　武术基本功

一、身型、手型和步型

(一)身型

身型的基本要求是头正，顶平，颈直，沉肩，挺胸背直，塌腰，收腹，敛臂。

(二)手型

手型有拳、掌、勾手之分，如图 10 - 1 至图 10 - 3 所示。

(三)步型

步型又有弓步、马步、虚步、仆步、歇步、丁步之分，如图 10 - 4 至图 10 - 9 所示。

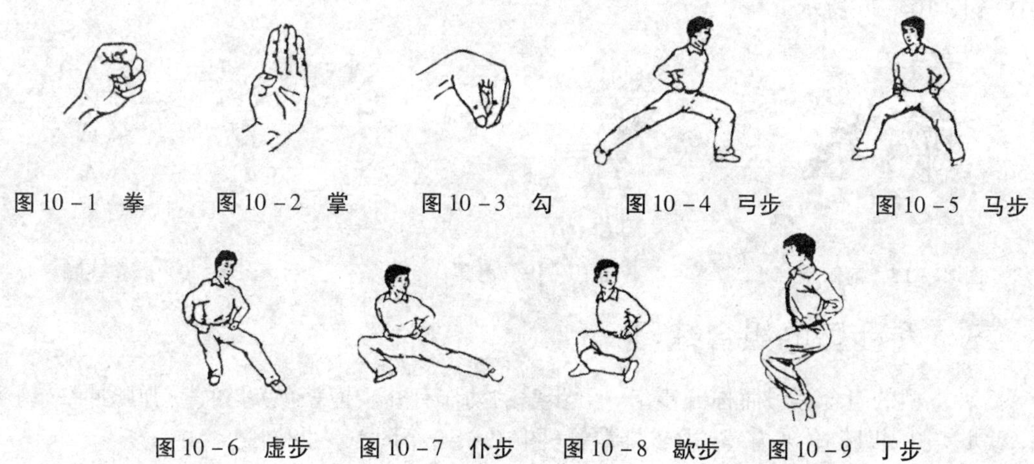

图 10 - 1　拳　图 10 - 2　掌　图 10 - 3　勾　图 10 - 4　弓步　图 10 - 5　马步

图 10 - 6　虚步　图 10 - 7　仆步　图 10 - 8　歇步　图 10 - 9　丁步

二、腿功与腰功

(一)腿功

腿部练习主要发展腿部的柔韧性、灵活性和力量等素质。练习方法有压腿、踢腿等，如图 10 - 10至图 10 - 17 所示。

图 10 - 10　正压腿

图 10 - 11　侧压腿

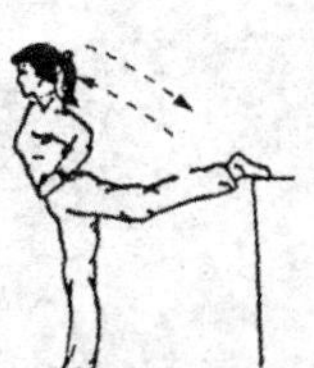

图 10 - 12　后压腿

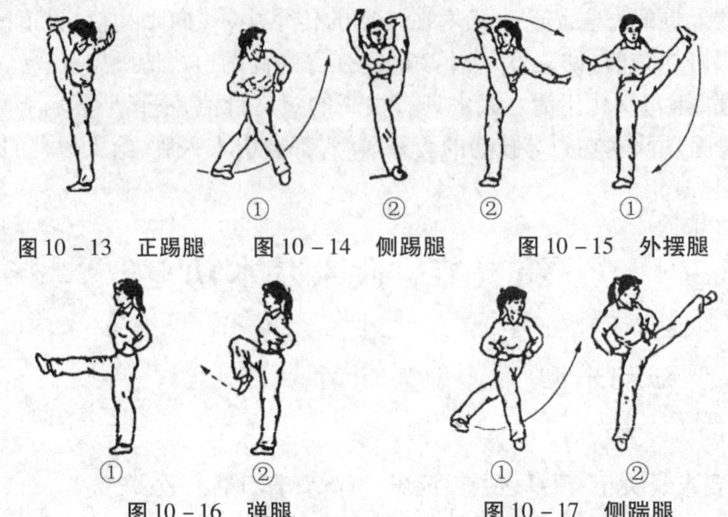

图 10－13　正踢腿　　图 10－14　侧踢腿　　图 10－15　外摆腿

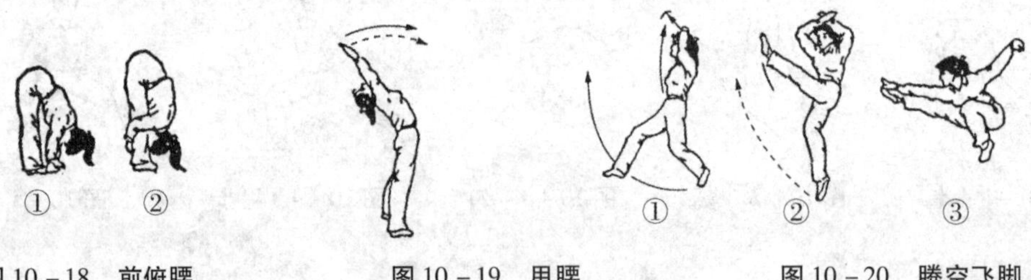

图 10－16　弹腿　　图 10－17　侧踹腿

(二)腰功

腰是贯通上下肢体的枢纽,俗话说:“练拳不练腰,终究艺不高。”在手、眼、身法、步法 4 个要素中,腰是集中反映身法技巧的关键。练腰的主要方法有俯腰和下腰(甩腰)两种,如图 10－18 至图 10－20 所示 。

①　②　　①　②　③

图 10－18　前俯腰　　图 10－19　甩腰　　图 10－20　腾空飞脚

三、5 种步型的组合练习

5 种步型的组合练习简称五步拳。五步拳的动作有并步抱拳、弓步冲拳、弹腿冲拳、马步架打、歇步盖打、提膝、仆步穿掌、虚步挑掌等(图 10－21 至图 10－28)。

图 10－21　并步抱拳　　图 10－22　弓步冲拳　　图 10－23　弹腿冲拳

图 10－24　马步架打　　图 10－25　歇步盖打

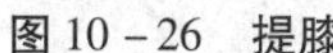

图10－26　提膝　　图10－27　仆步穿掌　　图10－28　虚步挑掌

第三节　二十四式太极拳

二十四式太极拳，即简化太极拳，是由国家体委（今国家体育总局）于1956年组织太极拳专家在杨氏太极拳的基础上创编的。相比传统的太极拳，二十四式太极拳既能充分体现传统太极拳的特点，又因其动作少而精炼、易学易练而深受大众的欢迎。

一、起势

（1）身体自然直立，两脚开立，与肩同宽，脚尖向前；两臂自然下垂，两手放在大腿外侧；眼向前平看（图10－29①）。

（2）两臂慢慢向前平举，两手高与肩平，与肩同宽，手心向下垂（图10－29②③）。

（3）上体保持正直，两腿屈膝下蹲；同时两掌轻轻下按，两肘下重与两膝相对；眼平看前方；（图10－29④）。

图10－29　起势

二、左右野马分鬃

（1）上体微向右转，身体重心移至右腿；同时右臂收在胸前平屈，手心向下，左手经体前向右下划弧放在右手下，手心向上，两手心相对成抱球状；左脚随即收到右脚内侧，脚尖点地；眼看右手（图10－30①②）。

（2）上体微向左转，左脚向左前方迈出，右脚跟后蹬，右腿自然伸直，成左弓步；同时上体继续向左转，左右手随体转慢慢分别向左上右下分开，左手高与眼平（手心斜向上），肘微屈；右手落在右胯旁，肘也微屈，手心向下，指尖向前；眼看左手（图10－30③④⑤）。

（3）上体慢慢后坐，身体重心移至右腿，左脚尖翘起，微向外撇，随后脚掌慢慢踏实，左腿慢慢前弓，身体左转，身体重心再移至左腿；同时左手翻转向下，左臂收在胸前平屈，右手向左上划弧放在左手下，两手心相对成抱球状；右脚随即收到左脚内侧，脚尖点地；眼看左手（图 10－30⑥⑦⑧）。

（4）右腿向右前方迈出，左腿自然伸直，成右弓步；同时上体右转，左右手随转体分别慢慢向左下右上分开，右手高与眼平（手心斜向上），肘微屈；左手落在左胯旁，肘也微屈，手心向下，指尖向前；眼看右手（图 10－30⑨⑩）。

（5）与（3）同，只是左右相反（图 10－30⑪⑫⑬）。

（6）与（4）同，只是左右相反（图 10－30⑭⑮）。

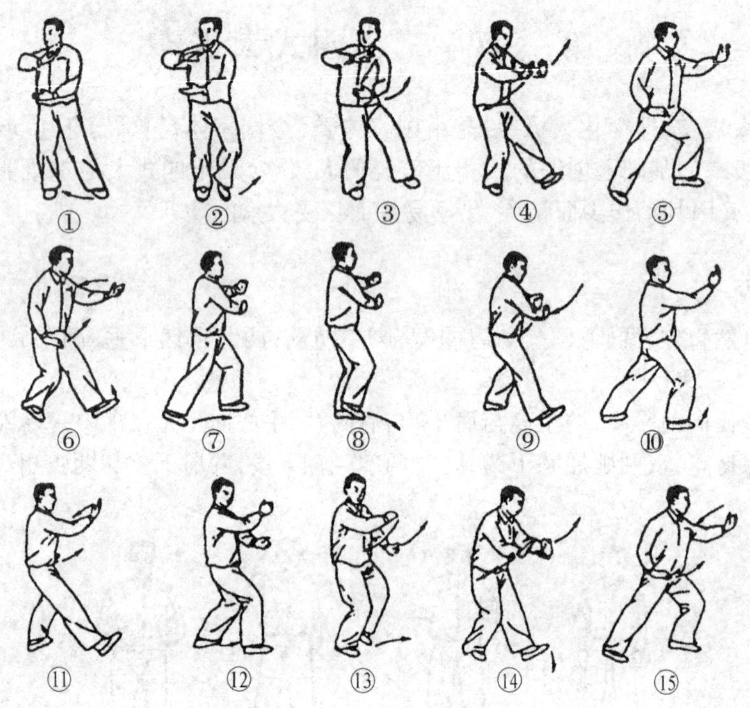

图 10－30　左右野马分鬃

三、白鹤亮翅

（1）上体微向左转，左手翻掌向下，左臂平屈胸前，右手向右上划弧，手心转向上，与左手成抱球状；眼看左手。（图 10－31①）

图 10－31　白鹤亮翅

(2)右脚跟进半步,上体后坐,身体重心移至右腿,上体先向右转,面向右前方,眼看右手,然后左脚稍向前移,脚尖点地成左虚步,同时上体再微向左转,面向前方,两手随体转慢慢向右上左下分开,右手上提停于右额前,手心向下,左手落于左胯前,手心向下,指尖向前,目视前方(图10-31②③)。

四、左右搂膝拗步

(1)右手从体前下落,由下向后上方划弧至右肩外侧,肘微屈,手与耳同高,手心斜向上,左手由左下向上、向右下方划弧至右胸前,手心斜向上,同时上体先微向左再向右转,左脚收至右脚内侧,脚尖点地,目视右手(图10-32①②③)。

(2)上体左转,左脚向前(偏左)迈出左弓步;同时右手屈回由耳侧向前推出,手高与鼻尖平,左手向下由膝前经过落左胯旁,指尖向前;目视右手手指(图10-32④⑤)。

(3)右腿慢慢屈膝,上体后坐,身体重心移至右腿,右脚尖翘起微向外撇,随后脚掌慢慢踏实,左腿前弓,身体左转,身体重心移至左腿,右脚收到左脚内侧,脚尖点地;同时左手向外翻掌由左后向上划弧至左肩外侧,肘微屈,手与耳同高,手心斜向上;右手随转体向上、向左下划弧落于左胸前,手心斜向下;眼看左手(图10-32⑥⑦⑧)。

(4)与(2)同,只是左右相反(图10-32⑨⑩)。

(5)与(3)同,只是左右相反(图10-32⑪⑫⑬)。

(6)与(2)同(图10-32⑭⑮)。

图10-32 左右搂膝拗步

五、手挥琵琶

右脚跟进半步,上体后坐,身体重心移至右腿,上体半面向右转,左脚略提起稍向前移,变成左虚步,脚跟着地,脚尖翘起,膝部微屈;同时左手由左下向上挑举,手高与鼻尖平,掌心向右;臂微屈,右手收回放在左臂肘部里侧,掌心向左;眼看左手食指(图10-33①②③)。

图 10－33　手挥琵琶

六、左右倒卷肱

(1)上体右转,右手翻掌(手心向上)经腹前由下向后上方划弧平举,臂微屈,左手随即翻掌向上;眼随着向右转体先向右看,再转向前方看左手(图 10－34①②)。

(2)右臂屈肘折向前,右手由耳侧向前推出,手心向前,左臂屈肘后撤,手心向上,撤至左肋外侧,同时左腿轻轻提起向后(偏正)退一步,脚掌先着地,然后全脚慢慢踏实,身体重心移至左腿,成右虚步,右脚随转体以脚掌为轴扭正;目视左手(图 10－34③④)。

(3)上体微向左转,同时左手随转体向后上方划弧平举,手心向上,右手随即翻掌,掌心向上;眼随转体先向左看,再转向前方看右手(图 10－34⑤)。

(4)与(2)同,只是左右相反(图 10－34⑥⑦)。

(5)与(3)同,只是左右相反(图 10－34⑧)。

(6)与(2)同(图 10－34⑨⑩)。

(7)与(3)相同(图 10－34⑪)。

(8)与(2)同,只是左右相反(图 10－34⑫⑬)。

图 10－34　左右倒卷肱

七、左揽雀尾

(1)上体微向右转,同时右手随转体向后上方划弧平举,手心向上,左手放松,手心向下;眼看左手(图 10－35①)。

(2)身体继续向右转,左手自然下落逐渐翻掌经前划弧至右肋前,手心向上;右臂屈肘,手

心转向下，收至右胸前，两手相对成抱球状；同时身体重心落在右腿上，左脚收到右脚内侧，脚尖点地；眼看右手（图 10－35②③）。

(3)上体微向左转，左脚向左前方迈出，上体向左转，右腿自然蹬直，左腿屈膝，成左弓步；同时左臂向前方绷出（即左臂平屈成弓形，用前臂外侧和手背向前方推出），臂高与肩平，手心向后；右手向右下落放于右胯旁，手心向下，指尖向前；眼看左前臂（图 10－35④⑤）。

(4)身体微向左转，左手随即前伸翻掌向下，右手翻掌向上，经腹前向上、向前伸至左前臂下方；然后上体向右转，两手经腹前向左后上方划弧，直至右手手心向上，手高与肩齐，左臂平屈于胸前，手心向后；同时身体重心移至右腿；眼看右手（图 10－35⑥⑦）。

(5)上体微向左转，左臂屈肘折回，右手附于左手腕里侧（相距约 5cm），上体继续向左转，双手同时向前慢慢挤出，左手心向后，右手心向前，左前臂要保持半圆；同时身体重心逐渐前移变成左弓步；眼看左手腕部（图 10－35⑧⑨）。

(6)左手翻掌，手心向下，右手经左腕上方向前，向右伸出，高与左手齐，手心向下，两手左右分开，宽与肩同；然后右腿屈膝，上体慢慢后坐，身体重心移至右腿，左脚尖翘起；同时两手屈肘回收至腹前，手心均向前下方；眼向前平看（图 10－35⑩⑪⑫）。

(7)上式不停，身体重心慢慢前移，同时两手向前、向上按出，掌心向前；左腿前弓成左弓步；眼平看前方（图 10－35⑬）。

图 10－35　左揽雀尾

八、右揽雀尾

(1)上体后坐并向右转，身体重心移至右腿，左腿尖里扣；右手向右划弧至右侧，然后由右下经前腹向左上划弧至肋前，手心向上；左臂平屈胸前，左手掌向下与右手成抱球状；同时身体重心再移至左腿，右脚收至左脚内侧，脚尖点地；眼看左手（图 10－36①②③④）。

(2)同“左揽雀尾”(3)，只是左右相反（图 10－36⑤⑥）。

(3)同“左揽雀尾”(4)，只是左右相反（图 10－36⑦⑧）。

(4)同“左揽雀尾”(5)，只是左右相反（图 10－36⑨⑩）。

(5)同“左揽雀尾”(6)，只是左右相反（图 10－36⑪⑫⑬）。

(6)同"左揽雀尾"(7),只是左右相反(图 10－36⑭)。

图 10－36　右揽雀尾

九、单鞭

(1)上体后坐,身体重心逐渐移至左腿,右脚尖里扣;同时上体左转,两手(左高右低)向左弧形运转,直至左臂平举,伸于身体左侧,手心向左,右手经腹前运至左肋前,手心向上方;眼看左手(图 10－37①②)。

(2)身体重心再渐渐移至右腿,上体右转,左脚向右脚靠拢,脚尖点地;同时右手向右上方划弧(手心由里转向外),至右侧方时变勾手;臂与肩平;左手向下经腹前向右上划弧停于右肩前,手心向里;眼看左手(图 10－37③④)。

(3)上体微向左转,左脚向左前侧方迈出,右脚跟后蹬,成左弓步;在身体重心移向左腿的同时,左掌随上体继续左转慢慢翻转向前推出,手心向前,手指与眼齐平,臂微屈;眼看左手(图 10－37⑤⑥)。

图 10－37　单鞭一

十、云手

(1)身体重心移至右腿,身体渐向右转,左脚尖里扣;左手经腹前向右上划弧至右肩前,手心斜向后,同时右手变掌,手心向右前;眼看左手(图 10－38①②③)。

(2)上体慢慢左转,身体重心随之逐渐左移;左手由脸前向左侧运转,手心渐渐转向左方;

右手由右下经腹前向左上划弧，至左肩前，手心斜向后；同时右脚靠近左脚，成小开立步（两脚距离约 10～20cm）；眼看右手（图 10－38④⑤）。

（3）上体再向右转，同时左手经腹前向右上划弧至右肩前，手心斜向后；右手向右侧运转，手心翻转向右；随之左脚向左横跨一步；眼看左手（图 10－38⑥⑦⑧）。

（4）与（2）同（图 10－38⑨⑩）。

（5）与（3）同（图 10－38⑪⑫⑬）。

（6）与（2）同（图 10－38⑭⑮）。

图 10－38　云手

十一、单鞭

（1）上体向右转，右手随之向右运转，至右侧方时变成勾手；左手经腹前向右上划弧至右肩前，手心向前；身体重心落在右腿上，左脚尖点地；眼看左手（图 10－39①②③）。

（2）上体微向左转，左脚向左前侧方迈出，右脚跟后蹬，成左弓步；在身体重心移向左腿的同时，上体继续左转，左掌慢慢翻转向前推出，成“单鞭”式（图 10－39④⑤）。

图 10－39　单鞭二

十二、高探马

（1）右脚跟进半步，身体重心逐渐后移至右腿，右勾手变成掌，两手翻转向上，两肘屈；同时

身体微向右转，左脚跟渐渐离地；眼看左前方（图 10－40①）。

（2）上体微向左转，面向前方；右掌经右耳旁向前推出，手心向前，手指与眼同高；左手收至左侧腰前，手心向上；同时左脚微向前移，脚尖点地，成左虚步；眼看右手（图 10－40②）。

图 10－40　高探马

十三、右蹬脚

（1）左手手心向上，前伸至右手腕背面，两手相互交叉，随即向两侧分开并向下划弧，手心斜向下；同时左脚提起向左前侧方迈步（脚尖略外撇）；身体重心前移，右腿自然蹬直，成左弓步；眼看前方（图 10－41①②③）。

（2）两手由外圈向里圈划弧，两手交叉合抱于胸前，右手在外，手心均向后；同时右脚向左脚靠拢，脚尖点地；眼平看右前方（图 10－41④）。

（3）两臂左右划弧分开平举，肘部微屈；手心均向外；同时右腿屈膝提起，右脚向右前方慢慢蹬出；眼看右手（图 10－41⑤⑥）。

图 10－41　右蹬脚

十四、双峰贯耳

（1）右腿收回，屈膝平举，左手由后向上、向前下落至体前，两手均翻转向上，两手同时向下划弧分落于右膝盖两侧；眼看前方（图 10－42①②）。

（2）右脚向右前方落下，身体重心渐渐前移，成右弓步，面向右前方；同时两手下落，慢慢变拳，分别从两侧向上、向前划弧至面部前方，成钳形状，两拳相对，手高与耳齐，拳眼都斜向内下（两拳中间距离约 10～20cm）；眼看右拳（图 10－42③④）。

图 10－42　双峰贯耳

十五、转身左蹬脚

(1)左腿屈膝后坐，身体重心移至右腿，上体右转，右脚尖里扣；同时两拳变掌，由上向左右划弧分开平举，手心向前；眼看左手(图 10－43①②)。

(2)身体重心再移至右腿，左脚收至右脚内侧，脚尖点地；同时两手由外圈向里圈划弧合抱于胸前，左手在外，手心均向后；眼平看左方(图 10－43③④)。

(3)两臂左右划弧分开平举，肘部微屈，手心均向外；同时左腿屈膝提起，左脚向左前方慢慢蹬出；眼看左手(图 10－43⑤⑥)。

图 10－43　转身左蹬脚

十六、左下势独立

(1)左腿收顺平屈，上体右转；右掌变成勾手，左掌向上、向右划弧下落，立于右肩前，掌心斜向后；眼看右手(图 10－44①②)。

(2)右腿慢慢屈膝下蹲，左腿由内向左侧(偏后)伸出，成左仆步；左手下落(掌心向外)向左下顺左腿内侧向前穿出；眼看左手(图 10－44③④)。

(3)身体重心前移,左脚跟为轴,脚尖尽量向外撇,左腿前弓,右腿后蹬,右脚尖里扣。上体微向左转并向前起身;同时左臂继续向前伸出(立掌),掌心向右,右勾手下落,勾尖向后;眼看左手(图10-44⑤)。

(4)右腿慢慢提起平屈,成左独立式,同时右勾手变掌,并由后下方顺右腿外侧向前弧行摆出,屈臂立于右腿上方,肘与膝相对,手心向左;左手落于左胯旁,手心向下,指尖向前;眼看右手(图10-44⑥⑦)。

图10-44　左下势独立

十七、右下势独立

(1)右脚下落于左脚,脚掌着地,然后左脚前掌为轴脚跟转动,身体随之左转;同时左手向后平举变成勾手,右掌随着转体向左侧划弧,立于左肩前,掌心斜向后;眼看左手(图10-45①②)。

(2)同“左下势独立”(2)解,只是左右相反(图10-45③④)。

(3)同“左下势独立”(3)解,只是左右相反(图10-45⑤)。

(4)同“左下势独立”(4)解,只是左右相反(图10-45⑥⑦)。

图10-45　右下势独立

十八、左右穿梭

(1)身体微左转,左脚向前落地,脚尖外撇,右脚跟落地,两腿屈膝成半坐盘式,同时两手在左胸前成抱球状(左上右下);然后右脚收到左脚的内侧,脚尖点地;眼看左前臂(图 10－46①②③)。

(2)身体右转,右脚向右前方迈出,屈膝弓腿,成右弓步;同时右手由脸前向上举交翻掌停在右额前,手心斜向上;左手先向左下再经体前向前推出,手高与鼻尖平,手心向前;眼看左手(图 10－46④⑤⑥)。

(3)身体重心略向后移,右脚尖稍向外撇,随即身体重心再移至右腿,左脚跟进,停于右脚内侧,脚尖点地;同时两手在胸前成抱球状(右上左下);眼看左前臂(图 10－46⑦⑧)。

(4)同(2)解,只是左右相反(图 10－46⑨⑩)。

图 10－46　左右穿梭

十九、海底针

右脚向前跟进半步,身体重心移至右腿,左脚稍向前移,脚尖点地,成左虚步;同时身体稍向右转,右手下落经体前向后,向上提抽至肩上耳旁,再随身体左转,由右耳旁斜向前下方插出,掌心向左,指尖斜向下;与此同时,左手向前,向下划弧落于左胯旁,手心向下,指尖向前,眼看前下方(图 10－47①②)。

二十、闪通臂

上体稍向右转,左脚向前迈出,屈膝弓腿成左弓步,同时右手由体前上提,屈臂上举,停于右额前上方,掌心翻转斜向上,拇指向下;左手上起经胸前向前推出,手高与鼻尖平,手心向前;眼看左手(图 10－48①②③)。

图 10－47　海底针

①　②　③

图 10－48　闪通臂

二十一、转身搬拦捶

(1)上体后坐，身体重心移至右腿，左脚尖里扣，身体向右后转，然后身体重心再移至左腿，与此同时，右手随着转体向右、向下(变拳)经腹前划弧至左肋旁，拳心向下；左掌上举于头前，掌心斜向上；眼看前方(图 10－49①②)。

(2)向右转体，右拳经胸前向前翻转撇出，拳心向上，左手落于左胯前，掌心向下，指尖向前；同时右脚收回后(不要停顿或脚尖点地)即向前迈出，脚尖外撇；眼看右拳(图 10－49③④)。

(3)身体重心移至右腿，左脚向前迈一步；左手上起经左侧向前上划弧拦出，掌心向前下方；同时右拳向右划弧收到右腰旁，拳心向上；眼看左手(图 10－49⑤⑥)。

(4)左腿前弓成左弓步，同时右拳向前打出，拳眼向上，拳高与胸平，左手附于右前臂里侧；眼看右拳(图 10－49⑦)。

图 10－49　转身搬拦捶

二十二、如封似闭

(1)左手由右腕下向前伸出，右拳变掌，两手手心逐渐翻转向上并慢慢分开；同时身体后坐，左脚尖翘起，身体重心移至右腿；眼看前方(图 10－50①②③)。

(2)两手在胸前翻掌，向下经腹前再向上、向前推出，腕部与肩平，手心向前；同时左腿前弓

成左弓;眼看前方(图 10－50④⑤⑥)。

图 10－50　如封似闭

二十三、十字手

(1)屈膝后坐,身体重心移至右腿,左脚尖里扣,向右转体;右手随着转体动作向右平摆划弧,与左手成两臂侧平举,掌心向前,肘部微屈;同时右脚尖随着转体稍向外撇,成右侧弓步;眼看右手(图 10－51①②)。

(2)身体重心慢慢移至左腿,右脚尖里扣,随即向左收回,两脚距离与肩同宽,两腿逐渐蹬直,成开立步;同时两手向下经腹前向上划弧交叉合抱于胸前,两臂撑圆,腕高与肩平,右手在外,成十字手,手心均向后;眼看前方(图 10－51③④)。

二十四、收势

两手向外翻掌,掌心向下,两臂慢慢下落,停于身体两侧;眼看前方(图 10－52①②)。

图 10－51　十字手

图 10－52　收势

第四节　散　　打

散打与防身术的攻防动作是武术的重要内容,通过踢、打、摔、拿等攻防动作的练习,可以有效地理解武术动作的攻防含义,提高武术攻防动作的实际运用能力。由于散打与防身术的动作技击性强、杀伤力大,因此练习时要特别注意安全,自觉地培养和提升自己的武德修养。

一、散打基本技术

(一)散打基本姿势

两脚前后开立,两手握拳,左前右后,拳眼均朝上,左手臂弯曲,肘关节夹角为90°~100°,左拳与鼻同高;右手臂弯曲,肘关节夹角小于90°。

大小臂紧贴右侧肋部,身体侧立,微收下颌,闭嘴合齿,面部、左肩、左拳正对对手(图10-53)。

【动作要领】

进退灵活,防守严密,移动方便,姿势不可太低,重心控制在两脚之间;两手紧护躯体,暴露给对手打击的有效部位尽量缩小。

图10-53　散打基本姿势

(二)散打基本步法

1. 进步

前脚先向前进半步,后脚再跟进半步(图10-54和图10-55)。

【动作要领】

进步步幅不宜过大,后脚跟进后的身体姿势不变,进步与跟步的衔接越快越好。

图10-54　进步一

图10-55　进步二

2. 退步

后脚先后退半步,前脚再退回半步(图10-56和图10-57)。

【动作要领】

退步步幅不宜过大,身体姿势保持不变。

图10-56　退步一

图10-57　退步二

3. 上步

后脚向前上一步，同时左、右拳前后交换成反架姿势（图 10－58 和图 10－59）。

【动作要领】

上步时身体不能前后摆动，上步与两手要同时交换。

图 10－58　上步一

图 10－59　上步二

4. 撤步

左腿经右腿内侧向后撤一步，左脚跟离地，右脚脚尖外展，重心偏于右腿（图 10－60 和图10－61）。

【动作要领】

撤步时身体要保持平稳，两脚要轻灵。

图 10－60　撤步一

图 10－61　撤步二

5. 跨步

右脚向右侧跨半步，左脚略向右脚靠近，两膝弯曲；同时左拳向斜下方伸出，右拳收至左腮旁（图 10－62 和图 10－63）。

【动作要领】

跨步后身体重心下降，两腿要一虚一实，灵活敏捷。

图 10 - 62　跨步一

图 10 - 63　跨步二

6. 闪步

左脚向左侧移半步，右脚随之向左滑步；同时身体向右转体约 90°（图 10 - 64 和图 10 - 65）。

【动作要领】

步法轻灵，转体闪躲要灵活、敏捷。

图 10 - 64　闪步一

图 10 - 65　闪步二

7. 垫步

后脚蹬地向前脚内侧并拢，同时前腿屈膝提起（图 10 - 66 和图 10 - 67）。

【动作要领】

后脚向前脚并拢要疾速，垫步与提膝不脱节、不停顿；身体向前移动，勿向上腾空。

图 10 - 66　垫步一

图 10 - 67　垫步二

二、散打主要进攻动作

(一)冲拳

(1)左冲拳。预备势为正架势,即左脚、左手在前(以下均同),右脚微蹬地面,重心微向前脚移动;同时左拳直线向前冲出,力达拳面(图10-68和图10-69)。

图10-68 左冲拳一

图10-69 左冲拳二

【动作要领】

冲拳时,身体不可过于前倾,大臂催前臂,臂微内旋,肘微屈,力达拳面。

【用法】

左冲拳是一种直线型进攻动作,特点是距离对手较近,预兆小,灵活性强,但力度较小。可以结合身体高、低姿势或左、右闪躲动作击打对方腰部以上的任何部位。既可主动进攻,又能防守反击,而更多是以假乱真,以虚招引诱对手,为运用其他方法"探路",是进攻技术中最常见、最主要的动作之一。

例如,双方在对峙状态下,甲突然快速地进步或上步,以左冲拳攻击乙(图10-70和图10-71)。

图10-70 左冲拳三

图10-71 左冲拳四

(2)右冲拳。预备势开始,右脚微蹬地向内、向右转,在转腰送肩的同时,右拳沿直线向前冲出,力达拳面;左拳收回至右肩内侧(图10-72和图10-73)。

【动作要领】

右脚发力,传送到腰、肩、肘,最后力达拳面。

【用法】

右冲拳是主要进攻动作之一。它的特点是攻击距离长,能充分利用蹬腿转腰的力量加大冲拳力度,具有较强的威胁力。

例如,当甲用左冲拳攻击头部时,乙俯身下躲,同时用右冲拳反击甲腹部(图10-74)。

图 10 - 72　右冲拳一

图 10 - 73　右冲拳二

图 9 - 74　右冲拳反击

（二）贯拳

（1）左贯拳。上体微向右转，同时左拳向外（约 45°），向前、向里横贯，臂微屈，拳心朝下，力达拳面或偏于拳眼侧；右拳护于右腮处（图 9 - 75 和图 9 - 76）。

【动作要领】

贯拳发力时，臂微屈，肘尖抬至与肩平，以腰发力，力达拳面。

【用法】

左贯拳是一种横向型进攻动作，可以结合身体姿势的高、低变化击打对方的侧面。上盘可击打太阳穴；中盘可击打腰肋部位。

例如，双方对峙时，甲突然向左闪步，以左贯拳抢攻乙右侧头部（图 9 - 77）。

图 10 - 75　左贯拳一

图 10 - 76　左贯拳二

图 10 - 77　左贯拳三

（2）右贯拳。预备姿势开始，右脚微蹬地并向内扣转，合胯并向左转腰，同时右拳向外（约 45°）、向前、向里横贯，力达拳面或偏于拳眼侧；左拳护于左腮（图 10 - 78 和图 10 - 79）。

【动作要领】

贯拳发力时，肘尖微抬，使肩、肘、腕基本成水平。发力要协调，力达拳面。

图 10 - 78　右贯拳一

图 10 - 79　右贯拳二

【用法】

右贯拳也是一种横线型进攻动作。特点是能充分借助右脚蹬地转腰的力量，力度较大。但因其进攻路线长，动作幅度宜小不宜大。此拳法多用于连击或防守反击。

例如，双方对峙时，甲俯身以左拳虚晃，佯攻乙腹部，继而起身以右贯拳攻乙头部(图 10－80)。

图 10－80　右贯拳攻对手头部

(三)抄拳

(1)左抄拳预备势开始，重心略下沉，左拳由下向前上方勾起，大小臂夹角 90°～100°，拳心朝后，力达拳面(图 10－81 和图 10－82)。

【动作要领】

抄拳时动作要连贯、顺达，用力要由下至上，发力短促，力达拳面。

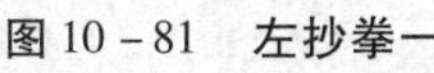

图 10－81　左抄拳一二

图 10－82　左抄拳

【用法】

抄拳属于上下型进攻动作，由于击打距离短，适用于近距离实战。双方接触时，正面攻击对手的胸、腹或下颏和头部。

例如，甲以左抄拳进攻乙胸、腹部时，乙沉身左转右掩肘后，以左抄拳反击甲躯干以上部位(图 10－83)。

(2)右抄拳右脚蹬地，扣膝合胯，微向左转腰的同时，右拳由下向前、向上抄起，大小臂夹角 90°～100°，拳心朝后，力达拳面；左拳回收至右肩内侧(图 10－84 和图 10－85)。

【动作要领】

右抄拳要借助右脚蹬地、扣膝、合胯、转腰的力量，发力由下至上，协调顺达，力达拳面。

图 10－83　左抄拳反击

图 10－84　右抄拳一二

图 10－85　右抄拳

【用法】

以右架为例，从基本实战姿势开始，右脚蹬地，扣膝合胯，微向左转腰的同时，右拳由下向前向上抄起，大小臂夹角90°至110°之间，拳心朝里，力达拳面，抄拳时右臂先微内旋再外旋，螺旋形运行，击打结束后放松按原路返回。

例如，乙以右贯拳攻击甲上盘右侧，甲右手挂挡后，以右抄拳反击乙躯干以上正面部位（图10－86和图10－87）。

图10－86　右抄拳反击一二

图10－87　右抄拳反击

三、基本腿法

（一）蹬腿

（1）左蹬腿。预备姿势站立，右腿稍屈支撑，左腿提膝抬起、勾脚，以脚跟领先向前蹬出，力达脚跟；亦可送髋，脚掌下压，力达脚前掌（图10－88）。

图10－88　左蹬腿

（2）右蹬腿。预备势站立，身体重心前移，左腿稍屈支撑，身体稍左转，右腿屈膝前抬、勾脚，以脚跟领先向前蹬出，力达脚跟；亦可送髋，脚掌下压，力达脚前掌（图10－89）。

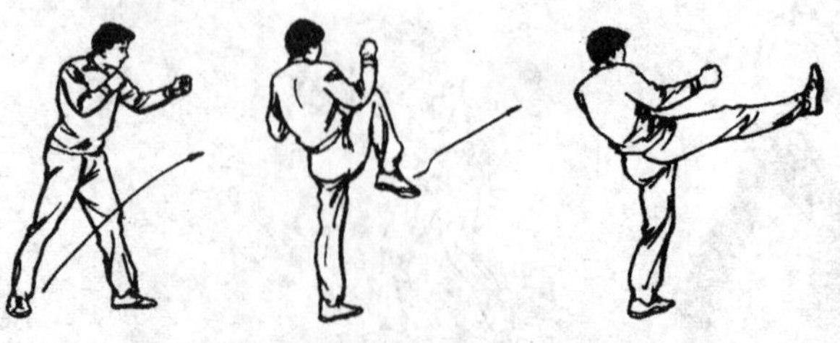

图10－89　右蹬腿

【动作要领】

屈膝高抬，爆发用力，快速连贯。

【用法】

散打中的蹬腿，除与套路中蹬腿动作的要求相同外，还吸取了前点腿的优点，即击中对方时，脚踝发力，前脚掌下压，这样容易将对方蹬倒。

例如，迎面蹬腿。当乙上步用拳法进攻甲时，甲迎面抢先用蹬腿击乙躯干部（图 10－90）。

（二）鞭腿

（1）左鞭腿反架势站立，右腿稍屈支撑，上体右转 180°，稍向右侧倾；同时左腿屈膝向左侧摆起，扣膝、绷脚背，随即挺膝向前弹踢小腿，力达脚背至小腿下端（图 10－91）。

图 10－90　迎面蹬腿

图 10－91　左鞭腿

（2）右鞭腿预备势站立，左腿稍屈支撑，上体左转 180°，稍向左侧倾；同时右腿屈膝向右侧摆起，扣膝、绷脚背，随即挺膝向前弹踢小腿，力达脚背至小腿下端（图 10－92）。

【动作要领】

脚背紧张，膝关节内扣，以膝带腿，快速有力。

【用法】

弹腿的优点是动作快速，易于变化，可视不同情况分别击打对方身体各部位。

例如，冲拳接弹腿。乙先用左冲拳击（虚晃）甲头部或躯干，随即以左鞭腿攻击甲头部（图 10－93）。

图 10－92　右鞭腿

图 10－93　冲拳接弹腿

（三）踹腿

（1）左踹腿。右腿稍屈支撑；左腿屈膝抬起，小腿外摆，脚尖勾起，脚掌正对攻击目标，展髋、挺膝向前踹出，力达脚掌，上体可侧倾（图 10－94）。

图 10－94　左踹腿

(2)右踹腿。右腿直立或稍屈支撑,身体向左转 180°,同时右腿屈膝前抬,小腿外摆,脚尖翘起,脚掌正对攻击目标,用力向前踹出,力达脚掌,上体可侧倾(图 10－95)。

图 10－95　右踹腿

【动作要领】

上体、大腿、小腿、脚掌成一条直线,踹出时一定要以大腿推动小腿,直线向前发力。

【用法】

踹腿是比赛中使用率较高的腿法之一。特点是呈直线运动,速度快、力量大、不易防守,而且配合步法使用,变化较多,易于在不同距离上攻击对方。

例如,低踹腿击对方下肢(图 10－96);中踹腿击对方躯干(图 10－97);高踹腿击对方头部(图 10－98)。

图 10－96　低踹腿　　图 10－97　中踹腿　　图 10－98　高踹腿

四、散打常用摔法

(一)主动摔

抱腿前顶摔:乙出拳击甲头部时,甲突然下潜躲闪,随即逼近乙,两手抱乙双腿,两手屈肘

用力回拉;同时用左肩前顶乙大腿或腹部,将乙摔倒(图 10－99)。

图 10－99　抱腿前顶摔

【动作要领】

下潜快,抱腿紧,两臂回拉,肩顶有力。

【用法】

可用于主动进攻或防守反击。

(二)接招摔

1. 夹颈磕腿摔

乙用左拳击甲头部,甲用右臂外格乙左臂,顺势抓拿乙手腕部;同时,甲右脚经左脚内侧向后插步与左腿平行,左手从乙右肩上穿过,屈肘夹乙颈部;甲向右转体用左小腿向后横打乙左小腿,将乙掀起摔倒(图 10－100)。

【动作要领】

格挡迅速,逼进对方,夹颈有力,打腿、转身协调一致。

【用法】

在对手用冲(掼)拳击打时,防守反击。

图 10－100　夹颈磕腿摔

2. 拨颈勾踢摔

乙用右拳击甲头部,甲用左掌外格乙右前臂,顺势抓拿乙手腕部并伸右臂用手向右拨乙颈部右侧;同时右脚勾踢乙左脚的距小腿关节处将乙勾倒(图 10－101)。

【动作要领】

拨颈,勾踢要协调有力。

【用法】

用于对手冲(掼)拳击打时的防守反攻快摔。

图 10－101　拨颈勾踢摔

五、散打主要防守动作

(一)接触性防守

1. 拍挡预备姿势开始

左手(右手)以拳心或掌心为力点向右(左)横向拍击。

【动作要领】

前臂尽量与来拳方向垂直,拍挡幅度小,用力短促。

【用法】

用于防守对方直线型拳法,如图 10－102 所示甲的左手动作;或化解横向型腿法对上盘的攻击,如图 10－103 所示乙的左手动作。

图 10－102　拍挡防拳

图 10－103　拍挡防腿

2. 挂挡

左手(右手)屈臂向同侧头部或肩部挂挡。

【动作要领】

大小臂屈肘上挂贴于头侧,要含胸,以缩小暴露面。

【用法】

防守对方横向型的手法或腿法攻击头部,如对付左右贯拳或左右横踢腿等,如图10－104 所示中甲的左手动作。

图 10－104 挂挡

3. 拍压

左拳(右拳)变掌,以掌心或掌根为力点由上向前、向下拍压(图 10－105)。

【动作要领】

拍压时臂要弯曲,手腕和手掌要紧张用力,臂内旋,虎口、指尖均朝右(左)。

【用法】

防守对方的手法或腿法进攻(图 10－106)。

图 10－105 拍压一

图 10－106 拍压二

4. 阻挡

两脚蹬地,身体微前移,以肩部和手臂阻挡对方拳法的进攻(图 10－107)。

图 10－107 阻挡

【动作要领】

身体紧张,含胸、闭气。阻挡拳法要合肩;阻挡腿法要含胸、收腹、沉气,并收下颏;两手紧护体前,尽量缩小被击面。

【用法】

破坏、阻挡对方的进攻，为反击做准备。

(二)闪躲防守

1. 左(右)撤闪

前脚由前向左(右)、向侧、向后撤闪。

【动作要领】

两膝微屈，上体含胸，目视对方。

【用法】

防守对方从正面的进攻，如甲躲闪乙下肢的正面进攻(图 10－108)。

2. 后闪

重心后移，上体略后倾闪躲。如图 10－109 中甲的动作。

图 10－108　左撤闪

图 10－109　后闪

【动作要领】

后闪时下颏收紧，闭嘴合齿，后闪幅度不宜过大，重心落于后腿。

【用法】

防守对方进攻头部的拳法，因此可常常配合前蹬腿做防守反击练习。

3. 下潜

屈膝，沉胯，重心下降，缩颈，弧形向下躲闪，两手护头。

【动作要领】

下潜时，膝关节、髋关节和颈部要同时弯曲、收缩，目视对方。

【用法】

防守对方手或腿法横向攻击头部，如左右贯拳、高横踢腿等，如图 10－110 中乙的动作。

图 10－110　下潜

思考题

1. 中华武术源远流长，你知道其由来吗？
2. 简述太极拳的名称及健身价值。
3. 简述散打运动的特点。

第十一章　时尚休闲体育项目介绍

1. 了解定向运动及轮滑的特点、分类和基本技术。
2. 了解和掌握体育舞蹈的特点、分类和基本技术。

第一节　定向运动

一、定向运动概述

定向运动是指利用地图与指北针穿越一个未知的地区。

19 世纪末 20 世纪初,欧洲北部斯堪的纳维亚半岛广阔而崎岖不平的土地上覆盖着一望无际的森林,散布着无数的湖泊。城镇、村庄稀疏散落,人们的交通主要是依靠那些隐现在林中湖畔的弯弯曲曲的小路。在这样的地理环境中生活,理所当然地要比别的地方更需要地图和指北针,否则,要想穿越那茫茫林海是十分困难的。正因为如此,那些最经常在斯堪的纳维亚半岛山林中行动的人们——军队,便成了开展定向运动的先驱。他们深知,如果不具备在山林野地辨别方向、选择道路和越野行进的能力,就不能扛起保卫国家的重任。

1918 年,瑞典一位名叫吉兰特(Maijor Ernst Killander)的童子军领袖组织了一次叫做“寻宝游戏”的活动,引起了参加者的极大兴趣,这便是定向运动的雏形。到 20 世纪 30 年代,它已在芬兰、挪威、丹麦、瑞典立足。1932 年举行了第一次世界定向运动比赛。1961 年国际定向联合会(IOF,简称国际定联)在丹麦哥本哈根成立。国际定联是世界定向运动的行政实体,是国际体育联合会总会之一。定向运动也是国际承认的奥林匹克运动体育项目。

定向运动通常在森林、郊外和城市公园里进行,也可在大学校园里进行。

二、定向运动的特点和分类

(一)定向运动的特点

(1)定向运动是一项非常健康的智力与体力并重的智慧型体育项目。它不仅可以强身健体、培养人的独立思考和独立解决困难的能力,同时能增强人们在体力和智力受到双重压力的情况下做出迅速反应并果断决定的能力。它还有助于人们在世界范围内建立起强大的社交网络。

(2)定向运动是一项学生体育项目,因为它能培养学生独立分析和解决问题的能力以及良好的逻辑思维能力。

(3)定向运动是一项精英人才体育项目,因为它富于挑战性,鼓励参与者勇于尝试从未被尝试过的方案,并要求全身心地从双腿到大脑最协调地配合来达到世界顶级目标。

(4)定向运动是一项家庭体育项目,在周末,全家团聚,回归自然,放松身心,自我娱乐,融洽关系,增加乐趣。

(5)定向运动是一项军事体育项目,它是一项必须掌握的技能,同时还拥有自己的世界锦标赛。

(6)定向运动是一项自然环境体育项目,因为它教会参加者如何在自然中把握自己的行为,如何保护自然并遵守环境规则。

(二)定向运动的分类

常见的定向运动有下列几种形式。

1. 徒步定向

徒步定向俗称定向越野,是各种定向运动比赛中组织方法比较简便、开展最为广泛的一种。由于其比赛的成败全在于个人的识图用图、野外定向和奔跑能力的强弱,因此适于各种年龄、性别的人参加。定向越野比赛是国际定向运动联合会正式承认的比赛项目。

2. 接力定向

接力定向是团体之间的定向越野比赛项目之一,其成绩好坏依赖于每个队员个人能力的发挥。在接力比赛中,比赛的路线分成若干段(国际比赛通常为4段),每名选手完成其中的一段,各段参赛选手的成绩相加为该队团体总成绩。为便于观众欣赏各选手之间的激烈竞争,接力定向的场地必须设置一个“中心”站,各段选手的交接(即“换段”)均在这里以触手方式进行(不使用接力棒),因此,接力定向的观赏性较好,被国际定联纳为正式比赛项目。

3. 百米定向

百米定向是定向运动的一个新兴项目,经全国定向冠军赛的检验证明,百米定向具有观赏性强、技术性高、易参与、易组织等特点,能够锻炼参加者的反应能力和奔跑速度。参加者在健身的同时享受到了乐趣,并学会了识图用图。因此百米定向受到定向运动界的广泛推崇。

4. 滑雪定向

滑雪定向也可以按个人、团体或接力比赛等形式进行。它与个人徒步定向越野赛的区别是选手需要使用滑雪装具(非机动的)。供比赛用的滑道,则需要使用摩托雪橇来开辟。同一比赛路线上的滑道通常不止一条,便于选手自行选择。滑雪定向也是国际定联的正式比赛项目之一。滑雪定向在东欧国家十分流行,许多世界高山、越野和速度滑雪选手同时又是滑雪定向的高手。

5. 夜间定向

夜间定向是定向运动的一种高难度的比赛形式。夜间定向在视度不良的夜间进行,虽然增加了比赛的难度，但对观众和选手来说增加了吸引力和刺激性。夜间定向已被列入国际定联的正式比赛项目。第一届世界夜间定向锦标赛于1986年10月27—28日在匈牙利举行。

6. 记分定向

记分定向通常以个人方式进行。它是在比赛区域内预先设置好许多控制点，并根据地形的难易程度、距离远近、点的位置的相互关系不同而赋予每个控制点以不同分值。选手必须在规定时间内自行寻找若干或全部控制点，以积分最高者为优胜。

7. 专线定向

专线定向这种比赛与其他比赛的最大区别是在地图上明确地标出了比赛的路线，参加者必须按这些规定的路线行进，并将途中遇到的控制点位置标绘到图上去。成绩以控制点位置标绘的准确程度和所用时间的长短确定。

8. 五日定向

五日定向是瑞典独有的一项特别吸引人的比赛项目。比赛共进行五日，比赛路线由若干段组成，每次都单独记录下个人的成绩，最后再算出总成绩。在几十千米或者一百余千米的多条比赛路线中，除设置了许多控制点之外，还设有若干营地，供参加者与观众休息或参加丰富多彩的文化娱乐活动。近年来，瑞典的五日定向比赛组织得十分频繁，每次参加比赛的来自世界各地的选手都超过15000人，大大超过了任何一届奥林匹克运动会的选手人数。

此外，国际上还流行着一些其他的定向运动形式，有国际定向运动联合会的正式比赛项目，如山地车定向、轮椅定向等。还有如校园定向——在学校的操场上或教室、体育馆内为孩子们设计的一种游戏；特里拇定向——在一定的区域内设置许多永久性的控制点，不规定完成时间，以寻到点数的多少给予纪念品以资鼓励。

三、定向运动的器材装备

比赛组织者提供的器材装备如图11－1所示。

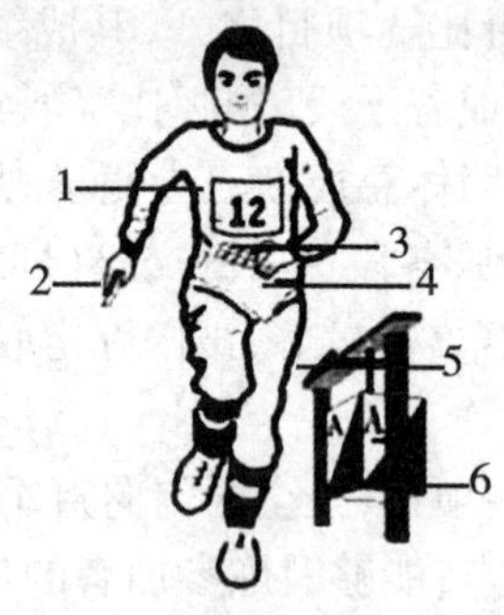

图11－1　定向运动装备

1—号码布；2—指北针；3—检查卡片；4—地图；5—点签；6—检查点

（一）公用装备

定向运动的专用装备有帐篷、炊事用品、绳索、专用工具（砍刀、手斧、行军铲）、公用药品、胶带、营地灯、公用食品营养品、海拔表、指北针、温度计、地图等。

（二）个人装备

定向运动的个人装备有背包、睡袋、防潮垫、手套、帽子、换洗衣服、墨镜、头灯、水壶、个人卫生用

品、防晒霜、摄影器材、望远镜、笔记本、笔、个人药品、打火机、火柴、餐具、个人食品、其他杂品。

另外，定向越野比赛对运动员的服装没有特殊的要求，只要求服装轻便、舒适、易于活动。根据经验，运动员对服装的选择应该是：衣裤——紧身而又不至影响呼吸与运动，为防止树枝刮伤和害虫侵袭，最好穿面料结实的长袖衣和长裤甚至使用护腿；鞋——轻便、柔软而又结实，便于上下陡坡、踩光滑的树叶或走泥泞地，鞋底的花纹最好是高凸深凹的。

（三）比赛组织者提供的器材

1. 地图

地图是定向越野中最重要的器材，它的质量好坏直接影响到运动员比赛的成绩并关系到比赛是否公正，因此，国际定联专门为国际间的定向越野比赛制定了《国际定向运动图制图规范》。对国际定向越野图的最基本的要求如下：

（1）幅面的大小：根据比赛区域的大小确定，赛区以外的情况不必表示。

（2）比例尺：通常为1∶1.5万或1∶2万，当需要时也可采用1∶1万或1∶2.5万。

（3）等高距：通常为5m，当需要时也可采用2～10m，但在一幅图上不得使用两种等高距。

（4）精度：至少要使以正常速度奔跑的运动员没有任何不准确的感觉。

（5）内容表示的重点：详细表示与定向和越野跑直接相关的地物、地貌。要利用颜色、符号等，详细区分通行的难易程度。

（6）检查点标志：检查点用于检验运动员是否按规定跑完全程，为此，应设置专门的标志。检查点应在地图上准确地表示出来。

2. 指北针

指北针多由组织者提供，如要求自备，则可能会对其性能、类型做出原则上的规定。当今世界上已出现的指北针类型主要有简单式、液池式、透明式、照准式、电子式。目前国际上的定向越野比赛常使用由透明有机玻璃材料制作的指北针。

3. 号码布

号码布一般不超过24cm×20cm，号码数字的高不小于12cm，字迹要清晰，字体要端正。正规的比赛还要求将号码布佩戴于前胸及后背两处。

4. 检查卡片

检查卡片主要用于判定运动员的成绩。用厚纸片制成，分为主卡和副卡两部分。主卡由运动员在比赛中携带，并按顺序将每个检查点的点签图案印在空格中，到达终点时交裁判人员验证。副卡在出发前交工作人员留底和公布成绩时使用。检查卡片的尺寸一般为21cm×10cm。

5. 点签

点签是与检查点配合而起作用的，它提供给运动员一个到达位置的凭据。点签的样式很多，但最常见的还是印章式和钳式。

6. 点标旗

运动员根据定向地图所提供的信息，利用指北针快速定向，在实地中找一个桔黄色和白色相间的点标旗，该点标旗的位置准确放置在地图所标示的地点圆圈的中心。

7. 打卡器

为了证实运动员通过了比赛中的各个检查点，运动员必须在到达的每一个检查点时，使用打卡器在卡纸上打卡，以此证明确实到达此点。

四、定向运动的基本技术

(一)标定地图

1. 概略标定

定向地图上的方位是上北、下南、左西、右东。当在站立地辨别了方向之后,只要将定向地图的上方对向站立地的北方,地图即已标定。这种方法简便迅速,是定向越野比赛中最常用的方法。

2. 利用指北针标定

先使指北针的红色箭头朝向地图上方,并使箭头两侧的平行线与地图上的指北线重合,然后转动地图,使指北针的北端正对磁北方向,地图即已标定。

3. 利用直长地物标定

首先在地图上找到这段直长地物(如道路、土垣、沟渠、高压线等),对照两侧地形使图与现实各地形点的地物方向一致,地图即已标定。

4. 利用明显地形点标定

从地图上找到本人明显的地形点的位置时,可以利用明显地形点标定地图。方法是先选择一个图上与现地都有的远方明显地形点,然后转动地图,使图上的站立点至目标的连线与现地的站立点至目标的连线相重合,此时地图即已标定。

(二)确定站立点

1. 直接确定

当自己所处位置是在明显地形点上时,只要从地图上找出该地形点,站立点即可确定。

2. 利用位置关系法确定

当站立点位于明显地形点附近时,可以采用位置关系法。利用位置关系法确定站立点主要有两个要素,一是站立点至明显点的方向,二是站立点至明显点的距离。在地形起伏明显的地方,还可以结合高差情况进行判定。

3. 利用交会法确定

当站立点附近无明显地形时,可以利用90°法、截线法、连线法、后方交会法确定站立点。90°法是当待测点位于线状地形(包括道路、沟渠、山背线、谷底线、坡度变换线等)上时,如果在与运动方向相垂直的方向上能找出一个明显的地形点,那么现状地形符号与垂直方向线的交点即为站立点。截线法是当待测点位于线状地形上,但在与其相垂直的方向上没有明显的地形点时,可以采用此法。连线法是当待测点位于线状地形上,同时待测的位置恰好是在某两个明显地形点的连线上,可以利用这种方法确定站立点。后方交会法是当待测点位于线状地形上,而且地图与现地相应地都有两个以上的明显地形点时采用此法。

(三)确定前进方向

定向越野运动每次出发时,首先必须判明出发点的图上位置,明确前进方向和目标点,然后标定地图选准前进方向,向目标点进发。

第二节　轮　　滑

一、轮滑概述

轮滑运动俗称“滑旱冰”,是从滑冰运动过渡而来的。据史料记载,轮滑是在18世纪由一

位不知名的荷兰人发明的。他为了在不结冰的季节继续训练，尝试把木线轴安在皮鞋下，在平坦的地面上滑行，从此轮滑在欧洲诞生，并得到了较快的发展。

现代轮滑是由美国的詹姆斯·普利姆普顿于1863年发明的，他将轮滑鞋发展为四轮式，可以转弯、前进和向后退，使溜冰者穿后很容易移动重心，变换支撑，从而使得轮滑运动逐渐成为人们喜爱的项目。1892年国际轮滑联盟在瑞士成立，推动了轮滑运动向正规化、国际化方向发展。1924年成立了国际轮滑联合会。20世纪80年代，轮滑运动已在世界各国普及。1992年在西班牙巴塞罗那举行的第25届奥运会上，轮滑首次被列为表演项目。现在经常举办的世界性轮滑运动有速度轮滑世界锦标赛、轮滑世界锦标赛以及花样轮滑世界锦标赛。

轮滑运动于19世纪末传入我国，而作为体育项目在20世纪80年代初得到发展。1980年9月，我国正式加入国际轮滑联合会。1982年举行了第一次全国轮滑比赛。近几年，我国的轮滑运动技术水平正在不断提高，特别是在亚洲已居于领先地位，但与世界先进水平相比，还有一定的差距。

二、轮滑运动的特点和分类

(一)轮滑运动的特点

轮滑运动是一项集技巧、健身、竞技、娱乐、休闲、趣味于一体的全身运动，具有以下特点。

1. 娱乐性

轮滑有很强的娱乐性和趣味性，通过这项运动，可使人们从平时紧张、繁重的学习和工作中解脱出来，达到身心放松的目的。

2. 健身性

轮滑是一项全身运动，它能促进心脑血管系统和呼吸系统机能的改善，使机体代谢能力加强，能增强臂、腿、腰、腹等肌肉的力量和身体各个关节的灵活性，特别是对人平衡能力的掌握有很大帮助。

3. 刺激性

轮滑集速度、灵巧和平衡于一体，它可以做出让人眼花缭乱的惊险动作，使人从中获取成就感。

4. 工具性

轮滑除具备上述特性外还具有很多体育项目所不具备的一个特性，就是它可以当做交通工具。一般情况下，在平整的路面上，轮滑可以代步成为一种流行而时髦的交通工具。

(二)轮滑运动的分类

现代轮滑运动分为速度轮滑、花样轮滑和轮滑球三大项。

速度轮滑：以单排、双排轮滑鞋为比赛工具的竞赛项目，分场地跑道比赛和公路比赛两种。世界锦标赛场地跑道正式比赛距离为男子1000m、5000m、10000m、20000m 4项，女子500m、3000m、5000m 3项；公路比赛包括女子21km半程马拉松赛、男子42km马拉松赛。

花样轮滑：分为规定图形滑、自由滑、双人滑和双人舞4个项目。根据动作的难易程度、舞姿的优美程度打分确定胜方。

轮滑球：打法同冰球打法相似，比赛两队各上场5人，其中一名为守门员。运动员脚穿轮滑鞋，手持长91～114cm的木制球杆在一块长22m、宽12.35m的长方形水泥或花岗石制成的硬质地面球场上进行比赛。运动员可以传球、运球，通过相互配合把球攻入对方球门，每进一球为一分，得分多者为胜。每场比赛分两局，每局20min。

另外，还有利用U形台做各种各样的惊险、复杂的技巧表演动作，分街道赛和半管赛，它也是轮滑竞技项目中最吸引人的一项。

三、轮滑运动的器材装备

轮滑运动的装备包括轮滑鞋和护具。

(一) 轮滑鞋

轮滑鞋根据形式的不同，可分为双排轮滑鞋和单排轮滑鞋两种(图11－2)。

图11－2　轮滑鞋

知识窗

如何选择轮滑鞋

1. 穿着舒适，松紧合适。
2. 扣带使用灵活，不出现滑脱现象。
3. 底座牢固，目测时应笔直，不偏斜。
4. 外观应完好无损。

(二) 护具

护具是最容易被忽视但又很重要的一项装备，包括头盔、护肘、护腕、护膝(图11－3)。带护具不仅能保护自己，还能保持良好的练习心态。

图11－3　护具

四、轮滑运动的基本技术

(一)站立和走步

1. 站立姿势

正确的站立是滑行的基础。一般初学者初次穿上轮滑鞋站立起来时很难保持身体平衡，因此我们必须掌握基本的站立方法。主要有以下两种站立姿势。

V 字形站立法：两脚成 V 字形自然张开，两脚跟靠拢，双膝微屈，上体稍前倾。重心落在两脚之间，保持身体平衡(图 11－4)。这是单排轮滑中最基本的站姿。

丁字形站立法：左脚跟紧靠在右脚的内侧(或将右脚跟紧靠在左脚的内侧)，使双脚成丁字形。两膝微屈，中心稍偏于位置居后的脚上，上体稍前倾，两臂自然张开，以控制身体平衡(图 11－5)。

平行站立法：两脚自然开立，与肩同宽，两脚尖稍内扣，保持两脚平行。双膝微屈，上体稍前倾，重心落在两腿之间，保持身体平衡(图 11－6)。

图 11－4　V 字形站立法　　图 11－5　丁字形站立法　　图 11－6　平行站立法

2. 原地踏步

双脚成 V 字形站立，在此基础上重心移到一脚上，另一只脚微屈抬起，然后落地，另一只脚抬起做原地踏步练习。原地踏步最好扶着栏杆或在别人的帮助下练习。

3. 原地蹲起

在两脚平行站立或 V 形站立的基础上，做上下蹲起动作，身体重心放在两脚之间，两臂自然张开控制身体平衡。

4. 行进间踏步

两脚先以 V 字形姿势站好，两脚依次抬起，要求每步靠近前脚脚跟，腿直、轮正，落地有声。注意体会重心转移的感觉。

5. 向前八字走

在丁字步或 V 字步的基础上，一脚向前迈出一小步，脚尖向外成八字形落地，同时身体重心迅速前移，后脚抬起向前迈步跟上，两脚交替进行，移动身体重心。

6. 横向迈步移动

在平行站立时，一腿向侧迈出一步，随之身体重心迅速跟上，另一只腿收回，在内侧靠拢着地，并承接重心，然后换腿练习。

（二）滑行

1. 双滑行练习

在学会八字走的基础上，连续走几步，然后双脚迅速并拢，两脚由八字形变为平行，借助惯性向前滑行。动作的关键是重心保持在两脚之间。

2. 低姿交替蹬地滑行

两脚八字形站立，膝踝微屈，两脚同时向外侧蹬地，使双脚同时开始向前滑行，重心随之偏向左脚，左腿成支撑腿。右脚在稍加蹬地后迅速收回，向左脚靠拢，脚尖向外侧，落地自然成八字步，同时重心向右腿上移，左脚开始蹬地，如此交替进行。

3. 高姿交替蹬地滑行

在低姿交替蹬地的基础上，右脚侧蹬地，重心随之移至左脚，左脚支撑滑行。右脚蹬地结束后放松收腿。当右脚靠近左脚时，重心开始回移，左脚开始蹬地。右脚落地后成右腿支撑滑行，然后收左腿，两脚交替蹬，交替滑行。

4. 向前直线滑行

原地两脚成丁字形站立，左脚在前，右脚在后，两腿稍弯曲，用右脚内侧蹬地，重心慢慢移至左脚；右脚蹬直后，右腿蹬离地面，左脚向前滑行。然后右脚在左脚的侧面落地后，左脚重复上述动作，右脚向前滑行。两脚交替向前直线滑行。整个滑行过程中，两手自然向两侧分开，帮助维持身体平衡。

5. 向后蛇形滑行

平行站立开始，两脚分开（约一脚距离），两腿弯曲。用右脚内侧蹬地，身体重心移向左侧，左脚向后滑行；右腿在体前伸直，随即右脚放在左脚侧面。恢复成开始姿势，然后用左脚蹬地，重复上面动作。做蛇形向后滑行时，要注意在滑行中上体始终保持前倾姿势，两膝保持弯曲，两手在体侧分开侧举。

（三）滑行停止法

1. 制动器停止法

双脚平行，把有刹车器的一脚向前推出，脚尖向上，让刹车器与地面摩擦就可以了。注意直排后刹时重心一定要放低，且重心保持在两脚中间，不可太前也不可太后。

2. 八字形停止法

在获得一定向前滑行速度后，两脚平行分开站立，随后脚尖内转，两脚以内侧轮柔和压紧地面。两腿弯曲，上体稍前倾，臀部下蹲，两臂前伸帮助维持身体平衡。

3. T 形停止法

左脚向前滑行开始，右脚在左脚后跟处成 T 形放好后，将右脚慢慢放在地面上，以内侧轮柔和压紧地面，减缓向前滑行速度，直到停下来为止。

4. 双脚急停

在向前滑行时，两脚同时做顺时针（或逆时针）方向急转，左脚以内侧轮、右脚以外侧轮滑行方向成 90°角压紧地面，同时身体向右急转，重心移到右腿上。两膝弯曲，两臂前侧伸，滑行即可停止。

5. 转弯停止法

前溜时两脚平行且成前后状，翘起左脚跟，右脚顺势往左方划弧线，双脚压内刃，脚掌内侧出力便可停下。

6. 倒滑停止法

在向后滑的过程中，将两脚变为前后开立，身体重心移到前脚的前方，同时抬起两脚脚跟，后轮离地，制动脚着地与地面摩擦停止下来，停止时，身体稍前倾，两臂侧举以维持平衡。

（四）弯道滑行

弯道滑行技术与直道滑行技术有很大的区别，弯道滑行技术的特点在于练习者用交叉步滑行。由于向心力的作用，上体不仅前倾，而且还要向后侧倾。

1. 走步转弯

在向前做八字走或半走半滑时，如向左转弯，在每一次脚落地时脚尖都向左转动一点，身体也随之向左转动一点，逐渐呈弧形的走滑路线；如向右转，动作方向相反。

2. 惯性转弯

当滑行获得一定的速度后，两脚平行稍靠近些。如向左转左脚略靠前，右脚靠后，重心落在两脚之间1/3处，前腿略弓，后腿直，身体重心压在左脚和右脚的左侧。利用惯性向左侧滑一较大的弧线；如向右转，动作相反。

3. 短步转弯

在学会慢的转弯技术的基础上，身体姿势较低，重心完全落在左腿上，甚至超出左腿的支点，右脚向右侧蹬后迅速收回，靠近左脚落地做非常短暂的支撑，此时左脚迅速向左稍转脚尖，右脚再迅速向侧蹬出，连续做此动作就可以加速转弯；如向右转，动作相反。

4. 左脚支撑，右脚连续蹬地滑行

从站立姿势开始，左脚用外侧蹬地后迅速与右脚并拢，接着右脚再做一次蹬地动作，左脚继续做前外曲线滑行。

5. 在圆弧上不连贯的交叉步滑行

在圆弧上用直线滑行方法，中间插入弯道交叉步，当左脚有稳定的平衡时，右脚向左脚左侧前方迈一小步。只要右脚有短暂的滑行之后，左脚就迅速从右腿后方收回，同时右脚蹬左脚直线滑行，反复练习。

第三节　体育舞蹈

一、体育舞蹈概述

体育舞蹈也称国际标准交谊舞，是体育运动项目之一。体育舞蹈的前身是交际舞，起源于欧洲、拉丁美洲，经历圈舞、对舞、集体舞等民间舞蹈的演变过程，成为流传广泛的社交舞蹈。1924年，由英国皇家舞蹈教师协会发起，欧美舞蹈界人士在广泛研究传统宫廷舞、交谊舞和拉美国家的各式土风舞的基础上，对此进行了规范和美化加工，于1925年正式颁布了华尔兹（慢三步）、探戈、狐步、快步等舞种的步伐，总称摩登舞。

1950年，由英国摩登舞国际理事会（ICBD）主办了首届世界性的大赛——黑池舞蹈节，并把规范后的舞蹈命名为国际标准交谊舞，我国简称“国标”。此后每年的5月底，在英国的黑池都会举办一届世界性的大赛。

目前国际上存在两个国际体育舞蹈组织：世界舞蹈及体育舞蹈理事会和国际体育舞蹈联合会。

国际标准交谊舞于20世纪30年代传入中国，自1986年正式引进后，发展迅速。1991年5月，中国体育舞蹈运动协会成立。中国现在是世界舞蹈及体育舞蹈理事会（WDDSC）的准会员，国际体育舞蹈联合会（IDSF）的正式会员。协会至今举办了一系列的国内国际体育舞蹈大赛。

近年来，国际标准交谊舞已统一称为体育舞蹈。虽然交谊舞历尽沧桑改名换姓，舞姿舞步日趋规范严谨，与传统的交谊舞相比已发生了根本变化，但是万变不离其宗，其源头仍然是交谊舞。

二、体育舞蹈的特点和分类

（一）体育舞蹈的特点

体育舞蹈是由属于文艺范畴的舞蹈演变而来的体育项目，因此，它是兼有文艺和体育特点的边缘项目，是以竞赛为目的，具有自娱性和表演观赏性的竞技舞蹈。它具有以下三大特点。

1. 严格的规范性

规范性首先表现在体育舞蹈是一个完整的舞蹈系统，它是经过数百年历史的锤炼，几代人的加工而成的。其次表现在技术的规范性上，它严格到多一分嫌过，少一点欠火。

2. 表演观赏性

体育舞蹈融音乐、舞蹈、服装、风度、体态美于一体，既有观赏的价值又有参与的可能，它使舞者娱乐身心，使观者赏心悦目，被认为是一种“真正的艺术”。

3. 体育性

（1）竞技性。竞技性即比成绩、拿冠军、为国争光。

（2）锻炼价值。科研人员对体育舞蹈对人体生理和心理的作用研究显示，跳华尔兹和探戈舞时，人体能量代谢为7.57kJ，高于网球7.30kJ，与羽毛球8.0kJ相近；跳体育舞蹈时最高心率为210次/min。可见，体育舞蹈促进人体生理的变化是明显的。它是陶冶情操、锻炼体魄的一种极好的形式。

（二）体育舞蹈的分类

体育舞蹈按舞蹈的风格和技术结构，分为摩登舞和拉丁舞两大类。按竞赛项目可分成三类：摩登舞、拉丁舞和团体舞。其中摩登舞包括华尔兹、维也纳华尔兹、探戈、狐步和快步。拉丁舞包括伦巴、恰恰恰、桑巴、牛仔和斗牛舞。

三、体育舞蹈的基本知识与术语

体育舞蹈基本名词是指体育舞蹈中常用的名词术语，这些名词和有关术语已成为世界性通用语言，因此，必须熟悉这些规范性名词的含义。

（一）舞程向

在一个舞池中，为避免互相碰撞而规定舞者必须按逆时针方向行进，这个行进方向叫舞程向。

（二）舞程线

在跳舞时为了防止碰撞，规定舞者必须按规定的行进路线有序行进，这条按逆时针方向行进的路线叫舞程线。

（三）团体舞

团体舞是现代舞或拉丁舞的混合舞，由8对选手组成，借助音乐的引导，将5种舞蹈在变化莫测的队形变动中编织出丰富多样的图案，它将音乐、舞姿、队形、图案和选手们的和谐配合

融为一体,达到了完美的统一,使体育舞蹈的风格特点得到了更为鲜明的表现。

(四)合对位舞姿

“合”指男女交手握抱,“对”指男女面对面,泛指男女面对双手扶握的身体位置。

(五)开式舞姿

开式舞姿指男士的右侧与女士的左侧身体紧密贴靠,身体的另一侧略向外展开成V形的站立或行进的身体位置。

(六)影子位舞姿

影子位舞姿是指男女舞伴向同一方向重叠而立,形影相随的身体位置,以女士居前较为常见。

(七)升降动作

升降动作是指在跳舞时身体的上升与下降。升降动作是在膝、踝、趾关节的屈和伸动作的转换中完成的。

(八)节奏

节奏指一定规律反复出现,赋予音乐以性格的具有特色的节拍。

(九)速度

速度指音乐速度,即每一分钟内所演奏的小节总数。

(十)组合

组合是指两个或两个以上的舞步型的结合。

(十一)套路

套路是指由若干个组合而串编成的一套完整的舞步型。

(十二)擦步

擦步是指当动力脚从一个开位向另一个开位移动时,必须先向主力脚靠拢,而重心不变的舞步。

(十三)滑步

滑步是指在第二步双脚并拢时第三步的舞步。

(十四)锁步

锁步是指两脚前后交叉的步子。

(十五)轴转

轴转是指一脚脚掌的旋转,另一脚处于或前或后的反身动作位置。

四、体育舞蹈的基本技术

(一)舞蹈一般基本技术

(1)基本站立姿态要点。

要求:头正直,两肩下沉,背部挺直,收腹立腰,两眼前视。

(2)舞蹈手臂的7个基本位置。

要求:肩放松,肘、腕自然微屈,手臂呈弧形,手指并拢,自然伸长,拇指和中指稍里合。

(3)脚的5个基本站立、组合位置。

要求:髋、膝关节充分外开,身体重心在两脚上,做动作中脚尖绷直,重心平稳,姿态优美正确。

(二)舞蹈专项各种技术技巧

要学好体育舞蹈,关键的一点,就是要熟练地掌握和运用各种技巧。

1.运步技巧

运步前的准备姿势是双足直立,膝盖微放松,不允许有明显的弯曲,身体从足部开始向前稍倾,直到身体的重心落在双足的前足掌上为止,足跟不可离地,握抱姿势要保持不变形。

(1)前进运步。先把身体重心移到左足上,再从臀部开始向前摆动右足,右足的前足掌触地,足跟擦过地面同时右足尖稍向上抬起;当右足经过左足尖时,左足跟要离开地面,以便左足掌与右足跟能接触地面,随即放低右足尖,以便右足全部平踏在地上;然后继续前进,让左足越过右足。动作要领同上。

(2)后退运步。从臀部开始向后摆动右足,先用足掌、后用足尖在地面滑行;当左足越过右足跟时,右足掌离开地面;放低左足掌,以便右足的后跟接触地面,再继续后退,直至左足跟全部接触地面。

后退运步的重心分布,开始运步时身体重心在右足跟上;当向后运步时,右足跟与左足掌之间有短暂的转换,然后身体重心落在左足上。

2.升降技巧

掌握升降技巧在华尔兹舞中至关重要。在一小节三拍的舞步中,前一小节的第三拍末即应降重心,当下一小节第一拍出步时,应从最低处起步,第一拍后半拍即开始上升,整个第二拍继续上升,到第三拍时升到最高,然后在第三拍末时又降下。这样的升降规律形成的起伏线是不平均的,升起线条特别长而下降则低而短,形成的舞步感觉是第二步非常舒展,可以使舞者饱满地表现音乐,展示舞步的浪漫和飘逸。

练习升降技巧时,身体的升降是因舞步的大小而自然形成的,绝不可故意踮起脚尖去追求升降。

3.摆动技巧

摆动动作是华尔兹舞中的重要技巧。要求舞者在每次起步时,身体和脚步有向上荡起的感觉,有如荡秋千一般从下向上荡起。前进时,如同秋千前荡,有自下而上荡起来的感觉;后退时,如同秋千后摆,有自上而下荡回来的感觉。

4.倾斜技巧

倾斜动作不是故意做出来的。它是在舞者向旁迈步时,由于运用了升降技巧——从低到高,摆动技巧——从下向上荡起,以及重心的转换过程而形成的一个自然的、符合物理规律的动作。脊椎的倾斜,是因为脚步已经旁迈而上升,重心已经外移,而身体的腰胯以上部分渐渐跟上时而产生的倾斜。

(三)华尔兹

华尔兹舞是在速度缓慢的三拍舞曲中流畅地运行,因而有明显的升降动作,犹如连绵不绝的波涛,轻柔灵巧的倾斜,反身摆动和舒展的旋转,以及各种优美的造型,使其具有庄重典雅、雍容大方、华丽风采、婉转多变、飘逸欲仙的独特风韵。

华尔兹舞的舞曲是3/4拍,每分钟约30~32小节。其基本步法是一拍跳一步,每小节跳三步,但也有一小节跳两步或四步的特定步法。

华尔兹舞的风格特点是:起伏飘荡、旋转、连绵不断、典雅华贵。

1. 方形步 1(左进右退并步)

【准备姿势】

合对舞姿,男、女舞步,起步和收步时都面对中央斜线。

【动作要领】

如图 11 -7 所示(△代表男士,○代表女士)。

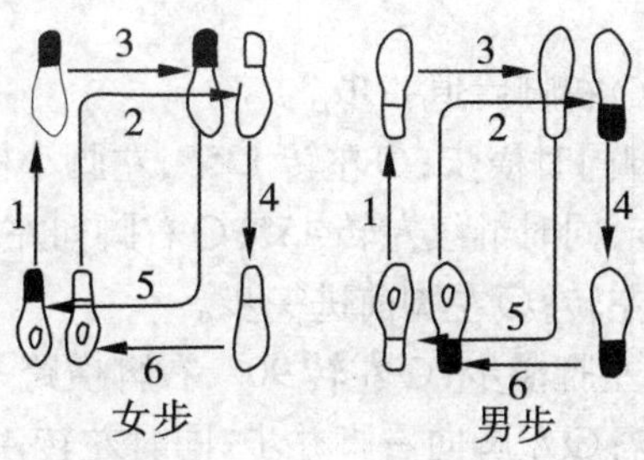

图 11 -7　方形步一

第 1 拍:△左脚前进一步;○右脚后退一步。

第 2 拍:△右脚横步稍前;○左脚横步稍后。

第 3 拍:△左脚向右脚并步,面对中央斜线;○右脚向左脚并步,背对中央斜线。

第 4 拍:△右脚后退一步;○左脚前进一步。

第 5 拍:△左脚横步稍后;○右脚横步稍前。

第 6 拍:△右脚向左脚并步,面对中央斜线;○左脚向右脚并步,背对中央斜线。

2. 方形步 2(左退右进并步)

【准备姿势】

合对舞姿,男女舞步起步,收步时面对壁斜线。

【动作要领】

如图 11 -8 所示。

第 1 拍:△右脚前进一步;○左脚后退一步。

第 2 拍:△左脚横步稍前;○右脚横步稍后。

第 3 拍:△右脚向左脚并步,面对壁斜线;○左脚向右脚并步,背对壁斜线。

第 4 拍:△左脚后退一步;○右脚前进一步。

第 5 拍:△右脚横步稍后;○左脚横步稍前。

第 6 拍:△左脚向右脚并步,面对壁斜线;○右脚向左脚并步,背对壁斜线。

在练习时也可将方形步 1 中的前 3 拍与方形步 2 中的前 3 拍结合起来。

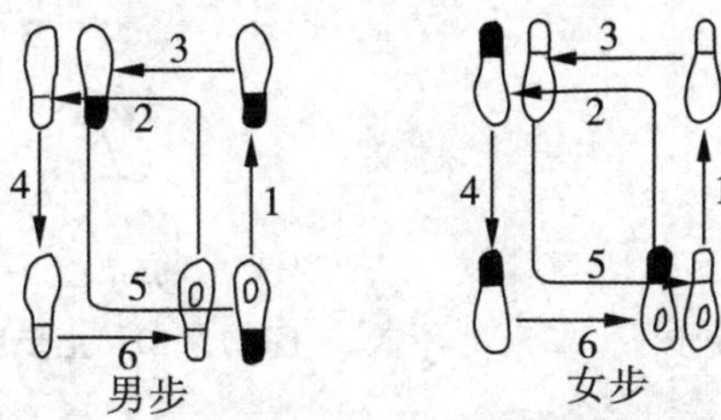

图 11 -8　方形步二

3. 左转步

该步法由6步两小节构成，每小节向左转135°，共转270°。

男、女舞步，男起步时面对中央斜线，结束时面对壁斜线；女起步时背对中央斜线，结束时背对壁斜线。

【动作要领】

如图11－9所示。

第1拍：△左脚前进一步；○右脚后退一步。

第2拍：△左转身90°，右脚同时横步；○左转135°，左脚小横步。

第3拍：△左脚向右脚并步，同时继续左转45°；○右脚向左脚并步。

第4拍：△右脚后退，并欲左转；○左脚前进一步。

第5拍：△左转135°，同时左脚横步；○左转90°，右脚横跨一步。

第6拍：△右脚向左脚并步；○左脚向右脚并步，同时左转45°。

【要点】

始终保持闭式舞姿，男伴5、6步要稍小一点，女2、3步稍小。右转步同左转步动作一致，方向相反。

4. 止步后行

止步后行是一个转换方向的步法。当舞步进行到舞池边缘或遇到阻挡时，可运用这个步子变换行进方向。最后一步为男伴向女伴右外侧前进。

【准备姿势】

合对舞姿。

【动作要领】

如图11－10所示。

第1拍：△左脚前进一步（反身动作）；○右脚后退一步，重心移至右脚。

第2拍：△重心回到右脚；○重心回到左脚。

第3拍：△向左转135°，左脚横步稍前；○左转身，右脚横步稍后。

第4拍：△右脚向女伴右外侧前进；○左脚后退一步。

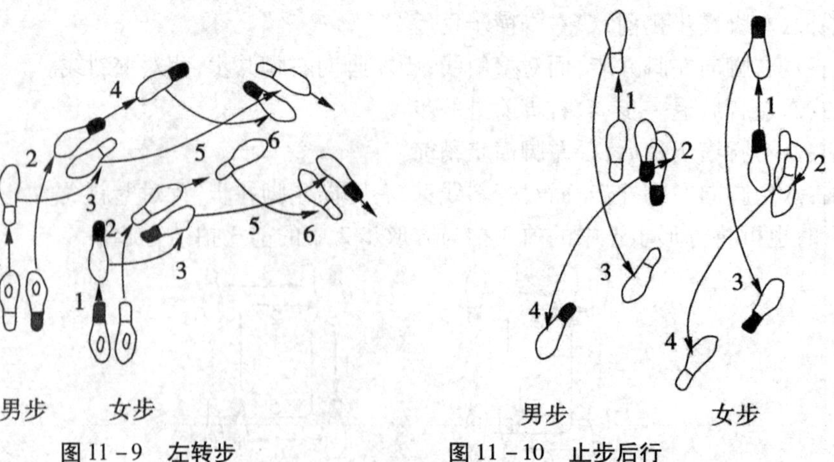

图11－9　左转步

图11－10　止步后行

5. 右转换步

【准备姿势】

合对舞姿，面对壁斜线。

【动作要领】

如图 11－11 所示。

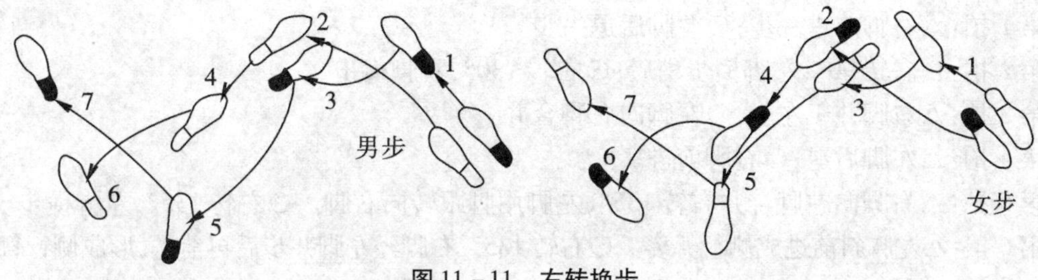

图 11－11　右转换步

第 1 拍：△右脚前进一步；○左脚后退一步。

第 2 拍：△向右转身 90°，左脚横；○向右转体 135°，右脚横步。

第 3 拍：△右脚向左脚并拢，右转 45°；○左脚向右脚并步。

第 4 拍：△左脚后退一步；○右脚前进一步。

第 5 拍：△右脚后退一步，左转身；○左脚前进一步。

第 6 拍：△向左转身 135°，左脚横步稍前；○右脚横步稍后，左转 135°。

第 7 拍：△右脚向女伴右外侧前进；○左脚后退一步。

6. 左追并步

左追并步是一种在一小节（三拍）音乐中跳四步的步法。

【动作要领】

如图 11－12 和图 11－13 所示。

【准备姿势】

合对舞姿。

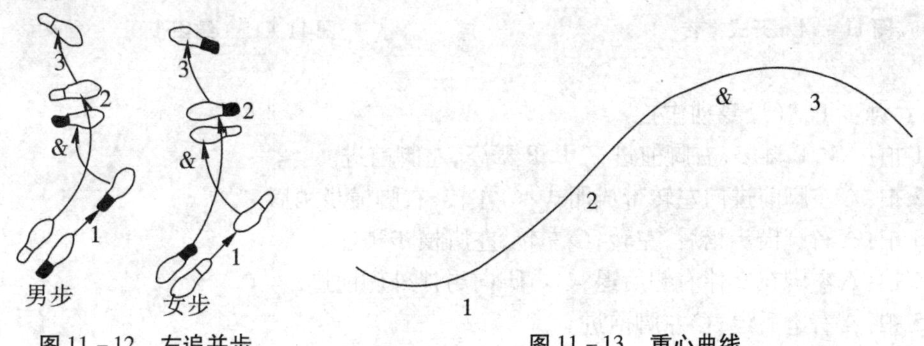

图 11－12　左追并步　　图 11－13　重心曲线

第 1 拍：△右脚前进一步；○左脚后退一步。

第 2 拍：△右转 45°，左脚横步，同时右脚快速向左脚并步。○右转 45°，右脚横步稍后，同时左脚快速向右脚并步。○右转 45°，右脚横步。

右追并步同左追并步动作一致，但方向相反。

7. 开式推转

【准备姿势】

合对舞姿，男、女舞步，起步面对壁斜线，收步面对中央斜线。

【动作要领】

如图 11－14 所示。

第 1 拍：△右脚前进一步；○左脚后退一步。

第 2 拍：△右转 90°，左脚横步稍后；○右转 130°，右脚横步。

第 3 拍：△右脚并于左脚；○左脚向右脚合并。

第 4 拍：△左脚后退；○右脚前进。

第 5 拍：△右脚向左脚合并右转 135°，左脚用脚跟转向右脚。○右转 135°，左脚横步。

第 6 拍：△左脚斜前进成侧行舞姿。○右转 135°，右脚经左脚并步后再前进，形成侧行舞姿。

8. 纺织步

【准备姿势】

侧行舞姿，对中央斜线男左脚、女右脚前进。

【动作要领】

如图 11－15 所示。

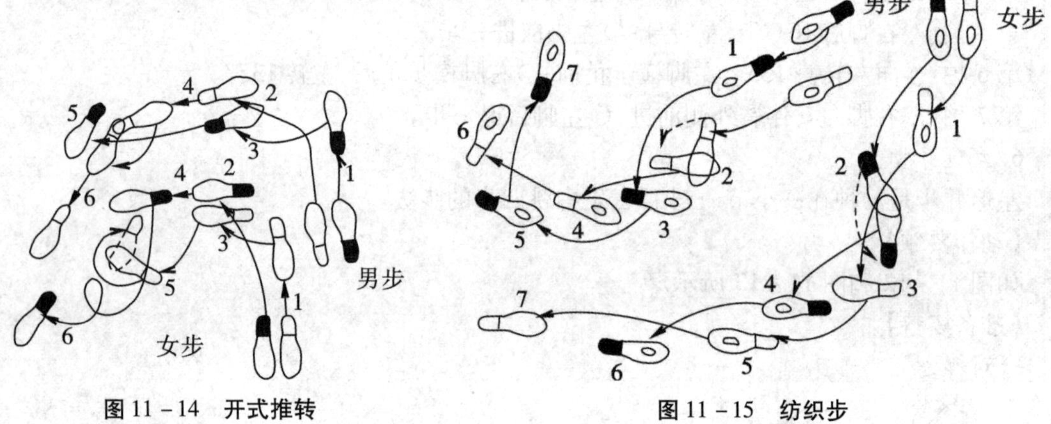

图 11－14　开式推转　　　图 11－15　纺织步

男、女舞步 P. P(反身动作)。

第 1 拍：△P. P 舞姿，右脚前进；○P. P 舞姿，左脚前进。

第 2 拍：△左脚前进向左转带成闭式；○左转，右脚横步稍后。

第 3 拍：△右脚横步稍后，左转；○左转，左脚横步稍前。

第 4 拍：△左脚在女伴右侧后退；○右脚向男伴外侧前进。

第 5 拍：△右脚后退；○左脚前进。

第 6 拍：△左转，左脚横步稍前；○左转，右脚横步稍后。

第 7 拍：△左脚前进外侧步；○右脚后退。

以上 8 个基本步法为教学中必须掌握的技术。舞伴间或小组形式可以自己创编组合成小套路进行练习。

思考题

1. 什么是定向运动？它有什么特点？
2. 轮滑运动分为哪几种？如何在轮滑过程中制动？
3. 描述一项你所熟知的现代时尚休闲体育。

参考文献

[1]李金龙. 群众体育学[M]. 桂林:广西师范大学出版社,2000.
[2]王文生. 体育教学论[M]. 桂林:广西师范大学出版社,2002.
[3]孙庆杰. 田径[M]. 长春:吉林教育出版社,1999.
[4]吴中量. 排球[M]. 北京:高等教育出版社,2000.
[5]叶兆惠. 大学体育与健康[M]. 长春:吉林教育出版社,2000.
[6]苑祝平. 结构式体育健康教程[M]. 长春:吉林科学技术出版社,2001.
[7]唐健. 大学体育与健康[M]. 南京:东南大学出版社,2005.
[8]冯官秀. 大学体育教程[M]. 北京:中国人民公安大学出版社,2007.
[9]陈小蓉. 大学生专项体育教程[M]. 北京:中国人民公安大学出版社,2005.
[10]李明,陶弥锋. 大学体育教程[M]. 北京:中国宇航出版社,2005.
[11]唐宏贵. 体育健身原理与方法[M]. 武汉:湖北人民出版社,2006.
[12]黄艳美. 体育与健康[M]. 广州:广东高等教育出版社,2005.
[13]梁学军,董海业. 体育与健康[M]. 北京:化学工业出版社,2005.
[14]刘尚达,金海燕. 大学体育[M]. 武汉:武汉大学出版社,2005.
[15]体育与健康理论教程编委会. 体育与健康理论教程[M]. 北京:北京体育大学出版社,2005.
[16]赵德龙. 大学体育实践教程[M]. 哈尔滨:哈尔滨工业大学出版社,2006.
[17]左从现. 高校体育教程[M]. 武汉:武汉大学出版社,2006.
[18]季浏. 体育与健康[M]. 上海:华东师范大学出版社,2006.
[19]王晓莉,罗永清. 体育与健康[M]. 重庆:重庆大学出版社,2006.
[20]邹师. 体育理论教程[M]. 北京:现代出版社,2001.
[21]曹湘君. 体育概论[M]. 北京:北京体育大学出版社,1995.
[22]曲宗湖,杨文轩. 现代社会与体育[M]. 北京:北京体育大学出版社,1999.
[23]周登嵩. 学校体育学[M]. 北京:人民体育出版社,2004.
[24]王维群. 营养学[M]. 北京:高等教育出版社,2001.
[25]姚鸿恩. 体育保健学[M]. 北京:高等教育出版社,2001.

[26]周西宽.体育基本理论教程[M].北京:人民体育出版社,2004.
[27]杨国庆,殷恒婵.大学体育文化教程[M].北京:北京体育大学出版社,2004.
[28]陈立仁,高谊.跆拳道[M].北京:北京体育大学出版社,2001.
[29]熊西北,等.田径基础教程[M].北京:北京体育大学出版,1997.
[30]卢元镇.体育锻炼社会学[M].北京:高等教育出版社,2001.
[31]孙民治.球类运动——篮球[M].3 版.北京:高等教育出版社,2001.